Alexander von Humboldt

Gesammelte Werke

9. Band

Alexander von Humboldt

Gesammelte Werke
9. Band

ISBN/EAN: 9783744676427

Hergestellt in Europa, USA, Kanada, Australien, Japan

Cover: Foto ©ninafisch / pixelio.de

Weitere Bücher finden Sie auf **www.hansebooks.com**

Gesammelte Werke

von

Alexander von Humboldt.

Neunter Band.

Neuspanien I.

Stuttgart.
Verlag der J. G. Cotta'schen Buchhandlung
Nachfolger.

Aus A. von Humboldts

Versuch über den politischen Zustand

des Königreichs

Neuspanien.

Erster Teil.

Stuttgart.
Verlag der J. G. Cotta'schen Buchhandlung
Nachfolger.

Druck von Gebrüder Kröner in Stuttgart.

Seiner katholischen Majestät

Karl dem Vierten

König

von Spanien und beiden Indien.

Sire!

Eine lange Reihe von Jahren hindurch habe ich in den fernen, dem Zepter Eurer Majestät unterworfenen Ländern mich Ihres Schutzes und Ihrer erhabenen Gunst erfreut. Welche Pflicht kann mir daher süßer und heiliger sein als die, am Fuße Ihres Thrones die Huldigung meines tiefgefühlten und ehrfurchtsvollen Dankes niederzulegen.

Als ich im Jahre 1799 das Glück hatte, Eurer Majestät zu Aranjuez persönlich vorgestellt zu werden, billigten Sie wohlwollend das Unternehmen eines Privatmannes, den Liebe zu den Wissenschaften an die Ufer des Orinoko und auf den Gipfel der Andes leitete.

Im Vertrauen auf die Huld Eurer Majestät, wage ich es jetzt, Ihren erhabenen Namen diesem Werke vorzusetzen. Es schildert ein fast unbegrenztes Land, dessen Wohlstand Ihrem königlichen Herzen teuer ist.

Keiner der Monarchen, welche auf dem kastilianischen Throne saßen, hat mehr als Eure Majestät die Verbreitung genauer Kenntnisse über den Zustand jener herrlichen Erdstriche begünstigt, die in beiden Hemisphären spanischen Gesetzen seit Jahrhunderten gehorchen. Auf Ihren Befehl sind Amerikas Küsten von geschickten Astronomen mit der eines großen Herrschers würdigen Freigebigkeit aufgenommen worden. Genaue Karten derselben, sogar ausführliche Pläne mehrerer militärischen Seehäfen, wurden auf Kosten Eurer Majestät herausgegeben. Sie haben nicht bloß gestattet, sondern ausdrücklich befohlen, daß alle Jahre zu Lima, in einer peruanischen Zeitschrift, der Zustand der Bevölkerung, des Handels und der Finanzen durch den Druck bekannt gemacht werde.

Noch fehlte ein statistischer Versuch über das Königreich Neuspanien. Ich habe die große Anzahl von Materialien, die ich besaß, in einem Werke vereinigt, dessen erster Entwurf, im Jahre 1804, die Aufmerksamkeit des Vizekönigs von Mexiko auf sich gezogen hatte. Ich schmeichle mir mit der Hoffnung, daß meine Arbeit, in eine neue Form geschmolzen, und mit größerer Sorgfalt vollendet, nicht ganz unwert sei, Eurer Majestät ehrfurchtsvoll überreicht zu werden.

Diese Blätter tragen das Gepräge des lebhaften Dankgefühles, von dem ich mich beseelt fühle gegen einen Schutz gewährenden Monarchen, wie gegen ein edles und freimütiges Volk, das mich nicht als einen Fremden, sondern als einen seiner Mitbürger unter sich aufnahm. Wie könnte man einem guten Könige mißfallen, wenn man zu ihm von dem Interesse des Staates, von der Vervollkommnung bürgerlicher Verfassung, und von den ewigen Wahrheiten spricht, auf denen das Wohl der Menschheit beruht?

Ich ersterbe in tiefster Ehrfurcht

Sire

Eurer katholischen Majestät

unterthänigster

Paris, am 8. März Alexander von Humboldt.
1808.

Als ich auf meiner Rückreise nach Europa durch die Südsee im März 1803 in Acapulco landete, glaubte ich nur kurze Zeit mit meinem Freunde und Gefährten, Herrn Bonpland, in dem Königreiche Mexiko zu verweilen. Der Zustand unserer Sammlungen und Instrumente ließ uns nach so beschwerlichen Landreisen das Ende unserer Expedition herauwünschen. Aber das schwarze Erbrechen (Vomito), welches ungewöhnlich früh an der östlichen mexikanischen Küste ausbrach, und mehrere andere Hindernisse verlängerten unseren Aufenthalt ein ganzes Jahr lang im Inneren von Neuspanien.

Ich habe gesucht, diesen Aufenthalt nicht bloß zu naturhistorischen Zwecken zu benutzen, sondern mir auch eine genaue Kenntnis von dem politischen Zustande dieses weitausgedehnten und merkwürdigen Landes zu verschaffen. Nichts war mir auffallender, als der Kontrast zwischen der Civilisation von Neuspanien und der geringen physischen und moralischen Kultur derjenigen Regionen, welche ich soeben durchstrichen hatte. Ich verglich sorgfältig, was ich an den Ufern des Orinoko und Rio Negro, in der Provinz Caracas, in Neugranada, auf dem Gebirgsrücken von Quito und an den Küsten von Peru beobachtet hatte, mit der dermaligen Lage des Königreiches Mexiko. Alles reizte mich an, den noch wenig entwickelten Ursachen nachzuforschen, welche in diesem die Fortschritte der Bevölkerung und der Nationalbetriebsamkeit so auffallend begünstigt haben.

Meine persönliche Lage gewährte mir mannigfaltige Mittel, das vorgesteckte Ziel zu erreichen. Kein gedrucktes Werk konnte mir die Materialien liefern, deren ich bedurfte, aber es standen mir eine Menge handschriftlicher Aufsätze zu Gebote, von denen rege Neugier Abschriften bis in die fernsten Teile der spanischen Kolonieen verbreitet hat. Ich verglich die Resultate meiner eigenen Untersuchungen mit den offiziellen Angaben, die ich seit mehreren Jahren gesammelt hatte.

Was die Archive enthielten, konnte ich frei und ungestört benutzen. Ein kurzer aber für mich sehr wichtiger Aufenthalt zu Philadelphia und Washington im Jahre 1804 verschaffte mir Gelegenheit, Vergleichungen zwischen dem gegenwärtigen Zustande der Vereinigten Staaten und der Lage von Peru und Neuspanien anzustellen, zweier Reiche, welche ich kurz vorher bereist hatte.

So vermehrte sich nach und nach der für Geographie und Statistik zu bearbeitende Stoff so stark unter meinen Händen, daß ich die Resultate dieser Bearbeitung nicht mehr füglich in den historischen Bericht meiner Reise aufnehmen konnte. Ich schmeichle mich der Hoffnung, daß die Erscheinung eines eigenen Werkes über den politischen Zustand von Neuspanien um so interessanter in einem Zeitpunkte sein wird, wo der neue Kontinent mehr als je den nach Gewinn und Neuheit spähenden Blick der Europäer fesselt. Mehrere Abschriften von dem ersten Entwurfe dieser Arbeit, die ich in spanischer Sprache abgefaßt hatte, sind zu Mexiko und in dem Mutterlande zerstreut. In der Hoffnung, daß mein Werk selbst den Staatsmännern nützlich sein könne, die zur Verwaltung der Kolonieen berufen werden und welche nach einem langen Aufenthalte in Amerika oft die unbestimmtesten Vorstellungen von dem Zustande dieser herrlichen und weitschichtigen Länder heimbringen, teilte ich meine Handschrift gerne allen denjenigen mit, welche einiges Interesse für meine Unternehmung bezeigten. Bedeutende Verbesserungen waren die Folge dieser wiederholten Mitteilungen. Der Vizekönig von Mexiko und selbst die spanische Regierung in Europa hat meine Arbeit einer vorzüglichen Aufmerksamkeit gewürdigt. Es ist derselben nicht bloß in mehreren offiziellen Berichten erwähnt worden, sondern man hat sie auch in Diskussionen benutzt, welche die wichtigsten Gegenstände des Handels und der Manufakturbetriebsamkeit der Kolonieen betrafen.

Mein Werk, welches gegenwärtig in einem sehr verschiedenen Zustande erscheint, zerfällt in sechs Abschnitte. Das erste Buch enthält allgemeine Betrachtungen über den Flächeninhalt und die physische Beschaffenheit von Neuspanien. Ohne mich auf eine ausführliche naturhistorische Beschreibung (die einem anderen Teile meines Werkes vorbehalten ist) einzulassen, untersuchte ich den Einfluß der Unebenheiten des Bodens auf Klima, Ackerbau, Handel und Verteidigung der Küsten. Das zweite Buch handelt von der Bevölkerung überhaupt und von den Kasten und Halbrassen. Im dritten Buche ist die spezielle Statistik der Intendencias, ihre Bevölkerung und ihr Flächeninhalt dargestellt, wie ihn die Karten geben, die ich nach astronomischen Beobachtungen entworfen habe. Im vierten Buche untersuche ich den Zustand des Ackerbaues und der Bergwerke; im fünften die Fortschritte der Manufakturen und des Handels. Das sechste Buch endlich enthält Betrachtungen über die Staatseinkünfte und die militärische Verteidigung des Landes.

Ich zweifle keineswegs daran, daß meine Arbeit bei aller Sorgfalt, die ich anwandte, um genaue Resultate zu liefern, dennoch durch mehrere bedeutende Irrtümer verunstaltet wird. Diese Irrtümer werden nach und nach aufgedeckt werden; wenn mein Werk, wie ich hoffe, die Bewohner von Neuspanien anreizt, den Zustand ihres Vaterlandes gründlicher zu untersuchen. Mit Zuversicht darf ich indes auf die Nachsicht derjenigen rechnen, die vertraut mit den Schwierigkeiten ähnlicher Unternehmungen je sich der Mühe unterzogen haben, die statistischen Tabellen der kultiviertesten Länder von Europa miteinander zu vergleichen.

Vorbemerkung des Herausgebers.

Aus A. von Humboldts umfangreichem Essai politique sur le royaume de la Nouvelle Espagne, wovon 1809 bis 1814 eine deutsche Ausgabe in fünf Bänden erschien, werden hier jene Abschnitte und Stellen ausgewählt, welche dem Herausgeber auch heute noch von bleibendem Wert für das große gebildete aber nicht fachmännische Lesepublikum zu sein scheinen. Ausgeschieden wurde dagegen alles, was als der Statistik angehörend heute absolut veraltet und daher für die Kenntnis der dermaligen Verhältnisse wertlos geworden ist. Einfache Litteraturverweise wurden gleichfalls fortgelassen, dagegen dort, wo es nötig schien, kurze erläuternde Fußnoten beigefügt. Die neben dem Metermaß befindlichen Angaben in altfranzösischen Toisen oder Füßen konnten im Hinblicke auf die heutigen Anforderungen beseitigt werden, mit Ausnahme weniger Fälle, wo sich die Gegenüberstellung beider Daten empfahl. Alle übrigen Zahlen wurden, soweit es nicht schon im Originale geschehen, in metrisches Maß umgewandelt, der Orthographie der Eigennamen endlich die nunmehr übliche Schreibweise unterlegt.

Ueber den politischen Zustand des Königreiches Neuspanien.

(Im Auszuge.)

Ausdehnung der spanischen Besitzungen in Amerika. — Ueber die Namen „Neuspanien und Anahuac". — Grenze des Reiches der aztekischen Könige. — Gestalt der Küsten.

Bevor ich das statistische Gemälde des Königreiches Neuspanien entwerfe, wird es der Mühe wert sein, einen flüchtigen Blick auf den Flächeninhalt und die Bevölkerung der spanischen Besitzungen im südlichen und nördlichen Teile von Amerika zu werfen. Indem wir uns zu einer allgemeineren Ansicht der Dinge erheben, indem wir jede Kolonie nach ihren mannigfaltigen Verhältnissen zu den benachbarten Kolonieen und zu dem Mutterlande betrachten, können wir mit Zuversicht hoffen, dem Lande, das wir beschreiben sollen, die Stelle anzuweisen, welche ihm in politischer Hinsicht gebührt.

Die spanischen Besitzungen auf dem neuen Kontinent nehmen den ungeheuren Landstrich ein, der sich von 41° 43′ südlicher, bis zu 37° 48′ nördlicher Breite ausdehnt. Dieser Erdraum von 79° kommt nicht bloß der Länge von ganz Afrika gleich, sondern übertrifft noch um vieles an Breite das russische Reich, welches 167° der Länge unter einem Parallelkreise umfaßt, dessen Grade mehr als die Hälfte kleiner als die Aequatorialgrade sind.

Unter allen Kolonieen, welche dem Zepter des Königs von Spanien unterworfen sind, behauptet Mexiko gegenwärtig den ersten Rang, sowohl wegen der Schätze seines Bodens, als wegen seiner für den Handel mit Europa und Asien so vorteilhaften Lage. Wir sprechen hier bloß von dem politischen Werte des Landes, von dem gegenwärtigen Zustande seiner Kultur, in dem es unbezweifelt alle übrigen spanischen Besitzungen weit übertrifft. Allerdings sind mehrere Zweige des Ackerbaues in der Provinz Caracas zu einem höheren Grade der Vollkommenheit gediehen als in Neuspanien. Je weniger Bergwerke eine Kolonie hat, desto mehr ist die Betriebsamkeit ihrer Bewohner auf die Benutzung der vegetabilischen Produkte gerichtet. Größer ist die Fruchtbarkeit des Bodens in den Provinzen Cumana in Neubarcelona und Venezuela, größer an den Ufern des Nieder-Orinoko und in Neugranadas nördlichem Teile, als in dem Königreiche Mexiko, in dem einzelne Landstriche unfruchtbar sind, Mangel an Wasser leiden und fast allen Pflanzenschmuckes beraubt sind. Erwägt man aber die beträchtliche Bevölkerung von Neuspanien, die große Anzahl bedeutender Städte, die man dort in geringer Entfernung voneinander antrifft, erwägt man den ungeheuren Wert der metallischen Ausbeute und den Einfluß dieser Schätze auf den Handel mit Europa und Asien, betrachtet man den Zustand der Wildheit und Unkultur, in dem sich Spaniens übrige Besitzungen in Amerika befinden, so ist man geneigt, die Vorliebe einigermaßen zu rechtfertigen, welche den Hof von Madrid seit mehr als einem Jahrhunderte für das Königreich Mexiko äußert.

Unter der Benennung Neuspanien begreift man überhaupt die ungeheure Länderstrecke, welche der Botmäßigkeit des Vizekönigés von Mexiko unterworfen ist.[1] Nimmt man das Wort in diesem Sinne, so sind die Parallelkreise des 38. und 10. Grades die Grenze gegen Norden und gegen Süden. Aber der Generalkapitän von Guatemala hängt in Civilangelegenheiten nur wenig von dem Vizekönige Neuspaniens ab. Das Königreich Guatemala umfaßt nach seiner politischen Einteilung die Statthalterschaften Costarica und Nicaragua; es grenzt an das Königreich Neugranada, zu welchem Darien und der Isthmus von Panama gehören. So oft wir uns in der Folge dieses Werkes der Benennungen Neuspanien und Mexiko bedienen, betrachten wir jedesmal die Capitania general de Guatemala als ausgeschlossen — ein fruchtbares und in Vergleichung mit den übrigen spanischen Besitzungen bevölkertes Land, dessen Boden um so sorgfältiger bebaut ist, als es, von Vulkanen durchwühlt, wenige Spuren von metallischen Schätzen zeigt. Die südlichsten und zugleich östlichsten Regionen Neuspaniens sind demnach die Intendanzen Merida und Oajaca. Die Grenze, welche Mexiko vom Königreiche Guatemala scheidet, stößt östlich von dem Hafen Tehuantepec bis La Barra be Tonala an die Küste des Stillen Ozeans. An dem antillischen Meeresufer läuft sie längs der Hondurasbai hin.

---

[1] [Der heutige Staatenbund von Mexiko, Republik seit 1810, ist bekanntlich beträchtlich kleiner. — D. Herausg.]

Der Name Neuspanien ward zuerst im Jahre 1516 und zwar allein der Provinz Yucatan beigelegt. Grijalvas Gefährten erstaunten dort über den vortrefflichen Anbau des Landes und über die künstlichen Wohnungen der Indianer. In seinem ersten Briefe an Kaiser Karl den Fünften, im Jahre 1520, dehnt Cortez schon die Benennung Neuspanien auf Montezumas ganzes Reich aus. Dieses erstreckte sich nach Solis von Panama bis Neukalifornien. Allein aus den gelehrten Untersuchungen eines mexikanischen Geschichtschreibers, des Abbé Clavigero, wissen wir, daß der Sultan von Tenochtitlan, Montezuma, eine weit weniger ausgedehnte Landesstrecke beherrschte. Denn an der östlichen Küste waren die Flüsse Coatzacoalco und Tuxpan, an der westlichen die Ebenen von Soconusco und der Hafen Zacatula die Grenzen seines Reiches. Wirft man einen Blick auf meine in Intendanzen abgeteilte Generalkarte von Neuspanien, so ersieht man, daß Montezuma nur die jetzigen Intendanzen Veracruz, Oajaca, La Puebla, Mexiko und Valladolid beherrschte. Ich schätze den Flächeninhalt dieses altaztekischen Reiches auf etwa 385440 qkm.

Im Anfange des 16. Jahrhunderts trennte der Fluß Santiago die ackerbauenden Völker von Mexiko und Michoacan von den wilden nomadischen Horden der Otomi und Chichimeken. Oefters drangen diese Wilden auf ihren Streifzügen bis Tula vor, einer Stadt, welche am nördlichen Ausgange des Thales von Tenochtitlan liegt. Sie bewohnten dieselben Ebenen von Celaya und Salamanca, in denen wir gegenwärtig den herrlichen Anbau und die zahllose Menge zerstreuter Meierhöfe finden.

Die Benennung Anahuac darf keineswegs mit der von Neuspanien verwechselt werden. Durch ersteren Namen bezeichnete man vor der Eroberung (Conquista) alles Land, was zwischen dem 14. und 21. Grad der Breite liegt. Zum alten Anahuac gehörten, außer Montezumas aztekischem Kaiserreiche, auch die kleinen Freistaaten Tlaxcallan und Cholullan, nebst den Königreichen Tezcuco (oder Acolhuacan) und Michoacan, welch letzteres einen Teil der jetzigen Intendanz Valladolid in sich schloß.

Das Wort Mexiko selbst ist indianischen Ursprunges. Es bezeichnet in der Sprache der Azteken den Wohnsitz des Kriegsgottes, welcher Mexitli oder Huitzilopochtli genannt wurde. Es scheint jedoch, daß von dem Jahre 1530 die Stadt gewöhnlicher den Namen Tenochtitlan als Mexiko führte, Cortez, der nur geringe Fortschritte in der Landessprache gemacht hatte, nennt die Hauptstadt aus Mißverstand den Temixtitan. In einem Werke, das ausschließlich von dem Königreiche Mexiko handelt, wird man diese etymologischen Berichtigungen entschuldigen. Der kühne Mann, welcher das aztekische Reich umstürzte, hielt übrigens dasselbe für groß genug, um seinem Monarchen, Karl dem Fünften, anzuraten,[1] mit dem deutschen Kaisertitel noch den Titel eines Kaisers von Neuspanien zu verbinden.

Das Königreich Neuspanien,[2] die nördlichste aller spanischen Besitzungen in Amerika, erstreckt sich vom 16. bis zum 30. Grad der Breite. Die Länge dieses weitausgedehnten Landes beträgt in der Richtung von Süd-Süd-Ost nach Nord-Nord-West ungefähr 270 Myriameter; am breitesten ist es gegen den 30. Parallelkreis hin. Man rechnet von dem Roten Flusse (Rio Colorado) in der Provinz Texas bis zur Insel Tiburon, an den Küsten der Intendanz Sonora von Osten nach Westen, 160 Myriameter.

Der Teil von Mexiko, in welchem beide Meere, die Südsee und der Atlantische Ozean, sich einander am meisten nahen, ist leider nicht derselbe, welcher die Hauptstadt und die Häfen Acapulco und Veracruz in sich begreift. Diese schiefe Entfernung von Acapulco und Mexiko beträgt nach meinen astronomischen Beobachtungen 2° 40′ 19″ eines großen Zirkels (oder 304 km;) von Mexiko nach Veracruz rechnen wir in gerader Richtung 2° 57′ 9″ (oder 309 km); und vom Hafen von Acapulco bis zum Hafen von Veracruz 4° 10′ 7″. Bei Angabe dieser Entfernungen findet man die meisten Abweichungen in den älteren Karten. Nach den von Cassini

---

[1] Cortez sagt in seinem ersten, am 30. Oktober 1520 aus Villa Segura de la Frontera geschriebenen Briefe: u Las cosas de esta tierra son tantas y tales, que Vuestra Alteza se puede intitular de nuevo Emperador de ella y con titulo y non menor merita, que el de Alemaña, que por la gracia de Dios Vuestra Sacra Magestad possée (Lorenzana p. 38).

[2] [Dasselbe deckt sich dem Umfange nach durchaus nicht mit der heutigen Republik der Vereinigten Staaten von Mexiko, welche seither einen beträchtlichen Teil ihres Gebietes, wie Neumexiko, Texas, Arizona und Neukalifornien eingebüßt haben und nur mehr von 15 bis 32° nördl. Br. reichen. — D. Herausg.]

in Chappes Reise bekanntgemachten Beobachtungen betrüge der Längenunterschied zwischen Mexiko und Veracruz 5° 10', anstatt 2° 57', welche den wirklichen Abstand ausdrücken. Nähme man für Veracruz Chappes Ortsbestimmung, und für Acapulco die Länge an, welche die im Jahre 1784 im Deposito hydrografico zu Madrid entworfene Karte angibt, so betrüge die Breite des mexikanischen Isthmus zwischen den beiden Häfen 780 km; eine Entfernung, welche um 312 km größer als die wirkliche ist.

Physische Ansicht des Königreiches Neuspanien. — Konstruktion der merikanischen Gebirge, verglichen mit der Konstruktion des Erdkörpers in Europa und Südamerika. — Unebenheiten des Bodens. — Einfluß dieser Unebenheiten auf Klima, Kultur und militärische Verteidigung des Landes. — Zustand der Küsten.

Wir haben bis hierher den ungeheuren Flächenraum und die Grenzen von Neuspanien betrachtet. Wir haben die Verhältnisse untersucht, in welchen dieses Königreich zu den übrigen Besitzungen des Mutterlandes steht, wir haben die wichtigen Vorteile erwogen, die man aus der Gestaltung der Küsten zur Vereinigung des Atlantischen Meeres mit dem großen Ozean ziehen könnte; es bleibt uns übrig, ein Gemälde von der natürlichen Beschaffenheit des Landes, von der Konstruktion seiner Gebirgsmassen, von den Unebenheiten des Bodens und dem mannigfaltigen Einflusse zu entwerfen, welchen diese Unebenheiten auf Klima, Kultur und militärische Verteidigung des Landes ausüben. Bei dieser Darstellung werden wir uns allerdings nur auf allgemeine Resultate beschränken; ausführliche Naturbeschreibungen gehören in das Gebiet der Naturgeschichte und nicht in die Statistik eines Landes. Wie kann man sich aber einen richtigen Begriff von dem Territorialreichtum eines Staates machen, ohne die Form und Richtung der Gebirge, ohne die Höhe der großen Gebirgsflächen, ohne die wunderbare Temperaturverschiedenheit dieser Tropenländer zu kennen, in welchen am schroffen Abhange der Kordilleren alle Himmelsstriche gleichsam schichtenweise übereinander gelagert sind.

Wenn wir die Oberfläche von Neuspanien mit einem Blicke überschauen, so fällt es in die Augen, daß zwei Drittteile dieses Reiches unter der brennenden Hitze des Tropenhimmels liegen, das andere Drittteil hingegen, eine Landesstrecke von 1651290 qkm, gehört der gemäßigten Zone an. Diese letztere Landstrecke begreift die Provincias internas, sowohl die, welche dem Vizekönige von Neuspanien unmittelbar unterworfen sind (z. B. das Königreich Neuleon und die Provinz Neusantander), als auch diejenigen, die von einem besonderen Generalkommandanten regiert werden. Der Einfluß dieses Generalkommandanten erstreckt sich über die Intendanzen von Durango und Sonora, und über die Provinzen Coahuila, Texas und Neumexiko, Länder, deren Bevölkerung sehr gering ist, und welche insgesamt, um die von den Provincias internas del Vireynato zu unterscheiden, mit dem Namen der Provincias internas de la Comandancia General bezeichnet werden.

Einerseits dehnt sich ein kleiner Teil der nördlichen Provinzen Sonora und Neusantander südlich über den Wendekreis des Krebses hinaus; andererseits überschreiten diese Grenzlinie gegen Norden, die Tropenländer Guadalajara, Zacatecas und San Luis Potosi (vorzüglich die Gegend, wo die berühmten Bergwerke von Catorce liegen). Bekanntlich hängt das Klima eines Landes nicht allein von seiner geographischen Breite, sondern zugleich auch von seiner Erhöhung über den Meeresspiegel, von der Nähe des Ozeans, von der Beschaffenheit und Gestaltung des Bodens und von einer Menge kleiner örtlicher Ursachen ab. Dieses ist der Grund, warum von 2 753 000 qkm, die unter der heißen Zone liegen, mehr als drei Fünfteile ein Klima genießen, das eher kalt oder gemäßigt als heiß genannt werden kann. Das ganze Innere des Vizekönigreiches Neuspanien, besonders die Länder, welche unter den alten Benennungen Anahuac und Michoacan begriffen werden, und fast ganz Neubiscaya bilden eine hohe zusammenhängende Gebirgsebene.

Kaum gibt es auf dem ganzen Erdballe ein Land, in welchem die Gebirge so sonderbar gestaltet sind, als gerade in Neuspanien. In Europa hält man die Schweiz, Savoyen und Tirol für bedeutend hohe Länder; diese Meinung gründet sich indes bloß auf den Anblick so vieler mit ewigem Schnee bedeckter Gipfel, welche in Ketten verteilt sind, die mit der großen Centralkette parallel laufen. Die Gipfel der Alpen erheben sich zu einer Höhe von 3900 bis 4700 m, während die benachbarten Ebenen des Kantons Bern und Freiburg nur 460 bis 540 m hoch liegen. Die Schweiz ist kein Plateau, sondern eine Gruppe von Gebirgsmassen, die tief eingefurcht sind. 400 m kann man auch als die mittlere Höhe der Gebirgsflächen vom beträchtlichen Umfange in Schwaben, Bayern und Neuschlesien beim Ursprunge der Warthe und Piliza annehmen. In Spanien ist der Boden beider Kastilien etwas über 580 m hoch. In Frankreich kennt man keine höhere Gebirgsfläche als die von Auvergne, auf deren Rücken sich der Montd'or, der Cantal, und der Puy de Dôme erheben; ihre Höhe beträgt nach Herrn von Buchs Beobachtungen 730 m. Diese Beispiele beweisen, daß überhaupt in Europa Hochländer, welche den Anblick weit ausgedehnter Ebenen gewähren, selten mehr als 400 bis 500 m über der Meeresfläche erhaben sind.

In Afrika gegen die Quellen des Nils[1] hin, und in Asien unter dem 34. und 37. Grad der Breite sind vielleicht ähnliche Gebirgsflächen wie in Neuspanien anzutreffen; aber keiner der Reisenden, welche über den Himovan vordrangen, hat uns das mindeste über die Höhe von Tibet berichtet. Die große Sandwüste Gobi, nordwestlich von China, liegt nach Pater Duhaldes Werk auf einer Höhe von mehr als 1400 m. Der Oberst Gordon versicherte Herrn Labillardiere, Afrikas Boden erhebe sich vom Vorgebirge der guten Hoffnung an bis zum 21. Grad der Breite unvermerkt zu einer Höhe von 2000 m. Aber diese nicht minder neue auffallende Thatsache ist bis jetzt noch von keinem anderen Naturforscher bestätigt worden.[2]

Die Reihe von Bergen, deren Rücken die große Gebirgsfläche von Neuspanien bildet, ist dieselbe, die unter dem Namen der Andeskette durch ganz Südamerika hinläuft; aber der Bau und die Konstruktion dieser Gebirgskette hat eine andere Gestalt im Süden, eine andere im Norden des Aequators. Auf der südlichen Halbkugel ist die Kordillere überall zerrissen, ja durch Quer- und Längenthäler durchfurcht, die sich wie unausgefüllte Gänge durch Spaltung gebildet zu haben scheinen. Zwar

---

[1] Brun behauptet (Vol. III, S. 642, 652 und 712), die Quellen des Nils in Godscham seien 32 m höher als die Fläche des Mittelländischen Meeres. [Natürlich ist hier von den Quellen des Blauen Nils, Bahr el Azrek, die Rede. Allein das basaltische Plateau von Godscham hat 2350 m Meereshöhe und der Tana- oder Tsanasee, aus dem der Blaue Fluß als Abai hervorbricht, ist noch 1860 m hoch. — D. Herausg.] [2] [Sie hat sich auch nicht bestätigt. Die durchschnittliche Erhebung jenes Gebietes bewegt sich zwischen 900 bis 1200 m. — D. Herausg.]

gibt es auch im Königreiche Quito und weiter gegen Norden in der Provinz Los Pastos Ebenen, die 2700 bis 3000 m über der Meeresfläche erhaben sind; aber dieselben sind in Hinsicht auf ihre Ausdehnung keineswegs mit den Ebenen von Neu-Spanien zu vergleichen. Sie sind bloße Thäler, die von zwei Armen der großen Andeskette begrenzt sind. In Mexiko dagegen bildet den Rücken der Gebirge selbst die Ebene; ihre Richtung bestimmt so zu sagen den ganzen Lauf der Gebirgskette. In Peru erheben sich die höchsten Gipfel auf dem Kamme der Andeskette. In Neuspanien liegen weniger kolossale, doch immer noch 4900 bis 5400 m hohe Kuppen teils auf der Gebirgsebene zerstreut, teils in Linien geordnet, deren Richtung keineswegs als gleichlaufend mit dem Streichen der ganzen Kette ist. Peru und das Königreich Neugranada sind von Querthälern durchschnitten, deren senkrechte Tiefe bisweilen 1400 m beträgt. Diese Thäler gestatten nicht auf andere Art zu reisen, als zu Pferde, zu Fuße, oder gar auf dem Rücken der Indianer (Cargado). In Neuspanien hingegen können Wagen von Mexiko bis Santa Fé in der Provinz Neumexiko, durch eine Strecke von mehr als 1000 km, rollen. Auf diesem ganzen Wege hat die Kunst kein bedeutendes Hindernis zu bekämpfen.

Ueberhaupt ist die mexikanische Gebirgsfläche wenig durch Thäler unterbrochen, ihre Verflachung ist so gleichförmig und sanft, daß in Neubiscaya, 624 km nördlich von Mexiko, sich das Plateau noch in einer Höhe von 1700 bis 2700 m über dem Meeresspiegel des benachbarten Ozeans erhält. In eben dieser Höhe liegen die Straßen, welche in Europa über den Mont Cenis, über den St. Gotthard und den großen Bernhard führen. Um diese merkwürdigen geognostischen Verhältnisse genau zu ergründen, habe ich während meines Aufenthaltes in Neuspanien fünf barometrische Nivellements unternommen. Das erste derselben erstreckt sich quer durch das Königreich, von den Küsten des Stillen Meeres bis zu dem Mexikanischen Meerbusen, von Acapulco über die Stadt Mexiko bis Veracruz; mein zweites Nivellement geht von Mexiko über Tula, Queretaro und Salamanca bis Guanajuato; das dritte läuft durch die Intendencia Valladolid, von der Stadt Guanajuato bis jenseits Pätzcuaro zu dem neuentstandenen Vulkan von Jorullo; ein viertes führt von Valladolid in das Thal von Toluca, und von da bis Mexiko; das fünfte endlich umfaßt die Gegend um Moran und Actopan. Auf diese Weise habe ich teils barometrisch, teils trigonometrisch die Höhe von 208 verschiedenen Punkten bestimmt, die zwischen 16° 50′ und 21° 0′ nördlicher Breite und zwischen 102° 8′ und 98° 28′ westlicher Länge (von Paris an gerechnet) liegen. Ueber diese Grenzen hinaus ist mir nur ein einziger Ort bekannt, dessen Höhe genau ausgemittelt werden kann, ich meine die Stadt Durango, deren Erhöhung über den Meeresspiegel, aus dem mittleren Barometerstande abgeleitet, 2000 m beträgt.[1] Dieses letztere Beispiel lehrt, daß (wie schon oben bemerkt ward) die außerordentliche Höhe der mexikanischen Gebirgsebene sich noch weit gegen Norden, über den Wendekreis des Krebses hinaus, erhält.

Alle diese Höhenmessungen, verbunden mit den astronomischen Beobachtungen, die ich in denselben Gegenden anstellte, haben als Grundlagen zu den physikalischen Karten gedient, welche dieses Werk begleiten. Der mexikanische Atlas enthält eine Reihe senkrechter Durchschnitte oder geognostischer Profile. Ich habe den Versuch gewagt, ganze Länder nach einer Methode darzustellen, welche bis jetzt nur für Bergwerke oder bei Kanalprojekten angewendet wurde. In der Statistik von Neuspanien habe ich mich indes nur auf solche Zeichnungen beschränken müssen, welche fähig sind, ein eigentlich staatswirtschaftliches Interesse zu erregen. Die Physiognomie eines Landes, die Gruppierung seiner Felsmassen, die Ausdehnung seiner Gebirgsebenen, die Höhe derselben, welche ihre Temperatur bestimmt, alles, was zum Baue des Erdballes gehört, steht in innigster Verbindung mit den Fortschritten, der Bevölkerung und mit dem Wohlstande der Menschen. Unverkennbar ist der Einfluß der äußeren Gestaltung der Erdfläche auf den Ackerbau, dessen Natur nach der Beschaffenheit der Himmelsstriche verschieden ist, auf das Innere, mehr oder minder begünstigte, Handelsverkehr, auf die militärische Verteidigung und die äußere Sicherheit der Kolonie! Aus diesem Gesichtspunkte betrachtet sind große geologische Ansichten dem Staatsmanne wichtig, wenn er die Kräfte und den Grundreichtum der Völker mißt.

Auch in Südamerika findet man auf der Andeskette in ungeheurer Höhe einzelne ganz ebene Länderstrecken. So ist das Plateau, auf welchem die Stadt Santa Fé de Bogota

---

[1] [2042 m nach neueren Messungen. — D. Herausg.]

liegt, 2658 m hoch. Europäischer Weizen, Kartoffeln und Chenopodium Quinoa gedeihen dort in Menge. Dieser Gebirgsfläche ähnlich ist die von Caxamarca in Peru, dem alten Wohnsitze des unglücklichen Atahualpa, auf einer Höhe von 2750 m. Auch die großen Ebenen von Antisana, aus deren Mitte sich inselförmig derjenige Teil des Vulkanes erhebt, dessen Gipfel über die Schneegrenze hinausreicht, liegen 4100 m über dem Wasserspiegel des Meeres; sie sind um 389 m höher als der Pik von Tenerifa. Ihre Söhligkeit ist so auffallend, daß die Bewohner dieser Hochländer beim Anblick des vaterländischen Bodens kaum die wunderbare Lage ahnen, in welche sie die Natur versetzt hat. Aber von all diesen Gebirgsflächen Neugranadas, Quitos und Perus hat keine mehr als 825 qkm. Schwer zu ersteigen, durch tiefe Thäler voneinander getrennt, begünstigen sie wenig die Zufuhr der Lebensmittel und den Handelsverkehr im Inneren. Auf einzeln emporragenden Bergkuppen bilden sie gemeinsam flache Inseln mitten im Luftozeane. Auch verlassen die Bewohner dieser traurig kalten Hochländer selten ihren alten Wohnsitz, sie bleiben in demselben zusammengedrängt und scheuen sich in die benachbarte Waldflur herabzusteigen, wo erstickende, den ursprünglichen Bewohnern der hohen Andeskette gefährliche Hitze herrscht.

Eine ganz verschiedene Ansicht bietet der Boden in Neuspanien dar. Ebenen von größerer Ausdehnung, aber von nicht minder einförmiger Oberfläche, liegen hier so nahe beisammen, daß sie auf dem fortlaufenden Rücken der Kordillere eine einzige zusammenhängende Gebirgsfläche bilden. Die Länge dieser Fläche ist so groß als die Entfernung von Lyon bis zum Wendekreis des Krebses, wo er quer durch die afrikanische Wüste läuft. Dieses sonderbare Gebirgsplateau scheint sich gegen Norden hin allmählich zu verflachen. Leider ist, wie wir bereits oben bemerkten, über Durango hinaus nirgends eine Barometermessung angestellt worden; aber wohlunterrichtete Reisende haben mir versichert, daß gegen Neumexiko und die Quellen des Rio Colorado hin der Boden sich plötzlich senke. Die dem gegenwärtigen Versuche beigefügten geognostischen Profile enthalten drei verschiedene Durchschnitte des Landes. Der erstere, ein Längendurchschnitt, stellt den Rücken der mexikanischen Gebirge dar, wie er sich, von Südosten gegen Nordwesten gerichtet, gegen den Rio Bravo hin allmählich verflacht. Die anderen zwei Querdurchschnitte liefern die Ansicht des Landes von den Küsten des Stillen Meeres bis zu den Küsten des Mexikanischen Meerbusens. Alle drei enthüllen auf den ersten Blick dem Auge des ernsten Beobachters die mannigfaltigen Hindernisse, welche die sonderbare Gestaltung des Landes der Versendung inländischer Erzeugnisse aus dem Inneren nach den Handelsstädten an den Küsten entgegensetzt.

Die Straße von Mexiko nach den berühmten Erzgruben von Guanajuato geht anfangs zehn Stunden lang durch das Thal von Tenochtitlan, welches 2277 m über dem Ozean erhaben ist. Die Fläche dieses reizenden Thales ist so gleichförmig eben, daß sie von der Hauptstadt Mexiko an bis zum Dorfe Huehuetoca am Fuße des Berges Sinoque, kaum 20 m ansteigt. Die Hügel von Barientos sind übrigens als ein bloßes, das Thal einengendes Vorgebirge zu betrachten. Von Huehuetoca aus zieht sich der Weg, nahe bei Batas, zuerst aufwärts nach dem Puerto de los Reyes und dann abwärts in das Thal von Tula, das um 222 m tiefer liegt, als das Thal von Tenochtitlan, und durch welches ein großer Abflußkanal die Wasser der Seen von San Cristoval und Zumpango in den Rio Montezuma[1] und mittels dieses Flusses in den Mexikanischen Meerbusen führt. Um aus diesem Thale auf die große Gebirgsfläche von Querétaro zu gelangen, muß man den Berg von Calpulalpan übersteigen, dessen Höhe indes nur 2686 m beträgt. Dieser Berg scheint der höchste Punkt auf der Straße von Mexiko nach Chihuahua zu sein; und dennoch ist er beträchtlich niedriger als die Stadt Quito. Nördlich von dieser kalten Gebirgsgegend öffnen sich die weit ausgedehnten Ebenen von San Juan del Rio, Querétaro und Celaya, fruchtbare Länderstriche, voll Dörfer und schön gebauter Städte. Ihre mittlere Höhe kommt der des Puy de Dôme in der Auvergne gleich; sie sind beinahe 30 Stunden lang und erstrecken sich bis an den Fluß des erzführenden Thonschiefergebirges von Guanajuato. Reisende, welche Neumexiko besucht haben, versichern, der übrige Teil des Weges sei ganz demjenigen gleich, den ich soeben beschrieben, und in einem senkrechten Längenprofile dargestellt habe. Ungeheure Ebenen, wahrscheinlich ausgetrocknete Behälter ehemaliger Seen folgen aufeinander; sie sind durch Hügel unterbrochen, die

---

[1] [Lokaler Name des Rio Panuco, der mit dem Tamesi vereinigt später den Rio de Tampico bildet. — D. Herausg.]

sich kaum 200 bis 250 m über den alten Seeboden erheben. In einem anderen Werke (in dem Atlas zum historischen Berichte meiner Reise) werde ich die vier Gebirgsthäler, welche die Hauptstadt von Neuspanien umgeben, in ähnlichen Durchschnittsansichten darstellen. Die Höhe des ersteren dieser Thäler, der Ebene von Toluca, beträgt 2600 m; die Höhe des zweiten, oder des Thales von Tenochtitlan 2274 m; die Höhe des dritten oder des Thales von Actopan 1966 m; und die des vierten oder des Thales von Iſtla 981 m. Diese vier Gebirgsflächen sind ebensowohl in Hinsicht ihres Klimas als ihrer Erhöhung über den Meeresspiegel voneinander verschieden. In jeder derselben ist der Ackerbau auf andere Erzeugnisse gerichtet; in dem Thale von Iſtla gedeiht Zuckerrohr, im Thale von Actopan Baumwolle, im Plateau von Mexiko europäisches Getreide, in den Ebenen von Toluca findet man Pflanzungen von Agave, den Weingarten aller Indianer, die aztekischen Ursprunges sind.

Die barometrischen Messungen, die ich zwischen Mexiko und Guanajuato angestellt, beweisen, wie günstig die Gestaltung des Bodens im Inneren von Neuspanien der Versendung der Landesprodukte, der Flußschiffahrt und selbst der Anlange von Kanälen sei. Eine andere Ansicht gewähren dagegen die Querdurchschnitte von den Küsten des Stillen Meeres bis zum Atlantischen Ozean. Diese stellen auf einen Blick die natürlichen Hindernisse dar, welche der Verbindung zwischen dem Inneren des Reiches und den Küsten entgegenstehen. Ueberall zeigt sich hier die auffallendste Verschiedenheit der Höhe und der Temperatur, während das innere Gebirgsplateau bis Neubiscaya hin, ununterbrochen, fast in gleicher Höhe, fortläuft, und daher eher eines kalten als gemäßigten Klimas genießt. Dazu ist der östliche Gebirgsabfall, oder gegen Veracruz hin kürzer und steiler als der westliche. In Hinsicht auf militärische Verteidigung scheint Neuspanien durch seine natürliche Lage mehr gegen den Angriff europäischer Völker als gegen den Angriff asiatischer Feinde gesichert. Aber in der Beständigkeit der Tropenwinde und in dem immer gleichen Rotationsstrome, welcher zwischen den Wendekreisen herrscht, liegt eine mächtige Schutzwehr gegen den politischen Einfluß, welchen China, Japan oder das europäische Rußland je einmal in der Folge der Jahrhunderte auf den neuen Kontinent würden ausüben wollen.

Wendet man sich von Mexiko ostwärts gegen Veracruz

hin, so muß man sich 330 km von der Hauptstadt entfernen, ehe man ein Thal findet, das nur noch etwa 1000 m über dem Meeresspiegel erhaben ist, und in welchem daher wegen der natürlichen Beschaffenheit des Klimas die mexikanischen Eichen nicht mehr gedeihen. Auf der Straße von Acapulco hingegen, wenn man vom inneren Gebirgsplateau gegen die Südsee herabsteigt, gelangt man in einer Entfernung von kaum 90 km in die Region der gemäßigteren Länderstriche. Der östliche Gebirgsfall ist so steil, daß, wenn man einmal auf demselben herabzusteigen angefangen hat, der Weg ununterbrochen abwärts geht, bis man die östliche Küste erreicht.

Dagegen durchschneiden vier sehr bedeutende Längenthäler den westlichen Abhang des Gebirges. Sie sind so auffallend regelmäßig verteilt, daß die dem Ozean am nächsten liegenden Thäler zugleich auch tiefer als die von der Küste entfernten sind. Wenn man meine nach genauen Messungen entworfenen Profile aufmerksam betrachtet, so sieht man, daß beim Herabsteigen der Gebirgsfläche von Tenochtitlan der Reisende zuerst in das Thal von Istla, und dann der Reihe nach in die Thäler von Mescala, Papagallo und Peregrino gelangt. Die Grundfläche dieser vier Thäler, die, wie bereits oben bemerkt worden ist, als ausgetrocknete Behälter alter Landseen erscheinen, ragen 981, 514, 170 und 158 m über den Meeresspiegel des Ozeans empor. Die tiefsten Furchen sind zugleich auch die engsten. Eine krumme Linie, welche man über die jene Thäler einschließenden Gebirge, über den Pik des Marquis (wo einst Cortez sein Lager aufgeschlagen), über die Thäler von Tasco, Chilpantzingo und Posquelitos zöge, würde eine regelmäßige Kurve bilden. Bei dem Anblicke derselben könnte man in Versuchung geraten zu glauben, diese Regelmäßigkeit sei Folge eines allgemeinen Typus, den die Natur bei Bildung aller Gebirgsmassen befolgte. Aber die Betrachtung der südamerikanischen Andeskette ist allein schon hinlänglich, diese systematischen Träume zu vernichten. In Peru liegen ungleich tief gefurchte Thäler regellos nebeneinander. Ja eine Menge geognostischer Thatsachen beweisen, daß bei Bildung der Gebirge dem Scheine nach geringfügige Ursachen die Materie bestimmt haben, sich bald in der Mitte, bald am Rande der Kordilleren in kolossalen Massen anzuhäufen.

Die mexikanische Straße nach Asien ist auffallend von der nach Europa verschieden. Auf der ganzen Strecke von

320 km zwischen Mexiko und Acapulco, geht der Weg abwechselnd bergauf und bergab, so daß man jeden Augenblick aus einer kalten Region in einen brennend heißen Himmelsstrich gelangt. Doch ist dieser Weg von der Beschaffenheit, daß er mit leichter Mühe für Wagen befahrbar gemacht werden könnte. Von den 378 km hingegen, welche die Hauptstadt von dem Hafen von Veracruz entfernt ist, sind allein 252 km für die Strecke Weges zu rechnen, welche die große Gebirgsfläche von Anahuac einnimmt. Der übrige Teil ist ein immerwährendes, äußerst beschwerliches Herabklimmen an dem Gebirgsabhange, vorzüglich von der kleinen Festung Perote bis Jalapa und von dieser Stadt, einem der reizendsten und malerischten Punkte der Erde, bis zur Rinconada. Die Schwierigkeit dieses Weges, welcher der Gotthardsstraße gleicht, verteuert den Wert der inländischen Produkte in Veracruz. In ihr liegt der Grund, warum das mexikanische Mehl noch immer nicht in der Havana und auf europäischen Märkten mit dem Mehle von Philadelphia Preis halten kann.

Gegenwärtig wird an einer herrlichen Chaussee an dem östlichen Abhange der Kordillere gearbeitet.[1] Dieses Unternehmen verdankt man dem großen und lobenswürdigen Eifer der Kaufleute von Veracruz. Es wird von dem entschiedensten Einflusse auf den Wohlstand des ganzen Königreiches Neuspanien sein. Frachtwagen werden bald Tausende von Maultieren ersetzen, deren man sich bisher zur Versendung der Waren von einem Meere zum anderen bediente. Der asiatische Handel von Acapulco wird dadurch dem europäischen Handel von Veracruz gleichsam näher gerückt werden.

Wir haben bereits oben bemerkt, daß in den mexikanischen Provinzen, welche unter dem heißen Erdstriche liegen, ein Flächenraum von 457 000 qkm ein Klima genießt, welches man eher kalt als gemäßigt nennen darf. Diese ganze ungeheure Länderfläche erfüllen die Kordilleren von Anahuac, eine Reihe kolossaler Gebirge, welche als Fortsetzung der peruanischen Andeskette zu betrachten sind. Die Antes oder Antis nämlich, ob sie sich gleich in den Provinzen Choco und Darien beträchtlich senken, setzen doch durch

---

[1] [Gegenwärtig führt eine Eisenbahn von Veracruz nach der Hauptstadt Mexiko. — D. Herausg.]

die Landenge von Panama nach Nordamerika über.[1] Im Königreiche Guatemala erheben sie sich von neuem zu einer beträchtlichen Höhe. Ihr Kamm nähert sich bald dem Stillen Meere, bald läuft er mitten durch das Land, bisweilen wendet er sich gegen die Küsten des Mexikanischen Meerbusens. So z. B. zieht sich das Gebirgsjoch im Königreiche Guatemala vom Nicaraguasee bis gegen die Bucht von Tehuantepec längs der westlichen Küste hin. In der Provinz Oaxaca, zwischen den Quellen der Flüsse Chimalapa und Goatzocoalco hält der Gebirgsrücken die Mitte des Mexikanischen Isthmus. Aber in den Intendanzen von Puebla und Mexiko von 18° 30′ bis zu 21° der Breite, von der Mixteca an bis zu den Bergwerken von Zimapan, läuft die Kordillere von Anahuac in gerader Richtung von Süden gegen Norden, indem sie sich der östlichen, den Antillen gegenüberstehenden Küste nähert.

Gerade in diesem Teile des großen Plateaus zwischen Mexiko und den kleinen Städten Cordoba und Jalapa erhebt sich eine Gebirgsgruppe, die fast den höchsten Gipfeln des neuen Weltteiles den Rang streitig machen kann. Wir wollen nur vier[2] dieser riesenmäßigen Berge nennen, deren Höhe

---

[1] [Diese Ansicht, welche Humboldts ganzer Auffassung der mexikanischen Bodenverhältnisse zu Grunde liegt, hat sich als Irrtum erwiesen; denn die Landenge von Panama ist ein nur sehr jugendlicher Verschluß einer wassergefüllten Lücke zwischen beiden amerikanischen Kontinenten. — D. Herausg.]

[2] Den Koffer von Perote ausgenommen, habe ich diese Berge sämtlich geometrisch gemessen. Da aber die Standlinien selbst, an welche die Höhenwinkel sich anschlossen, schon 2000 m hoch liegen, so mußte dieser erste Teil der senkrechten Höhe nach Laplaces barometrischer Formel berechnet werden. In dieser Hinsicht sind also meine Bergmessungen, wie die Condaminischen, ja wie alle, die man nicht am Meeresstrande anstellen kann, gemischter Natur, teils geometrisch, teils barometrisch. Das Wort Popocatepetl ist von popocani, Rauch, und von tepetl, Berg, abgeleitet; Iztaccihuatl von iztac, weiß, und von cihuatl, Frau. Citlaltepetl bezeichnet einen Berg, welcher wie ein Stern glänzt, von Citbaline, Stern und tepetl, Berg; denn der Pik von Orizaba erscheint in der Ferne, wenn er Feuer speit, glänzend wie ein Stern. Nauhcampatepetl stammt von Nauhcampa her, ein Wort, welches etwas Vierkantiges bedeutet. Der letztere Name ist eine Anspielung auf die sonderbare Gestalt der kleinen auf dem Gipfel des Berges von Perote befind-

vor meiner Reise nach Neuspanien völlig unbekannt war; den Popocatepetl (von 4500 m), den Iztaccihuatl oder die weiße Frau (von 4786 m), den Citlaltepetl (oder Pik von Orizaba von 5295 m)[1] und den Nauhcampatepetl (oder Koffer von Perote) von 4089 m. Diese Gruppe feuerspeiender Berge hat manche Aehnlichkeit mit der des Königreiches Quito. Ist der Höhe zu trauen, welche man gegenwärtig dem St. Eliasberge[2] zuschreibt, so kann man behaupten, daß auf der ganzen nördlichen Halbkugel die Gebirge nur unter dem 19. und unter dem 60. Grad der Breite die ungeheure Höhe von 5400 m über der Meeresfläche erreichen.

Weiter nordwärts, über den 19. Grad der Breite hinaus, in der Nähe der berühmten Bergwerke von Zimapan und des Doktor, welche in der Intendanz von Mexiko liegen, wendet sich die Kordillere, unter dem Namen Sierra Madre aufs neue von Osten gegen Nordwesten nach San Miguel el Grande und Guanajuato hin. Nördlich von dieser letzteren Stadt, welche man als das Potosi von Neuspanien betrachten kann, nimmt sie eine außerordentliche Breite an. Bald darauf teilt sie sich in drei Aeste, deren östlicher sich gegen Charcas und Real de Catorce ausdehnt, sich aber allmählich im Königreiche Neuleon verliert. Der Gebirgszweig, welcher gegen Westen fortläuft, füllt einen großen Teil der Provinz Guadalajara aus. Nördlich von Bolaños nimmt die Sierra Madre schnell an Höhe ab und verflacht sich über Culiacan und Arispe in der Provinz Sonora gegen die Ufer des Rio Yaqui hin. Aber unter dem 30. Grad der Breite erhebt sich in der Tarahumara dieser westliche Gebirgszweig von neuem zu einer beträchtlichen Höhe und bildet in der Nähe des Kalifornischen Meerbusens die durch ihre Goldwäschereien berühmten Gebirge der Pimeria alta. Das dritte und mittlere Joch der Sierra

---

lichen Porphyrfelsen, welchen die ersten spanischen Eroberer mit einem Koffer verglichen. (Man sehe das Wörterbuch der aztekischen Sprache, von Pater Alonzo de Molina, Mexiko 1571, S. 63.)

[1] (Die jetzigen Maße für diese Vulkane sind: 5420, 4785, 5420 m. — D. Herausg.).

[2] Spanische Seefahrer fanden durch genaue Messung im Jahre 1791 die Höhe dieses Berges über dem Meeresspiegel zu 2797 Toisen (5451 m); dagegen wurde sie in Lapérouses Reise zu 1980 Toisen (3858 m) angegeben! [Nach neueren Messungen soll er gar 5950 m hoch sein. — D. Herausg.]

Madre, dasjenige nämlich, welches man als die Centralkette der Mexikanischen Anden betrachten kann, verbreitet sich über die ganze Oberfläche der Provinz Zacatecas. Man kann es jenseits Durango und dem Parral (in Neubiscaya) bis zur Sierra de los Mimbres (westlich vom Rio grande del Norte) verfolgen. Von hier aus erstreckt es sich durch ganz Neumexiko, bis es sich endlich mit dem Kranichgebirge und mit der Sierra Verde vereinigt. Zwei thätige Mönche, Escalante und Font, haben dieses nördliche Gebirgsland, in welchem der Rio Gila und der Rio del Norte nahe beisammen entspringen, bis unter den 40. Breitengrad untersucht. Dieser Teil der Sierra Madre trennt die Ströme, durch deren Vereinigung das Stille Meer mit dem Antillischen Ozean verbunden werden könnte. Fidler und der unerschrockene Mackenzie sind in derselben weiter nördlich zwischen dem 50. und 55. Breitengrad vorgedrungen. Sie haben die Fortsetzung dieser Gebirgskette durch den unbestimmten Namen der Stony-Mountains bezeichnet.[1]

Wir haben bis hierher mit rohen Zügen das Gemälde der Kordillere von Neuspanien entworfen, wir haben gezeigt, daß fast allein die Küsten dieses weit ausgedehnten Reiches unter einem Himmelsstriche liegen, der heiß genug ist, um die Produkte zu erzeugen, auf welche der westliche Handel gerichtet ist. Nur die Intendanz von Veracruz, mit Ausnahme der Gebirgsfläche, die sich vom Perote bis zum Pik von Orizaba erstreckt, nur Yucatan, die Küsten von Oaxaca, das Litorale von Neusantander und Texas, das Königreich Neuleon, die Provinz Coahuila, das wüste Land, welches man unter dem Namen des Bolsons de Mapimi begreift, die Küsten Kaliforniens, der östliche Teil der Provinzen Sonora, Sinaloa und Neugalicien, und die südlichen Gegenden der Intendencias Valladolid, Mexiko und Puebla sind niedrige, von unbedeutenden Hügeln durchschnittene Länder. Die mittlere Wärme dieser Ebenen, wenigstens soweit sie zwischen den Wendekreisen und nicht mehr als 300 m über dem Meeresspiegel liegen, beträgt 25 bis 26° des hundertteiligen Thermometers, folglich 8 bis 9° mehr als die mittlere Temperatur von Neapel.

Diese heißen und fruchtbaren Länder werden von den

---

[1] [Es sind die Rocky Mountains oder Felsengebirge der heutigen Karten. — D. Herausg.]

Eingeborenen Tierras calientes genannt. Sie erzeugen Zucker=
rohr, Indigo, Baumwolle und Pisang im Ueberfluß. Halten
sich Europäer, welche noch nicht völlig an ein so brennendes
Klima gewöhnt sind, längere Zeit in diesen Ebenen auf,
wohnen sie zusammengedrängt in volkreichen Städten, so wer=
den sie das Opfer der tödlichen Krankheit, die unter dem
Namen des schwarzen Erbrechens (Vomito prieto) oder des
gelben Fiebers bekannt ist. Acapulco und das Thal von
Papagayo gehören zu den heißesten Länderstrichen des ganzen
Erdballes. Auf der östlichen Küste von Neuspanien wird
vom Oktober bis in den März die große Hitze durch die
heftigen Nordwinde unterbrochen, welche mit unglaublicher
Schnelligkeit kalte Luftschichten von der Hudsonsbai über die
Insel Cuba und über Veracruz hinführen. Diese Stürme
herrschen vom Monat Oktober bis in den Monat März; sie
künden sich durch eine plötzliche Störung der regelmäßigen
Luftebben oder der stündlichen Veränderung des Barometer=
standes an. Ja, sie verursachen oft eine solche Kühlung der
Luft, daß um die Havana der hundertteilige Thermometer
fast bis zum Gefrierpunkte und in Veracruz bis auf 16°
herabsinkt, Erscheinungen, welche in Ländern, die unter
dem heißen Erdgürtel liegen, den Reisenden nicht wenig be=
fremden.

Am östlichen Abhange der Kordilleren, auf einer Höhe
von 1200 bis 1500 m herrscht ewig sanfte Frühlingsmilde,
und ein geringer Temperaturwechsel von kaum 4 bis 5°.
Tierras templadas nennen die Eingeborenen diese Gegen=
den, welchen brennende Hitze ebenso fremd ist als über=
mäßige Kälte, und in welchen die mittlere Luftwärme nicht
über 20 bis 21° beträgt. Unter diesem lieblichen Himmels=
striche liegen Jalapa, Tasco und Chilpanzingo, drei Städte,
die wegen ihres ungemein gelinden Klimas und wegen der
vielen herrlichen Obstbäume berühmt sind, welche die um=
liegenden Fluren schmücken. Aber leider ist diese mittlere Höhe
von 1300 m beinahe dieselbe, in welcher die Wolken über
den benachbarten Meeresflächen anhaltend schweben; daher
diese gemäßigten Länderstriche, welche am Gebirgsabhange
liegen (z. B. die Gegend um Jalapa) oft wochenlang in
dichte Nebel eingehüllt werden. Noch haben wir der Länder
zu erwähnen, welche unter dem Namen Tierras frias bekannt
sind, und zu welchen man die Gebirgsflächen rechnet, deren
mittlere Temperatur (auf einer Höhe von mehr als 2200 m

über dem Meeresspiegel) weniger als 17° beträgt. Der Thermometer ist zwar einigemal zu Mexiko bis auf 1° unter den Gefrierpunkt gefallen; aber diese Erscheinungen sind äußerst selten: meistenteils sind die Winter daselbst so gelinde wie in Neapel und die mittlere Tageswärme beträgt im Januar und Februar noch 13 bis 14°. Im Sommer erhebt sich der Thermometer im Schatten nicht über 24°. Überhaupt ist die mittlere Temperatur der großen Gebirgsfläche von Neuspanien wie unter Roms mildem Himmel 17°. Dennoch wird diese Gebirgsfläche nach dem klassifizierenden Sprachgebrauche der Eingeborenen unter die Tierras frias gerechnet. So unbestimmt oder vielmehr so relativ sind die Ausdrücke kalt und warm. In dem brennenden Klima Guayaquils klagen die Eingeborenen über heftige Kälte, wenn der hundertteilige Thermometer plötzlich auf 24° fällt, während er den übrigen Teil des Tages auf 30° steht.

Alle Gebirgsebenen, welche höher sind als das Thal von Mexiko, diejenigen z. B. deren absolute Höhe mehr als 2500 m beträgt, haben, obwohl sie unter den Wendekreisen liegen, selbst nach dem Gefühl der Bewohner des europäischen Nordens ein rauhes, unangenehmes Klima. Dies ist der Fall mit den Ebenen von Toluca und den Anhöhen von Guchilaque, wo fast zu jeder Jahreszeit die Luftwärme nicht über 6 bis 8° steigt. Der Ölbaum trägt daselbst keine Früchte, indes er einige hundert Meter tiefer, im Thale von Mexiko auf das herrlichste gedeiht.

Die mittlere Temperatur aller dieser Länder, welche unter dem Namen Tierras frias begriffen werden, beträgt 11 bis 13° wie in Frankreich und in der Lombardei. Dennoch ist die Vegetation in diesen Gegenden von Amerika weniger kräftig und saftvoll; die europäischen Pflanzen wachsen daselbst minder üppig und schnell als in ihrem eigentlichen Vaterlande. Freilich ist auf einer Höhe von 2500 m die Strenge des mexikanischen Winters nicht sehr groß, dagegen werden aber auch im Sommer die verdünnten Luftschichten über diesen Gebirgsflächen nicht genugsam von den Sonnenstrahlen erwärmt, um die Entwickelung der Blüten zu begünstigen, und die Früchte zu vollkommener Reife zu bringen. Diese beständige Gleichheit der Temperatur, diese gänzliche Abwesenheit großer, wenn auch nicht lange anhaltender Hitze gibt dem Klima der Hochländer zwischen den Wendekreisen einen sonderbaren, eigentümlichen Charakter. Ja, mehrere Produkte des Pflanzenreiches gedeihen weniger auf dem Rücken der Mexikanischen Kordilleren als in den Ebenen nördlich vom Wendekreise des Krebses, selbst wenn die mittlere Wärme der letzteren geringer ist als die der Gebirgsfläche zwischen dem 19. und 22. Grad der Breite.

Allgemeine Betrachtungen über die Konstruktion des Erdkörpers und über die physische Einteilung von Neuspanien gewähren nicht bloß ein naturhistorisches Interesse. Sie sind von nicht minderer Wichtigkeit für den Staatsmann. In Frankreich, ja fast in ganz Europa hängen Benutzung und landwirtschaftliche Verteilungen des Bodens beinahe ausschließend von der geographischen Breite ab; in den Tropenländern von Peru, Neugranada und Neuspanien hingegen werden Klima, Natur der Produkte, äußere Gestalt, ich möchte sagen, Physiognomie des Landes einzig und allein durch die größere und geringere Erhöhung über der Meeresfläche bestimmt. Dieser Einfluß der senkrechten Höhe ist so mächtig, daß der Einfluß der Breite fast gänzlich dagegen verschwindet. Linien, wie sie Arthur Young und Herr Decandolle zur Bezeichnung der Verschiedenheit der Landeskultur auf gewöhnlichen Horizontalprojektionen von Frankreich zogen, können zu ähnlichem Zwecke für Neuspanien nur auf Profilen dargestellt werden. Vom 19. bis zum 22. Grad der Breite wachsen in Ueberfluß Zuckerrohr, Baumwolle und vorzüglich Kakao und Indigo bis zu einer Höhe von 600 bis 800 m.[1] Die Kultur des europäischen Weizens beginnt am Abhange der Kordilleren erst auf einer Höhe von 1400 m; sie reicht nicht über Gebirgskuppen hinaus, die 3000 m hoch sind. Der Pisang (Musa paradisiaca) dieses wohlthätige Gewächs, welches die Hauptnahrung aller Bewohner des heißen Erdgürtels ausmacht, trägt höher als 1550 m beinahe keine Frucht mehr. Mexikanische Eichen gedeihen nur auf einer Höhe von 800 bis 3100 m. Niedriger als 1850 m wächst am Abhange der Gebirge gegen Veracruz hin keine Fichte. Dagegen erhebt sich dieser Baum nahe an der Grenze des ewigen Schnees bis zu einer Höhe von 4000 m.

---

[1] Hier ist bloß von der allgemeinen Verteilung der Produkte des Pflanzenreiches die Rede. Ich werde in der Folge Gegenden anführen, in denen, durch eine besondere Lage begünstigt, Zuckerrohr und Baumwolle bis auf eine Höhe von 1700 m über dem Meeresspiegel gedeihen.

Alle unter den Namen Provincias internas bekannten
Länderstriche, die im gemäßigten Erdgürtel liegen, vorzüglich
die unter dem 30. und 38. Grad der Breite genießen, wie
der übrige Teil von Nordamerika, ein Klima, welches wesent=
lich von dem des alten Kontinents unter gleichen Breiten
verschieden ist. In Nordamerika herrscht eine auffallende Un=
gleichheit zwischen der Temperatur der verschiedenen Jahres=
zeiten. Auf eine Sommerhitze, wie man sie in Neapel und
Sizilien antrifft, folgt eine Winterkälte Deutschlands. Es
wäre überflüssig, hier andere Ursachen dieser Erscheinungen
als die beträchtliche Breite des neuen Weltteils und seine Aus=
dehnung gegen den Nordpol hin auszuführen. Einsichtsvolle
Naturforscher, besonders H. Volney in seinem vortrefflichen
Werke über die Beschaffenheit des Bodens und über das
Klima der Vereinigten Staaten von Nordamerika haben diesen
Gegenstand bereits mit der Gründlichkeit und Aufmerksamkeit
behandelt, welche er verdient. Ich begnüge mich hier die ein=
zige Bemerkung hinzuzufügen, daß die Verschiedenheit der
Temperatur, welche man unter gleicher Breite in Europa
und in Amerika beobachtet, in denjenigen Gegenden des neuen
Kontinents, welche sich dem Stillen Meere nähern, weniger
auffallend ist als in den östlichen Teilen. Herr Barton be=
weist aus dem Zustande des Ackerbaues und aus der natür=
lichen Verteilung der Produkte des Pflanzenreiches, daß die
östlichen Provinzen, gegen den Atlantischen Ozean hin be=
trächtlich kälter sind, als die weit ausgedehnten westlichen
Ebenen, die jenseits der Alleghannyberge liegen.

Ein wenig beachteter, aber für die Fortschritte der Na=
tionalindustrie wichtiger Vorteil erwächst aus der mittleren
Höhe, auf welcher die Natur in Neuspanien den großen
Reichtum metallischer Schätze vergraben hat. In Peru liegen
die vornehmsten Silberbergwerke, die von Potosi, Pasco und
Chota, weit über den Wolkenschichten nahe bei der Grenze
des ewigen Schnees. Um sie zu bearbeiten, müssen Vieh und
Lebensmittel aus der Ferne herbeigeschafft werden. Dazu
bieten Städte auf den hohen Gebirgsrücken mitten in Gegen=
den, wo das Wasser nachts das ganze Jahr hindurch gefriert
und wo kein Fruchtbaum gedeiht, den Menschen eben keinen
einladenden Aufenthalt dar.

Nur die Hoffnung, sich zu bereichern, kann den freien
Mann bewegen, die Küste oder den milden Himmelsstrich der
Gebirgsthäler zu verlassen, um sich auf dem einsamen Rücken

der peruanischen Andeskette einsam anzusiedeln. In Neuspanien findet man die ergiebigsten Erzniederlagen, die von Guanajuato, Zacatecas, Tasco und Real del Monte auf einer mäßigen Höhe von 1700 bis 2000 m. Sorgsam bebaute Felder, volkreiche Städte und Dörfer umgeben in diesem gesegneten Länderstriche die Erzgruben. Wälder bekränzen die Gipfel der benachbarten Berge; alles erleichtert daselbst die Ausbeute der unterirdischen Schätze.

Mitten unter so vielen Begünstigungen, welche die Natur dem Königreich Neuspanien verliehen hat, leidet dasselbe fast durchgehends, wie Altspanien durch Mangel von Wasser und von schiffbaren Strömen. Der Rio Bravo del Norte, und der Rio Colorado sind fast die einzigen Flüsse, die wegen der Länge ihres Laufes und wegen der großen Wassermasse, welche sie dem Ozean zuführen, die Aufmerksamkeit des Reisenden fesseln können. Die Länge des Rio del Norte beträgt von den Gebirgen der Sierra Verde (östlich vom See Timpanogas) bis zu seiner Mündung in der Provinz Neusantander 2278 km, die Länge des Rio Colorado beträgt 1113 km. Aber leider durchströmen diese beiden Flüsse die unbebautesten Teile des Königreiches. Sie werden so lange ohne Einfluß auf Gewerbfleiß und Handel bleiben, als nicht durch große Staatsveränderungen und durch andere Ereignisse begünstigt, die Bevölkerung in dieser fruchtbaren und gemäßigten Zone auffallend zunimmt. Wahrscheinlich ist dieser Zeitpunkt nicht fern. Noch im Jahre 1795 waren die Ufer des Ohio so wenig bevölkert, daß man auf einen Flächenraum von 2587 qkm kaum 30 Familien rechnen konnte, und jetzt ist das Land dermaßen bewohnt, daß eine Niederlassung von der anderen nur eine, höchstens zwei Stunden entfernt ist! —

In dem ganzen Teile von Neuspanien, welcher zwischen den Wendekreisen liegt, findet man nur kleine Flüsse, deren Mündungen aber eine beträchtliche Breite haben. Das feste Land ist zu schmal, als daß sich eine große Menge Wassers auf so engem Raume anhäufen könnte. Die Gewässer, die vom steilen Abhange der Kordilleren herabstürzen, sind eher reißende Wasserströme als Flüsse zu nennen. In Mexiko wie in Peru verbreitet die große Annäherung der Gebirge an die Küste Dürre über die benachbarten Ebenen. Unter den wenigen Flüssen, die den südlichen Teil von Neuspanien durchströmen, sind die einzigen, die man einst für den Handel im Inneren des Landes benutzen könnte: 1) Der Rio Coatzacoalco und der Rio Alvarado, beide liegen südlich von Veracruz und erleichtern die Verbindung mit dem Königreiche Guatemala. 2) Der Rio Montezuma, welcher die Gewässer der Seen und der Thäler von Tenochtitlan dem Rio Panuco zuführt, und mittels deren man, uneingedenk der großen Höhe von Mexiko über den Meeresspiegel, eine Kanalschiffahrt von dieser Hauptstadt herab bis zur östlichen Küste projektiert hat. 3) Der Rio Zacatula. 4) El Rio grande de Santiago, aus den Flüssen Lerma und Las Laxas gebildet, auf dem man Getreide und Mehl aus den fruchtbaren Ebenen von Salamanca und Celaya und vielleicht selbst aus der ganzen Provinz Guadalajara nach dem Hafen San Blas (an den Küsten des Stillen Meeres) verschiffen könnte.

Die Seen, deren Neuspanien eine beträchtliche Menge zählt, und wovon die meisten mit jedem Jahre sichtbar kleiner werden, sind wahrscheinlich schwache Ueberreste der großen Wasserbehälter, welche ehemals die weit ausgedehnten sohligen Ebenen der Kordilleren einnahmen. Ich beschränke mich hier darauf, nur folgende zu nennen: den großen See von Chapala in Neugalicien, der, noch einmal so groß als der Bodensee, eine Strecke Landes von fast 3140 qkm einnimmt; die Seen des Thales von Mexiko, welche sich über den zehnten Teil dieses Thales verbreiten; den See von Patzcuaro in der Intendanz Valladolid, einer der reizendsten und malerischten Punkte, die ich kenne; den See von Mextitlan und den See von Parras in Neubiscaya.

Das Innere von Neuspanien, vorzüglich ein Teil der hohen Gebirgsfläche von Anahuac, ist ein baumloses, pflanzenarmes Land; der Anblick dieser öden, unfruchtbaren Gegend erinnert an die Ebenen von Alt- und Neukastilien. Mannichfaltige Ursachen begründen diese sonderbare Erscheinung. Die Höhe der Mexikanischen Kordillere ist so beträchtlich, daß die Ausdünstung auf der großen Gebirgsfläche durch die der Bergluft eigentümliche Trockenheit ansehnlich vermehrt wird. Andererseits ist das Land doch noch zu niedrig, als daß viele Gebirgsgipfel bis in die Schneeregion reichten. Diese Region oder die Grenze des ewigen Schnees beginnt unter der Linie auf einer Höhe von 4800 m, unter dem 45. Grad der Breite mit 2550 m. In Neuspanien unter dem 19. und 20. Grad der Breite, findet man meinen Messungen zufolge ewigen Schnee auf einer Höhe von 4600 m. Von den sechs kolossalen Bergen, welche sich von 19° und 19° 15′ Breite in einer Linie erheben, sind nur vier, der Pik von Orizaba, der Popocatepetl, der Iztaccihuatl und der Nevado von Toluca, mit ewigem Schnee bedeckt; die Gipfel der beiden anderen, der Koffer von Perote, und der Vulkan von Colima erscheinen den größten Teil des Jahres über völlig schneelos. Nördlich und südlich von diesem Parallel der großen Höhen, über diesen schmalen Erdgürtel hinaus, in dem auch der neue Vulkan von Jorullo ausgebrochen ist, gibt es in Neuspanien keinen einzigen Berg, welcher mit immerwährendem Schnee bedeckt wäre.

Im Monate September, wo die ewige Schneegrenze sich am meisten von dem Fuße der Gebirge entfernt, beginnt dieselbe unter dem Parallel von Mexiko, auf einer Höhe von 4500 m. Im Januar, wo sie sich am tiefsten herabsenkt, findet man sie schon auf einer Höhe von 3700 m. Dieser Höhenunterschied oder die Oszillation der Schneegrenze beträgt daher unter dem 19. Grad der Breite von einer Jahreszeit zur anderen 800 m, unter der Linie kaum 60 bis 70 m. Man muß indes nicht die ewige Eisrinde, welche die Gipfel der Berge überzieht, mit dem Schnee verwechseln, der zufällig zur Winterszeit in weit niedrigeren Gegenden fällt. Selbst diese letztere Erscheinung unterliegt, wie alles in der Natur, unwandelbaren Gesetzen, die von den Naturforschern näher untersucht zu werden verdienen. Unter dem Aequator, in der Provinz Quito, fällt dieser schnell hinwegschmelzende Schnee nur auf einer Höhe von 3800 bis 3900 m; in Neuspanien, zwischen dem 18. und 22. Grad der Breite, gewöhnlich schon auf einer Höhe von 3000 m. Ja, man hat in den Straßen der Hauptstadt Mexiko auf einer Höhe von 2277 m, und selbst noch 780 km tiefer, in Valladolid, bisweilen schneien gesehen.

In den Provinzen von Neuspanien, welche zu der Tropenregion gehören, trägt alles, Boden, Klima und Pflanzenwuchs, gleichsam den Charakter der gemäßigten Zone. Die Nähe von Kanada, die Breite des neuen Kontinents gegen Norden hin, und die Menge Schnees, welche sich in Polarländern anhäuft, kühlen die Atmosphäre von Neu-Spanien mehr ab, als man es in Gegenden, die unter dem heißen Erdgürtel liegen, erwarten sollte.

Ist die Winterkälte in den mexikanischen Gebirgsebenen

auffallend groß, so steigt auch andererseits im Sommer die
Hitze daselbst auf einen weit höheren Grad, als man nach
der Analogie der thermometrischen Beobachtungen vermuten
sollte, welche Bouguer und La Condamine auf der peruani=
schen Andeskette angestellt haben; die große Masse der Kor=
dilleren von Neuspanien, die ungeheuren Ebenen, die sich
auf ihrem Rücken hinziehen, verursachen durch Reverberation
der Sonnenstrahlen eine Wärme, welche man in weniger
ebenen Hochländern, bei gleicher Erhöhung über den Meeres=
spiegel, vergebens suchen würde. Diese Wärme und andere
Lokalumstände vermehren die Dürre, welche als ein Haupt=
übel jener herrlichen Länder zu betrachten ist.

Nördlich vom 20. Grad besonders vom 22. bis zum
30. Grad der Breite, sind die Regengüsse, welche ohnedies
nur vom Juni bis in den September eintreten, im In=
neren des Landes äußerst selten. Wir haben bereits oben
bemerkt, daß die beträchtliche Höhe dieser Gebirgsfläche
und die Trockenheit der dünnen Luftschichten die Aus=
dünstung beschleunigen. Der aufsteigende Luftstrom, die
Säule warmer Luft, welche sich über die Ebene erhebt, ver=
scheucht und zerstreut die Wolken; sie hindern die Dunst=
bläschen sich zu zersetzen, und dieses dürre, salzige, jedes Ge=
sträuches beraubte Hochland zu bewässern. Flußquellen sind
selten in Gebirgen, welche größtenteils aus porösem Mandel=
stein und aus klüftigem Porphyr bestehen. Das eindringende
Wasser, statt sich in kleinen unterirdischen Behältern zu sam=
meln, verliert sich in den Spalten der Berge, die in alten
vulkanischen Revolutionen erschüttert worden sind. Es kommt
erst wieder am Fuße der Kordilleren zum Vorschein, wo es
eine Menge kleiner Flüsse bildet, die der Gestalt des Landes
wegen von geringer Länge sind.

Diese Dürre der Centralgebirgsfläche, dieser gänzliche
Mangel an Bäumen, zu welchem wahrscheinlich auch ein
langes Verweilen der Gewässer in den hohen Thälern beitrug,
sind dem Umtriebe des Bergbaues hinderlich. Dieses Uebel
ist seit der Ankunft der Europäer beträchtlich vermehrt wor=
den. Die Konquistadoren haben die alten Waldungen zer=
stört, ohne neue anzupflanzen, ja sie haben durch künstliche
Austrocknung der Seen der Vegetation auf dem Plateau noch
mehr geschadet; salzsaure Soda und Kalkerde, salpetersaures
Kali, und andere salzige Stoffe verbreiten sich über den alten
Seeboden; ja sie vegetieren mit einer Schnelligkeit, deren

Erklärung den Chemiker verlegen macht. Durch diese alles verdrängende, der Landeskultur so schädliche Salzrinde gleicht die mexikanische Gebirgsfläche an einigen Stellen der hohen Ebene von Tibet, oder jenen Salzsteppen, die sich im inneren Asien von der chinesischen Mauer bis an den Aralsee erstrecken. Unfruchtbarkeit und Mangel an kräftigem Pflanzenwuchse haben seit der spanischen Eroberung sichtbar im Thal von Tenochtitlan zugenommen, ein Thal, welches, solange noch die Seen einen größeren Flächenraum einnahmen und durch ihre Ueberschwemmungen den Lettenboden gleichsam auslaugten, mit dem herrlichsten Grün geschmückt war.

Glücklicherweise findet diese Dürre des Bodens, deren Ursachen wir bis hierher entwickelt, nur an einzelnen Punkten und auf den höchsten Ebenen statt. Ein großer Teil des Königreichs Neu=Spanien gehört unter die fruchtbarsten Länder der Erde. Am Abhange der Kordillere, wo feuchte Winde und häufige Nebel den Boden tränken, ist der Pflanzenwuchs von unbeschreiblicher Ueppigkeit und Pracht. Noch tiefer herab, an den Küsten erzeugt die Fäulnis einer großen Masse organischer Stoffe furchtbare Krankheiten, welche Europäern und überhaupt allen, die nicht an ein heißes Klima gewöhnt sind, gefährlich werden. Unter dem brennenden Himmelsstriche der Tropenwelt sind Ungesundheit der Luft und außerordentliche Fruchtbarkeit des Bodens fast unzertrennlich miteinander verknüpft. Die Menge Regenwasser, welche in einem Jahre fällt, beträgt am Mexikanischen Meerbusen, z. B. in Veracruz 1,62 m, während sie in Frankreich kaum 0,70 m erreicht. Eine so ungeheure Feuchtigkeit befördert mit der schnelleren Entwickelung der vegetabilischen und tierischen Organisation auch die Bildung gefahrdrohender Miasmen. Bei dem allen ist Neuspanien im ganzen (wenige Seehäfen und die tiefen Thäler abgerechnet, in denen die ärmere Volksklasse von Wechselfiebern leidet) als ein auffallend gesundes Land zu betrachten.

Die Bewohner von Mexiko werden durch Erdbeben und vulkanische Ausbrüche seltener beunruhigt als die Bewohner von Quito, Guatemala und Cumana. Es gibt in den Kordilleren von Anahuac nur fünf brennende Vulkane, den Orizaba, den Popocatepetl und die Berge von Tuxtla, Jorullo und Colima. Erdbeben sind häufig an den Küsten des Stillen Meeres und selbst in der Gegend von Mexiko. Sie richten aber minder große Verwüstungen an, als die, welche die

Städte Lima, Riobamba, Guatemala und Cumana von Zeit zu Zeit erlitten haben. Durch ein ebenso sonderbares als schreckliches Naturereignis stieg der Vulkan von Jorullo, von einer zahllosen Menge kleiner rauchender Kegel umgeben, im September 1759, aus der Erde hervor. Unterirdisches Getöse, fast um so fürchterlicher, weil es von keiner anderen vulkanischen Erscheinung begleitet war, ist monatelang im Anfange des Jahres 1784 zu Guanajuato vernommen worden. Diese Phänomene beweisen, daß die schmale Zone zwischen dem 19. und 22. Grad der Breite unterirdisches Feuer nährt, welches von Zeit zu Zeit selbst in großer Entfernung von der Meeresküste die Erdrinde durchbrüht.

Die Stadt Mexiko steht durch ihre natürliche Lage gleichsam in Verbindung mit allen Teilen der civilisierten Welt. Auf einer Landenge erbaut, welche von einer Seite die Südsee, von der anderen der Atlantische Ozean bespült, scheint sie zu einer wichtigen Rolle auf dem großen Schauplatze politischer Ereignisse bestimmt zu sein. Ein König von Spanien, der seine Residenz im Thale von Tenochtitlan aufschlüge, könnte seine Befehle in fünf Wochen nach Europa, in sechs Wochen nach Asien, nach den Philippinischen Inseln gelangen lassen. Das unermeßliche mexikanische Reich mit gehörigem Fleiße angebaut, könnte fast allein die Produkte erzeugen, welche der Fleiß schiffahrender Nationen auf allen übrigen Teilen des Erdballes sammelt, Zucker, Kochenille, Kakao, Baumwolle, Kaffee, Weizen, Hanf, Flachs, Seide und Wein. Es besitzt alle nutzbaren Metalle, selbst das Quecksilber nicht ausgenommen. Herrliches Bauholz, Ueberfluß an Eisen und Kupfer würden die Fortschritte der mexikanischen Schiffahrt begünstigen. Nur der Zustand der Küsten und der Mangel an Häfen von der Mündung des Rio Alvarado an bis zum Ausflusse des Rio Bravo stellen Hindernisse in den Weg, welche selbst unter den günstigsten politischen Verhältnissen schwer zu entfernen sein werden.

Diese Hindernisse beschränken sich indes nur auf die östlichen Küsten. San Francisco in Neukalifornien, San Blas in der Provinz Guadalajara an der Mündung des Santiagoflusses, und vorzüglich Acapulco sind vortreffliche Häfen. Der letztere Hafen ist wahrscheinlich durch irgend eine heftige Erderschütterung gebildet. Er gehört zu den bewundernswürdigsten Meeresbuchten der bekannten Erde. Auf der ganzen Küste des Stillen Meeres ist Coquimbo in Chile allein dem Hafen von Acapulco vorzuziehen, weil im letzteren zur Zeit heftiger Windstöße das Meer bisweilen stürmisch eindringt. Weiter gegen Südosten von Acapulco liegt Rialejo, ein Hafen, der im Königreich Guatemala, wie der von Guayaquil, durch die Mündung eines schönen und großen Flusses gebildet wird. Sonzonate und Tehuantepec, wo während der guten Jahreszeit viele Schiffe einlaufen, sind offene Reeden, welche im Winter nicht ohne Gefahr besucht werden können.

Wirft man einen allgemeinen Blick auf die östliche Küste von Neuspanien, so sieht man, daß sie minder vorteilhaft für den Handel als die westliche gestaltet ist. Auf jener gibt es, wie schon oben bemerkt, eigentlich gar keinen sicheren Hafen. Veracruz, dessen jährliche Exportation 50 bis 60 Millionen beträgt, ist nichts als ein schlechter Ankerplatz zwischen den Untiefen Caleta, La Gallega und Lavandera. Die physischen Ursachen, welche diese Lage so unvorteilhaft machen, sind leicht zu ergründen. Die Küste von Neuspanien, so weit sie den Mexikanischen Meerbusen begrenzt, ist als ein Damm zu betrachten, gegen den die Tropenwinde und die perpetnierliche Bewegung der strömenden Gewässer von Osten nach Westen den Sand anhäufen, welchen die stürmische See aufwühlt. Der Rotationsstrom verfolgt die Küsten von Südamerika, von Cumana bis zur Landenge von St. Darien; dort wendet er sich nordwärts gegen das Vorgebirge Catoche, bildet einen großen Wirbel im Mexikanischen Meerbusen und bringt durch den Kanal von Florida gegen die Bank von Neufundland vor. Der Sand, welchen die umhertreibenden Gewässer von der Halbinsel Yucatan bis zu den Mündungen des Rio del Norte und des Mississippi anhäufen, verengt allmählich das Becken des Mexikanischen Meerbusens. Auffallende geognostische Thatsachen beweisen diesen allmählichen Zuwachs des festen Landes; überall bemerkt man das Zurückweichen des Ozeans. Herr Ferrer hat bei dem Dorfe Soto la Marina, östlich von der kleinen Stadt Neusantander, 10 Stunden weit von der Küste, den Flugsand mit Seemuscheln gemengt gefunden; dieselben pelagischen Reste habe ich in der Gegend von Antigua und Neuveracruz weit gegen Westen bemerkt. Die Flüsse, welche von der Sierra Madre in das Antillische Meer herabströmen, tragen nicht wenig dazu bei, die Untiefen längs der Küste zu vermehren. Auffallend ist es, daß im alten Spanien gerade wie im neuen das östliche Litorale der Schiffahrt am hinderlichsten ist. Längs dem Mexikanischen Meerbusen vom 18. bis zum 26. Grad der Breite sind die Küsten durch Barren beschützt, über welche kein Schiff, welches mehr als 3 bis 3,3 m Wasser zieht, ohne Gefahr zu stranden, hinwegsegeln kann. Diese dem Handel so nachteiligen Barren erleichtern die militärische Verteidigung des Landes gegen die herrschsüchtigen Entwürfe einer europäischen Seemacht.

Mißvergnügt über den Hafen von Veracruz (wenn der gefährlichste aller Ankerplätze den Namen eines Hafens verdient) schmeicheln sich indessen die Bewohner von Neuspanien mit der Hoffnung, dem Handel bequemere und sichere Wege zu eröffnen. Südlich von Veracruz haben die Mündungen der Flüsse Alvarado und Goatzacoalco, nördlich von Veracruz der Rio Tampico und vorzüglich das Dorf Soto la Marina, oberhalb der Barre von Santander, seit langer Zeit die Aufmerksamkeit der Regierung gefesselt. Allein auch an diesen, übrigens vorteilhaft gelegenen Punkten verhindern Untiefen das Einlaufen großer Schiffe. Man müßte die Häfen künstlich reinigen, und es ist sehr ungewiß, ob die kostspielige Unternehmung des Ausbaggerns von dauerhaftem Nutzen sein würde. Uebrigens ist zu bemerken, daß die Küsten von Neusantander und Texas, vorzüglich von der Bernard- oder Carbonerabai noch viel zu unbekannt sind, um zu entscheiden, ob längs dieses weit ausgedehnten Litorales das Meer überall dieselben Sandbänke angehäuft hat. Zwei thätige, mit astronomischen Kenntnissen ausgerüstete Offiziere, die Herren Cevallos und Herrera, haben sich neuerlichst mit dieser für die Schiffahrt wichtigen Untersuchung der östlichen mexikanischen Küsten beschäftigt. Unter den gegenwärtigen Verhältnissen hängt Neuspanien in militärischer Hinsicht von der Insel Cuba ab; die Havana ist der einzige benachbarte Hafen, in welchem die Kriegsgeschwader einlaufen können. Es ist der wichtigste Punkt zur Verteidigung der mexikanischen Küsten. Auch hat die Regierung seit der letzten Einnahme der Havana durch die Engländer ungeheure Summen aufgewendet, um die Festungswerke dieses Platzes zu erweitern. Seines wahren Vorteils eingedenk, hat der Madrider Hof den Grundsatz anerkannt, daß eine europäische Macht nur so lange den Besitz von Neuspanien bewahren kann, als sie Herr der Insel Cuba bleibt.

Ein Nachteil ist in den östlichen Küsten mit denen gemein, welche der Große Ozean, oder wie man ihn mit

Unrecht nennt, das Stille Meer bespült. Heftige Stürme machen beide Küsten mehrere Monate hindurch unzugänglich und stören die Schiffahrt. Die Nordwinde (los Nortes), eigentlich Nordwestwinde wehen im Mexikanischen Meerbusen von der Herbstnachtgleiche bis zum Anfange des Frühlings. Am schwächsten sind diese Winde gewöhnlich in den Monaten September und Oktober; am stärksten im Monate März, bisweilen dauern sie bis in den April; Seefahrer, welche häufig den Hafen von Veracruz besuchen, kennen die Zeichen, welche die Nähe dieser Stürme andeuten, wie der Arzt die Symptome eines Fiebers kennt. Eine große Unruhe der Quecksilbersäule im Barometer, eine plötzliche Unterbrechung der regelmäßigen stündlichen Oszillationen der Atmosphäre sind nach Herrn Ortas merkwürdigen Beobachtungen als sicherste Vorbedeutungen eines nahen Nordsturmes zu betrachten. Zu diesen Merkmalen gesellen sich noch andere Naturerscheinungen: es bläst ein kleiner Landwind (Terral) von West-Nord-West; auf diesen Terral folgt eine gelinde Brise, zuerst aus Nordost, dann aus Süden; indes herrscht eine drückende Hitze; das in der Luft aufgelöste Wasser schlägt sich an alle Mauern von Backsteinen auf den gepflasterten Fußboden und an die Geländer von Holz oder Eisen nieder. Der Gipfel des Piks von Orizaba und des Koffers von Perote, die Gebirge von Villarica und vorzüglich die Sierra von San Martin, die sich von Tuxtla bis zum Goatzacoalco erstreckt, erscheinen plötzlich unbewölkt, während ihr Fuß in einem halbdurchsichtigen Schleier von Dünsten eingehüllt ist. Diese Kordilleren, besonders die Schneeberge schneiden sich in scharfen Umrissen gegen die tiefe Himmelsbläue ab. Bei diesem Zustande der Atmosphäre beginnt der Sturm zuweilen mit solchem Ungestüm, daß die auftobenden Wellen hoch über die Stadtmauer schlagen, und daß es bereits in der ersten Viertelstunde gefährlich ist, auf dem Molo, in dem Hafen zu verweilen. Alle Verbindung zwischen der Stadt und dem Schlosse San Juan de Ulua ist dann unterbrochen. Gewöhnlich dauern diese Nordstürme drei bis vier, bisweilen zehn bis zwölf Tage. Geht der Wind durch Süden in einen Ostwind (Brise) über, so ist diese Veränderung gewöhnlich nur von kurzer Dauer; die Wut des Sturmes beginnt dann bald von neuem; wendet sich dagegen der Nordwind durch Nordost nach Osten, so kann man auf wahre Brise oder Ostwind und auf anhaltend schönes Wetter rechnen. Zur Winterszeit dauert der tropische Ost=

wind kaum drei bis vier Tage hinter einander. Doch ist dieser Zeitraum mehr als hinreichend, um zu gestatten, daß ein aus dem Hafen von Veracruz auslaufendes Schiff die offene See erreichen und sich von den der Küste nahen Untiefen entfernen kann. Zuweilen empfindet man auch im Mexikanischen Meerbusen in den Monaten Mai, Juni, Juli und August äußerst heftige Windstöße: man nennt sie Nortes Hueso de colorado; glücklicherweise gehören sie aber zu den seltenen Erscheinungen. Die Nordwinde und das schwarze Erbrechen herrschen zu verschiedenen Epochen. Deshalb hat der Europäer, der in Neuspanien landet, und der Mexikaner, den Handelsgeschäfte nötigen, um von dem Gebirgsplateau herabzusteigen und sich in Veracruz einzuschiffen, die furchtbare Wahl zwischen einer tödlichen Krankheit und einer gefahrvollen Schiffahrt.

An den westlichen Küsten von Neuspanien, an denen, welche an das Große Weltmeer grenzen, ist die Schiffahrt im Juli und August äußerst gefährlich. Schreckliche Stürme aus Südwesten wüten dort in den Sommermonaten. In dieser Jahreszeit, ja selbst noch im September und Oktober ist es äußerst gefährlich, in den Häfen von San Blas und Acapulco, sowie überhaupt an der ganzen Küste von Guatemala zu landen. Aber auch vom Oktober bis zum Mai, während der schönen Jahreszeit (Verano de la mar del Sur) wird in diesen Gegenden die Ruhe des sogenannten Stillen Meeres durch die heftigen Stürme aus Nordosten unterbrochen. Man nennt diese Windstöße „Papagallos" und Tehuantepec.

Mit diesen sonderbaren Erscheinungen aus eigener Erfahrung bekannt, werde ich an einem anderen Orte untersuchen, ob diese Papagallos, deren verheerende Wirkung nur auf einen engen Raum eingeschränkt ist, von der Lage benachbarter Vulkane oder von der geringen Breite der Mexikanischen Landenge herrühren. Da das Gleichgewicht der Atmosphäre in den Monaten Jänner und Hornung an den Küsten des Antillischen Meeres gestört ist, so strömen vielleicht die aufwogenden Luftschichten mit großem Ungestüm quer über den Kontinent gegen den Großen Ozean über. Der Tehuantepec und Papagallo wären nach dieser Hypothese die Nordwinde des Mexikanischen Meerbusens und die „Brisotes" von Santa Marta. Das Anlanden an der Küste von Salinas und Ventosa ist wegen des Tehuantepecsturmes fast ebenso beschwerlich als an den Küsten von Nicaragua und Guatemala, wo in den Monaten August und September die „Papayaguas" herrschen.

Diese letzteren, wahre Südwestwinde, sind von Donner und heftigen Regengüssen begleitet, während der Tehuantepec und die Papagallos [1] bei heiterer Himmelsbläue wüten. So werden zu verschiedenen Zeiten fast alle Teile Neu-Spaniens den Seefahrern gefährlich.

---

[1] Die Papagallos wehen vorzüglich vom Weißen Vorgebirge von Nicoya (unter 9° 30' der Breite bis zum Meerbusen von Santa Catarina unter 10° 45').

Krankheiten, welche periodisch die Fortschritte der Bevölkerung unterbrechen. — Natürliche und inokulierte Pocken. — Kuhpocken. — Matlazahuatl. — Teurung der Lebensmittel. — Gesundheit der Arbeiter in den Bergwerken.

Trotz der außerordentlichen Hitze der Sonne und dem Reflex ihrer senkrechten Strahlen vom Boden können die Küsten und die trockenen Ebenen Amerikas, welche unter dem Aequator liegen, im ganzen als gesund angesehen werden. Leute von reiferen Jahren, besonders solche, die sich dem Greisenalter nähern, haben sehr wenig von diesen Gegenden zu fürchten, deren Ungesundheit man mit Unrecht übertrieben hat. Die Mortalität ist besonders in den sehr heißen und zugleich sehr feuchten Strichen weit beträchtlicher unter den Kindern und jungen Leuten. Längs der ganzen Küste hin, von der Mündung des Alvarado bis Tamiagua, Tampico und gegen die Ebenen von Neusantander herrschen Wechselfieber. Ebenso ungesund ist die ganze westliche Senkung der Kordillere von Mexiko, sind es die Küsten des Südmeeres von Acapulco aus bis zu den Häfen von Colima und San Blas und man kann diese feuchten, furchtbaren und ungesunden Gegenden völlig dem Küstenteil der Provinz Caracas vergleichen, welcher sich von Neubarcelona bis Porto Cabello erstreckt. Die dreitägigen Fieber sind die Geißel dieser Länder, welche die Natur im übrigen mit der kraftvollsten und an nützlichen Produkten reichsten Vegetation ausgeschmückt hat. Jenes Uebel wird hier aber um so grausamer, da die Eingeborenen ihre Kranken im traurigsten Zustande sich selbst überlassen und die Kinder besonders die Opfer dieser Vernachlässigung werden.

Die Pocken, welche seit 1520 in diesem Lande bekannt sind, scheinen ihre Verwüstungen nur alle 17 Jahre anzurichten. In den Aequinoktialgegenden haben sie, wie das schwarze Erbrechen und mehrere andere Krankheiten ihre festen Perioden, an denen sie sich regelmäßig wieder einfinden; und man möchte glauben, daß sich in diesen Ländern die Anlage der Eingeborenen für gewisse Miasmen nur in sehr weit voneinander entfernten Perioden erneuert, indem die Pocken, deren Samen sehr oft von europäischen Schiffen gebracht wird, nur in sehr ansehnlichen Zwischenräumen epidemisch, aber auch den Erwachsenen nur desto gefährlicher werden. 1763 und besonders 1779 haben die Pocken erschreckliche Verwüstungen angerichtet. Im letzteren Jahre rafften sie bloß in der Hauptstadt von Mexiko über 9000 Menschen hin; die Leichenwagen durchzogen, wie in Philadelphia zur Zeit des gelben Fiebers die Straßen alle Abend, um die Leichname aufzunehmen, und ein großer Teil der mexikanischen Jugend ward in diesem unglücklichen Jahre niedergemäht.

Die Epidemie von 1797 war weniger mörderisch, wozu der Eifer gewirkt haben mag, womit man die Pockenimpfung in den Umgebungen von Mexiko und im Bistum von Michoacan verbreitet hatte. In Valladolid, der Hauptstadt dieses Bistums, starben von 6800 Individuen, denen die Krankheit inokuliert worden war, nicht mehr als 170, also 2½ von 100; und dennoch hatte man bei vielen die Operation erst zu einer Zeit vorgenommen, wo sie wahrscheinlich schon von den natürlichen Pocken angesteckt waren. Von 100 Individuen jeden Alters, welche ohne Impfung die Opfer der natürlichen Pocken geworden, starben jedesmal 14. Mehrere Personen, besonders unter der Geistlichkeit, zeigten bei dieser Gelegenheit den lobenswürdigsten Patriotismus, indem sie die Fortschritte der Epidemie durch die Inokulation aufzuhalten suchten. Ich will hier nur zwei gleichaufgeklärte Männer nennen, den Herrn von Reaño, Intendanten von Guanajuato und Don Manuel Abad, Kanonikus-Pönitentiarius beim Domstift von Valladolid, deren edelmütige und uneigennützige Absichten immer das allgemeine Beste zum Ziele hatten. Die Pocken wurden dazumal im ganzen Königreiche mehr als 50 000 bis 60 000 Menschen eingeimpft.

Seit dem Januar 1804 wurde die Kuhpockenimpfung durch die Thätigkeit eines ehrwürdigen Bürgers, Don Tomas Murphy, welcher zu verschiedenen Malen den Virus aus Nordamerika kommen ließ, in Mexiko eingeführt. Er fand hierbei wenige Schwierigkeiten, indem die Kuhpocken sich als eine leichte Krankheit zeigten und die Inokulation der gewöhnlichen Pocken die Indianer längst an die Nützlichkeit der Idee gewöhnt hatte, durch ein kleines Uebel freiwillig einem größeren zu begegnen. Wären die Kuhpocken oder wenigstens die gewöhnliche Inokulation seit dem 16. Jahrhundert in der Neuen Welt bekannt gewesen, so würden mehrere Millionen Indianer nicht die Opfer dieser Krankheit und besonders der unvernünftigen Behandlung geworden sein, durch die man sie so gefährlich gemacht hat. Bloß durch sie ist die Anzahl der Eingeborenen von Kalifornien auf eine so fürchterliche Weise herabgeschmolzen. — So aber kamen die königlichen Schiffe, welche die Kuhpocken nach den Kolonieen von Amerika und Afrika bringen sollten, erst kurze Zeit nach meiner Abreise in Veracruz an.

Don Antonio Valmis, der Oberarzt dieser Expedition, besuchte Portorico, die Insel Cuba, Mexiko und die Philippinischen Inseln. Sein Aufenthalt in Mexiko, wo man die Kuhpocken indes schon vor seiner Ankunft kannte, hat die Ausbreitung dieses wohlthätigen Verwahrungsmittels ganz besonders erleichtert. In den vorzüglichsten Städten des Königreiches bildeten sich Komitees für die Kuhpockenimpfung (Juntas centrales), welche aus den aufgeklärtesten Männern bestehen, von Monat zu Monat neue Operationen vornehmen lassen, und so darüber wachen, daß der Kuhpockenmiasmus nicht verloren geht. Er wird dies aber um so weniger, da er in dem Lande selbst vorhanden ist. Wirklich hat ihn Herr Valmis in der Gegend von Valladolid und im Dorfe Atlixco bei Puebla, an den Eutern der mexikanischen Kühe entdeckt. Nachdem dieses Geschäft den wohlthätigen Absichten des Königs von Spanien gemäß ausgeführt worden ist, darf man wohl hoffen, daß die Vaccination durch den Einfluß der Geistlichkeit, und besonders der Missionäre, nach und nach bis ins Innere des Landes verbreitet werden werde. Darum muß auch Herrn Valmis Reise ewig denkwürdig in den Annalen der Geschichte bleiben. Zum erstenmal sahen die Indianer bei dieser Gelegenheit jene Schiffe, welche sonst bloß Blut- und Mordinstrumente enthielten, der leidenden Menschheit die Keime der Hilfe und des Trostes bringen!

Die Ankunft der bewaffneten Fregatten, auf welchen Herr Valmis den Atlantischen Ozean und das Südmeer durchstreifte, hat an verschiedenen Küsten zu einer sehr einfachen, aber nur desto rührenderen, religiösen Ceremonie Veranlassung gegeben. Die Bischöfe, die Militärgouverneure und die im Rang ausgezeichnetsten Personen begaben sich an das Seeufer. Hier nahmen sie die Kinder, welche die Kuhpocken den Ureingeborenen von Amerika und dem malaiischen Stamme auf den Philippinischen Inseln bringen sollten, auf ihre Arme und trugen sie unter allgemeinem Jauchzen vor die Altäre, wo sie dem höchsten Wesen für ein so glückliches Ereignis dankten. Wirklich muß man die Verwüstungen, welche die Pocken in der heißen Zone und unter einem Menschenstamme anrichten, dessen physische Konstitution allen Hautkrankheiten entgegen zu sein scheint, näher kennen, um es einzusehen, wie Herrn Jenners Entdeckung für die Aequinoktialgegenden des neuen Kontinents noch unendlich wichtiger ist als für die gemäßigten Länder des alten.

Denen, welche sich mit der Geschichte der Vaccination befassen, zu Gefallen werde ich hier ein Faktum beibringen, welches für ihren Zweck Interesse hat. Bis zum November 1802 waren die Kuhpocken in Lima unbekannt. Um diese Zeit herrschten die natürlichen auf den Küsten des Südmeeres. Das Kauffahrteischiff Santo Domingo de la Calzada, legte auf seiner Ueberfahrt von Spanien nach Manila in Lima an, und ein Bewohner von Cadiz hatte den guten Einfall gehabt, diesem Schiffe Kuhpockenstoff für die Philippinischen Inseln mitzugeben. Diese Gelegenheit benutzte man in Lima, und Herr Unanue, Professor der Anatomie und Verfasser einer vortrefflichen physiologischen Abhandlung über das Klima von Peru,[1] vaccinierte verschiedene Personen mit dem Virus, welchen das Kauffahrteischiff gebracht hatte. Allein es entstand keine Blatter und man hielt den Virus bereits für verändert oder zu schwach, da bemerkte Herr Unanue erst, daß die vaccinierten Personen alle bereits besonders gutartige natürliche Pocken gehabt hatten und bediente sich daher dieses Ansteckungsgiftes, um die Epidemie auf dem Wege der gewöhnlichen Impfung minder schädlich zu machen.

Im Laufe dieser Epidemie, 1802, machte man auch durch einen Zufall die Entdeckung, daß die wohlthätige Wirkung der Kuhpocken schon lange Zeit bei den Landleuten der peruanischen Anden bekannt gewesen war. Man hatte einem Negersklaven in dem Hause des Marquis von Vallcumbroso

---

[1] Dieses Werk, welches die genaueste Bekanntschaft mit der französischen und englischen Litteratur verrät, führt den Titel: Observaciones sobre el clima de Lima y sus influencias en los seres organizados en especial el hombre, por el Dr. D. Hipolito Unanue. Lima 1806.

die natürlichen Pocken einokuliert; allein er zeigte kein Symptom von Krankheit. Man wollte die Operation an ihm wiederholen, da erklärte er, er sei überzeugt, daß er nie die Pocken bekommen würde, indem er beim Weiden der Kühe auf der Kordillere der Anden eine Art von Hautkrankheit gehabt habe, welche nach der Aussage der alten indianischen Väter von der Berührung gewisser Beulen, welche man zuweilen an den Eutern der Kühe finde, hergekommen sei. Wer diese Hautkrankheit gehabt, setzte der Neger hinzu, ist vor den Pocken sicher. — Wirklich haben die Afrikaner und besonders die Indianer außerordentlich viel Scharfsinn in der Beobachtung des Charakters, der Lebensweisen und der Krankheiten der Tiere, unter welchen sie gewöhnlich leben. Man darf sich daher nicht wundern, daß das gemeine Volk seit der Einführung des Hornviehs in Amerika die Bemerkung gemacht hat, wie die Blattern, welche man auf den Eutern der Kühe bemerkt, den Hirten eine Art von unschädlichen Pocken mitteilen und die, welche sie gehabt, der allgemeinen Ansteckung zur Zeit großer Epidemien völlig entgehen.

Die „Matlazahuatl", eine dem indianischen Stamm ganz eigene Krankheit, scheint sich nur alle Jahrhunderte einmal zu zeigen. Sie wütete besonders in den Jahren 1545, 1576 und 1736, und wird von den spanischen Schriftstellern eine Pest genannt. Da die letzte Epidemie der Art zu einer Zeit geherrscht hat, wo die Heilkunde, selbst in der Hauptstadt, noch nicht einmal als Wissenschaft anerkannt war, so fehlen uns die genaueren Nachrichten über diese Krankheit. Zuverlässig hat sie indes einige Aehnlichkeit mit dem gelben Fieber oder dem schwarzen Erbrechen, greift aber keinen Weißen an, er mag nun ein Europäer sein oder von den Ureingeborenen abstammen. Die Individuen der kaukasischen Rasse scheinen diesem tödlichen Typhus überhaupt gar nicht unterworfen zu sein, während dagegen das gelbe Fieber oder das schwarze Erbrechen die mexikanischen Indianer nur sehr selten angreift. Der hauptsächlichste Schauplatz des Vomito prieto ist die Seegegend, deren Klima außerordentlich heiß und feucht ist. Die Matlazahuatl hingegen verbreitet Schrecken und Tod bis ins Innere des Landes, auf das Centralplateau und in die kältesten und dürrsten Gegenden des Königreiches.

Der Franziskanermönch Torribio (bekannter unter seinem mexikanischen Namen Motolinia) versichert, daß die im Jahre 1520 durch einen Negersklaven von Narväez eingeführten Pocken die Hälfte der Bewohner von Mexiko dahingerafft haben, und Torquemada hat sogar die kühne Meinung, daß in den beiden Epidemieen der Matlazahuatl von 1545 und 1576 in der ersteren 800000 und in der letzteren 2000000 Indianer gestorben seien. Zieht man aber die Schwierigkeit in Betrachtung, welche man selbst heutzutage in dem östlichen Europa findet, wenn man die Zahl der Pestopfer anschlagen will, so darf man wohl mit allem Grund daran zweifeln, daß sich die beiden Vizekönige Mendoza und Almanza, welche das eben eroberte Land regierten, im 16. Jahrhundert das Verzeichnis aller, von der Matlazahuatl dahingemähten Indianer verschaffen konnten. Ich will indes die Glaubwürdigkeit dieser beiden Mönche und ihrer Geschichtswerke nicht angreifen, wenn es gleich sehr unwahrscheinlich ist, daß ihr Kalkul auf genauen Nachrichten beruht.

Es wäre sehr merkwürdig, das Problem aufzulösen: ob die Pest, welche vor der Ankunft der Europäer von Zeit zu Zeit die atlantischen Gegenden der Vereinigten Staaten verwüstet hat, und welche der berühmte Rush mit seinen Anhängern als das Prinzip des gelben Fiebers ansieht, mit der Matlazahuatl der mexikanischen Indianer identisch sei? Man darf hoffen, daß diese letzte Krankheit, wenn sie sich wieder in Neuspanien zeigen sollte, von den Aerzten aufs sorgfältigste beobachtet werden werde.

Ein drittes und vielleicht das grausamste Hindernis der Fortschritte der Bevölkerung in Neuspanien ist die Hungersnot. Die amerikanischen Indianer begnügen sich gleich den Bewohnern von Hinduftan mit den wenigen Lebensmitteln, welche das Lebensbedürfnis erfordert, und sie vermehren sich, ohne daß die Subsistenzmittel sich im Verhältnis zu der steigenden Bevölkerung vergrößern. Indolent von Charakter überhaupt und besonders durch ihre Lage unter einem schönen Klima, auf einem im Durchschnitt fruchtbaren Boden wohnend, bauen die Eingebornen nicht mehr Mais, Kartoffeln und Weizen, als sie zu ihrem eigenen Unterhalt und höchstens für die Konsumtion der am nächsten gelegenen Städte und Bergwerke brauchen. Freilich hat der Ackerbau seit zwanzig Jahren sehr bedeutende Fortschritte gemacht; aber die Konsumtion ist mit der Vermehrung der Bevölkerung, durch den zügellosen und sonst den Kasten von gemischtem Blute völlig unbekannt gewesenen Luxus und durch die Bearbeitung vieler neuen Erzgänge, wozu Menschen, Pferde und

Maultiere erfordert werden, auch außerordentlich gestiegen. Beschäftigen die Manufakturen gleich nur wenige Arme in Neuspanien, so gehen doch viele derselben für den Ackerbau durch die Notwendigkeit der Transporte von Waren, Erzeugnissen der Bergwerke, Eisen, Pulver und Quecksilber, welche alle durch Maultiere von der Küste nach der Hauptstadt, von da nach den Minen und überhaupt auf dem ganzen Rücken der Kordilleren geschehen müssen, verloren.

Viele tausend Menschen und Tiere bringen ihr ganzes Leben auf den großen Routen zwischen Veracruz und Mexiko, zwischen Mexiko und Acapulco, Oajaca und Durango, und den Querstraßen zu, auf denen die Gewerke in den dürren und unangebauten Gegenden ihre Mundvorräte erhalten. Diese Klasse von Bewohnern, welche die Oekonomisten in ihrem System steril und nicht produzierend nennen, ist in Amerika also viel größer, als man in einem Lande erwarten sollte, dessen Manufaktur-Industrie noch so niedrig steht. Das Mißverhältnis zwischen den Fortschritten der Bevölkerung und der Vermehrung der Quantität von Lebensmitteln, die aus eigenem Anbau gewonnen werden, erneuert daher das schreckliche Schauspiel einer Hungersnot so oft, als eine große Dürre oder sonst eine Lokalursache die Maisernte verdorben hat. Immer und überall wurde die Teurung der Lebensmittel von den zerstörendsten Epidemieen begleitet, und auch 1784 erzeugte der Mangel unter der dürftigsten Klasse des Volks asthenische Krankheiten. Beides Unglück vereinigt raffte viele Erwachsene aber noch mehr Kinder weg, und man rechnet, daß in der Stadt und den Bergwerken von Guanajuato über 8000 Menschen gestorben sind. Ein höchst sonderbares, meteorologisches Phänomen hatte am meisten zu dieser Hungersnot beigetragen. Der Mais war nach einer langen und außerordentlichen Dürre, in der Nacht vom 28. August, und was noch auffallender ist, auf einer Höhe von 1800 m erfroren. Man rechnete über 300000 Menschen, welche die unglückliche Vereinigung von Mangel und Krankheit im ganzen Königreich das Leben gekostet, und über diese Zahl wird man sich um so weniger wundern, wenn man sich erinnert, daß eine Hungersnot in Europa manchmal während eines einzigen Jahres die Bevölkerung weit stärker vermindert, als das Uebergewicht der Geborenen über die Gestorbenen sie in vier ganzen Jahren zu vermehren pflegt. Sachsen z. B. verlor 1772 nahe an 66000 seiner Bewohner; und dennoch überwogen die Geburten die Sterbfälle in diesem Land von 1764 bis 1784 in gewöhnlichen Jahren um nicht mehr als 17000 Seelen.

Die Wirkungen der Hungersnot sind sich beinah in allen Aequinoktialgegenden gleich. Ich habe im südlichen Amerika, in der Provinz Neuandalusien, ganze Dörfer gesehen, deren Bewohner sich vom Hunger gedrungen von Zeit zu Zeit in die neuangebauten Gegenden zerstreuen, um unter den wildwachsenden Pflanzen Nahrung zu suchen, und die Missionäre gebrauchen all ihr Ansehen vergebens, um diese Entfernungen zu verhindern. In der Provinz, Los Pastos, flüchten sich die Indianer manchmal, wenn es an ihrem Hauptnahrungsmittel, den Kartoffeln, zu fehlen anfängt, auf den höchsten Rücken der Kordillere, und nähren sich da von dem Mark der Achupallas, einer Pflanze, die sich dem Geschlecht der Pitcairnia nähert. Die Otomaken von Uruano, am Ufer des Orinoko, verschlingen ganze Monate lang Thonerde, damit dieser Ballast den Magensaft an sich ziehe, und um ihren quälenden Hunger wenigstens einigermaßen zu vermindern, und auf dem fruchtbaren Boden, im Schoß der großen und schönen Natur der Südseeinseln führt der Mangel an Lebensmitteln die Bewohner zum abscheulichen Menschenfressen. Ueberhaupt erfährt der sorglose, phlegmatische Mensch unter der heißen Zone, wo eine wohlthätige Hand die Keime alles Ueberflusses verbreitet zu haben scheint, dieses Unglück, welches die Industrie der kultivierten Völker aus den unfruchtbarsten Gegenden des Nordens verbannt hat, periodisch.

Lange hat man die Arbeiten in den Bergwerken als eine der Hauptursachen von Amerikas Entvölkerung angesehen, und es würde wirklich schwer werden, den Umstand in Zweifel zu setzen, daß viele Indianer in den ersten Zeiten der Eroberung und selbst noch im 17. Jahrhundert den übermäßigen Arbeiten unterlegen sind, welche man ihnen in den Minen zumutete. Sie starben ohne Nachkommenschaft gleich so vielen tausend afrikanischen Sklaven, welche jährlich aus Entkräftung und Mangel an Nahrung und Schlaf in den Pflanzungen der Antillen dahinsinken. In Peru ist wenigstens der südlichste Teil des Landes durch die Bergwerkarbeiten entvölkert; indem noch heutzutage das barbarische Gesetz, la Mita, besteht, vermöge dessen der Indianer seinen Herd verlassen muß, um in entfernten Provinzen, und wo es an Armen fehlt, die Reichtümer aus dem Inneren der Erde zu scharren. Indessen wird die Mita für den Indianer nicht sowohl wegen der körperlichen Anstrengung in der Arbeit als wegen des schnellen Wechsels des Klimas verderblich. Diese Menschenrasse hat die Beugsamkeit der Organisation nicht, wodurch sich die Europäer so sehr auszeichnen, und die Gesundheit eines Kupferfarbigen leidet außerordentlich durch die Versetzung von einem heißen Klima in ein kaltes, besonders wenn er von den Höhen der Kordillere in diese engen, feuchten Thäler herabsteigen muß, wo sich alle Miasmen der benachbarten Gegenden zu sammeln scheinen.

In dem Königreiche Neuspanien ist der Bergwerkbau, seit wenigstens 30 oder 40 Jahren eine freie Arbeit, und es findet sich hier trotz Robertsons Behauptung keine Spur der Mita.[1] Nirgends genießt die niedere Klasse die Früchte ihrer Anstrengungen besser, als in den Minen von Mexiko. Kein Gesetz zwingt den Indianer, diesen Arbeitszweig zu wählen oder eine Art von Minenausbeutung der andern vorzuziehen. Ist er mit einem Bergwerksherrn unzufrieden, so verläßt er ihn und bietet seine Arme einem andern an, der regelmäßiger oder in barem Geld bezahlt. Diese ganz zuverlässigen und tröstlichen Thatsachen sind in Europa wenig bekannt. Die Zahl der mit dergleichen Arbeiten unter der Erde beschäftigten Menschen, welche in verschiedene Klassen eingeteilt werden (Barenadores, Faeneros, Tenateros, Bareteros), ist im ganzen Königreiche Neuspanien nicht über 28000 bis 30000; so daß also bloß $1/200$ der ganzen Bevölkerung unmittelbar mit der Ausbeute der metallischen Reichtümer des Landes beschäftigt ist.

Im Durchschnitt ist die Sterblichkeit unter den mexikanischen Bergleuten nicht viel größer als unter den übrigen Volksklassen; wovon man sich sehr leicht durch die Prüfung der Totenlisten aus den verschiedenen Kirchspielen von Guanajuato und Zacatecas überzeugen kann. Diese Erscheinung ist um so auffallender, da der Bergmann in mehreren dieser Minen einer Temperatur ausgesetzt ist, welche um 6° den Mittelstand der Temperatur von Jamaika und Pondichery übersteigt. In der großen Perpendikulärtiefe von 513 m, im Grund des Bergwerks von Valenciana (en los planes) habe ich den hundertgradigen Thermometer auf 34° gefunden, der in der freien Luft, beim Eingang in den Schacht, des

---

[1] Robertson, History of America. Bd. 2, S. 373.

Winters bis auf 4 oder 5° unter Null fällt. Der mexikanische Bergmann hält es also bei einer Verschiedenheit von mehr als 30° dennoch aus. Indes ist diese ungeheure Hitze in der Mine Valenciana nicht die Wirkung der vielen Menschen und Lichter, welche in einem kleinen Raum zusammengedrängt sind, sondern vielmehr gewissen Lokalursachen und geologischen Umständen zuzuschreiben, welche wir an einem andern Ort untersuchen werden.

Es ist merkwürdig zu beobachten, wie die Metis und Indianer, die das Erz auf ihrem Rücken heraustragen, und mit dem Namen „Tenateros" bezeichnet werden, während ganzer sechs Stunden unaufhörlich mit einem Gewicht von 112 bis 125 kg belastet sind, und in einer so hohen Temperatur acht- bis zehnmal hintereinander, ohne auszuruhen, Treppen von 1800 Stufen hinaufsteigen. Der Anblick dieser arbeitsamen und starken Menschen würde Raynal, Pauw und so viele andere übrigens achtungswerte Männer, welche über die Ausartung unserer Gattung in der heißen Zone deklamiert haben, gewiß auf andere Meinungen gebracht haben. Schon Kinder von 17 Jahren tragen in den mexikanischen Bergwerken Steinlasten von 50 kg. Das Handwerk der Tenateros gilt übrigens für ungesund, sobald sie mehr als dreimal in der Woche die Mine betreten. Das Geschäft des „Barenadores" ist indes dasjenige, welches die allerstärksten Konstitutionen am schnellsten zu Grunde richtet. Sie sprengen die Felsen mit Pulver und kommen selten über 35 Jahre, wenn sie sich vom Gewinn verleiten lassen, ihre beschwerliche Arbeit die ganze Woche fortzusetzen. Gewöhnlich geben sie sich nicht länger, als 5 bis 6 Jahre mit diesem Geschäfte ab, und halten sich dann an andere für ihre Gesundheit minder schädliche Arbeiten.

Die Bergwerkskunst vervollkommnet sich immer mehr, und die Zöglinge der Bergschule von Mexiko verbreiten nach und nach genaue Kenntnisse über die Zirkulation der Luft in den Schachten und Galerien. Man fängt an, Maschinen einzuführen, welche die alte Methode, das Erz und Wasser durch Menschen die sehr steilen Treppen heraufzutragen zu lassen, unnütz machen; und wirklich wird auch die Gesundheit der Bergleute durch den Einfluß der Mofetten und der zu anhaltenden Anstrengung der Muskeln immer weniger gefährdet werden, je ähnlicher die Minen von Neu-Spanien denen von Freiberg, Klausthal und Schemnitz werden.

Etwa 5000 bis 6000 Menschen sind mit der Amalgamation der Erze oder den ihr vorhergehenden Manipulationen beschäftigt. Viele dieser Leute wandeln ihr ganzes Leben hindurch mit bloßen Füßen auf den Haufen von zerriebenem Metall, die mit Kochsalz, mit schwefelgesäuertem Eisen und mit durch den Kontakt der atmosphärischen Luft und der Sonnenstrahlen oxydiertem Merkur befeuchtet und vermischt sind. Und dennoch sieht man mit Erstaunen diese Leute im Genuß der besten Gesundheit, und versichern die Aerzte, welche ihre Kunst in Gegenden treiben, wo Bergwerke sind, einstimmig, daß Angriffe auf das Nervensystem, welche man der Wirkung vom eingezogenen oxydierten Merkur zuschreiben könnte, nur sehr selten daselbst vorkommen. In Guanajuato trinkt ein Teil der Bewohner sogar das Wasser, welches von der Schwemmung des Amalgams (agua de lavaderos) abläuft, ohne die geringste Gefahr für seine Gesundheit; worüber sich Europäer, welche mit den Grundsätzen der Chemie nicht sehr vertraut waren, oft sehr verwundert haben. Dieses Wasser ist im Anfang bläulich-grau, und enthält schwarzes Merkurialoxyd, kleine Kügelchen von gediegenem Quecksilber und Silberamalgam in sich suspendiert. Diese metallische Vermischung schlägt sich nach und nach nieder, und das Wasser klärt sich auf. Derselbe kann weder Quecksilberoxyd noch das salzsaure Quecksilber auflösen, welches eines der unauflöslichsten Salze ist, die wir kennen; allein die Maultiere lieben dieses Wasser dennoch sehr, weil es eine kleine Auflösung von Kochsalz enthält.

Bei meinen Bemerkungen über die Fortschritte der Bevölkerung in Mexiko und deren Hindernisse habe ich weder von den täglich aus Europa ankommenden Kolonisten noch von der Sterblichkeit, welche durch das schwarze Erbrechen verursacht wird, geredet. Wir werden diese beiden Gegenstände aber in der Folge dieses Werks behandeln, und ich bemerke hier nur, daß der Vomito prieto sich bloß auf den Küsten zeigt, im ganzen Königreiche zusammen in einem ganzen Jahr nicht über 2000 bis 3000 Menschen hinrafft, und daß Europa jährlich kaum 800 Menschen nach Mexiko schickt. Die politischen Schriftsteller haben jederzeit das, was sie die Entvölkerung der Alten Welt durch die Neue genannt, übertrieben, und Herr Page z. B. versichert in seinem Werke über den Handel von San Domingo, daß die Vereinigten Staaten jedes Jahr durch die europäischen Auswanderungen über 100000 Individuen gewinnen. Allein dieser Ausschlag ist zwanzigmal zu hoch; denn selbst in den Jahren 1784 und 1792, wo dieses Land am meisten europäische Kolonisten empfing, waren ihrer nicht über 5000.¹ Ich behaupte daher, daß die Fortschritte der Bevölkerung in Mexiko und in Nordamerika bloß dem Steigen des inneren Wohlstandes zuzuschreiben sind.

---

¹ Samuel Blodgets Economica, 1806, S. 58. [Diese Ziffern haben sich seither bekanntlich sehr zu Ungunsten der Humboldtschen Ansicht geändert. In den Vereinigten Staaten betrug die seit 1820 registierte Einwanderung bis 1880 durchschnittlich im Jahre 174951 Köpfe, und in dem Zeitraum 1871 bis 1880 gar 295000! — D. Herausg.]

Verschiedenheit der Kasten. — Indianer oder amerikanische Ureinwohner. — Ihre Anzahl und ihre Wanderungen. — Verschiedenheit der Sprachen. — Civilisationsstufe der Indianer.

Die Bevölkerung besteht in Mexiko aus denselben Elementen, wie in den übrigen spanischen Kolonieen. Man unterscheidet daselbst folgende sieben Rassen: 1) geborene Europäer, gewöhnlich „Gachupines" genannt; 2) spanische Kreolen, oder Weiße, von europäischer Rasse in Amerika geboren; 3) Metis (Mestizos), die von Weißen und von Indianern; 4) Mulatten, welche von Negern und Indianern; 5) Zambos, die von Negern und Weißen abstammen; 6) Indianer selbst, oder die kupferfarbige Rasse der Ureinwohner; und 7) afrikanische Neger. Von den Unterabteilungen abgesehen ergeben sich daher vier Kasten: Weiße, unter dem allgemeinen Namen Spanier begriffen; Neger, Indianer und die Menschen, welche aus der Vermischung der Rassen von Europäern, Afrikanern, amerikanischen Indianern und Malaien entstanden sind; indem sich durch die häufige Verbindung zwischen Acapulco und den Philippinischen Inseln manche ursprünglichen Asiaten, wie Chinesen und Malaien, in Neuspanien niedergelassen haben.

Es ist ein in Europa sehr verbreitetes Vorurteil, daß sich nur noch wenige Ureinwohner von Kupferfarbe, oder Abkömmlinge der alten Mexikaner, erhalten haben. Freilich haben die Grausamkeiten der Europäer die alten Bewohner der Antillischen Inseln völlig ausgerottet; aber auf dem festen Lande von Amerika ist es doch nicht so weit gekommen. In Neuspanien geht die Zahl der Indianer, bloß die von reiner ohne Vermischung mit Europäern oder Afrikanern gebliebener Rasse gerechnet, über zwei und eine halbe Million,[1]

---

[1] [Heute schätzt man die Gesamtzahl der innerhalb der Mexikanischen Republik lebenden unvermischten Indianer auf 4 bis 6 Millionen. — D. Herausg.]

und was noch tröstlicher ist, so hat sich, wie oben schon bemerkt worden, die Bevölkerung der Ureinwohner, statt zu erlöschen, seit 50 Jahren beträchtlich vermehrt, was durch die Kopfsteuer= oder Tributregister außer allen Zweifel gesetzt wird.

Im Durchschnitt scheinen die Indianer zwei Fünfteile der ganzen Bevölkerung auszumachen und in den vier Intendantschaften von Guanajuato, Valladolid, Oajaca und Puebla betragen sie sogar mehr, als drei Fünfteile. Diese große Anzahl von Ureinwohnern beweist indes mit Zuverlässigkeit, wie alt die Kultur dieses Landes bereits ist. Wirklich findet man in der Nähe von Oajaca auch Ueberbleibsel von Denkmalen mexikanischer Architektur, welche einen schon auffallend vorgerückten Civilisationsstand verraten.

Im nördlichen Teil von Neuspanien sind die Indianer oder die kupferfarbigen Menschen sehr selten, und in den Provinzen, die man las provincias internas nennt, findet man fast gar keine. Indes läßt die Geschichte verschiedene Ursachen dieser Erscheinung erraten. Als die Spanier Mexiko eroberten, fanden sie in den Ländern jenseits des Parallelkreises vom 20. Grade nur sehr wenige Einwohner. Sie waren der Aufenthalt der Chichimeken und Otomiten, zweier Nomadenvölker, deren wenige Horden ungeheure Landstrecken inne hatten. Ackerbau und Civilisation hingegen waren, wie wir oben bemerkt haben, auf den Plateaus, die sich südlich vom Flusse Santiago erstrecken, und der Provinz Oajaca vereinigt.

Ueberhaupt scheint sich die Bevölkerung vom 7. bis zum 16. Jahrhundert immer gegen Süden gedrängt zu haben. Aus den Gegenden nördlich vom Rio Gila kamen die kriegerischen Nationen, welche nacheinander das Land von Anahuac überschwemmten. Es ist unbekannt, ob dies ihr ursprüngliches Vaterland war oder ob sie, eigentlich aus Asien und der Nordwestküste von Amerika abstammend, bloß die Steppen von Navajoa und vom Moqui durchzogen haben, um an den Rio Gila zu kommen. Durch die hieroglyphischen Gemälde der Azteken ist uns indes das Andenken an die Hauptepochen der großen amerikanischen Völkerwanderung überliefert worden. Sie hat einige Aehnlichkeit mit derjenigen, welche Europa im fünften Jahrhundert in einen Zustand von Barbarei gestürzt, dessen traurige Folgen wir noch in mehreren unserer gesellschaftlichen Institutionen nachfühlen müssen. Die

Völker hingegen, welche Mexiko durchzogen, ließen daselbst Spuren von Civilisation und Kultur zurück. Die Tolteken erschienen zum erstenmal daselbst im Jahre 648; die Chichimeken 1178, die Nahualteken 1178, die Acolhuen und die Azteken 1196. Die Tolteken führten den Mais- und Baumwollenbau ein, legten Städte und Straßen an und errichteten die großen Pyramiden, welche wir noch heutzutage bewundern und deren Seiten genau nach den Himmelsgegenden gerichtet stehen. Sie kannten den Gebrauch der hieroglyphischen Gemälde, verstanden es, Metalle zu gießen und die härtesten Steine zu behauen, und hatten ein weit vollkommeneres Sonnenjahr als die Griechen und die Römer. Ihre Regierungsform bewies, daß sie von einem Volk abstammten, welches selbst schon große Veränderungen in seinem gesellschaftlichen Zustand erfahren hatte. Aber wo war die Quelle dieser Kultur? Wo liegt das Land, aus welchem die Tolteken und Mexikaner hervorgegangen sind?

Ueberlieferung und historische Hieroglyphen nennen Huehuetlapallan, Tollan und Aztlan als den ersten Aufenthaltsort dieser reisenden Völker. Nichts verkündigt heutzutage eine alte Civilisation der menschlichen Gattung in den Ländern nördlich vom Rio Gila und in den nördlichen Gegenden überhaupt, welche Hearn, Fidler und Mackenzie durchlaufen haben. Auf der nordwestlichen Küste hingegen, zwischen Nutka und dem Cooksfluß, besonders unter dem 57. Grad der Nordbreite, in der Bai Norfolk und dem Coxkanal zeigen die Eingeborenen einen entschiedenen Geschmack für die Hieroglyphen,[1] und ein ausgezeichneter Gelehrter, Herr von Fleurieu, vermutet daher, daß diese Völker wohl von einer mexikanischen Kolonie abstammen könnten, welche sich zur Zeit der Eroberung nördlich geflüchtet hat. Diese scharfsinnige Meinung scheint indes weniger wahrscheinlich, wenn man die große Entfernung betrachtet, welche diese Kolonisten zu durchlaufen gehabt hätten, und sich noch erinnert, daß die mexikanische Kultur sich nicht über den 20. Grad der Breite erstreckte. Ich möchte deswegen lieber glauben, daß zur Zeit der Wanderung

---

[1] Reise von Marchand, Bd. I, S. 258, 261, 375. Dixon, S. 332. Eine Harfe in den hieroglyphischen Gemälden der Bewohner der Nordwestküste von Amerika ist zum wenigsten ebenso merkwürdig als jene berühmte Harfe, welche auf einer Wand der Gräber der Könige zu Theben vorgestellt ist.

der Tolteken und Azteken gegen Süden, einige Stämme auf den Küsten von Neunorfolk und Neucornwallis stehen geblieben sind, während die anderen ihren Zug gegen Süden fortsetzten; denn begreifen läßt sich wohl, wie Völker, welche in Masse reisten, gleich den Ostgoten und Alanen, vom Schwarzen Meere aus bis nach Spanien gelangen konnten: aber wer wird glauben, daß ein Teil dieser Völker zu einer Zeit, da andere Horden bereits ihre ersten Wohnungen an den Ufern des Don und Borysthenes in Besitz genommen hatten, wieder von Westen nach Osten hätte zurückkehren können?

Es wäre nicht an seiner Stelle, wenn wir hier das große Problem von der asiatischen Abstammung der Tolteken oder Azteken in Anregung bringen wollten; denn die allgemeine Untersuchung über den ersten Ursprung der Bewohner eines Kontinents liegt außer den Grenzen der Geschichte, und ist vielleicht kein Gegenstand der philosophischen Untersuchung. Zuverlässig gab es indes schon andere Völker in Mexiko, als die Tolteken auf ihrer Wanderung daselbst erschienen. Die Frage, ob die Tolteken eine asiatische Nation seien, ist daher ganz eine andere, als die, ob alle Amerikaner von dem hohen Plateau von Tibet oder des östlichen Sibiriens abstammen? De Guignes glaubt aus den Annalen der Chinesen bewiesen zu haben, daß dieses Volk schon seit 458 Amerika besucht habe, und Horn, in seinem mit vielem Scharfsinn geschriebenen Werk: De originibus Americanis (welches 1699 herausgekommen ist), Herr Scherer, in seinen historischen Untersuchungen über die Neue Welt, und noch spätere Schriftsteller haben die alten Verbindungen zwischen Asien und Amerika sehr wahrscheinlich gemacht.[1]

Ich habe an einem andern Ort die Meinung aufgestellt, daß die Tolteken oder Azteken wohl ein Teil der Hiongnu sein könnten, welche, nach den chinesischen Geschichtsbüchern, unter ihrem Anführer Punon ausgewandert sind und sich im Norden von Sibirien verloren haben. Diese Nation von kriegerischen Hirten hat mehr als einmal die politische Lage des östlichen Asiens verändert und ist die nämliche, die, unter dem Namen der Hunnen, die schönsten Länder des civilisierten

---

[1] [Die Ansicht, daß die Indianer ethnologisch mit den hochasiatischen Völkern zusammenhängen, hat auch in der modernen Wissenschaft an Bestand gewonnen. Doch erstreckt sich dieser Zusammenhang wohl kaum auch auf ihre Kultur. — D. Herausg.]

Europas verheert hat. Aber alle diese Mutmaßungen würden
weit mehr Wahrscheinlichkeit gewinnen, wenn man eine mar=
tierte Analogie zwischen den Sprachen der Tatarei und des
neuen Kontinents finden würde, welche sich übrigens, nach
den neuesten Untersuchungen von Herrn Barton Smith, nur
auf sehr wenige Worte beschränkt. Der Mangel an Weizen,
Hafer, Gerste und Roggen, diesen nahrhaften Grasarten,
welche man unter der allgemeinen Benennung der Cerealien
begreift, scheint zu beweisen, daß, wenn asiatische Stämme
nach Amerika gegangen sind, sie von irgend einem Nomaden=
oder Hirtenvolk abstammen müssen. Auf dem alten Kon=
tinent sehen wir die Kultur der Cerealien und den Gebrauch
der Milch von den ältesten Epochen her, zu denen die Ge=
schichte aufsteigt, eingeführt. Die Bewohner des neuen Kon=
tinents hingegen bauten keine andere Grasgewächse als den
Mais (Zea), und nährten sich von gar keiner Art von Milch=
werk, unerachtet ihnen die Lama, die Alpaka und zwei ganz
eigene, ursprünglich dem Land angehörige Stiergattungen im
Norden von Meriko und Kanada Milch im Ueberfluß an=
boten. — Dies sind sehr auffallende Kontraste zwischen Völ=
kern der mongolischen und amerikanischen Menschenrasse!

Ohne uns übrigens in Vermutungen über das erste Vater=
land der Tolteken und Azteken zu verlieren, und ohne die
geographische Lage dieser alten Königreiche von Huehuetla=
pallan und Aztlan zu bestimmen, wollen wir bloß das an=
führen, was uns die spanischen Geschichtschreiber berichten.
Im 16. Jahrhundert waren die nördlichen Provinzen, Neu=
biscaya, Sonora und Neumexiko nur sehr wenig bevölkert.
Die Eingeborenen waren Nomaden= und Jägervölker, und
zogen sich immer weiter zurück, je mehr die europäischen Er=
oberer nördlich drangen. Bloß der Ackerbau knüpft den
Menschen an seinen Boden, und entwickelt die Liebe zum
Vaterland, und so sehen wir denn auch die aztekischen Kolo=
nisten im mittäglichen Teil von Anahuac, in dem angebauten
Strich, nahe bei Tenochtitlan, die grausamen Plackereien, die
sich die Sieger gegen sie erlaubten, geduldig aushalten, und
lieber alles ertragen, ehe sie den Boden, welchen ihre Väter
mit eigenen Händen urbar gemacht hatten, räumten. In den
nördlichen Provinzen hingegen überließen die Eingeborenen
den Eroberern die unangebauten Steppen, auf denen ihre
Büffel grasten, und flüchteten sich jenseits des Gila, gegen
den Rio Zaguanas und die Gebirge de las Grullas. Die

indianischen Stämme, welche einst das Gebiet der Vereinigten Staaten in Kanada inne hatten, beobachteten dieselbe Politik, und zogen sich lieber zuerst hinter die Alleghanyberge, dann hinter den Ohio und endlich hinter den Missouri zurück, um nicht unter den Europäern leben zu dürfen. Aus dem nämlichen Grunde findet man die Rasse von Eingeborenen mit kupferfarbiger Haut weder in den Provincias internas von Neuspanien, noch in dem kultivierten Teil der Vereinigten Staaten.

Da die Wanderungen der amerikanischen Völker immer, wenigstens vom sechsten bis zum zwölften Jahrhundert, von Norden nach Süden gegangen sind, so ist es ganz klar, daß die indianische Bevölkerung von Neuspanien aus sehr heterogenen Elementen bestehen muß. In dem Maße, wie die Bevölkerung sich südlich wandte, hielten einige Stämme auf ihren Wanderungen stille und vermischten sich mit den Völkern, welche ihnen gerade nachfolgten; und wirklich beweist die große Mannigfaltigkeit von Sprachen, welche noch heutzutage im Königreich von Mexiko gesprochen werden, eine ebenso große Mannigfaltigkeit von Rassen und Abstammungen.

Dieser Sprachen sind über 20,[1] und 14 davon haben bereits ziemlich vollständige Sprachlehren und Wörterbücher. Ihre Namen sind folgende: die mexikanische oder aztekische Sprache; die otomitische, die taraskische, die zapotekische, die mixtekische, die mayasche oder die Sprache von Yucatan; die totonekische, die popolukische, die matlazingische, die huartekische, die vermischte, die kakikallische, tarahumarische, tepehuanische und die korische Sprache. Weit entfernt, bloße Dialekte einer einzigen Sprache zu sein (wie einige Schriftsteller mit Unwahrheit behauptet haben), sind diese Sprachen vielmehr zum mindesten ebenso verschieden voneinander, als das Griechische von dem Deutschen, oder das Französische von dem Polnischen. Dies ist wenigstens bei sieben dieser Sprachen der Fall, von denen ich die Sprachlehren besitze. Diese Mannigfaltigkeit von Idiomen bei den Völkern des neuen

---

[1] [Don Manuel Orozco y Berra hat innerhalb des heutigen mexikanischen Gebietes durch sorgfältige Zählung 51 Idiome mit 69 Dialekten, sowie außerdem noch 62 ausgestorbene Sprachen konstatiert. Von dieser Gesamtsumme von 182 verschiedenen Mundarten konnte man aber nur 35 mit 69 Dialekten in 11 Familien gruppieren; andere 10 blieben unklassifiziert. — D. Herausg.]

Kontinentes (man darf sie ohne Uebertreibung zu mehreren Hunderten annehmen), ist, besonders in Vergleichung mit den wenigen Sprachen von Asien und Europa, ein äußerst auffallendes Phänomen.

Die mexikanische Sprache, nämlich die aztekische, ist die verbreitetste unter allen und erstreckt sich heutzutage vom 37. Grad bis an den See Nicaragua, also auf einer Länge von 400 Stunden. Der Abbé Clavigero hat sogar bewiesen, daß die Tolteken, die Chichimeken (von denen die Bewohner von Tlaxcala abstammen), die Acolhuen und die Nahuatlaken alle dieselbe Sprache mit den Mexikanern gesprochen haben. Diese Sprache ist minder sonor,[1] aber beinahe ebenso verbreitet und reich als die der Inka. Nach der mexikanischen oder aztekischen Sprache, wovon es elf gedruckte Sprachlehren gibt, ist die der Otomiten die verbreitetste in Neuspanien.

Ich bin überzeugt, daß eine ausführliche Beschreibung der Sitten, des Charakters, des physischen und intellektuellen Zustandes der Ureinwohner von Mexiko, die die spanischen Gesetze mit dem Namen Indianer bezeichnen, viel Anziehendes für die Leser haben würde. Das allgemeine Interesse, welches man in Europa für diese Reste der primitiven Bevölkerung des neuen Kontinentes hegt, stammt aus einem moralischen, die Menschheit ehrenden Grunde, in dem die Geschichte der Eroberung von Amerika und von Hindustan das Gemälde eines völlig ungleichen Streites zwischen Völkern auf der einen Seite darstellt, die in den Künsten schon sehr weit fortgeschritten waren, und zwischen Völkern auf der anderen, die sich noch auf der ersten Stufe der Civilisation befanden. Dieser unglückliche Stamm von Azteken, welche dem Blutbade entronnen waren, schien dem Erlöschen unter der Unterdrückung mehrerer Jahrhunderte bestimmt zu sein, und man kann sich kaum überzeugen, daß beinahe drittehalb Millionen Ureinwohner solche langdauernde Trübsale überleben konnten. Ganz anders als die Chinesen und Japaner fesseln die Bewohner von Mexiko und Peru und die Indier am Ganges die Aufmerksamkeit des gefühlvollen Beobachters; denn so groß ist das Interesse, welches das Unglück eines besiegten

---

[1] Das Wort Notlazomahuizteopixcatatzin bedeutet: Ehrwürdiger Priester, den ich wie meinen Vater liebe. Mit diesem Worte von siebenundzwanzig Buchstaben reden die Mexikaner ihre Pfarrer an.

Volkes einflößt, daß es oft sogar gegen die Abkömmlinge seiner Sieger ungerecht macht.

Um die ursprünglichen Einwohner von Neuspanien kennen zu lernen, dürfte man sie nicht nur in ihrem gegenwärtigen Zustande von Geistesversunkenheit und Elend schildern, sondern müßte zu der entfernten Epoche aufsteigen, wo diese Nation unter der Herrschaft ihrer eigenen Gesetze all ihre eigentümliche Energie entwickeln konnte. Man müßte die hieroglyphischen Gemälde, ihre Bauten von gehauenen Steinen und ihre Bildhauerarbeiten untersuchen, die sich erhalten haben, und wenn sie auch schon noch die Kindheit der Kunst verraten, dennoch auffallende Aehnlichkeiten mit mehreren Denkmalen der civilisirtesten Völker zeigen. Ich spare diese Untersuchungen indes für die historische Beschreibung unserer Reise nach den Tropenländern auf, indem die Natur dieses Werkes sich diesen übrigens für die Geschichte und das psychologische Studium unserer Gattung gleichwichtigen Nachrichten versagt. Wir beschränken uns daher, hier nur die bevorstehenden Züge dieses großen Gemäldes der Urvölker von Amerika anzugeben.

Die Indianer von Neuspanien gleichen im ganzen benen von Kanada, Florida, Peru und Brasilien. Die Farbe gleich bräunlich und kupferfarbig, die Haare schlicht und glatt, wenig Bart, untersetzte Statur, längliche Augen, mit gegen die Schläfe emporgerichteten Winkeln; stark hervorragende Backenknochen, breite Lippen und im Munde ein Ausdruck von Sanftmut, welcher gegen ihren finsteren, ernsten Blick sehr absticht, — dies sind ihre allgemeinen äußeren Kennzeichen. Nach der hyperboreischen Rasse ist die amerikanische die am wenigsten zahlreiche, ob sie gleich den größten Raum auf der Erdkugel inne hat. Man erstaunt beim ersten Blick über die Aehnlichkeit der Züge in den Gesichtern der Bewohner von 1½ Millionen Quadratmeilen[1] Landes, nämlich von den Feuerlandsinseln bis zum St. Lorenzfluß und der Beringsenge, und glaubt es ganz deutlich zu sehen, daß sie sämtlich, trotz all der ungeheuren Verschiedenheit ihrer Sprachen, aus einer Wurzel abstammen. Denkt man aber reiflicher über diese anscheinende Familienähnlichkeit nach und hat man besonders etwas länger unter den Eingeborenen von Amerika gelebt,

---

[1] [42 000 000 qkm nach heutigen Berechnungen. — D. Herausg.]

so findet man, daß berühmte Reisende nur einzelne Individuen auf den Küsten beobachten konnten und die Analogie der Formen in der amerikanischen Rasse höchlichst übertrieben haben.

Zur Verschiedenheit der Gesichtszüge in einem Volke trägt überhaupt die intellektuelle Kultur am meisten bei, und bei noch barbarischen Völkern gibt es mehr eine Stamm- oder Hordenphysiognomie als den Individuen eigentümliche Physiognomie. Vergleicht man die Haustiere mit denen, welche in Wäldern leben, so glaubt man dieselbe Bemerkung zu machen. Ueberdies ist der Europäer bei seinem Urteil über die große Aehnlichkeit der Rassen mit schwarzbrauner Haut einer besonderen Täuschung ausgesetzt, indem er sich durch eine von der unserigen so verschiedene Hautfarbe überrascht findet und die Gleichstimmigkeit des Kolorits die Verschiedenheit der individuellen Züge lange Zeit in seinen Augen verschwinden macht. Der neue Kolonist unterscheidet daher die Eingeborenen mit Mühe voneinander, indem sein Blick weniger durch den sanften, melancholischen oder wilden Ausdruck der Gesichter als durch die kupferrote Farbe, die langen, glänzenden, dicken und so glatten Haare, daß man sie immer für benetzt halten sollte, gefesselt wird.

Indes erkennt man in dem treuen Gemälde, welches ein vortrefflicher Beobachter, Herr Volney, von den Indianern in Kanada entworfen hat, die in den Triften vom Rio Apure und vom Carony zerstreuten Völkerschaften. In beiden Amerika ist es nur derselbe Typus; allein diejenigen Europäer, welche die großen Flüsse Orinoko und den Amazonenstrom beschifft oder Gelegenheit gehabt haben, viele verschiedene Stämme unter der mönchischen Hierarchie in den Missionen beisammen zu sehen, haben gewiß die Beobachtung gemacht, daß die amerikanische Rasse Völker enthält, die in ihren Gesichtszügen ebenso wesentlich voneinander abweichen, als die vielen Varietäten der kaukasischen Rasse, der Cirkassier, Mauren und Perser. Die hochaufgeschossene Form der Patagonier, welche das südliche Ende des neuen Kontinentes bewohnen, findet sich sozusagen bei den Kariben in den Ebenen vom Delta des Orinoko bis zu den Quellen des Rio Blanco. Aber welche Verschiedenheit ist zwischen dem Wuchs, der Physiognomie und der physischen Konstitution der Kariben,[1] welche

---

[1] Die große Nation der Kariben oder Karaiben hatte, nach-

man unter die stärksten Völker der Erde zählen darf (aber ja nicht mit den ausgearteten Zambos auf der Insel Vincent, die man ehemals auch Kariben genannt hat, verwechseln darf), und mit den untersetzten Körpern der Chaymasindianer in der Provinz Cumana! Und welche Verschiedenheit der Formen zwischen den Indianern von Tlascala und den Lipanen und Chichimeken des nördlichen Teiles von Mexiko!

Die Eingeborenen von Neuspanien haben eine noch weit dunkler braune Hautfarbe, als die Bewohner der heißesten Länder des südlichen Amerikas. Diese Erscheinung ist um so merkwürdiger, da in der kaukasischen Rasse, welche man auch die europäisch-arabische Rasse nennen könnte, die mittäglicheren Völker eine minder weiße Haut haben als die nördlichen. Haben daher verschiedene asiatische Nationen, welche Europa im 6. Jahrhundert überschwemmten, auch gleich ein sehr dunkles Kolorit, so scheint es doch, daß die Abweichungen der Hautfarbe bei den Völkern der weißen Rasse weniger ihrem Ursprung und ihrer Vermischung als dem Lokaleinfluß des Klimas zuzuschreiben sind. Die Wirkung dieses Einflusses scheint bei den Amerikanern und Negern indes gar nicht stattzufinden, indem diese Rassen, bei welchen sich der Kohlenwasserstoff in reichlicher Menge auf die Malpighische Schleim- oder Netzhaut absetzt, den Eindrücken der sie umgebenden Luft ganz besonders widerstehen. Die Neger von den Gebirgen von Oberguinea sind nicht minder schwarz als die näher an den Küsten wohnenden. Auch unter den Ureinwohnern des neuen Kontinentes gibt es zuverlässig Stämme von sehr wenig dunkler Farbe, deren Kolorit sich dem der Araber oder Mauren nähert. Wir fanden die Völker vom Rio Negro weit dunkler braun als die vom Niederorinoko, obgleich die Ufer des ersten dieser beiden Flüsse ein weit frischeres Klima genießen als die nördlicheren Gegenden. In den Wäldern von Guyana, besonders gegen die Quellen des Orinoko hin, leben mehrere ziemlich weiße Stämme, die Guaicas, die Guahariben und die Ariken, von denen

---

dem sie die Cabren ausgerottet, einen beträchtlichen Teil des südlichen Amerikas erobert, und erstreckte sich im 16. Jahrhundert vom Aequator bis zu den Jungfraueninseln. Die wenigen Familien, welche zu unserer Zeit noch in den östlichen Antillen übrig geblieben und vor kurzem von den Engländern deportiert worden sind, waren ein Gemisch von Kariben und Negern.

manche starke Individuen, welche kein Zeichen der die Albinos charakterisierenden, asthenischen Krankheit an sich haben, die Hautfarbe ganz wie die Metis haben. Und doch haben sich diese Stämme nie mit Europäern vermischt und sind rings von anderen schwarzbraunen Völkern umgeben. Die Indianer, welche in der heißen Zone die höchsten Plateaus der Andenkordillere bewohnen, und die, welche unter dem 45. Grad südlicher Breite zwischen den Inseln vom Archipel der Chonos vom Fischfange leben, sind ebenso kupferfarbig als die, welche unter einem brennenden Himmel die Bananen in den engsten und tiefsten Thälern der Aequinoktialgegend pflanzen. Hierzu kommt noch, daß die Indianer von den Gebirgen bekleidet sind, und es längst vor der Eroberung waren, während die Eingeborenen in den Ebenen nackt und somit immer den senkrechten Strahlen der Sonne ausgesetzt sind. Und dennoch habe ich nicht bemerken können, das die bedeckten Teile desselben Individuums weniger braun gewesen als die anderen, welche beständig der heißen und feuchten Luft ausgesetzt waren. Ueberhaupt sieht man überall, daß die Farbe des Amerikaners nur sehr wenig von dem Lokalverhältnis abhängt, worin wir ihn gegenwärtig wissen. Wie schon oben bemerkt wurde, sind die Mexikaner weit brauner als die Indianer von Quito und Neukanada, welche ein völlig analoges Klima genießen; ja wir finden sogar Völkerschaften nördlich am Rio Gila zerstreut, die viel brauner sind als andere, die in der Nachbarschaft des Königreiches Guatemala wohnen. Sogar unter 54° 10' der Nordbreite zu Cloak-Bay, mitten unter Indianern von Kupferfarbe und mit kleinen sehr langen Augen, findet sich ein Stamm mit sehr großen Augen, europäischen Zügen und weniger brauner Haut, als unsere Landleute sie haben. Alle diese Thatsachen beweisen, daß die Natur bei aller Verschiedenheit des Klimas und Höhen, welche die mannigfaltigen Menschenrassen bewohnen, von dem Typus, dem sie sich seit vielen tausend Jahren unterworfen hat, nicht abweicht.

Meine Beobachtungen über die angeborene Farbe der Ureinwohner sind freilich zum Teil den Behauptungen des berühmten Anführers der Miamis, Michikinakua, den die Angloamerikaner die „kleine Schildkröte" nennen und welcher Herr Volney so kostbare Nachrichten gegeben hat, entgegen. Er versicherte ihn, „daß die Kinder der Indianer von Kanada weiß geboren werden wie die Europäer; daß die Erwachsenen bloß von der Sonne, dem Fett und den Kräutersäften, womit sie sich die Haut einreiben, gebräunt werden, und daß derjenige Teil des Gürtels, welcher immer von Kleidung bedeckt ist, bei den Weibern immer weiß bleibt."¹ Ich habe nun die Nationen von Kanada, von welchen der Anführer der Miami redet, nicht gesehen, allein ich kann versichern, daß die Kinder in Peru, Quito, auf der Küste von Caracas, an den Ufern des Orinoko und in Mexiko, nie bei ihrer Geburt weiß sind, und daß die indianischen Kaziken, welche eine gewisse Wohlhabenheit genießen und bekleidet im Inneren ihrer Häuser leben, am ganzen Körper, den inneren Teil der Hände und Fußsohlen ausgenommen, rotbraun oder kupferfarbig sind.

Die Mexikaner, besonders die von der aztekischen und otomitischen Rasse, haben mehr Bart, als ich bei anderen Eingeborenen des südlichen Amerikas bemerkt habe. In den Umgebungen der Hauptstadt tragen fast alle Indianer kleine Schnauzbärte und dies ist sogar ein charakteristisches Zeichen der tributären Kaste. Diese Schnauzbärte welche neuere Reisende auch bei den Bewohnern der Nordwestküste von Amerika gefunden haben, sind um so merkwürdiger, da selbst berühmte Naturforscher die Frage unentschieden gelassen haben, ob die Amerikaner von Natur aus keinen Bart oder keine Haare auf dem übrigen Teile des Körpers haben oder ob sie beides nur sorgfältig ausreißen. Ohne übrigens hier in nähere physiologische Untersuchungen einzugehen, kann ich wohl versichern, daß die Indianer, welche die heiße Zone des mittäglichen Amerikas bewohnen, im Durchschnitte wenig Bart haben; daß sich dieser Bart vermehrt, wenn sie sich rasieren, wie wir davon die Beispiele in den Missionen der Kapuziner von Caripe gesehen haben, wo die indianischen Sakristane gern den Mönchen, ihren Herren, ähnlich sein wollten; aber daß auch viele Individuen ganz ohne Bart und Haare geboren werden.

Herr von Galeano erzählt in seinem Bericht von der letzten spanischen Expedition nach der Magelhaensschen Meerenge,² daß es unter den Patagoniern viele alte Männer gebe, welche einen wiewohl kurzen und nicht sehr starken Bart haben. Vergleicht man diese Behauptung mit den Beobachtungen, welche Marchand, Mears und besonders Herr Volney unter der nördlichen gemäßigten Zone gemacht haben,

---

[1] Volney, Tableau du climat et du sol des Etats-Unis. Vol. 11, p. 435.
[2] Viage al Estrecho de Magellanes. S. 331.

so könnte man versucht werden, zu glauben, daß die Indianer, je weiter sie sich von dem Aequator entfernen, auch desto bärtiger werden. Uebrigens ist dieser Mangel an Bart der amerikanischen Rasse nicht charakteristisch eigen, indem manche Horden des östlichen Asiens und besonders einige afrikanische Völkerschaften so wenig Bart haben, daß man beinahe an dessen Dasein überhaupt zweifeln könnte. Auch beweisen die Neger vom Kongo und die Kariben, zwei außerordentlich starke Menschenrassen, die oft von eigentlich kolossaler Natur sind, daß es nur ein physiologischer Traum ist, ein unbärtiges Kinn als ein gewisses Zeichen von Ausartung und physischer Schwäche der menschlichen Gattung anzusehen. Ueberhaupt vergißt man zu leicht, daß nicht alles, was man über die kaukasische Rasse beobachtet hat, auf die mongolische oder amerikanische, oder die der afrikanischen Neger anwendbar ist.

Die Eingeborenen von Neuspanien, wenigstens die unter europäischer Herrschaft stehenden, erreichen im Durchschnitt ein ziemlich hohes Alter. Ruhig ihre Felder bauend und seit 600 Jahren in Dörfer vereinigt, sind sie nicht all den Glückswechseln ausgesetzt, wie sie die irrende Lebensweise der Jäger- und Kriegsvölker am Missisippi und in den Steppen am Flusse Gila treffen. Bei ihrer einförmigen und beinahe völlig vegetalen Nahrung (indem sie bloß in Mais und in Cerealien besteht) würden sie ein sehr hohes Lebensalter erreichen, wenn die Trunksucht nicht ihre Konstitution schwächte. Ihre berauschenden Getränke bestehen in Branntwein aus Zuckerrohr, in einer Gärung von Mais und der Jatropha-wurzel, und besonders im Wein des Landes, dem Saft der amerikanischen Agave, „Pulque" genannt. Letzteres Getränk, von welchem wir im folgenden Buch zu reden Gelegenheit bekommen werden, ist wegen seines nicht zersetzten Zuckerprinzips sogar nahrhaft. Wirklich nehmen viele Eingeborene, die dem Pulque sehr ergeben sind, oft lange Zeit fast gar keine andere Nahrung zu sich; und mit Mäßigung genossen, ist er auch sehr gesund, indem er den Magen stärkt und die Funktionen des gastrischen Systems begünstigt.

Indes ist das Laster der Trunksucht nicht so allgemein unter den Indianern, wie man gewöhnlich glaubt, und Europäer, welche östlich von den Alleghanygebirgen zwischen dem Ohio und Missouri gereist haben, werden es kaum glauben können, daß wir in den Wäldern von Guyana, am Ufer des Orinoko, Eingeborene gefunden haben, welche eine Abneigung gegen den Branntwein zeigten, den wir ihnen zu kosten gaben. Es gibt wirklich in diesem Punkt sehr nüchterne indianische Völkerschaften, deren gegorene Getränke viel zu schwach sind, um zu berauschen. In Neuspanien ist die Trunksucht besonders unter den Eingeborenen im Thal von Mexiko, in den Umgebungen von Puebla und Tlaxcala und überall, wo die Maguey oder Agave im großen gebaut wird, allgemein, und in der Hauptstadt Mexiko selbst läßt die Polizei Totenkarren durch die Straßen ziehen, um die Betrunkenen, welche in denselben liegen, aufzuladen. Diese Indianer führt man wie Tote nach der Hauptwache, wo man ihnen sodann den andern Morgen einen eisernen Ring an den Fuß legt, und sie drei Tage lang die Straße kehren läßt. Kommen sie indes am vierten Tag wieder frei, so ist man sicher, mehrere von ihnen noch in der nämlichen Woche in gleichem Zustande wieder zu finden. Auch in den heißen Ländern an der Küste, wo Zuckerrohr erzeugt wird, schadet der Gebrauch der gebrannten Wasser der Gesundheit des gemeinen Volks sehr viel. Indes ist zu hoffen, daß sich dieses Uebel in dem Maß vermindern wird, in welchem die Civilisation unter einer Menschenkaste vorrücken kann, deren Roheit sozusagen beinahe tierisch ist.

Reisende, die nur nach der Physiognomie der Indianer urteilen, sind versucht zu glauben, daß es nur wenige alte Leute unter ihnen gebe, und wirklich ist es auch sehr schwer, eine Idee von dem Alter der Eingeborenen zu erhalten, wenn man nicht die Register der Kirchspiele untersuchen kann, welche übrigens in den heißen Gegenden alle 20 bis 30 Jahre von den Termiten gefressen werden. Sie selbst, nämlich die armen indianischen Landleute, wissen gewöhnlich nie, wie alt sie sind. Ihr Haupt wird nie grau, und es ist unendlich viel seltener, einen Indianer, als einen Neger mit weißen Haaren zu finden; auch gibt der Mangel an Bart dem ersten ein bleibendes jugendliches Ansehn. Ueberdies runzelt die Haut der Indianer nicht so leicht. Oft sieht man daher in Mexiko, in der gemäßigten Zone auf der Hälfte der Kordillere, die Eingeborenen und besonders ihre Weiber ein Alter von 100 Jahren erreichen. Ein solches Alter ist gewöhnlich glücklich, indem die mexikanischen und peruanischen Indianer ihre Muskelkraft bis an den Tod erhalten. Während meines Aufenthalts in Lima starb sogar im Dorf Chiguata, vier Stunden von der Stadt Arequipa, der Indianer Hilario Pari in einem Alter von 143 Jahren. Er war 90 Jahre lang mit der Indianerin Andrea Alea Zar, welche es bis auf 117 Jahre gebracht, verheiratet gewesen. Bis in sein hundertunddreißigstes Jahr hatte dieser peruanische Greis alle Tage drei bis vier Stunden Wegs zu Fuß gemacht, und erst 13 Jahre vor seinem Tod, nach welchem ihm von zwölf Kindern nur eine Tochter von 76 Jahren übrig geblieben, war er blind geworden.

Die kupferfarbigen Eingeborenen genießen einen physischen Vorteil, welcher ohne Zweifel von der großen Einfachheit herrührt, womit ihre Voreltern seit mehreren tausend Jahren gelebt haben. Sie sind fast keiner körperlichen Mißgestaltung ausgesetzt, und ich habe nie einen buckligen Indianer gesehen, so wie man auch nur höchst selten einen Schielenden, Hinkenden oder am Arme Gelähmten unter ihnen erblickt. In Ländern, deren Bewohner durch Kröpfe leiden, bemerkt man diese Krankheit der Schlunddrüse nie an den Indianern und selten an den Metis. Zu der letzten Kaste gehört auch der berühmte mexikanische Riese, Martin Salmeron, den man fälschlich einen Indianer nennt, und welcher 2,224 m Höhe hat. Er ist der Sohn eines Metis und einer Indianerin aus dem Dorfe Chilapa el Grande bei Chilpantzingo[1].

Betrachtet man bloß die wilden Jäger oder Krieger, so könnte man glauben, daß man unter ihnen nur gutgebaute Menschen finde, indem die, welche einigermaßen mißgestaltet sind, entweder vor Mühseligkeiten umkommen oder von ihren Verwandten verlassen werden. Allein die mexikanischen und peruanischen Indianer, die von Quito und Neugranada, unter denen ich lange gelebt habe, sind Landbauer, welche man bloß mit unseren europäischen Bauern vergleichen kann. Man darf daher als gewiß annehmen, daß der Mangel an natürlichen Mißgestaltungen, den man unter ihnen bemerkt, bloß Folge

---

[1] Dies ist die wahre Größe dieses Riesen, dessen Verhältnisse die besten sind, welche ich je an einem Menschen dieser Art gesehen habe. Er hat einen Zoll weiter als der Riese von Torneo, den man 1735 in Paris gezeigt hat. Die amerikanischen Zeitungen geben Salmeron übrigens 7 Fuß 1 Zoll Pariser Maßes. Gazeta de Goatimala 1800. Annales de Madrid, t. IV. no. 12. Die menschliche Gattung scheint zwischen 2 Fuß 4 Zoll, und 7 Fuß 8 Zoll oder von 0,757 m und 2,489 m hin und her zu wechseln.

ihrer Lebensweise und der eigentümlichen Konstitution ihrer Rasse ist. Alle Menschen von sehr dunkelbrauner Haut, die von mongolischem und amerikanischem Ursprung sind, und besonders die Neger genießen denselben Vorteil. Man möchte daher glauben, daß die arabisch=europäische Rasse eine größere Flexibilität in ihrer Organisation habe, und daß diese, durch viele äußere Ursachen, durch Mannigfaltigkeit von Nahrungs= mitteln, Klima und Sitten gestaltet, sich gerne von ihrem ursprünglichen Typus verirre.

Was wir aber über die äußere Form der amerikanischen Eingeborenen gesagt, bestätigt das, was andere Reisenden schon über die Aehnlichkeit zwischen den Amerikanern und der mon= golischen Rasse behauptet haben. Diese Aehnlichkeit zeigt sich besonders in der Farbe der Haut und der Haare, dem wenigen Bart, den stark heraustretenden Backenknochen und aus der Richtung der Augen. Auch muß man zugeben, daß die menschliche Gattung keine einander sich mehr nähernden Rassen zeigt als die amerikanischen, die mongolischen, die der Man= tschu und der Malaien. Aber die Aehnlichkeit einiger Züge konstituiert noch keine Identität der Rasse. Scheinen auch die hieroglyphischen Gemälde und die Traditionen der Be= wohner von Anahuac, wie sie von den ersten Eroberern ge= sammelt wurden, anzuzeigen, daß ein Schwarm von irrenden Völkerschaften sich von Nordwest nach Süden ergossen hat, so darf man daraus doch noch nicht schließen, daß alle Ein= geborenen des neuen Kontinents asiatischen Ursprunges sind. Wirklich zeigt uns auch die Osteologie, daß der Schädel des Amerikaners von dem der mongolischen Rasse wesentlich ver= schieden ist. Der erste hat eine weit abhängigere, wiewohl geradere Gesichtslinie als der des Negers, und es gibt keine Rasse auf der Erdkugel, wo der Stirnknochen so sehr nach hinten herabgedrückt oder die Stirn weniger vorspringend wäre.[1] Der Amerikaner hat beinahe ebenso stark hervor=

---

[1] Diese außerordentliche Verglattung findet sich bei Völkern, welche nie ein Mittel, künstliche Mißgestaltungen hervorzubringen, gekannt haben, wie das durch die mexikanischen, peruanischen und aturischen Schädel bewiesen wurde, welche wir, Herr Bonpland und ich, zurückgebracht, und von denen wir verschiedene in dem Museum der Naturgeschichte in Paris niedergelegt haben. Ich möchte glauben, daß der barbarische Gebrauch, welcher unter einigen wilden Horden herrscht, die Köpfe der Kinder zwischen zwei Bretter zu drücken, aus

ragende Backenknochen als der Mongole; aber ihre Umrisse sind gerundeter und in minder spitzigen Winkeln. Der Unterkiefer ist größer als bei dem Neger und die Horizontaläste desselben sind einander näher gerückt als bei der mongolischen Rasse. Das Hinterhauptbein ist weniger gewölbt, und die Protuberanzen, welche mit dem kleineren Gehirn in Verbindung stehen, und auf die Herr Galls System so viele Wichtigkeit legt, sind nur wenig fühlbar. Vielleicht ist diese Rasse von kupferfarbigen Menschen, welche wir unter dem allgemeinen Namen der amerikanischen Indianer begreifen, ein Gemisch von asiatischen Völkerschaften und den primitiven Ureinwohnern dieses Kontinents, und könnten die Figuren mit den ungeheuren Adlersnasen, welche man auf den mexikanischen hieroglyphischen Gemälden, die in Wien, Veletri und Rom gezeigt werden, sowie in den historischen Bruchstücken bemerkt, die ich mitgebracht habe, nicht etwa die Physiognomie einiger erloschener Rassen anzeigen? Die wilden Kanadier nennen sich selbst Metoktheniaken, aus dem Boden Entsprossene, ohne daß sie sich von den Schwarzröcken, wie sie die Missionäre nennen, bisher vom Gegenteil überzeugen ließen.

Was die moralischen Eigenschaften der mexikanischen Ureinwohner betrifft, so ist es schwer, sie mit Richtigkeit zu beurteilen, wenn man diese unter langer Tyrannei schmachtende Kaste bloß im jetzigen Zustand ihrer Erniedrigung betrachtet. Zu Anfang der spanischen Eroberung wurden die wohlhabendsten Indianer, bei denen man eine gewisse intellektuelle Kultur vermuten konnte, größtenteils die Opfer der europäischen Grausamkeit. Besonders wütete der christliche Fanatismus aber gegen die aztekischen Priester; man vertilgte alle Teopixqui oder Diener der Gottheit; alle die, welche

---

der Idee entstanden ist, die Schönheit bestehe in einer Form des Stirnknochens, welche die Rasse auf eine starke Weise charakterisiere. Die Neger geben den dicksten und hervorragendsten Lippen den Vorzug; die Kalmücken den Stumpfnasen, und die Griechen setzten die Gesichtslinie in ihren Heroenstatuen über die Wahrheit der Natur hinaus, von 85 bis 100°. (Cuvier, Anat. comparée, Bd. 2, S. 6.) Die Azteken, welche nie die Köpfe ihrer Kinder mißgestalteten, stellten ihre vorzüglichsten Gottheiten, wie ihre hieroglyphischen Handschriften beweisen, mit weit platterem Haupte vor, als ich es je bei einem Kariben gesehen habe.

die Teocalli[1] oder die Häuser Gottes bewohnten, und die man als die Bewahrer der historischen und astronomischen Kenntnisse des Landes ansehen konnte indem die Priester in Mexiko den Mittagsschatten an den Sonnenuhren beobachteten und die Interkalationen regulierten. Die Mönche ließen sogar die hieroglyphischen Gemälde verbrennen, durch welche aller Art Kenntnisse von Generation zu Generation verpflanzt wurden. Nachdem das Volk dieser Unterrichtsmittel beraubt war, verfiel es in eine um so tiefere Unwissenheit, da die Missionäre die mexikanischen Sprachen nur sehr schlecht verstanden, und daher die alten Ideen durch wenige neue zu ersetzen vermochten. Die indianischen Frauen, welche noch einiges Vermögen gerettet hatten, verheirateten sich lieber mit den Eroberern, als daß sie die Verachtung teilten, welche man gegen die Indianer hatte, und die spanischen Soldaten strebten um so mehr nach dergleichen Verbindungen, da nur sehr wenige Europäerinnen der Armee gefolgt waren. So blieb denn von den Eingeborenen bloß die dürftigste Rasse übrig, nämlich die Landbauer, die Handwerker, unter welchen man besonders eine große Menge Weber zählte, die Lastträger, deren man sich wie der Saumtiere bediente, und besonders die Hefe des Volkes, diese Menge von Bettlern, welche die Unvollkommenheit der gesellschaftlichen Institutionen und den Druck des Feudalwesens bezeugten, und schon zu Cortez' Zeit die Straßen aller großen Städte des mexikanischen Reiches anfüllten. Wie soll man nun nach solch elenden Resten über ein mächtiges Volk und über den Kulturzustand, auf den es sich vom 12. bis zum 16. Jahrhundert erhoben hatte, sowie über die intellektuelle Entwickelung urteilen, deren es noch fähig ist? Wenn von der französischen oder deutschen Nation dereinst nichts als arme Landleute übrig wären, würde man es in ihren Gesichtszügen lesen können, daß sie Völkern angehört haben, die einen Descartes, Clairaut, Kepler und Leibniz hervorgebracht haben?

Wir bemerken ja selbst in Europa, daß das niedrige Volk während ganzer Jahrhunderte nur sehr langsame Fortschritte in der Civilisation macht. Der bretonische oder normännische Bauer, der Bewohner des nördlichen Schottlands ist heutzutage nur sehr wenig von dem verschieden, was er zur Zeit Heinrichs IV. und Jakobs I. war. Studiert man

---

[1] Von Teotl, Gott, Θεος.

das, was die Briefe des Cortez, die Memoiren von Bernal Diaz, welche mit der liebenswürdigsten Naivität geschrieben sind, und andere gleichzeitige Geschichtschreiber über den Zustand berichten, worin man die Bewohner von Mexiko, Tezcuco, Cholotan und Tlaxcala unter der Regierung Montezumas II. gefunden hat, so glaubt man das Gemälde der Indianer unserer Zeit vor sich zu haben. Es ist dieselbe Nacktheit in den heißen Gegenden, dieselbe Kleidungsweise auf dem Centralplateau, es sind die nämlichen Gebräuche im häuslichen Leben. Wie können auch mit den Eingeborenen große Veränderungen vorgehen, wenn man sie in Dörfern, wo kein Weißer sich niederzulassen wagt, isoliert beisammenhält, solange die Verschiedenheit der Sprache eine beinahe unübersteigliche Scheidewand zwischen ihnen und den Europäern erhält, solange sie durch Obrigkeiten bedrückt werden, die aus politischen Rücksichten aus ihnen selbst gewählt werden, kurz, solange sie immer noch alle ihre moralische und bürgerliche Vervollkommnung von einem Manne erwarten müssen, welcher ihnen von Mysterien, Dogmen und Ceremonieen spricht, deren Zweck sie nicht kennen?

Wir brauchen hier nicht zu untersuchen, was die Mexikaner vor der spanischen Eroberung gewesen sind; indem wir diesen merkwürdigen Gegenstand zu Anfang unseres Kapitels berührt haben. Findet man indes, daß die Eingeborenen eine genaue Kenntnis der Länge des Jahres hatten, und daß sie am Ende ihres großen Cyllus von 104 Jahren genauer als die Griechen, Römer und Aegypter interkalierten,[1] so möchte man glauben, daß diese Fortschritte nicht die Wirkung einer intellektuellen Entwickelung der Amerikaner selbst gewesen, sondern daß sie sie ihrer Verbindung mit irgend einem sehr gebildeten Volke von Mittelasien verdankten. Die Tolteken erscheinen im 7. und die Azteken im 12. Jahrhundert in Neuspanien, sie nehmen bereits eine geographische Karte von dem Lande auf, das sie durchzogen haben, bauen

---

[1] Herr Laplace hat in der mexikanischen Interkalation, zu der ich ihm die von Gama gesammelten Materialien gegeben habe, erkannt, daß die Dauer des tropischen Jahres der Mexikaner beinahe mit der von den Astronomen von Almamon gefundenen identisch ist. Man sehe über diese für die Geschichte des Ursprunges der Azteken wichtige Beobachtung die Exposition du monde, troisième édition, S. 554.

Städte, Straßendämme, Kanäle und ungeheure Pyramiden, welche völlig richtig gegen die vier Weltgegenden gestellt sind, und deren Basis 438 m Länge hat. Ihr Feudalwesen, ihre bürgerliche und militärische Hierarchie sind schon so verwickelt, daß man für die sonderbare Verkettung von Autoritäten, für die Festsetzung des Adels und des Klerus, und für die Möglichkeit der Erscheinung, daß ein kleiner Teil des Volkes, welcher selbst Sklave des mexikanischen Sultans war, die große Masse der Nation unterjochen konnte, daß man für die Erklärung aller dieser Umstände eine lange Reihe politischer Ereignisse annehmen muß. Im südlichen Amerika sehen wir theokratische Regierungsformen, als z. B. im Zaque[1] de Bogota (dem alten Cundinamarca), bei den Inka in Peru, zwei sehr großen Reichen, in welchen sich der Despotismus unter dem Schein einer sanften, patriarchalischen Herrschaft verbarg. In Mexiko hingegen hatten sich kleine Völkerschaften, wenn sie der Tyrannei müde waren, republikanische Verfassungen gegeben. Allein nur nach langen Volksstürmen können sich dergleichen freie Konstitutionen bilden, und die Existenz von Republiken deutet daher auf keine sehr neue Civilisation. Wie kann man überhaupt daran zweifeln, daß ein Teil der mexikanischen Nation einen gewissen Grad von Bildung erreicht hatte, wenn man den Fleiß bedenkt, mit welchem die hieroglyphischen Bücher[2] abgefaßt waren, und

---

[1] Das Reich von Zaque, welches das Königreich Neugranada umfaßte, war von Idacanzas oder Bochica, einer mysteriösen Person, gestiftet, welche, nach den Ueberlieferungen der Muysca, 2000 Jahre lang im Tempel der Sonne zu Sogamozo lebte.

[2] Die aztekischen Handschriften sind entweder auf Papier von Agaven oder auf Hirschhäuten geschrieben und oft 20 bis 22 m lang. Jede Seite hat 7 bis 10 qcm Flächeninhalt. Diese Handschriften sind hie und da rautenförmig eingebogen, und sehr dünne, hölzerne Brettchen, welche an den äußersten Enden befestigt sind, machen ihren Einband und geben ihnen Aehnlichkeit mit unseren Quartbänden. Keine Nation des Altertums, welche wir kennen, hat einen so ausgebreiteten Gebrauch von der Hieroglyphenschrift gemacht; keine zeigt uns wirkliche gebundene Bücher, wie wir sie soeben beschrieben haben. Mit diesen Büchern muß man indes andere aztekische Malereien mit den nämlichen Zeichen, aber in Tapetenform von 63 qcm, nicht verwechseln. Ich habe mehrere in den Archiven des Vizekönigs von Mexiko gesehen, und besitze selbst einige Fragmente, welche ich in dem malerischen Atlas stechen ließ, der den historischen Bericht von meiner Reise begleitet.

sich erinnert, daß ein Bürger von Tlaxcala, mitten unter dem Waffengeräusch, die Bequemlichkeit unseres römischen Alphabetes benutzte, um in seiner Sprache fünf dicke Bände über die Geschichte seines Vaterlandes zu schreiben, dessen Unterjochung er beweinte?

Wir werden hier das für die Geschichte sonst so wichtige Problem nicht auflösen, ob die Mexikaner im 15. Jahrhundert civilisierter waren als die Peruaner und ob beide, wenn sie sich selbst überlassen geblieben wären, in der intellektuellen Kultur nicht schnellere Fortschritte gemacht hätten, als unter der Herrschaft des spanischen Klerus geschehen ist? Ebensowenig werden wir untersuchen, ob die Vervollkommnung des einzelnen, trotz dem Despotismus der aztekischen Fürsten, in Mexiko weniger Hindernisse gefunden habe als in dem Reiche der Inka. In dem letzteren hatte der Gesetzgeber nur massenweise auf die Menschen wirken wollen. Er hielt sie in einem mönchischen Gehorsam, behandelte sie wie lebendige Maschinen und zwang sie zu Arbeiten, die durch ihre Anordnung, ihre Größe und besonders durch die Ausdauerung derer, welche sie geleitet, Erstaunen erregen. Analysieren wir aber den Mechanismus dieser in Europa allgemein viel zu hoch gepriesenen Theokratie, so finden wir, daß man überall, wo das Volk in Kasten geteilt ist, deren jede sich nur einzelnen Arbeitszweigen ergeben darf und wo die Bewohner kein Privateigentum besitzen, sondern nur für den Nutzen der Gemeinheit arbeiten, Kanäle, Straßen, Wasserleitungen, Pyramiden und andere ungeheure Werke findet; aber daß solche Völker auch Tausende von Jahren hindurch denselben Anschein von äußerlicher Behaglichkeit behalten und doch in der moralischen Kultur, welche das Resultat der individuellen Freiheit ist, beinahe um keinen Schritt vorrücken.

In dem Gemälde, welches wir von den verschiedenen Menschenrassen entwerfen, die die Bevölkerung von Neuspanien ausmachen, betrachten wir den mexikanischen Indianer bloß in seinem gegenwärtigen Zustande. Wir erkennen in ihm weder die Beweglichkeit der Empfindungen, der Gebärden und Gesichtszüge, noch die Thätigkeit des Geistes, welche mehrere Völker der Aequinoktialgegenden von Afrika charakterisieren, und es gibt gewiß keinen auffallenderen Kontrast als den, welcher zwischen der stürmischen Lebhaftigkeit der Neger vom Kongo und dem anscheinenden Phlegma des kupferfarbigen Indianers stattfindet. Im Gefühl dieses Kontrastes ziehen die Indianerinnen auch die Neger nicht nur den Männern ihrer eigenen Rasse, sondern den Europäern selbst vor. Der mexikanische Eingeborene ist, solange kein berauschendes Getränk auf ihn wirkt, ernsthaft, melancholisch und stille. Diese Ernsthaftigkeit fällt besonders an den indianischen Kindern auf, welche in einem Alter von vier bis fünf Jahren weit mehr Verstand und Entwickelung zeigen als die Kinder der Weißen. Der Mexikaner legt in seine gleichgültigsten Handlungen gerne etwas Geheimnisvolles; die heftigsten Leidenschaften malen sich nicht in seinen Zügen; aber es ist etwas Erschreckliches, wenn er plötzlich aus der Ruhe in eine heftige zügellose Bewegung übergeht. Der Eingeborene von Peru ist weit sanfter in seinen Sitten; die mexikanische Energie hingegen artet in Härte aus. Diese Verschiedenheiten mögen indes von der des Kultus und der alten Regierung beider Länder herkommen. Diese Energie entwickelt sich am meisten bei den Bewohnern von Tlaxcala und noch in ihrer gegenwärtigen Erniedrigung unterscheiden sich die Nachkommen jener Republikaner durch einen gewissen Charakterstolz, den ihnen das Andenken an ihre ehemalige Größe einflößt.

Die Amerikaner hängen, wie die Bewohner von Hindustan und alle anderen Völker, die lange unter bürgerlichem und religiösem Despotismus geschmachtet haben, mit außerordentlicher Hartnäckigkeit an ihren Gewohnheiten, Sitten und Meinungen; denn die Einführung des Christentums hat auf die Eingeborenen von Mexiko fast keine andere Wirkung gethan, als daß sie an die Stelle der Ceremonieen eines blutigen Kultus neue Ceremonieen und Symbole einer sanften, menschlichen Religion setzte. Dieser Uebergang vom alten zum neuen Brauche war das Werk des Zwanges und nicht der Ueberzeugung und wurde durch die politischen Ereignisse herbeigeführt. Im neuen Kontinent wie im alten waren die halbbarbarischen Völker gewohnt, aus den Händen des Siegers neue Gesetze und neue Gottheiten zu erhalten und die Urgötter des Landes schienen nach ihrer Besiegung nur den fremden Göttern zu weichen. Allein in einer so verwickelten Mythologie, wie die der Mexikaner, war es leicht, eine Verwandtschaft zwischen den Gottheiten von Aztlan und vom Orient zu finden, und Cortez benützte eine Volkssage mit vieler Geschicklichkeit, der zufolge die Spanier bloß die Abkömmlinge des Königs Quetzalcoatl waren, welcher von Mexiko aus ostwärts gezogen war, um Kultur und Gesetze in die Ferne zu verbreiten. Die Ritualbücher, die die Indianer zu Anfang der Eroberung in hieroglyphischen Charakteren entwarfen und von denen ich einige Bruchstücke besitze, beweisen offenbar, wie das Christentum um diese Zeit mit der merikanischen Mythologie vermischt wurde; indem z. B. der heilige Geist sich mit dem heiligen Adler der Azteken identifizierte. Die Missionäre duldeten diese Vermischung von Ideen, wodurch der christliche Kultus viel leichter bei den Eingeborenen Zugang fand, nicht nur, sondern begünstigten sie sogar bis auf einen gewissen Punkt, sie versicherten sie, daß das Evangelium in uralten Zeiten schon in Amerika gepredigt worden sei, und suchten in dem aztekischen Ritus die Spuren davon mit dem nämlichen Eifer auf, mit welchem die Gelehrten unserer Tage, die sich dem Studium des Sanskrit ergeben haben, die Analogie der griechischen Mythologie mit der des Ganges und Bramaputra darzuthun sich bestreben.

Diese Umstände, welche in einem anderen Werke weiter ausgeführt werden sollen, erklären es, wie die merikanischen Ureinwohner trotz ihrer Hartnäckigkeit, womit sie allem, was von ihren Vätern kommt, anhängen, doch so leicht ihre alten Religionsgebräuche vergessen konnten. Kein Dogma hat hier dem Dogma Platz gemacht; bloß ein Ceremoniell ist dem anderen gewichen und die Indianer kennen nichts von der Religion als die äußeren Formen des Kultus. Freunde von allem, was zu einer gewissen Ordnung von vorgeschriebenen Ceremonieen gehört, finden sie im christlichen Kultus ganz besondere Genüsse, und die Kirchenfeste, die damit verbundenen Feuerwerke, die Prozessionen mit Tanz und barocken Verkleidungen sind für das niedrige Volk reiche Quellen von Belustigungen. Bei diesen Festen zeigt sich aber der Nationalcharakter auch in seiner ganzen Individualität. Ueberall hat der christliche Ritus die Veränderungen des Landes, in welches er verpflanzt wurde, angenommen. Auf den Philippinischen und Marianischen Inseln haben ihn die Völker von der malaiischen Rasse mit ihren eigenen Ceremonieen vermischt und in der Provinz Pasto, auf dem Rücken der Anden-Kordillere habe ich Indianer gesehen, welche sich maskiert und Schellen angehängt hatten, um, während ein Franziskanermönch die Hostie emporhob, wilde Tänze um den Altar zu halten.

An lange Sklaverei, sowohl unter ihren eigenen Fürsten als unter den ersten Eroberern gewöhnt, tragen die Ein=

geborenen von Mexiko alle die Plackereien, die sie noch oft genug von den Weißen erfahren müssen, mit Gebuld. Unter dem trügerischen Anscheine von Apathie und Stumpfsinn setzen sie ihnen bloß verschleierte List entgegen. Da sie sich nur selten an den Spaniern rächen können, so machen sie gern mit diesen zur Unterdrückung ihrer eigenen Mitbürger Gemeinschaft; indem auch ihnen, nachdem sie jahrhundertelang geplagt und zu blindem Gehorsam gezwungen worden, die Lust zu tyrannisieren gekommen ist. Die indianischen Dörfer werden durch Obrigkeiten aus der kupferfarbigen Rasse regiert, und ein indianischer Alkalde übt seine Gewalt mit so größerer Härte aus, da er überzeugt ist, daß ihn der Pfarrer oder der spanische Subdelegat beschützt. Ueberall thut die Unterdrückung dieselbe Wirkung, überall zerstört sie die Sittlichkeit.

Da die Ureinwohner fast alle zur Klasse der Bauern und des niedrigen Volkes gehören, so ist es nicht leicht, über ihre Anlagen für Künste der Lebensverschönerung zu urteilen. Indessen kenne ich keine Menschenrasse, welche ärmer an Einbildungskraft zu sein schiene. Gelangt ein Indianer auf einen gewissen Grad von Kultur, so zeigt er eine große Leichtigkeit zu lernen, viel richtigen Verstand, natürliche Logik und eine besondere Neigung zu subtilisieren oder die feinsten Verschiedenheiten zwischen mehreren zu vergleichenden Gegenständen aufzufassen. Dabei räsonniert er kalt, aber mit Ordnung, ohne jedoch jene Beweglichkeit der Einbildungskraft, jenes Kolorit der Empfindung, jene Kunst zu schaffen und hervorzubringen zu zeigen, welche die Völker des südlichen Europas und mehrere afrikanische Negerstämme charakterisiert. Ich spreche diese Meinung indes mit Vorbehalt aus; indem man äußerst vorsichtig im Urteil über das sein soll, was man moralische oder intellektuelle Anlagen der Völker zu nennen wagt, von denen wir durch so manche Scheidewand der Verschiedenheit der Sprachen, der Gewohnheiten und Sitten getrennt sind. Ein philosophischer Beobachter findet das, was man in der Mitte des kultivierten Europas über den Nationalcharakter der Spanier, Franzosen, Italiener und Deutschen gedruckt hat, sehr unrichtig. Wie dürfte sich nun vollends ein Reisender, der nur an einer Insel gelandet, nur einige Zeit sich in einem ferngelegenen Lande aufgehalten hat, das Recht anmaßen, über die verschiedenen Seelenkräfte, das Uebergewicht des Verstandes, des Geistes und der Einbildungskraft der Nationen abzuurteilen?

In Musik und Tanz der Eingeborenen erkennt man übrigens den Mangel an Fröhlichkeit, der sie überhaupt charakterisiert. Herr Bonpland und ich, wir haben im ganzen südlichen Amerika dieselbe Bemerkung gemacht. Ihr Gesang klingt melancholisch und klagend. Indes zeigen die indianischen Weiber mehr Lebhaftigkeit als ihre Männer; allein sie teilen das Unglück der Sklaverei, zu welcher das andere Geschlecht bei allen Völkern, wo die Civilisation noch sehr unvollkommen ist, verurteilt ist. Sie tanzen nicht mit, sondern sind bloß zugegen, um den Tänzern die gegorenen Getränke zu reichen, welche sie bereitet haben.

Den Mexikanern ist ein ganz besonderer Geschmack für die Malerei und Skulptur in Stein und Holz geblieben und man muß staunen, was sie mit dem schlechtesten Messer an dem härtesten Holze ausrichten. Sie geben sich besonders viel damit ab, Heiligenbilder zu malen und auszuschnitzen und ahmen hierin schon seit 300 Jahren die Modelle knechtisch nach, welche die Europäer zu Anfang der Eroberung mitgebracht haben. Diese Nachahmung gründet sich sogar auf einen fernher stammenden Glaubenssatz. In Mexiko, wie in Hindustan, war es nämlich den Gläubigen nicht erlaubt, das Geringste an der Figur der Idole zu verändern, sowie überhaupt alles den Ritus der Azteken und Hindu Betreffende unwandelbaren Gesetzen unterworfen war. Man urteilt daher sehr unrichtig über den Zustand der Künste und des Nationalgeschmackes dieser Völker, wenn man bloß die abenteuerlichen Figuren betrachtet, unter denen sie ihre Gottheiten darstellten. In Mexiko haben die christlichen Bilder zum Teile diese Steifheit und Härte der Züge erhalten, wodurch sich die hieroglyphischen Gemälde aus Montezumas Jahrhundert charakterisieren. Indes haben sich verschiedene indianische Kinder, welche in den Kollegien der Hauptstadt erzogen wurden oder ihren Unterricht in der von dem König gestifteten Malerakademie erhalten hatten, ausgezeichnet; aber dies ist mehr durch Fleiß als durch Genie geschehen. Ohne den gebahnten Weg zu verlassen, zeigen sie viele Geschicklichkeit in Betreibung der Künste der Einbildungskraft; aber sie verraten eine noch weit größere in bloß mechanischen Künsten. Diese Geschicklichkeit wird dereinst von hohem Werte sein, wenn sich die Manufakturen in diesem Lande, wo einer Regierung von Kraft und Willen zu einer völligen Wiedergeburt desselben eine neue Schöpfung aufbehalten ist, heben werden.

Die mexikanischen Indianer haben noch den nämlichen Geschmack an den Blumen, wie ihn schon Cortez an ihnen fand. Ein Blumenstrauß war das köstlichste Geschenk, das man den Gesandten machte, welche an Montezumas Hof kamen. Dieser Monarch und seine Vorgänger hatten eine Menge seltener Pflanzen in den Gärten von Iztalapan zusammengebracht. Der berühmte Baum mit Händen, der Cheirostemon,[1] den Herr Cervantes beschrieben und wovon man lange nur ein Exemplar gekannt hat, scheint anzudeuten, daß die Könige von Toluca auch fremde Bäume in diesem Teile von Mexiko pflanzen ließen. Oft rühmt Cortez in seinen Briefen an Kaiser Karl V. die Industrie der Mexikaner im Gartenwesen und beklagt sich sogar, daß man ihm die Samen der Blumen zum bloßen Gartenschmuck und die der nutzbaren Pflanzen nicht schicke, um die er seine Freunde in Sevilla und Madrid gebeten habe. Zuverlässig zeigt der Geschmack an Blumen ein Gefühl für das Schöne an und man staunt, ihn bei einer Nation zu finden, wo ein blutiger Kultus und die häufigen Opfer alles Zartgefühl der Seele und alle sanfteren Neigungen erstickt zu haben scheinen. Auf dem großen Markte von Mexiko verkauft kein Eingeborener Pfirsiche, Ananas, Gemüse, selbst nicht einmal Pulque (gegorenen Saft der Agaven), ohne seine Bude mit Blumen zu schmücken, welche alle Tage frisch sind und der indianische Krämer scheint eigentlich in einer Verschanzung von Blumen zu sitzen. Ein Gehege von frischen Kräutern, besonders von zartblätterigen Gräsern, das 1 m hoch ist, umgibt wie eine Mauer im Halbzirkel die zum Verkauf ausgestellten Früchte. Der ganz grüne Grund ist mit Parallelen von Blumenguirlanden abgeteilt und die kleinen Blumensträuße, welche symmetrisch zwischen den Gehängen angebracht sind, geben dem Ganzen das Ansehen einer mit Blumen besäten Tapete. Ein Europäer, der gern die Sitten des niederen Volkes beobachtet,

---

[1] Herr Bonpland hat eine Zeichnung davon in unseren Aequinoktialpflanzen, B. 1, S. 75, Platte 24, gegeben. Seit kurzem hat man Stämme von dem Arbor de las manitas in den Gärten von Montpellier und Paris. Der Cheirostemon ist ebenso merkwürdig wegen seiner Blumenkrone, als es der Gyrocarpus, den wir in die Gärten von Europa gebracht haben und von dem der berühmte Jacquin die Blüte nicht finden konnte, durch die Form seiner Früchte ist.

muß über die Sorgfalt und Eleganz erstaunen, mit der die Eingeborenen die Früchte in kleinen, von sehr leichtem Holz gearbeiteten Käfigen verkaufen. Die Breiäpfel (Achras) der Mammea, die Birnen und die Trauben liegen unten und der obere Teil ist ganz mit wohlriechenden Blumen verziert. Stammt diese Kunst, Früchte mit Blumen zu umschlingen, vielleicht aus der glücklichen Epoche, da die ersten Bewohner von Anahuac lange vor Einführung der unmenschlichen Religionsbräuche gleich den Peruanern die Erstlinge ihrer Ernten dem großen Geiste Teotl darbrachten?

Diese zerstreuten Züge, welche die mexikanischen Eingeborenen charakterisieren, gehören dem indianischen Landmanne, dessen Civilisation, wie wir oben bemerkt haben, der der Chinesen und Japaner gleichkommt. Noch unvollkommener würde die Schilderung sein, die ich von den Sitten der indianischen Nomaden zu entwerfen vermöchte, welche die Spanier unter dem Namen Indios bravos begreifen und von denen ich nur einige, die als Kriegsgefangene nach der Hauptstadt gebracht wurden, zu Gesicht bekommen habe. Die Mecos (ein Stamm der Chichimeken), die Apachen, die Lipanen sind Horden von Jägervölkern, die auf ihren häufig nächtlichen Zügen die Grenzen von Neubiscaya, von Sonora und Neumexiko beunruhigen. Diese Wilden verraten, wie die des südlichen Amerikas weit mehr Beweglichkeit des Geistes und Charakterkraft als die Landbauer der Indianer. Einige Völkerschaften unter ihnen haben sogar Sprachen, deren Mechanismus eine alte Civilisation beweist. Sie lernen die europäischen Sprachen nur mit der größten Schwierigkeit, drücken sich aber in den ihrigen mit äußerster Leichtigkeit aus. Diese indianischen Anführer, deren finsteres Schweigen den Beobachter in Erstaunen setzt, halten, wenn ein großes Interesse sie aufregt, Reden, die mehrere Stunden lang dauern. Diese Geläufigkeit der Zunge haben wir auch in den Missionen des spanischen Guyana, bei den Kariben vom Niederorinoko, deren Sprache äußerst weich und sonor ist, bemerkt.

Nach dieser Untersuchung der physischen Beschaffenheit und der intellektuellen Anlagen der Indianer müssen wir noch einen flüchtigen Blick auf ihren gesellschaftlichen Zustand werfen. Die Geschichte der letzten Klassen eines Volkes ist nichts als die Erzählung der Ereignisse, welche die große Ungleichheit des Vermögens, der Genüsse und des individuellen Glückes begründet und damit nach und nach einen Teil der

Nation unter die Vormundschaft und die Abhängigkeit der anderen gesetzt haben. Aber diese Erzählung suchen wir beinahe ganz vergebens in den Annalen der Geschichte. Sie bewahren wohl das Andenken an große politische Revolutionen, an Kriege, Eroberungen und andere Geißeln, welche die Menschheit betroffen haben; aber sie lassen uns nur weniges über das mehr oder minder klägliche Schicksal der ärmsten und zahlreichsten Klasse der Gesellschaft. Nur in einem sehr kleinen Teile von Europa genießt der Landbauer die Früchte seiner Arbeit in Freiheit und diese bürgerliche Freiheit ist, wie wir gestehen müssen, nicht sowohl das Resultat einer weit vorgerückten Civilisation als vielmehr die Wirkung der gewaltsamen Krisen, in welchen eine Klasse oder ein Staat die Uneinigkeit der anderen benutzt hat. Die wahre Vervollkommnung der gesellschaftlichen Institutionen hängt freilich von der Aufklärung und intellektuellen Entwickelung ab; allein die Räder, welchen einen Staat bewegen, greifen so sonderbar ineinander ein, daß bei einem Teile der Nation diese Entwickelung sehr starke Fortschritte machen kann, ohne daß die Lage der letzten Klassen dadurch besser würde. Von dieser traurigen Wahrheit liefert uns der ganze Norden die Bestätigung und es gibt in diesem Länder, wo der Landmann trotz der so sehr gerühmten Civilisation der höheren Klassen noch heutzutage in eben der Erniedrigung lebt, in welcher er sich drei bis vier Jahrhunderte früher befunden hat, und wir dürften vielleicht das Schicksal der Indianer viel glücklicher finden, wenn wir es mit dem der Bauern in Kurland, Rußland und einem großen Teil des nördlichen Deutschlands vergleichen wollten.

Die Eingeborenen, welche man heutzutage in den Städten und besonders auf dem Lande von Mexiko zerstreut sieht, und deren Anzahl (die von gemischtem Blute ausgeschlossen) dritthalb Millionen beträgt, sind entweder Abkömmlinge von ehemaligen Landbauern oder Ueberbleibsel einiger großen indianischen Familien, die sich nicht mit den spanischen Eroberern vermischen wollten, sondern lieber die Ländereien, welche sie sonst durch ihre Vasallen bauen ließen, mit eigenen Händen bauten. Dieser Unterschied äußert sich sehr stark in dem politischen Zustande der Eingeborenen, indem sie ebendaher in tributäre Indianer und in adelige Indianer oder Kaziken abgeteilt werden. Letztere haben nach den spanischen Gesetzen alle Privilegien des kastilianischen Adels, aber in ihrer heutigen Tage ist dieser Vorteil nur ein Schein, und man vermag nur schwer nach dem Aeußeren die Kaziken von den anderen Eingeborenen zu unterscheiden, deren Voreltern zu Montezumas II. Zeit bereits das niedrige Volk oder die letzte Kaste der mexikanischen Nation ausmachten. Wegen der Einfachheit seiner Kleidung und Nahrung und dem elenden Aussehen, in dem er sich gefällt, verwechselt man den adeligen leicht mit dem tributären Indianer. Indes bezeigt der letztere dem ersteren einen Grad von Ehrfurcht, welcher noch den von den alten Konstitutionen der aztekischen Hierarchie vorgeschriebenen Abstand anzeigt. Allein die Familien, welche die Erbrechte des „Cacicasgo" genießen, mißbrauchen, statt die Kaste der tributären Eingeborenen zu beschützen, sehr oft ihren Einfluß. In ihren Händen ist die Magistratur der indianischen Dörfer; sie erheben deswegen die Kopfsteuer und lassen sich bei dieser Gelegenheit von den Weißen nicht nur als Werkzeuge der Unterdrückung gebrauchen, sondern benutzen auch ihre eigene Gewalt und ihr Ansehen, um kleine Summen zu ihrem eigenen Vorteil zu erpressen. Einsichtsvolle Intendanten, welche lange Zeit das Innere der indianischen Wirtschaften studiert haben, versichern daher auch, daß die Kaziken sehr schwer auf die tributären Indianer drücken, gerade wie in verschiedenen Teilen von Europa, wo die Juden noch kein Bürgerrecht genießen, die Rabbinen den Gemeinden, welche ihnen anvertraut sind, zur Last werden. Uebrigens sind die Sitten unter dem aztekischen Adel noch ebenso ungebildet und ist die Civilisation unter ihm nicht weiter gekommen, als bei dem gemeinen Volke der Indianer. Er bleibt, sozusagen, ebenso isoliert, und die Beispiele von eingeborenen Mexikanern, welche, im Besitze des Cacicasgo, sich der höheren Magistratur oder dem Militärstande gewidmet haben, sind sehr selten, desto mehrere Indianer findet man aber in dem geistlichen Stande, besonders unter den Pfarrern; da hingegen die Einsamkeit der Klöster nur für die indianischen Mädchen etwas Anziehendes zu haben scheint.

Als die Spanier Mexiko eroberten, fanden sie das Volk bereits in dem Zustande von Verworfenheit und Armut, welcher überall den Despotismus und das Feudalwesen begleitet. Der Kaiser, die Prinzen, der Adel und der Klerus (die Teopixqui) besaßen allein die fruchtbarsten Ländereien und die Gouverneure der Provinzen erlaubten sich ungestraft die härtesten Erpressungen. Der Landbauer war aufs tiefste erniedrigt; die großen Straßen wimmelten, wie wir oben bemerkten, von Bettlern, der Mangel an großen vierfüßigen Haustieren zwang viele Tausende, den Dienst der Saumtiere zu versehen, und Mais, Baumwolle, Häute und andere Waren, welche die entferntesten Provinzen als Tribut nach der Hauptstadt schickten, zu transportieren. Die Eroberung machte indes den Zustand des niedrigen Volkes noch jämmerlicher. Man entriß den Landmann seinen Feldern und schleppte ihn auf die Gebirge, wo die Ausbeutung der Minen bereits anfing. Viele mußten der Armee folgen und bei schlechter Nahrung und weniger Ruhe über steile Gebirge hin Lasten schleppen, die über ihre Kräfte waren. Alles indianische Eigentum, bewegliches und liegendes, wurde als den Siegern gehörig angesehen und dieser abscheuliche Grundsatz ward sogar durch ein Gesetz geheiligt, welches den Eingeborenen nur ein kleines Stückchen Feldes um die neugebauten Kirchen herum anweist.

Der spanische Hof sah bald, wie schnell sich der neue Kontinent entvölkerte, und nahm anscheinend wohlthätige Maßregeln, um dies zu verhindern: allein die Habsucht und List der Eroberer (Conquistadores) wußte sie alle zum Nachteil von denen zu lenken, deren Unglück dadurch gelindert werden sollte. Man führte das System der Encomiendas ein. Die Eingeborenen, deren Freiheit die Königin Isabella umsonst proklamiert hatte, waren bis dahin Sklaven der Weißen gewesen, die sich ihrer ohne Unterschied bemächtigten. Durch die Einrichtung der Encomiendas gewann die Sklaverei aber noch regelmäßigere Formen. Um die Streitigkeiten der Konquistadoren zu beendigen, verteilte man die Reste des unterjochten Volkes. Die Indianer wurden in Stämme von mehreren hundert Familien abgesondert und erhielten Herren, die von Spanien aus unter den Soldaten, welche sich bei der Eroberung ausgezeichnet hatten, und unter den Leuten vom Rechtsfach,[1] die der Hof zur Regierung der Provinzen, und um ein Gegengewicht gegen die anmaßende Gewalt der Generäle nach Amerika abgeschickt hatte, ernannt wurden. Viele und die schönsten Encomiendas erhielten die Mönche, und die Religion, die nach ihren Grundsätzen die Freiheit begünstigen sollte, erniedrigte sich durch ihre Benutzung der Volkssklaverei. Diese Verteilung band die Indianer an den

---

[1] Diese mächtigen Männer hatten oft den bloßen Titel Licenciados, nach dem gelehrten Grade, den sie in ihrer Fakultät genommen hatten.

Boden; ihre Arbeit gehörte den Encomenderos, und der Leibeigene nahm oft den Familiennamen seines Herrn an. Wirklich tragen noch heutzutage viele indianische Familien, ohne daß sie sich je mit europäischem Blute vermischt hätten, spanische Namen. Bei alledem hatte der Hof von Madrid den Indianern Beschützer zu geben vermeint, da er nur das Uebel verschlimmert und die Unterdrückung ordentlich systematisch gemacht hatte.

In diesem Zustande befanden sich die mexikanischen Landbauer im 16. und 17. Jahrhundert. Von dem 18. hingegen fing ihr Schicksal allmählich an, besser zu werden. Die Familien der Konquistadoren erloschen zum Teil, und die Encomiendas, welche man als Lehen betrachtete, wurden nicht wiederum an andere abgegeben. Die Vizekönige und besonders die Audiencias wachten über die Interessen der Indianer, und so hat sich ihre Freiheit und in mehreren Provinzen, selbst ihr Wohlstand ein wenig vergrößert. Besonders ist Karl III. durch ebenso weise als nachdrückliche Maßregeln ihr Wohlthäter geworden. Er hob die Encomiendas auf; verbot die Repartimientos, durch die sich die Corregidoren willkürlich zu Gläubigern, und somit zu Herren über die Arbeit der Eingeborenen gemacht hatten, indem sie sie, zu ungeheuren Preisen, mit Pferden, Maultieren und Kleidung (ropa) versahen. Die Einrichtung der Intendantschaften, welche man dem Ministerium des Grafen von Calvez verdankt, ist besonders eine denkwürdige Epoche für das Wohl der Indianer geworden. Die kleinen Bedrückungen, denen der Landmann von seiten der subalternen spanischen und indianischen Obrigkeiten ausgesetzt war, haben sich durch die Wachsamkeit und Thätigkeit der Intendanten äußerst vermindert, und die Indianer fangen nun an, die Vorteile zu genießen, welche ihnen die im ganzen sanften und menschlichen Gesetze zugestanden hatten, deren sie aber doch in den Jahrhunderten der Barbarei und Unterdrückung beraubt gewesen waren. Der Hof hatte zu den wichtigen Posten der Intendanten oder Gouverneurs der Provinzen gleich im Anfang sehr glückliche Wahlen getroffen, und unter den zwölf Männern, welche 1804 diese Stellen bekleideten, war auch nicht einer, den die öffentliche Meinung der Bestechlichkeit oder Unredlichkeit beschuldigt hätte.

Mexiko ist das eigentliche Land der Ungleichheit; denn nirgends ist sie in Verteilung der Glücksgüter, der Civilisation, des Anbaues und der Bevölkerung größer als hier. Im Inneren des Königreiches liegen vier Städte, die nur eine oder zwei Tagereisen voneinander entfernt sind, und dennoch 35000, 67000, 70000 und 135000 Einwohner zählen.[1] Das Centralplateau von Puebla bis Mexiko, und von da bis Salamanca und Celaya, ist mit Dörfern und Weilern so sehr bedeckt, als die angebautesten Teile der Lombardei. Aber östlich und westlich von diesem engen Striche ziehen sich unurbare Felder hin, wo man auf einer Quadratstunde nicht zehn oder zwölf Menschen findet. Die Hauptstadt und mehrere andere Städte besitzen wissenschaftliche Anstalten, die man mit den europäischen vergleichen darf. Die Bauart der öffentlichen und der Privatgebäude, die Eleganz im Hausgeräte, die Equipagen, der Luxus in der Tracht der Frauen, der gesellschaftliche Ton, alles verrät eine Verfeinerung, gegen welche die Nacktheit, Unwissenheit und Roheit des gemeinen Volkes aufs schreiendste absticht. Ja, diese Ungleichheit des Vermögenszustandes findet sich nicht bloß unter der Kaste der Weißen (Europäer und Kreolen), sondern selbst unter den Ureinwohnern des Landes.

Betrachtet man die mexikanischen Indianer in Masse, so sieht man nichts als ein Gemälde großen Elends. Nach den unfruchtbarsten Ländereien verwiesen, indolent von Charakter und noch mehr zufolge ihrer politischen Lage, leben die Eingeborenen eigentlich nur von einem Tage zum anderen, und man würde beinahe vergebens einen unter ihnen suchen, der ein mittelmäßiges Vermögen besäße. Statt glücklichen Wohlstandes findet man dafür einige Familien, deren Vermögen um so kolossaler scheint, je weniger man es unter der niedrigsten Klasse des Volkes erwartet. In den Intendantschaften von Oajaca und Valladolid, in dem Thale von Toluca und besonders in den Umgebungen der großen Stadt Puebla de los Angeles, gibt es mehrere Indianer, welche unter dem Anschein von Elend beträchtliche Reichtümer verbergen. Als ich die kleine Stadt Cholula besuchte, begrub man daselbst eine alte Indianerin, welche ihren Kindern für mehr denn 360000 Franken Maguey-(Agaven-)Pflanzungen hinterließ. Diese Pflanzungen sind die Weinberge und der

---

[1] [Die vier volkreichsten Städte der Mexikanischen Republik sind dermalen: Mexiko mit 230000, Guadalajara mit 93875, Leon mit 90000 und Puebla mit 70000 Einwohnern. — D. Herausg.]

ganze Reichtum des Landes. Indes gibt es in Cholula keine Kaziken; die Indianer sind daselbst alle tributär und zeichnen sich durch große Mäßigkeit und durch stille, sanfte Sitten aus; wodurch sie sich denn auch sehr auffallend von ihren Nachbarn, den Tlaxcalanern, unterscheiden, von denen viele von dem betiteltsten Adel abzustammen behaupten, und die ihr Elend durch ihren Hang zu Prozessen und überhaupt durch einen unruhigen, streitsüchtigen Geist vermehren. Zu den reichsten indianischen Familien in Cholula gehören die Axcotlan, die Sarmientos und Romeros; in Huexocinga sind es die Sochipiltecatl und besonders im Dorfe Los Reyes die Tecuanovefen. Jede dieser Familien besitzt ein Kapital von 800 000 bis 1 000 000 Livres; sie genießen, wie wir oben schon bemerkt haben, großes Ansehen unter den tributären Indianern; aber sie gehen dennoch gewöhnlich barfuß, nur mit der mexikanischen Tunika von grobem, schwarzbraunem Tuch bedeckt, und überhaupt wie die Aermsten unter der Rasse der Eingeborenen bekleidet.

Die Indianer sind von allen indirekten Auflagen ausgenommen und zahlen kein „Alcavala", indem ihnen das Gesetz völlige Freiheit beim Verkauf ihrer Produkte gestattet. Von Zeit zu Zeit, besonders seit fünf oder sechs Jahren her, hat es der höchste Finanzrat von Mexiko, die Junta superior de Real Hacienda genannt, zwar versucht, die Eingeborenen die Alcavala bezahlen zu machen; allein es ist zu hoffen, daß ihnen der Hof von Madrid, der diese unglückliche Klasse immer in Schutz genommen hat, diese Immunität so lange erhalten wird, als sie der direkten Auflage der Tribute (tributos) unterworfen sind. Diese Auflage ist eine wahre Kopfsteuer, welche die Indianer männlichen Geschlechts vom 10. bis ins 50. Jahr bezahlen. 1601 entrichtete ein Indianer jährlich 32 Realen de plata Tribut, und vier Realen für den servizio real, zusammen etwa 23 Franken. Diese Summe wurde nach und nach in einigen Intendantschaften bis auf 15 und sogar 5 Franken[1] herabgesetzt. In dem Bistume Michoacan und im größten Teile von Mexiko beträgt die

---

[1] Compendio de la historia de la Real Hacienda de Nueva España, ein handschriftliches Werk, welches Don Joaquin Maniau im Jahre 1793 dem Minister Staatssekretär, Don Diego de Garboqui, vorgelegt hat, und wovon die Kopie in den Archiven des Vizekönigreichs aufbewahrt wird

Kopfsteuer heutzutage 11 Franken. Ueberdies bezahlen die Indianer, als Kirchspielabgaben (derechos parroquiales), 10 Franken für die Taufe, 20 Franken für einen Heiratsschein und 32 Franken für die Beerdigung. Zu diesen 62 Franken, welche die Kirche als Auflage von jedem einzelnen Indianer erhebt, kommen noch 25 bis 30 Franken für die sogenannten freiwilligen Opfergaben, die mit den Namen Cargos de cofradias, Responsos und Misas para sacar animas bezeichnet werden.[1]

Wenn die Gesetzgebung der Königin Isabella und des Kaisers Karl V. die Eingeborenen von seiten der Auflagen zu begünstigen scheint, so beraubte sie sie dafür der wichtigsten Rechte, welche die übrigen Bürger genießen. In einem Jahrhundert, wo man sich in aller Form darüber stritt, ob die Indianer vernünftige Wesen seien, glaubte man ihnen noch eine Wohlthat damit zu erweisen, daß man sie als Bergleute behandelte, für immer unter die Vormundschaft der Weißen setzte, und jeden Akt, der von einer Person aus der kupferfarbigen Rasse unterzeichnet war, und jede Schuld, die sie gemacht hatte, wenn sie über 15 Franken ging, für ungültig erklärte. Diese Gesetze haben sich in ihrer vollen Kraft erhalten, und setzen natürlich eine unübersteigliche Scheidewand zwischen die Indianer und die übrigen Kasten, deren Vermischung gleichfalls verboten ist. Viele tausend Einwohner können keinen gültigen Kontrakt machen (no pueden tratar y contratar); und zu immerwährender Minorität verdammt, werden sie sich selbst und dem Staate, in welchem sie leben, zur Last. Ich kann das politische Gemälde der Indianer von Neuspanien nicht besser endigen, als daß ich meinen Lesern den Auszug einer Denkschrift vorlege, welche der Bischof und das Kapitel von Michoacan[2] im Jahre 1799

---

[1] Kosten für Brüderschaften, Responsen und Messen, um die Seelen aus dem Fegfeuer zu erlösen.

[2] Informe del Obispo y Cabildo ecclesiastico de Valladolid de Mechoacan al Rey sobre Jurisdiccion y Ymunidades del Clero americano. Dieser Bericht, wovon ich eine Abschrift in mehr als zehn Bogen besitze, wurde bei Gelegenheit des berühmten königlichen Befehles vom 25. Oktober 1795 gemacht, demzufolge die weltlichen Richter bevollmächtigt wurden, über die delitos enormes des Klerus zu entscheiden. Auf dieses Recht gestützt erlaubte sich die Sala del crimen in Mexiko alles mögliche gegen die Pfarrer und warf sie sogar in die Gefängnisse der niedrigsten

dem König eingereicht haben, und die die weisesten Ansichten und die liberalsten Ideen verrät.

Der ehrwürdige Bischof,[1] den ich noch persönlich kennen zu lernen das Glück hatte, und der nun ein kärgliches, arbeitsvolles Leben in einem Alter von 80 Jahren geendigt hat, stellt dem Monarchen vor, daß bei dem gegenwärtigen Stande der Dinge die moralische Vervollkommnung der Indianer unmöglich ist, wenn die Hindernisse nicht gehoben werden, welche sich den Fortschritten der Nationalindustrie entgegensetzen. Die Grundsätze, die er ausspricht, bestätigt er durch mehrere Stellen aus den Werken von Montesquieu und Bernardin de Saint Pierre. Diese Citationen müssen uns in der Feder eines Prälaten überraschen, welcher als Ordensgeistlicher einen Teil seines Lebens in Klöstern zugebracht hatte, und auf einem bischöflichen Stuhle an den Ufern der Südsee saß. „Die Bevölkerung von Neuspanien," sagt er am Ende seiner Denkschrift, „besteht aus drei Klassen von Menschen: aus Weißen oder Spaniern, Indianern und ‚Kasten'. Ich nehme an, daß die Spanier einen Zehnteil der Totalmasse ausmachen, und dennoch befinden sich in ihren Händen beinahe alles Eigentum und alle Reichtümer des Landes. Die Indianer und die Kasten bauen den Boden; sie dienen den Wohlhabenden und leben bloß von ihrer Hände Arbeit. Daher stammt aber auch dieser Gegensatz von Interessen zwischen den Indianern und den Weißen; dieser gegenseitige Haß, der ganz natürlich unter denen, welche alles, und denen, die nichts besitzen, zwischen den Herren und den Sklaven entsteht. Daher sieht man auch auf der einen Seite alle Wirkungen des Neides und der Zwietracht, List, Diebstahl und Neigung, den Weißen zu schaden, und auf der anderen nichts als Uebermut, Härte und Bestreben, jeden Augenblick die Schwäche des Indianers zu benutzen. Ich weiß wohl, daß

Volksklassen. Bei diesem Streite trat die Audienz auf die Seite des Klerus. Jurisdiktionsstreitigkeiten sind überhaupt in diesen entfernten Ländern sehr gewöhnlich, und man verfolgt sie mit desto mehr Hitze, da die europäische Politik, von der ersten Entdeckung der Neuen Welt an, die Uneinigkeit der Kasten, der Familien und der konstituierten Autoritäten als die Mittel angesehen hat, die Kolonieen in Abhängigkeit von dem Mutterlande zu erhalten.

[1] Fray Antonio de San Miguel, Mönch von St. Hieronymus von Corvan, und aus den Montañas von Santander gebürtig.

diese Uebel allenthalben aus einer großen Ungleichheit der Zustände entspringen; aber sie werden in Amerika noch viel furchtbarer, weil es da keinen Mittelstand gibt, und man entweder reich oder elend, und adelig oder durch Gesetze und Macht der Meinung erniedrigt ist. (Infame de derecho y hecho.)

„Wirklich befinden sich die Indianer und die Rassen von gemischtem Blute in dem Zustande äußerster Demütigung. Die den Indianern eigene Farbe, die Unwissenheit und besonders das Elend entfernen sie unendlich weit von den Weißen, welche den ersten Rang in der Bevölkerung von Neuspanien einnehmen. Die Privilegien, welche die Gesetze den Indianern einzuräumen scheinen, nutzen ihnen wenig und schaden ihnen sogar, wie man wohl behaupten darf. Auf den engen Raum von 600 Varen (500 m) selben Durchmessers, welchen ein altes Gesetz den indianischen Dörfern vorschreibt, eingeschränkt, haben die Eingeborenen sozusagen gar kein individuelles Eigentum, sondern müssen die Kommunegüter bauen (bienes de communidad). Dieser Anbau wird für sie zu einer um so unerträglicheren Last, da sie seit einigen Jahren beinahe gar keine Hoffnung mehr haben, die Frucht ihrer Arbeit zu benutzen. Das neue Reglement der Intendantschaften befiehlt, daß die Eingeborenen ohne besondere Erlaubnis des Finanzkollegiums von Mexiko (Junta superior de la Real Hacienda) keine Unterstützung mehr aus den Kommunekassen erhalten sollten." (Die Kommunegüter wurden nämlich von den Intendanten verpachtet. Das Produkt der Arbeit der Eingeborenen fließt in die königlichen Kassen, wo die Oficiales reales unter besonderen Rubriken über das, was man Eigentum jedes Dorfes nennt, Rechnung halten. Ich sage, was man so nennt; denn seit mehr als 20 Jahren ist dieses Eigentum bloß eingebildet. Der Intendant selbst kann nicht einmal darüber zu Gunsten der Eingeborenen verfügen, und diese sind es bald müde, um Unterstützung aus ihren Kommunekassen zu bitten. Freilich verlangt die Junta de Real Hacienda von dem Fiskal und dem Assessor des Vizekönigs informes; allein jahrelang häufen sich diese Papiere zusammen und der Indianer bleibt ohne Antwort. Man ist aber auch so sehr daran gewöhnt, das Geld der Raxas de Comunidades als Summen anzusehen, die keine feste Bestimmung haben, daß der Intendant von Valladolid im Jahre 1798 nahe an eine Million solcher Gelder nach Madrid geschickt hat, die sich seit zwölf Jahren gesammelt hatten. Man machte dem König bei dieser Gelegenheit die Vorstellung, es sei ein patriotisches Geschenk, welches die Indianer von Michoacan ihrem Souverän zur Unterstützung in seinem Kriege gegen England schickten!)

„Das Gesetz verbietet die Vermischung der Kasten; es verbietet den Weißen, sich in den Dörfern der Indianer niederzulassen und hindert diese, es unter den Spaniern zu thun. Diese Isolierung verhindert die Civilisation aufs höchste. Die Indianer regieren sich überdies selbst und alle subalternen Obrigkeiten sind mit Kupferfarbigen besetzt. Daher findet man denn auch in jedem Dorfe acht bis zehn alte Indianer, welche auf Kosten der anderen im völligsten Müßiggange leben und deren Ansehen sich entweder auf vorgeblich erlauchte Geburt oder auf eine schlaue, vom Vater auf den Sohn fortgeerbte Politik gründet. Diese Oberhäupter, meist die einzigen Personen im Dorfe, welche spanisch verstehen, haben natürlich das größte Interesse, ihre Mitbürger in tiefer Unwissenheit zu erhalten und tragen am meisten zur Dauer der Vorurteile, der Unwissenheit und der alten Barbarei der Sitten bei.

„Da die Indianer nach den Gesetzen unfähig sind, irgend einen Vertrag vor dem Notar abzuschließen oder mehr als fünf Piaster Schulden zu machen, so können die Eingeborenen ihr Schicksal weder als Feldarbeiter noch als Handwerker verbessern und zu einiger Wohlhabenheit gelangen. Solorzano, Traso und andere spanische Schriftsteller haben vergebens der geheimen Ursache nachgeforscht, warum alle den Indianern eingeräumten Privilegien immer zum Nachteil dieser Kaste ausschlagen; aber ich wundere mich, wie diese berühmten Rechtsgelehrten nicht einsehen, daß das, was sie eine geheime Ursache nennen, in dem Wesen der Privilegien selbst liegt. Es sind Waffen, die nie zum Schutze derer, welche sie verteidigen sollten, gedient haben und von den Bürgern der übrigen Kasten geschickt gegen die Rasse der Eingeborenen gebraucht werden. Eine Vereinigung so trauriger Umstände hat bei den letzteren eine Trägheit des Geistes und einen Zustand von Gleichgültigkeit und Apathie hervorgebracht, in welchem der Mensch weder für Hoffnung noch für Furcht empfänglich ist.

„Die von den Negersklaven abstammenden Kasten sind von den Gesetzen für ehrlos erklärt und müssen Tribut bezahlen. Diese direkte Abgabe drückt ihnen einen unauslösch-

lichen Fleck auf und sie betrachten sie als ein Zeichen von
Sklaverei, das zu den entferntesten Generationen übergeht.
Unter der Rasse von gemischtem Blute, den Metis und
Mulatten, gibt es viele Familien, welche man wegen Farbe,
Gesichtsbildung und Geisteskultur mit den Spaniern verwechseln könnte; allein die Gesetze halten sie in Erniedrigung und
Verachtung. Bei ihrem energischen, feurigen Charakter leben
diese farbigen Menschen daher in einem Zustande unaufhörlicher Aufgereiztheit gegen die Weißen und es ist nur zu verwundern, daß ihre Empfindlichkeit sie nicht häufiger zur Rache
verleitet.

„Die Indianer und die Kasten sind in den Händen der
Distriktsobrigkeiten (Justicias territoriales), deren Immoralität nicht wenig zu ihrem Elend beigetragen hat. Solange
die Alcaldias mayores in Mexiko bestanden, sahen sich die
Alkalden als Kaufleute an, welche das ausschließende Recht
zu kaufen und zu verkaufen in ihren Provinzen erlangt hatten
und dieses Privilegium zu einem Gewinn von 30000 bis 200000
Piastern (150000 bis 1000000 Franken) und was noch mehr
ist, bloß in einer Zeit von 5 Jahren benutzen konnten. Diese
Wucherer in den Staatsämtern zwangen die Indianer, von
ihnen und zu willkürlichen Preisen eine Anzahl von Vieh
anzunehmen. Dadurch wurden die Eingeborenen ihre Schuldner
und unter dem Vorwande, sich Kapital und Wucher bezahlt
zu machen, verfügte der Alcalde mayor sodann das ganze
Jahr hindurch über die Indianer, wie über seine Leibeigenen.
Die individuelle Glückseligkeit war doch gewiß bei den Unglücklichen, welche ihre Freiheit für den Besitz eines Pferdes
oder Maultieres aufgeopfert hatten, womit sie bloß zum
Nutzen des Herrn arbeiteten, nicht größer geworden. Indes
machten dennoch Ackerbau und Industrie unter allen diesen
Mißbräuchen Fortschritte.

„Von der Einrichtung der Intendantschaften an wollte
die Regierung alle die Bedrückungen aufhören machen, welche
von den Repartimientos herkamen. Statt der Alcaldes mayores wurden die Subdelegados, eine Art subalterner Obrigkeitspersonen, eingesetzt, welchen aller Handel aufs strengste
verboten war. Allein da man ihnen keinen festen Sold, noch
überhaupt ein festgesetztes Einkommen anwies, so ist das Uebel
nur noch schlimmer geworden. Die Alcaldes mayores hatten
wenigstens überall, wo ihr eigener Vorteil nicht ins Spiel
kam, die Gerechtigkeit unparteiisch verwaltet. Allein die Sub=

belegaten der Intendanten, die keine andere als bloß zufällige Einkünfte haben, glauben sich zu widerrechtlichen Mitteln berechtigt, um sich ein Einkommen zu machen; daher dann diese unaufhörlichen Bedrückungen, dieser Mißbrauch der Gewalt gegen die Armen, die Nachsicht gegen die Reichen und der schändliche Wucher der Gerechtigkeit. Die Intendanten finden bei der Wahl der Subdelegaten, von denen die Indianer bei dem jetzigen Stande der Dinge nur selten Schutz und Hilfe erwarten dürfen, die größten Schwierigkeiten. Diese suchen sie bei den Pfarrern, und der Klerus und die Subdelegaten sind daher im ewigen Streite miteinander. Indes haben die Eingeborenen weit mehr Zutrauen zu den Pfarrern und zu den obrigkeitlichen Personen von höherem Range, den Intendanten und Oydores (Gliedern der Audiencia). Welche Zuneigung kann nun der Indianer in seinem Zustande von Verachtung und Erniedrigung, beinahe ohne alles Eigentum und ohne Hoffnung, seine Existenz zu verbessern, zu einer Regierung haben? Das Band, welches ihn an das gesellschaftliche Leben knüpft, hat für ihn gar keinen Vorteil, und man soll Eurer Majestät ja nicht sagen, daß die Furcht vor der Züchtigung allein hinreichen müsse, um Ruhe in diesen Ländern zu erhalten. Dazu braucht es andere, mächtigere Mittel; denn wenn die neue Gesetzgebung, welche Spanien mit Ungeduld erwartet, sich nicht mit dem Schicksale der Indianer und der farbigen Menschen beschäftigen sollte, so würde auch der mächtige Einfluß des Klerus auf die Gemüter dieser Unglücklichen nicht hinreichen, um sie in Unterwürfigkeit und Ehrfurcht gegen ihren Souverän zu halten.

„Man hebe die gehässige Personalauflage, den Tribut auf; zerstöre die Schande (infamia de derecho), mit welcher ungerechte Gesetze die farbigen Menschen gebrandmarkt haben; erkläre sie aller bürgerlichen Aemter fähig, zu denen kein besonderer adeliger Titel erforderlich ist; verteile die Kommunegüter, welche den Eingeborenen bis jetzt in Masse gemeinschaftlich gehörten; trete einen Teil der Krondomänen (tierras realengas), welche gewöhnlich unangebaut sind, an die Indianer und Kasten ab; gebe Mexiko ein agrarisches Gesetz, wie Asturien und Galicien es haben und kraft dessen der arme Feldarbeiter unter gewissen Bedingungen allen Boden anbauen darf, welchen die großen Landeigentümer seit Jahrhunderten zum Schaden der Nationalindustrie müßig liegen gelassen; gestatte den Indianern, Kasten und Weißen volle Freiheit, sich in all den Dörfern niederzulassen, welche heutzutage bloß einer einzigen dieser Klassen angehören; setze allen Richtern und Distriktsobrigkeiten feste Besoldungen aus; — dies, Eure Majestät, sind die Hauptpunkte, von welchen das Glück des mexikanischen Volkes abhängt.

„Man wird es auffallend finden, wie es jemand in einem Augenblick, da sich die Finanzen des Staates in so traurigem Zustande befinden, wagen könne, Eurer Majestät die Aufhebung des Tributes vorzuschlagen. Allein man könnte mittels einer sehr einfachen Berechnung erweisen, daß die Staatseinkünfte durch die vorgeschlagenen Reformen und die den Indianern zu erteilenden Bürgerrechte, statt sich zu vermindern, beträchtlich erhöht werden würden." Unser Bischof nimmt auf dem ganzen Umfange von Neuspanien 810 000 Familien von Indianern und farbigen Menschen an. Viele von ihnen, besonders unter denen von gemischtem Blute, sind bekleidet und genießen einigen Wohlstandes; sie leben etwa wie das gemeine Volk der Halbinsel und ihre Anzahl mag ein Drittteil der ganzen Bevölkerungsmasse ausmachen. Die jährlichen Konsumtionsbedürfnisse für jede Familie dieses Dritteiles können zu 300 Piastern angeschlagen werden. Rechnet man für jede aus den beiden anderen Dritteilen nur 60 Piaster[1] und nimmt an, daß die Indianer wie die Weißen 14 Prozent Alcavala bezahlen, so erhält man eine jährliche Einnahme von 5 Millionen Piastern, also mehr als den vierfachen Betrag des gegenwärtigen Tributes. Wir wollen die Richtigkeit der Zahl, auf welche sich dieser Kalkül gründet, nicht verbürgen; allein eine flüchtige Ansicht der Sache beweist schon, wie die Gleichheit der Rechte und Auflagen unter den verschiedenen Volksklassen, und die damit verbundene Aufhebung der Kopfsteuer nicht nur kein Defizit in den Kroneinkünften bewirken, sondern diese durch die Erhöhung des Wohlstandes und Glückes der Eingeborenen noch vermehrt werden würden.

Man hätte hoffen können, daß die Administrationen von drei aufgeklärten und fürs allgemeine Beste aufs eifrigste belebten Vizekönigen, wie der Marquis von Croix, der Graf von Revillagigedo und der Chevalier von Azanza waren, sehr

---

[1] In den heißen Gegenden von Mexiko rechnet man, daß ein Tagelöhner jährlich für sich und seine Familie, in Nahrung und Kleidern, 72 Piaster bedürfe. In der kalten Gegend des Landes ist der Luxus um 20 Piaster geringer.

glückliche Veränderungen in dem politischen Zustande der Indianer hervorbringen würden; allein diese Hoffnungen haben sich nicht erfüllt. Die Macht der Vizekönige ist in der letzten Zeit sehr vermindert worden. In allen ihren Schritten finden sie sich nicht nur durch die Finanzkammer (Junta de Real Hacienda) und den obersten Justizhof (Audiencia), sondern besonders durch die Maxime gehindert, welche man im Mutterlande hat, Provinzen, welche 2000 Stunden weit entfernt sind und deren physischen und moralischen Zustand man nicht kennt, von daher auch in allem Einzelnen regieren zu wollen. Die Philanthropen behaupten, daß es ein Glück für die Indianer sei, wenn man sich in Europa gar nicht mit ihnen beschäftige; indem eine traurige Erfahrung bewiesen hat, daß die meisten Maßregeln, welche man daselbst zur Verbesserung ihres Zustandes ergriffen, gerade die entgegengesetzte Wirkung gethan haben. Die Civilbeamten, welche jede Neuerung verabscheuen, und die Kreolen, die Landeigentümer sind und meist ihren Vorteil dabei finden, wenn der Feldarbeiter in Erniedrigung und Elend hingehalten wird, behaupten, daß man nichts bei den Eingeborenen verändern dürfe, weil die Weißen, sobald man ihnen mehr Freiheit gestatten würde, alles von der Rachsucht und der Anmaßung der indianischen Rasse zu fürchten hätten. Allein diese Sprache hört man überall, wo es darauf ankommt, die Bauern Menschen- und Bürgerrechte genießen zu lassen, und ich habe in Mexiko, Peru und in Neugranada alles das wiederholen hören, was man in verschiedenen Teilen von Deutschland, in Polen, Livland und Rußland gegen die Aufhebung der Leibeigenschaft zu sagen pflegt.

Vielmehr beweisen sehr neue Beispiele, wie gefährlich es ist, die Indianer einen status in statu bilden zu lassen und ihre Isolierung, ihre wilden Sitten, ihr Elend und damit die Gründe ihres Hasses gegen die anderen Kasten zu verlängern. Diese nämlichen stumpfsinnigen und indolenten Indianer, die sich geduldig an den Kirchenthüren peitschen lassen, zeigen sich jedesmal, wenn sie in einem Volksaufruhr in Masse handeln, listig, thätig, heftig und grausam. Es wird nicht unnütz sein, ein Beispiel zum Beweise dieser Behauptung anzuführen. In dem großen Aufruhr von 1781 verlor der König von Spanien beinahe den ganzen Gebirgsteil von Peru und dies zur nämlichen Zeit, da Großbritannien fast alle seine Kolonieen auf dem Kontinente von Amerika einbüßte.

Joseph Gabriel Condorcanqui, bekannt unter dem Namen des Inka Tupac-Amaru, zeigte sich an der Spitze einer Armee von Indianern vor den Mauern von Cuzco. Er war der Sohn des Kaziken von Tongasuca, eines Dorfes in der Provinz Tinta, oder vielmehr der Sohn von der Frau des Kaziken, indem es außer Zweifel zu sein scheint, daß dieser angebliche Inka ein Metis und sein wahrer Vater ein Mönch war. Die Familie Condorcanqui leitet ihren Ursprung von dem Inka Sayri-Tupac, welcher in den dichten Wäldern westwärts von Villapampa verschwunden ist, und von dem Inka Tupac-Amaru ab, der 1578 gegen Philipps II. Befehl unter dem Vizekönig Don Francisco von Toledo enthauptet wurde.

Joseph Gabriel hatte eine sehr sorgfältige Erziehung in Lima genossen und kehrte nach den Gebirgen zurück, nachdem er den spanischen Hof vergeblich um den Titel eines Marquis von Oropesa, der der Familie des Inka Sayri-Tupac zugehört, gebeten hatte. Aus Rachsucht empörte er die indianischen Bergbewohner, welche ohnedies gegen den Korregidor, Arriaga, erbittert waren. Das Volk erkannte ihn als einen Abkömmling seiner rechtmäßigen Souveräne und als Sohn der Sonne. Dieser junge Mensch benutzte den Volksenthusiasmus, den er durch die Symbole der alten Größe des Reiches von Cuzco entflammt hatte; oft wand er die kaiserliche Binde der Inka um seine Stirne, und vermischte die christlichen Ideen sehr geschickt mit den Erinnerungen an den Sonnendienst.

Im Anfang seiner Feldzüge beschützte er die Geistlichen und die Amerikaner aller Farben, und ließ seine Wut nur an den Europäern aus. Selbst unter den Metis und Kreolen machte er sich eine Partei; allein die Indianer, welche ihren neuen Verbündeten nicht recht trauten, führten bald gegen alles, was nicht von ihrer Rasse war, einen Vertilgungskrieg. Joseph Gabriel Tupac-Amaru, von welchem ich Briefe besitze, in denen er sich Inka von Peru unterschreibt, war indes minder grausam als sein Bruder Diego und besonders sein Neffe Andreas Condorcanqui, der in einem Alter von siebzehn Jahren viel Talente, aber auch einen blutgierigen Charakter entwickelte. Diese Empörung, welche in Europa wenig bekannt scheint und über die ich in dem historischen Berichte meiner Reise nähere Nachrichten geben werde, dauerte beinahe zwei Jahre lang. Tupac-Amaru hatte bereits die Provinzen Quispicanchi, Tinta, Lampa, Azangara, Caravaja und Chumbivilcas erobert, als ihn die Spanier mit seiner ganzen

Familie gefangen nahmen, und alle zusammen zu Cuzco vierteilten.

Die Ehrfurcht, welche dieser angebliche Inka den Ureinwohnern eingepflanzt hatte, war so groß, daß sie sich, trotz ihrer Furcht vor den Spaniern und von der siegreichen Armee umzingelt, dennoch beim Anblick des letzten Sohnes der Sonne zur Erde niederwarfen, als dieser durch die Straßen nach dem Richtplatze geführt wurde. Der Bruder des Joseph Gabriel Condorcanqui, welcher unter dem Namen Diego Christobal Tupac-Amaru bekannt ist, ward erst lange nach der Beendigung dieses Revolutionsversuches der peruanischen Indianer hingerichtet. Nachdem der Anführer in die Hände der Spanier gefallen war, hatte sich Diego freiwillig ergeben, weil man ihm im Namen des Königs Pardon versprochen hatte. Es ward eine förmliche Uebereinkunft zwischen ihm und dem spanischen General, am 26. Januar 1782, im indianischen Dorfe Siquari in der Provinz Tinta unterzeichnet. Auch lebte er ruhig in seiner Familie, bis er, vom Geiste einer hinterlistigen und mißtrauischen Politik, unter dem Vorwande einer neuen Verschwörung gefangen genommen wurde.

Die Grausamkeiten, welche die Eingeborenen von Peru in den Jahren 1781 und 1782 gegen die Weißen der Kordillere der Anden verübt haben, wurden zum Teil in den kleinen Aufständen wiederholt, welche zwanzig Jahre später auf dem Plateau von Riobamba vorfielen. Es ist daher von größter Wichtigkeit selbst für die Ruhe der seit Jahrhunderten auf dem Kontinent der Neuen Welt angesessenen Familien, daß man sich mit den Indianern beschäftige und sie dem gegenwärtigen Zustande von Barbarei, Verworfenheit und Elend, in welchem sie sich befinden, entreißt.

Weiße Kreolen und Europäer. — Ihre Civilisation. — Ungleichheit ihres Vermögenszustandes. — Neger. — Vermischung der Kasten. — Verhältnis der Geschlechter zu einander. — Lange Lebensdauer nach den verschiedenen Rassen. — Geselligkeit.

Unter den Bewohnern von reiner Rasse würden die Weißen die zweite Stelle erhalten, wenn man sie nur nach dieser Zahl anschlüge. Man teilt sie in Weiße, die in Europa geboren, und in solche, die, von Europäern abstammend, in den spanischen Kolonieen von Amerika oder den asiatischen Inseln zur Welt gekommen sind. Die ersten heißen Chapetones oder Gachupines, die anderen Criollos. Die Eingeborenen der Kanarischen Inseln, die man gewöhnlich mit dem Namen Isleños (Leute von den Inseln) bezeichnet, sehen sich für Europäer an. Die spanischen Gesetze räumen allen Weißen dieselben Rechte ein, allein die, welche die Gesetze zur Ausübung bringen sollen, suchen eine Gleichheit zu zerstören, durch die sich der europäische Stolz beleidigt findet. Die Regierung mißtraut den Kreolen und gibt alle Plätze von Bedeutung den im alten Spanien Geborenen. Seit einigen Jahren besetzte man von Madrid aus selbst die geringfügigsten Stellen im Mautwesen und der Tabaksregie, und zu einer Zeit, da sich alle Staatsräder ihrer Erschlaffung näherten, machte das System der Käuflichkeit der Aemter fürchterliche Fortschritte. Oft geschah daher, nicht sowohl aus einer argwöhnischen, mißtrauischen Politik, sondern aus bloßem Eigennutz, daß alle Stellen in europäische Hände kamen. Indes entstand dadurch Grund genug zur Eifersucht und zu ewigem Haß unter den Chapetones und den Kreolen. Der elendeste Europäer, ohne Erziehung und Verstandesbildung, fühlt sich für erhaben über die Weißen des neuen Kontinents; indem er wohl weiß, daß er einst durch Protektion seiner Landsleute und durch die Gunst der in diesem Lande ganz gewöhnlichen Glückswechsel, wo ein Vermögen ebenso schnell erworben als verloren wird, eine Anstellung erhalten kann, welche für die Eingeborenen, selbst wenn sie sich durch Talente, Kenntnisse und moralische Eigenschaften auszeichnen, unzugänglich ist. Diese Eingeborenen ziehen daher den Namen Amerikaner dem der Kreolen vor, und seit dem Frieden von Versailles, und besonders von 1789 an, hört man mit Stolz oft die Worte aussprechen: „Ich bin kein Spanier, sondern ein Amerikaner," in welchen sich ein Nachgefühl tiefer Kränkungen verrät. Vor dem Gesetz ist indes jeder Kreole ein Spanier; allein der Mißbrauch der Gesetze, die falschen Maßregeln der Kolonialregierung, das Beispiel der Vereinigten Staaten von Nordamerika und der Einfluß des Geistes der Zeit haben die Bande gelöst, welche einst die spanischen Kreolen mit den europäischen Spaniern aufs innigste vereinigten. Eine weise Administration könnte freilich die Harmonie wieder herstellen, die Leidenschaften und das Nachgefühl beruhigen, und vielleicht noch lange die Einigkeit zwischen den Gliedern derselben großen, in Europa und Amerika, von den patagonischen Küsten bis zum Norden von Kalifornien zerstreuten Familie erhalten.

Die Zahl der Individuen, welche die weiße Rasse ausmachen (Casta de los blancos, oder de los Españoles), beträgt in ganz Neuspanien wahrscheinlich 1 200 000, von denen der vierte Teil die Provincias internas bewohnt. In Neubiscaya, oder der Intendantschaft von Durango, ist kein einziger Unterthan, welcher Tribut bezahlt. Beinahe alle Bewohner dieser nördlichsten Gegenden behaupten daher, daß sie von reiner europäischer Rasse seien.

Es würde schwer sein, genau zu bestimmen, wie viele Europäer sich unter den 1 200 000 Weißen[1] befinden, welche in Neuspanien leben. Da in der Hauptstadt selbst, wo die Regierung die meisten Spanier vereinigt, unter einer Bevölkerung von 135 000 Seelen nicht einmal 2500 in Europa geborene Individuen sind, so ist es mehr als wahrscheinlich, daß das ganze Königreich zusammen deren nicht über 70 000 bis 80 000 enthält. Sie machen sonach nur den siebzigsten Teil der Totalbevölkerung aus, und das Verhältnis der Europäer zu den weißen Kreolen ist wie 1 zu 14.

---

[1] [Gegenwärtig, wo (1876) die Bevölkerung von Mexiko auf 9 389 461 Köpfe veranschlagt ward, schätzt man die Gesamtzahl der Weißen nur auf eine Million. — D. Herausg.]

Die spanischen Gesetze verbieten jedem Europäer, der nicht auf der Halbinsel geboren ist, den Eingang in die amerikanischen Besitzungen, und die Worte Europäer und Spanier sind daher in Mexiko und Peru völlig synonym geworden. Auch können die Bewohner der entfernteren Provinzen kaum begreifen, daß es Europäer gebe, welche ihre Sprache nicht sprechen, und sehen letzteres als einen Beweis von niedriger Geburt an, weil in ihren Gegenden nur die unterste Klasse des Volkes nicht spanisch versteht. Da sie überdies die Geschichte des 16. Jahrhunderts besser kennen als die der gegenwärtigen Zeit, so stellen sie sich vor, daß Spanien noch immer ein entschiedenes Uebergewicht über das übrige Europa habe und der Mittelpunkt aller europäischen Civilisation sei. Ganz anders ist dies aber bei den Amerikanern, welche die Hauptstadt bewohnen. Diejenigen unter ihnen, welche die französische und englische Litteratur kennen, fallen sogar leicht in den entgegengesetzten Fehler, und machen sich einen weit ungünstigeren Begriff von dem Mutterlande, als man ihn selbst zu einer Zeit, da die Verbindungen zwischen Spanien und dem übrigen Europa nicht so häufig waren, in Frankreich hatte. Sie ziehen die Fremden anderer Länder den Spaniern vor und schmeicheln sich mit dem Glauben, daß die intellektuelle Kultur weit schnellere Fortschritte in den Kolonieen machte als auf der Halbinsel selbst.

Diese Fortschritte sind nun wirklich in Mexiko, auf der Havana, in Lima, Santa Fé, Quito, Popayan und Caracas auffallend. In Rücksicht auf Sitten, Verfeinerung des Luxus und gesellschaftlichen Ton gleicht Havana indes unter allen großen Städten am meisten den europäischen. Hier kennt man auch den Zustand der politischen Angelegenheiten und ihren Einfluß auf den Handel am allerbesten. Allein bei allen Anstrengungen der Patriotischen Gesellschaft der Insel Cuba, welche die Wissenschaften mit dem großmütigsten Eifer aufmuntert, gedeihen diese doch nur langsam in einem Lande, wo der Anbau und der Preis der Kolonialprodukte die Aufmerksamkeit der Einwohner fast allein beschäftigen. In Mexiko, Santa Fé und Lima ist das Studium der Mathematik, Chemie, Mineralogie und Botanik schon weit verbreiteter. Ueberall indes bemerkt man eine große Bewegung der Geister, findet man die Jugend voll Leichtigkeit für die Erlernung der Prinzipien der Wissenschaften, und man will sogar bemerken, daß diese Leichtigkeit bei den Einwohnern von

Quito und Lima noch auffallender sei als in Mexiko und Santa Fé. Die ersteren scheinen eine weit größere Beweglichkeit des Geistes und eine lebhaftere Einbildungskraft zu besitzen; dafür stehen aber die Mexikaner und die Bewohner von Santa Fé in dem Rufe, viel ausdauernder in den Studien zu sein, denen sie sich einmal gewidmet haben.

Keine von allen Städten des neuen Kontinents, selbst die der Vereinigten Staaten nicht ausgenommen,[1] ist im Besitze so großer und fest gegründeter wissenschaftlicher Anstalten, als die Hauptstadt von Mexiko. Ich nenne hier nur die Bergschule, welche unter dem gelehrten d'Elhuyar steht und auf die wir bei dem Berg- und Hüttenwesen wieder zurückkommen werden, den botanischen Garten, die Maler- und Bildhauer-Akademie. Letztere führt den Titel „Academia de los Nobles Artes de Mexico" und verdankt ihr Dasein dem Patriotismus mehrerer mexikanischen Privatleute und der Protektion des Ministers Galvez. Die Regierung hat ihr ein geräumiges Gebäude angewiesen, worin sich eine weit schönere und vollständigere Sammlung von Gipsabgüssen befindet, als man sie irgendwo in Deutschland antrifft. Man erstaunt darüber, wie der Apoll vom Belvedere, die Gruppe des Laokoon und andere noch kolossalere Statuen über Gebirgswege, welche wenigstens so eng sind, als die vom St. Gotthard, gebracht werden konnten, und ist nicht minder überrascht, die Meisterwerke des Altertums unter der heißen Zone und auf einem Plateau vereinigt zu sehen, welches noch höher liegt als das Kloster auf dem Großen St. Bernhard. Diese Sammlung von Gipsabgüssen hat den König nahe an 200000 Franken gekostet. In dem Akademiegebäude, oder vielmehr in einem der dazu gehörigen Höfe, sollte man die Reste mexikanischer Bildhauerei, die kolossalen Statuen von Basalt und Porphyr, welche mit aztekischen Hieroglyphen bedeckt sind, und manche Aehnlichkeit mit dem Stil der Aegypter und Hindu haben, gesammelt aufstellen; denn es wäre gewiß merkwürdig, diese Denkmale der ersten Kultur unserer Gattung, diese Werke eines halbbarbarischen Volkes, das die mexikanischen Anden bewohnte, neben den schönen Formen zu sehen, welche unter Griechenlands und Italiens Himmel geboren wurden.

---

[1] [In der Gegenwart ist Mexiko bekanntlich in wissenschaftlicher Hinsicht von den Vereinigten Staaten weit überflügelt. — Der Herausg.]

Die Einkünfte der Akademie der schönen Künste in Mexiko betragen 125 000 Franken, von welchen die Regierung 60 000, das Corps der mexikanischen Bergmänner nahe an 25 000, und das Consulado, oder die Handlungsinnung der Hauptstadt, über 15 000 zuschießen. Der bisherige Einfluß dieser Anstalt auf den Geschmack der Nation ist unleugbar, und man erkennt ihn besonders in der Anordnung der Gebäude, der Vollkommenheit, womit die Steine gehauen sind, den Verzierungen der Kapitäler und den Reliefs in Stuccaturarbeit. Welche schönen Gebäude findet man nicht bereits in Mexiko, und selbst in Provinzialstädten, wie Guanajuato und Queretaro! Diese Werke, welche oft eine Million bis anderthalb Millionen Franken kosten, könnten in den schönsten Straßen von Paris, Berlin oder Petersburg figurieren. Herr Tolsa, Professor der Bildhauerkunst in Mexiko, hat sogar eine Statue Karls IV. zu Pferde gegossen, welche, den Mark Aurel zu Rom ausgenommen, in Schönheit und Reinheit des Stiles alles übertrifft, was wir in diesem Fache in ganz Europa besitzen. Man gibt allen Unterricht in der Akademie unentgeltlich, und er schränkt sich nicht bloß auf Zeichnung von Landschaften und Figuren ein, sondern man ist vernünftig genug gewesen, sie auch noch auf andere Weise zur Belebung der Nationalindustrie zu benutzen. Die Akademie arbeitet mit Erfolg daran, den Geschmack an Eleganz und schönen Formen unter den Handwerkern zu verbreiten. In den großen, mit Argandschen Lampen vortrefflich erleuchteten Sälen sind alle Abende ein paar hundert junge Leute versammelt, von denen einige nach Abgüssen oder lebendigen Modellen zeichnen und die anderen Risse von Möbeln, Kandelabern und andere Bronzezieraten kopieren. Hier vermischen sich (in einem Lande, wo sonst die Vorurteile des Adels gegen die Kasten so tief eingewurzelt sind), Stand, Farben und Menschenrassen völlig, und man sieht den Indianer oder Metis neben dem Weißen, und den Sohn eines armen Handwerksmannes mit den Kindern der großen Herren des Landes wetteifern. Es ist wahrhaft tröstlich zu sehen, wie die Kultur der Wissenschaften und Künste unter allen Zonen eine gewisse Gleichheit der Menschen einführt, indem sie sie, wenigstens für einige Zeit, die kleinen Leidenschaften vergessen macht, deren Wirkungen die gesellschaftliche Glückseligkeit verhindern.

Seit dem Ende der Regierung Karls III. und der von

Karl IV. hat das Studium der Naturgeschichte nicht nur in Mexiko, sondern in allen spanischen Kolonieen große Fortschritte gemacht. Keine europäische Regierung hat sich die Ausbreitung der Kenntnisse im botanischen Fache größere Summen kosten lassen als die spanische. Die drei botanischen Expeditionen nach Peru, Neugranada und Neuspanien, unter den Herren Ruiz und Pavon, Don Jose Celestino Mutis, und den Herren Sesse und Mociño, haben den Staat nahe an zwei Millionen Franken gekostet. Außerdem wurden in Manila und auf den Kanarischen Inseln botanische Gärten errichtet, auch war die Kommission, welche die Pläne von dem Kanal de los Guines aufnehmen sollte, beauftragt, die vegetabilischen Produkte der Insel Cuba zu untersuchen. Alle diese, zwanzig Jahre hindurch in den fruchtbarsten Gegenden des neuen Kontinents fortgesetzten Nachforschungen haben das Gebiet der Wissenschaft nicht nur um mehr denn 4000 neue Pflanzengattungen bereichert, sondern auch viel zur Verbreitung des Geschmackes an der Naturgeschichte unter den Bewohnern des Landes beigetragen. Die Stadt Mexiko enthält innerhalb den Mauern des vizeköniglichen Palastes einen sehr merkwürdigen botanischen Garten, und der Professor Cervantes hält alle Jahre einen Kurs darin, welcher sehr stark besucht wird. Außer seinen Herbarien besitzt dieser Gelehrte noch eine reiche Sammlung mexikanischer Mineralien. Herr Mociño, den wir eben als einen der Mitarbeiter des Herrn Sesse genannt und der seine beschwerlichen Exkursionen vom Königreich Guatemala bis auf die Nordwestküste oder bis zur Insel von Vancouver oder Quadra ausgedehnt hat, und Herr Echeveria, ein Pflanzen- und Tiermaler, dessen Arbeiten mit dem Vollkommensten, was Europa in diesem Fache hervorgebracht hat, wetteifern können, sind beide geborene Neuspanier, und hatten sich, noch ehe sie ihr Vaterland[1] ver-

---

[1] Das Publikum genießt bis jetzt nur die Entdeckungen, welche auf der botanischen Exkursion durch Peru und Chile gemacht wurden. Die großen Herbarien des Herrn Sesse und die ungeheure Sammlung von Zeichnungen mexikanischer Pflanzen, die unter seinen Augen verfertigt werden, sind schon 1803 in Madrid angekommen. Mit Ungeduld erwartet man die Bekanntmachung der Floren von Neuspanien und von Santa Fé de Bogota. Letztere ist die Frucht vierzigjähriger Forschungen und Beobachtungen eines der größten Botaniker des Jahrhunderts, des Herrn Mutis.

ließen, bereits zu bedeutenden Plätzen unter den Gelehrten erhoben.

Die Grundsätze der neuen Chemie, welche man in den spanischen Kolonieen mit der etwas zweideutigen Benennung der neuen Philosophie (nueva filosofia) bezeichnet, sind viel verbreiteter in Mexiko, als in vielen Gegenden der Halbinsel selbst, und ein europäischer Reisender würde erstaunen, im Inneren des Landes, auf den Grenzen von Kalifornien, junge Mexikaner zu finden, welche von der Zersetzung des Wassers bei dem Amalgamationsprozeß, der an der freien Luft vorgenommen wird, reden. Die Bergschule besitzt ein chemisches Laboratorium, eine geologische Sammlung, welche nach Werners System geordnet ist, und ein physikalisches Kabinett, wo sich nicht nur sehr kostbare Instrumente von Ramsden, Adams, Le Noir und Louis Berthoud, sondern auch Modelle befinden, welche in der Hauptstadt selbst mit größter Genauigkeit und in den schönsten Hölzern des Landes ausgeführt worden sind. Auch ist in Mexiko das beste mineralogische Werk, das die spanische Litteratur besitzt, gedruckt worden, nämlich das Handbuch für Oryktognosie, welches Herr Del Rio nach den Grundsätzen der Schule von Freiberg, wo sich der Verfasser gebildet, herausgegeben hat. Gleichfalls erschien die erste spanische Uebersetzung von Lavoisiers Anfangsgründen der Chemie in Mexiko. Ich führe diese einzelnen Thatsachen auf, weil sie uns den Maßstab für den Eifer geben, mit welchem die ernsthafteren Wissenschaften in der Hauptstadt von Neuspanien getrieben werden; denn er ist zuverlässig größer als der, womit man sich dem Studium der Sprachen und Litteratur des Altertums ergibt.

Der Unterricht in der Mathematik ist auf der Universität von Mexiko nicht so sorgfältig als in der Bergschule. Die Schüler der letzteren bringen tiefer in die Analysis und erhalten Anweisung im Integral- und Differentialkalkül. Ist es einmal Frieden und werden durch die freie Verbindung mit Europa die astronomischen Instrumente (die Chronometer, die Sextanten und die Repetitionszirkel von Borda) allgemeiner, so wird man in den entferntesten Gegenden des Königreichs junge Leute genug finden, welche imstande sind, Beobachtungen anzustellen und sie nach den neuesten Methoden zu berechnen. Uebrigens ist der Geschmack an der Astronomie in Mexiko schon ziemlich alt, und drei ausgezeichnete Männer, Velasquez, Gama und Alzate, haben ihrem Vaterlande schon zu Ende des vergangenen Jahrhunderts in dieser Wissenschaft Ehre gemacht. Alle drei machten eine Menge astronomischer Beobachtungen, besonders über die Eklipsen der Trabanten des Jupiters. Alzate, welcher den anderen an Gelehrsamkeit nachstand, war Korrespondent der Akademie der Wissenschaften von Paris, allein nicht genau genug in seinen Beobachtungen und von einer oft ungestümen Thätigkeit, gab er sich zu gleicher Zeit mit zu vielen Dingen ab. Die „Gazeta de Literatura", welche er lange Zeit in Mexiko herausgab, trug besonders viel dazu bei, die mexikanische Jugend hierzu aufzumuntern und in solcher Thätigkeit zu erhalten.

Der ausgezeichnetste Geometer, welchen Neuspanien seit Siguenzas Epoche gehabt hat, war Don Joacquin Velasquez Cardenas y Leon. Alle astronomischen und geodätischen Operationen dieses unermüdlichen Gelehrten tragen den Charakter der größten Genauigkeit. Er war den 21. Juli 1732 im Inneren des Landes, auf dem Meierhofe Santiago Acebedocla, in der Nähe des indianischen Dorfes Tizicapan, geboren und bildete sich sozusagen ganz allein. In seinem vierten Jahre teilte er seinem Vater die Pocken mit, der daran starb, daher sein Oheim, welcher Pfarrer von Xaltocan war, seine Erziehung übernahm und ihn durch einen Indianer, Namens Manuel Asenzio, einen Mann von viel natürlichem Verstand und tiefen Kenntnissen in der mexikanischen Geschichte und Mythologie, unterrichten ließ. Velasquez lernte in Xaltocan mehrere indianische Sprachen nebst dem Gebrauch der aztekischen Hieroglyphenschrift, und es ist sehr zu bedauern, daß er nichts über diesen merkwürdigen Zweig des Altertums bekannt gemacht hat. Als er in das Tridentinische Kollegium nach Mexiko versetzt wurde, fand er weder Lehrer noch Bücher noch Instrumente; allein er wurde, trotz der wenigen Mithilfe, in der Mathematik und in den alten Sprachen dennoch immer stärker, und ein glücklicher Zufall führte ihm sogar Newtons und Bacos Werke in die Hände. In den ersteren schöpfte er seine Liebe zur Astronomie und in den letzteren die Kenntnis der wahren philosophischen Methoden. Da er arm war, und in Mexiko keine Instrumente fand, so verfertigte er mit seinem Freunde, Herrn Guadalaxara (heutzutage Professor der Mathematik in der Malerakademie), Augengläser und Quadranten, und trieb zu gleicher Zeit Advokatengeschäfte, welche in Mexiko, wie überall, einträglicher sind als die Beobachtungen der Gestirne.

Aller Gewinn wurde auf den Ankauf englischer Instrumente verwendet. Späterhin ernannte man ihn zum Professor an der Universität, und in dieser Stelle begleitete er auch den Visitador Don Jose de Galvez[1] auf seiner Reise nach Sonora. Auf einer anderen Sendung nach Kalifornien benutzte er den schönen Himmel dieser Halbinsel zu einer Menge astronomischer Beobachtungen, und machte hier zuerst die Bemerkung, daß dieser Teil des neuen Kontinents schon seit Jahrhunderten mit einem ungeheuren Irrtum in der Längenangabe auf allen Karten um mehrere Grade westlicher gesetzt worden war, als er wirklich ist. Als der Abbé Chappe, berühmter wegen seines Mutes und seiner Liebe zu den Wissenschaften als wegen der Genauigkeit seiner Arbeit, in Kalifornien ankam, fand er den mexikanischen Astronomen schon daselbst, der sich zu Santa Ana ein Observatorium aus Mimosabrettern hatte zusammenschlagen lassen. Auch hatte er die Lage dieses Dorfes bereits bestimmt, und sagte dem Abbé Chappe, daß die Mondeklipse den 18. Juni 1769 in Kalifornien sichtbar sein würde. Allein der französische Geometer zweifelte so lange daran, bis die angekündigte Eklipse wirklich eintraf. Auch stellte Velasquez allein eine sehr gute Beobachtung des Durchganges der Venus durch die Sonnenscheibe den 3. Juni 1768 an. Das Resultat davon teilte er gleich am nächsten Morgen dem Abbé Chappe und den spanischen Astronomen Don Vicente Doz und Don Salvador de Medina mit, und der französische Reisende war erstaunt über die Harmonie von Velasquez' Beobachtung mit der seinigen. Wirklich mußte es ihm auch auffallend sein, in Kalifornien einen Mexikaner zu finden, der, ohne einer Akademie anzugehören und ohne je Neuspanien verlassen zu haben, so viel als ein Akademiker leistete. 1773 führte Velasquez

---

[1] Der Graf von Galvez durchreiste, ehe er das Ministerium von Indien erhielt, den nördlichen Teil von Neuspanien unter dem Titel eines Visitador. Diesen Namen erhalten diejenigen Personen, welche vom Hofe zu Untersuchungen über den Zustand der Kolonieen beauftragt werden. Ihre Reise (visita) hat gewöhnlich keine andere Wirkung, als daß sie einige Zeitlang der Macht der Vizekönige und der Audiencias das Gleichgewicht halten, eine ungeheure Menge von Memoiren, Bittschriften und Vorschlägen sich einreichen lassen, und ihre Gegenwart durch irgend eine neue Auflage bezeichnen. Das Volk erwartet sie mit ebensoviel Ungeduld, als es sie abreisen sieht.

die große geodätische Arbeit aus, auf die wir bei dem, was wir über den unterirdischen Ableitungskanal der Seen im Thale von Mexiko zu sagen haben, wieder zurückkommen werden. Das wesentlichste Verdienst erwarb sich dieser unermüdliche Mann indes um sein Vaterland durch die Errichtung des Tribunals und der Schule fürs Bergwesen, zu welchem er dem Hofe die Pläne vorgelegt hatte. Er endigte seine arbeitsreiche Laufbahn den 6. März 1786 als erster Generaldirektor des Tribunal de Mineria mit dem Titel eines Alcalde de Corte honorario.

Nachdem ich von den Arbeiten Alzates und Velasquez' gesprochen, würde es ungerecht sein, von Gama, dem Freunde und Mitarbeiter des letzteren, zu schweigen. Ohne Vermögen, in der Notwendigkeit, eine zahlreiche Familie durch beschwerliche und beinahe mechanische Beschäftigungen zu unterhalten, verkannt und vernachläſſigt, solange er lebte, von Mitbürgern,[1] welche ihn nach seinem Tode mit Lob überhäuft, unter allen diesen Schwierigkeiten wurde Gama aus eigener Kraft ein geschickter, unterrichteter Astronom. Er ließ verschiedene Schriften über Mondeklipsen, über die Trabanten des Jupiter, über den Kalender und die Zeitrechnung der alten Mexikaner und über das Klima von Neuspanien drucken, welche sämtlich eine große Richtigkeit der Ideen und Genauigkeit in den Beobachtungen verraten. — Ich habe mir erlaubt, näher in die litterarischen Verdienste dieser drei mexikanischen Gelehrten einzugehen, weil ich durch Beispiele beweisen wollte, daß die Unwissenheit, deren der europäische Stolz die Kreolen so gern beschuldigt, keine Wirkung des Klimas oder eines Mangels an moralischer Energie, sondern, wo sie noch etwa stattfindet, einzig und allein Folge der Isolierung und der den Kolonieen eigenen Fehler in ihren gesellschaftlichen Institutionen ist.

So wie man bei der jetzigen Lage der Dinge alle intellektuelle Entwickelung ausschließend in der Kaste der Weißen findet, so sind auch beinahe alle Reichtümer allein in ihrem Besitze. Unglücklicherweise sind letztere in Mexiko beinahe

---

[1] Der berühmte Seemann Alexander Malaspina stellte während seines Aufenthalts in Mexiko mit Gama Beobachtungen an, und empfahl ihn auch dem Hofe mit vieler Wärme, wie das die offiziellen Briefe Malaspinas, welche in den Archiven des Vizekönigs aufbewahrt werden, beweisen.

noch ungleicher verteilt als in der Capitania general von
Caracas, auf der Havana und besonders in Peru. In Cara=
cas haben die reichsten Familienhäupter 200000 Livres tour=
nois[1] Einkünfte, auf der Insel Cuba hingegen gibt es manche,
die über 600000 bis 700000 Franken haben. In diesen
beiden arbeitsamen Kolonieen hat der Ackerbau weit ansehn=
lichere Reichtümer gegründet als die Bergwerke in Peru.
In Lima ist ein jährliches Einkommen von 80000 Franken
schon sehr selten, und ich kenne gegenwärtig keine peruanische
Familie, welche eine Summe von 130000 Franken fester und
sicherer Einkünfte besäße. In Neuspanien hingegen befinden
sich Personen, welche, ohne ein Bergwerk zu haben, jähr=
lich eine Million Franken einnehmen. Die Familie des
Grafen de la Valenciana z. B. besitzt allein auf dem Rücken
der Kordillere für mehr als 25 Millionen liegender Güter,
ohne das Bergwerk von Valenciana, in der Nähe von Guana=
juato, zu rechnen, welches in gewöhnlichen Jahren andert=
halb Millionen Livres reinen Gewinn abwirft. Die Familie,
deren gegenwärtiges Haupt, der junge Graf von Valen=
ciana, sich durch einen großmütigen Charakter und ein edles
Streben nach Kenntnissen auszeichnet, teilt sich bloß in drei
Zweige, die zusammen selbst in Jahren, da die Ausbeute
der Bergwerke nicht besonders ansehnlich ist, über 2200000
Franken Einkünfte haben. Der Graf von Regla, dessen
jüngerer Sohn, der Marquis von San Cristobal,[2] sich in
Paris durch seine Kenntnisse in der Physik und Physiologie
bekannt gemacht hat, ließ auf seine Kosten in der Havana
zwei Linienschiffe erster Größe, ganz von Acajou= und Zedern=
holz (Cedrella) bauen, und machte sie seinem Monarchen
zum Geschenk. Das Vermögen des Hauses Regla wurde
durch den Erzgang der Biscaina, bei Pachuca, gegründet.
Die durch ihre Wohlthätigkeit, ihre Einsichten und ihren
Eifer fürs allgemeine Beste bekannte Familie Fagoaga be=
sitzt den größten Reichtum, den je ein Bergwerk seinem Be=
sitzer verschaffte, und ein einziger Erzgang, den sie im Distrikt

---

[1] [Eine Livre tournois = 80 Pfennige heutiger deutscher
Reichswährung, also auch = 1 Franken. — D. Herausg.]
[2] Herr Tereros (dies ist der Name, unter welchem man diesen
bescheidenen Gelehrten in Frankreich kennt) zog lange Zeit die
Belehrung, welche ihm sein Aufenthalt in Paris anbot, einem
großen Vermögen vor, das er außer Mexiko nicht genießen konnte.

von Sombrerete hat, warf in Zeit von fünf bis sechs Monaten, nach Abzug aller Unkosten, einen reinen Gewinn von 20 Millionen Livres ab.

Nach diesen Angaben sollte man in den mexikanischen Familien noch unendlich größere Kapitalien vermuten, als man wirklich bei ihnen findet. Der verstorbene Graf von Valenciana, der erste dieses Titels, zog oft in einem Jahre von seiner Mine allein gegen sechs Millionen Livres reinen Gewinn. Dieses Einkommen war in den letzten 25 Jahren seines Lebens nie unter zwei bis drei Millionen Livres, und dennoch hinterließ dieser außerordentliche Mensch, welcher ganz ohne Vermögen nach Amerika gekommen war und immer sehr einfach gelebt hatte, nach seinem Tode, außer seinem Bergwerk, das das reichste in der Welt ist,[1] nicht mehr als zehn Millionen in liegenden Gütern und Kapitalien. Wer die Haushaltung im Inneren der großen mexikanischen Familien kennt, wundert sich über solche Erscheinungen nicht. So schnell gewonnenes Vermögen wird auch ebenso schnell durchgebracht. Die Ausbeutung der Bergwerke wird zu einem Spiel, dem man sich mit grenzenloser Leidenschaft ergibt, und die reichen Eigentümer von Bergwerken verschwenden ungeheure Summen an Charlatane, die sie zu neuen Unternehmungen in den entfernteren Provinzen überreden. Ueberhaupt kann in einem Lande, wo alle Arbeiten so im großen unternommen werden, daß ein einziger Schacht oft zwei Millionen zu graben kostet, die falsche Ausführung eines kühnen Planes in wenigen Jahren wieder alles verzehren, was durch die Ausbeutung der reichsten Erzgänge gewonnen worden war. Hierzu kommt noch, daß sich bei der Unordnung, welche im Inneren der meisten großen Familien von Alt- und Neuspanien herrscht, oftmals ein Familienhaupt in Geldverlegenheit befindet, unerachtet es eine halbe Million Einkünfte hat, und sein ganzer Luxus bloß in vielen Zügen von Maultieren zu bestehen scheint.

Zuverlässig waren die Bergwerke die Hauptquelle der großen Vermögensmassen in Mexiko. Viele Eigentümer von Minen haben ihren Reichtum mit großem Glück zum Kauf von Ländereien und zu eifriger Betreibung des Ackerbaues

---

[1] [In den nordamerikanischen Staaten Colorado und Nevada kennt man heute noch viel reichere Minen. — D. Herausg.]

angewandt. Indes gibt es aber auch viele mächtige Familien, welche nie sehr ergiebige Bergwerke zu benutzen hatten. Von der Art sind z. B. die reichen Nachkommen von Cortez, oder vom Marquis del Valle, und der neapolitanische Herzog von Monteleone, der heutzutage im Besitz von Cortez' Majorat ist, besitzt herrliche Ländereien in der Provinz Oajaca, in der Nähe von Toluca, und in Cuernavaca. Die reinen jährlichen Einkünfte von denselben belaufen sich indes nur auf 550 000 Franken, indem der König dem Herzog die Erhebung der Alcavalas und der Abgaben vom Tabak genommen hat, und die gewöhnlichen Administrationskosten über 125 000 gehen. Auch haben sich mehrere Gouverneure des Marquesado sehr bereichert. Wollten die Nachkommen des großen Konquistador indes selbst in Mexiko leben, so würden sie ihre Einkünfte bald auf mehr als anderthalb Millionen treiben.

Um die Ansicht der ungeheuren Reichtümer, welche sich im Besitze einiger Privatpersonen von Neuspanien befinden und sich mit denen von Großbritannien und den europäischen Besitzungen in Hindustan messen können, vollständig zu machen, will ich einige genaue Nachrichten über die Einkünfte des mexikanischen Klerus und über die Geldbeiträge hersetzen, welche das Corps der Bergmänner (Cuerpo de Mineria) zur Vervollkommnung der Bergwerksbetriebsamkeit jährlich entrichtet. Letzteres Corps, das aus den Bergwerkseigentümern besteht und durch Deputierte, die im Tribunal de Mineria ihren Sitz haben, gebildet wird, hat in drei Jahren, von 1784 bis 1787 eine Summe von 4 Millionen Franken an solche Leute vorgeschossen, denen es an nötigen Fonds fehlte, um große Arbeiten zu unternehmen. Im Lande selbst glaubt man, daß dieses Geld nicht sehr nützlich angewendet worden sei (para habilitar); allein diese Angabe selbst beweist wenigstens die Großmut und Wohlhabenheit derer, welche so freigebig zu sein imstande sind. Noch mehr wird ein europäischer Leser aber erstaunen, wenn ich hier einen außerordentlichen Zug von der verehrungswürdigen Familie von Fagoaga erzähle, die vor einigen Jahren einem ihrer Freunde eine Summe von mehr als viertehalb Millionen Franken ohne Zinsen geliehen hat in der Hoffnung, sein Glück dadurch auf eine feste Weise zu gründen. Diese Summe ging aber durch das Mißlingen der Unternehmung, welche in der Eröffnung eines neuen Bergwerks bestanden hatte, unwiederbringlich verloren. Die architektonischen Arbeiten, welche zu der Verschönerung der Stadt Mexiko vorgenommen werden, sind so kostspielig, daß das prächtige Gebäude, welches das Tribunal de Mineria für die Bergschule erbauen läßt, trotz dem niedrigen Tagelohn zum wenigsten 3 Millionen Franken kosten wird, von denen zwei Drittel sogleich bei der Legung des ersten Grundsteines angewiesen wurden. Um den Bau zu beschleunigen und besonders, damit die Zöglinge bald ein Laboratorium für metallurgische Versuche über die Amalgamation großer Mineralmassen (beneficio de patio) benutzen konnten, hatte das Corps der mexikanischen Bergmänner im Jahre 1803 jeden Monat 50000 Franken ausgesetzt. So leicht werden in einem Lande, wo sich der Reichtum nur in wenigen Händen befindet, die ungeheuersten Unternehmungen ausgeführt!

Diese Ungleichheit des Vermögenszustandes ist noch auffallender unter dem Klerus, von welchem ein Teil im äußersten Elend schmachtet, während gewisse Glieder desselben Einkünfte genießen, welche ansehnlicher sind als die von manchen souveränen Fürsten Deutschlands. Der mexikanische Klerus, welcher übrigens minder zahlreich ist als man gewöhnlich glaubt, besteht aus 10000 Personen, von denen etwa die Hälfte Ordensgeistliche sind, die die Kutte tragen. Rechnet man hierzu noch die Laien- oder dienenden Brüder, die Laienschwestern (Legos, Donados y Criados de los Conventos) und alle die, welche nicht den geistlichen Weihen bestimmt sind, so kann man den Klerus auf 13000 bis 14000 Individuen anschlagen.[1]

Die Gerüchte, welche sich in Europa über die Größe der mexikanischen Reichtümer verbreitet, haben zu übertriebenen Vorstellungen von der Menge von Gold und Silber Anlaß gegeben, das in Neuspanien in Gefäßen, Gerätschaften, Küchengeschirr u. dergl. verschwendet sein soll. Allein ein Reisender, dessen Einbildungskraft von Märchen von silbernen Schlüsseln, Schlössern und Thürangeln erhitzt ist, würde bei seiner Ankunft in Mexiko erstaunen, wenn er daselbst im täg-

---

[1] Die Anzahl der Franziskanermönche beträgt in Spanien 15600, und ist somit größer als die der sämtlichen Geistlichkeit im Königreich Mexiko. Auf der Halbinsel enthält der Klerus mehr als 228000 Individuen. Es fallen daselbst also auf 1000 Einwohner 20 Geistliche, während in Neuspanien auf eine gleiche Zahl nur zwei zu rechnen sind.

lichen Lebensgebrauche nicht mehr kostbare Metalle angewendet
sähe als in Spanien, in Portugal und anderen Gegenden
des südlichen Europas, und er könnte sich höchstens darüber
wundern, daß in Mexiko, Peru oder in Santa Fé die Leute
von der niederen Klasse an ihren nackten Füßen ungeheure
silberne Sporen tragen, oder daß silberne Becher und Schüsseln
etwas Gewöhnlicheres daselbst sind als in Frankreich und England. Indes möchte sich sein Erstaunen bald legen, wenn
er sich erinnerte, daß das Porzellan in diesen neu civilisierten Gegenden sehr selten ist, daß der Transport desselben
durch die Beschaffenheit der Straßen sehr erschwert wird, und
daß es in einem Lande, wo die Handlungsthätigkeit noch
gering ist, nur wenig heißen will, wenn man einige hundert
Piaster bar oder in silbernem Geräte benutzt. Trotz der ungeheuren Verschiedenheit des Reichtumes in Peru und Mexiko
möchte ich übrigens, das Vermögen der großen Eigentümer
allein betrachtet, glauben, daß in Lima mehr wahrer Wohlstand herrscht als in Mexiko. In ersterer Stadt ist die Ungleichheit des Vermögenszustandes nicht so groß, und wenn
man daselbst, wie wir oben bemerkt haben, nur selten Privatpersonen findet, die 50000 bis 60000 Franken Einkünfte
haben, so trifft man dafür desto mehr mulattische Handwerksleute und freigelassene Neger an, welche sich durch ihre Industrie mehr als nur das Nötigste erwerben. Unter dieser
Klasse sind Kapitalien von 10000 bis 15000 Piaster sehr
gewöhnlich; da hingegen die Straßen von Mexiko von 20000
bis 30000 Unglücklichen (Saragates, Guachinangos) wimmeln, von denen die meisten die Nacht unter freiem Himmel
zubringen und sich bei Tage völlig nackt und nur in eine flanel-
lene Decke gehüllt an die Sonne legen. Diese Indianer und
Metis, die Hefe des Volkes, haben viele Aehnlichkeit mit den
Lazzaroni in Neapel. Träge, sorglos und müßig wie diese,
haben die Guachinangos übrigens nichts Wildes in ihrem
Charakter. Sie betteln nicht, sondern arbeiten wöchentlich
einen oder zwei Tage, womit sie so viel verdienen, daß sie
Pulque oder Enten kaufen können, welche die mexikanischen
Lagunen bedecken und in ihrem eigenen Fette gebraten werden.
Selten übersteigt das Vermögen eines Saragaten zwei oder
drei Realen, da das Volk von Lima hingegen, welches dem
Luxus und den Vergnügungen mehr ergeben, aber vielleicht
auch industriöser ist, oft zwei bis drei Piaster in einem Tage
durchbringt. Ueberhaupt könnte man vielleicht sagen, daß die

Vermischung der Europäer und Neger überall eine thätigere und emsigere Rasse hervorbringe als die der Weißen mit den mexikanischen Indianern.

Von allen Kolonieen unter der heißen Zone ist das Königreich Neuspanien dasjenige, wo die wenigsten Neger sind, und man kann beinahe sagen, daß es gar keine Sklaven darin gibt. Man kann ganz Mexiko durchlaufen, ohne ein schwarzes Gesicht zu finden. Nirgends geschieht der Dienst in den Häusern durch Sklaven, und Mexiko bildet in dieser Hinsicht einen großen Kontrast mit der Havana, mit Lima und Caracas. Nach genauen Erkundigungen, welche von mehreren bei der Zählung von 1793 angestellten Personen eingezogen wurden, scheinen in ganz Neuspanien nicht 6000 Neger und höchstens nur 9000 bis 10000 Sklaven zu sein, von denen die meisten in den Häfen von Acapulco und Veracruz oder in der heißen Gegend an der Küste (Tierras calientes) sind. In der Capitania general von Caracas hingegen, welche kaum ein Sechsteil der Bevölkerung von Mexiko enthält, befinden sich viermal mehr Sklaven. In Jamaika verhalten sich die ersteren zu denen von Neuspanien wie 250 zu 1, und auf den Antillen, in Peru und selbst in Caracas hängen bei dem jetzigen Stande der Dinge alle Fortschritte des Ackerbaues und der Industrie im allgemeinen von der Vermehrung der Neger ab. Auf der Insel Cuba zum Beispiel, wo die Zuckerausfuhr in zwölf Jahren von 400000 Quintalen auf 1000000 gestiegen ist, wurden von 1792 bis 1803 gegen 55000 Sklaven eingebracht.[1] Allein in Mexiko verdankt die Erhöhung des Kolonialwohlstandes einem thätigeren Negerhandel nicht das geringste. Vor 20 Jahren wußte man in Europa beinahe gar nichts von mexikanischem Zucker und dennoch führt Veracruz allein heutzutage über 200000 Quintalen aus, unerachtet die Fortschritte des Zuckerrohrbaues, welche in Neuspanien seit der Revolution auf San Domingo stattgefunden, die Anzahl der Sklaven glücklicherweise nicht auffallend vermehrt haben. Ueberhaupt kommen von den 74000 Negern, welche Afrika[2] jährlich den Aequinoktialgegenden von Amerika

---

[1] Nach den Tabellen der Maut von Havana, wovon ich eine Kopie besitze, war die Einfuhr der Neger von 1799 bis 1803 34500 Köpfe, von denen 7 unter 100 jährlich starben.

[2] Nach Herr Norris und den Nachrichten, welche die Kaufleute

und Asien liefert und die in den Kolonieen selbst 111 000 000 Franken wert sind, kaum 100 auf die Küsten von Mexiko.

Nach den Gesetzen gibt es keine indianischen Sklaven in den spanischen Kolonieen. Indes geben zwei Arten von Kriegen, welche dem Anscheine nach sehr verschieden sind, durch einen sonderbaren Mißbrauch zu einem Zustande Veranlassung, welcher mit dem des afrikanischen Sklaven viele Aehnlichkeit hat. Die Missionsmönche des südlichen Amerikas machen nämlich von Zeit zu Zeit Streifereien in die Länder, wo die ruhigen indianischen Stämme wohnen, die man Wilde (Indios bravos) nennt, weil sie kein Kreuz zu machen gelernt haben, wie die gleichfalls nackten Indianer in den Missionen (Indios reducidos). Auf diesen nächtlichen Zügen, welche der Fanatismus ersonnen hat, bemächtigt man sich aller derer, welche man erwischen kann, besonders der Kinder, Weiber und Greise. Ohne Erbarmung trennt man die Kinder von den Müttern, damit sie die Mittel zur Flucht nicht miteinander verabreden können. Der Mönch, welcher die Unternehmung anführt, verteilt die jungen Leute unter die Indianer seiner Mission, welche am meisten zum Erfolg der Entradas beigetragen haben. Am Orinoko und an den Ufern des portugiesischen Flusses Rio Negro heißen diese Gefangenen Poitos und werden, bis sie im Alter sind, sich zu verheiraten, wie Sklaven behandelt. Aus Begierde, Poitos zu haben, die ihnen acht bis zehn Jahre arbeiten müssen, fordern die Indianer in den Missionen die Mönche selbst zu solchen Streifzügen auf, ob die Bischöfe gleich gewöhnlich weise genug waren, diese Unternehmungen als Mittel zu tadeln, wodurch die Religion und ihre Diener nur verhaßt werden. In Mexiko erfahren die in dem beinahe unaufhörlichen kleinen Kriege auf den Grenzen der Provincias internas gemachten Gefangenen ein noch unglücklicheres Schicksal als die Poitos. Gemeiniglich sind sie von der indianischen Nation der Mecos oder Apaches und werden nach Mexiko geschleppt, wo man sie in den Löchern eines Zuchthauses (la Cordada) seufzen läßt. Einsamkeit und Verzweiflung vermehren hier ihre Wildheit und wenn sie nach Veracruz und auf die Insel Cuba gebracht werden, so gehen sie daselbst bald zu Grunde, wie jeder wilde Indianer, der von dem Centralplateau herab in die niedrigen und somit viel heißeren

---

von Liverpool dem britischen Parlament im Jahr 1887 hierüber gegeben haben.

Gegenden verſetzt wird. Man hat ſehr neue Beiſpiele, daß
ſolche gefangene Mecos, wenn ſie den Kerkerlöchern entronnen
waren, die größten Grauſamkeiten auf den benachbarten
Landgütern begangen haben. Es wäre wohl einmal Zeit,
daß ſich die Regierung mit dieſen Unglücklichen beſchäftigte,
deren Anzahl ſo gering und deren Schickſal daher ſo leicht
zu verbeſſern iſt.

In den erſten Zeiten der Eroberung gab es, wie es
ſcheint, eine Menge Kriegsgefangener in Mexiko, welche von
den Siegern als Sklaven behandelt wurden. Ich habe in
dieſem Bezug eine ſehr merkwürdige Stelle in dem Teſtamente
des Hernan Cortez [1] gefunden, welches überhaupt ein hiſto=
riſches Denkmal iſt, das der Vergeſſenheit entriſſen zu werden
verdient. Der große Kapitän, der im Laufe ſeiner Siege
und beſonders in ſeinem treuloſen Betragen gegen den un=
glücklichen König Montezuma II. wenig Zartgefühl und Ge=
wiſſenhaftigkeit [2] gezeigt hatte, machte ſich am Ende ſeiner
Laufbahn Gewiſſensſkrupel über die Rechtmäßigkeit der Titel,
unter welchen er ſeine ungeheuren Güter in Mexiko beſaß.
Er befiehlt daher ſeinem Sohne, die ſorgfältigſten Nach=

---

[1] Testamento que otorgó el Excelentisimo Señor Don Hernan Cortez, Conquistador de nueva España hecho en Sevilla et II. del mes de Octubre, 1547. Das Original dieſer merkwürdigen Urkunde, von der ich eine Kopie habe machen laſſen, befindet ſich in den Archiven des Hauſes del Estado (des Marquis von Valle) auf dem großen Platze von Mexiko, und iſt nie gedruckt worden. Auch habe ich in dieſem Archiv ein von Cortez kurz nach der Belagerung von Tenochtitlan abgefaßtes Memoire gefunden, in welchem er Anweiſungen zum Bau von Straßen, Errich=
tung von Herbergen an den großen Straßen und Befehle über andere Gegenſtände allgemeiner Polizei gibt.

[2] In ſeinen Briefen aus der Rica Villa de Veracruz beſchreibt Cortez dem Kaiſer Karl V. die Stadt Tenochtitlan ſo, als ob er von den Wundern der Hauptſtadt von Dorado ſpräche. Nachdem er alles, was er von dem Reichtum „dieſes mächtigen Herrn Montezuma" erfahren konnte, berichtet, verſichert er ſeinen Souverän, daß der mexikaniſche Fürſt, lebendig oder tot, in ſeine Hände fallen müſſe. „Certifiqué a Vuestra Alteza, que lo habria preso ó muerto o subdito a la real Corona de Vuestra Magestad." (Lorenzana, S. 39.) Es iſt zu bemerken, daß der ſpaniſche General dieſen Vorſatz faßte, während er noch an der Küſte ſtand, und noch gar keine Verbindung mit den Geſandten des Montezuma gehabt hatte.

forschungen über die Tribute anzustellen, die die mexikanischen Großen, welche vor der Ankunft der Spanier in Veracruz sein Majorat besessen hatten, davon gezogen, und verlangt sogar, daß die in seinem Namen erhobenen Auflagen, soweit sie die ehemals gewöhnlichen übersteigen, wieder an die Eingeborenen zurückbezahlt werden sollten. Indem er im 39. und 41. Artikel seines Testamentes von den Sklaven spricht, setzt er die denkwürdigen Worte hinzu: „Da es noch zweifelhaft ist, ob ein Christ mit gutem Gewissen die Eingeborenen, welche im Kriege gefangen worden, als Sklaven gebrauchen darf und man bis auf den heutigen Tag diesen wichtigen Gegenstand noch nicht ins klare zu setzen vermocht hat, so befehle ich meinem Sohne Don Martin und denen seiner Nachkommen, welche mein Majorat und meine Lehen nach ihm besitzen werden, daß sie alle möglichen Untersuchungen über die Rechte anstellen sollen, die man sich gesetzlich gegen Kriegsgefangene erlauben darf. Die Eingeborenen, welche mir Tribut bezahlt haben und dennoch zu persönlichem Dienste gezwungen wurden, sollen entschädigt werden, wenn in der Folge entschieden wird, daß man keine Frondienste von ihnen fordern kann." Aber von wem könnte man die Entscheidung über so problematische Fragen erwarten als von dem Papste oder von einem Konzilium? Gestehen wir nur, daß trotz allen durch eine vorgerückte Civilisation verbreiteten Einsichten die reichen Eigentümer in Amerika 300 Jahre später selbst auf dem Totenbette kein so ängstliches Gewissen haben. Heutzutage bewegen Philosophen und nicht Frömmlinge die Frage, ob es erlaubt sei, Sklaven zu halten? Allein die geringe Ausdehnung, welche das Reich der Philosophie jederzeit gehabt hat, läßt glauben, daß es für die duldende Menschheit nützlicher wäre, wenn sich ein solcher Skeptizismus unter den Gläubigen erhalten hätte.

Uebrigens werden die Sklaven, welche glücklicherweise nur in geringer Anzahl in Mexiko sind, hier, wie in allen spanischen Besitzungen, etwas mehr von den Gesetzen beschützt als die Neger in den Kolonieen anderer europäischer Nationen. Diese Gesetze werden immer zu Gunsten der Freiheit ausgelegt, indem die Regierung die Zahl der Freigelassenen zu vermehren wünscht. Ein Sklave zum Beispiel, der sich durch seine Industrie einiges Geld erworben hat, kann seinen Herrn zwingen, ihn gegen die mäßige Summe von 1500 bis 2000 Livres in Freiheit zu setzen und diese kann ihm nicht ver-

weigert werden, wenn jener auch gleich die Vorstellung macht,
daß ihn der Sklave das Dreifache gekostet habe oder daß er
ein besonderes einträglicheres Handwerk verstehe. Letzterer
gewinnt seine Freiheit, wenn er grausam behandelt worden
ist, schon dadurch, sobald der Richter sich der Sache des Unter-
drückten annimmt. Indes begreift man leicht, daß dieses
wohlthätige Gesetz oft genug umgangen wird. Allein ich
habe doch im Juli 1803 und in Mexiko selbst das Beispiel
von zwei Negersklavinnen gesehen, denen die obrigkeitliche
Person, welche den Alcalde de Corte vertrat, die Freiheit zu-
sprach, weil ihre Gebieterin, eine Frau von den Inseln, ihnen
viele Wunden mit Scheren, Stecknadeln und Federmessern
beigebracht hatte. In diesem abscheulichen Prozesse wurde
die Dame beschuldigt, daß sie ihren Sklaven mit einem
Schlüssel die Zähne ausgebrochen habe, wenn sie sich über
Zahnweh, das sie am Arbeiten hinderte, beklagten. — Die
römischen Matronen waren wahrlich nicht erfinderischer in
den Handlungen ihrer Rache; denn die Barbarei ist in allen
Jahrhunderten dieselbe, wenn die Menschen ihren Leidenschaften die Zügel schießen lassen können und die Regierungen
eine den Gesetzen der Natur und somit dem Wohle der Gesellschaft entgegenlaufende Ordnung der Dinge dulden.

Wir haben die verschiedenen Menschenrassen, welche heutzutage die Bevölkerung von Neuspanien ausmachen, auf-
gezählt. Werfen wir nun den Blick auf die Naturgemälde
in dem mexikanischen Atlas, so sehen wir, daß der größte
Teil dieser Nation von 6 Millionen Menschen als Bergbewohner
angesehen werden kann. Auf dem Plateau von Anahuac,
das zweimal höher steht als die Wolken im Sommer, sind
Kupferfarbige, welche aus dem nordwestlichen Teile des nördlichen Amerikas gekommen, Europäer und einige Neger von
den Küsten von Bonny, Kalabar und Melimbo vereinigt. —
Wahrlich, wenn wir in Betrachtung ziehen, daß das, was
wir heutzutage Spanien nennen, ein Gemisch von Alanen
und anderen tatarischen Horden mit den Westgoten und den
alten Bewohnern Iberiens ist, erinnern wir uns ferner der
auffallenden Aehnlichkeit, welche zwischen den meisten europäischen Sprachen, dem Sanskrit und dem Persischen stattfindet und denken wir über den asiatischen Ursprung der Nomadenstämme nach, welche seit dem siebenten Jahrhundert in
Mexiko eingedrungen sind, so möchte man glauben, daß ein
Teil dieser Völker, welche sich nach langen Streifzügen und

nachdem sie sozusagen die Reise um die Welt gemacht hatten, wieder auf dem Rücken der Kordilleren zusammenfanden, von einem Punkte, aber auf völlig entgegengesetzten Wegen, ausgegangen sind.

Um die Uebersicht der Elemente, aus denen die Bevölkerung von Mexiko besteht, zu vollenden, müssen wir noch flüchtig die Verschiedenheit der Kasten angeben, welche aus der Vermischung der reinen Rassen miteinander entstehen. Diese Kasten bilden eine ebenso ansehnliche Masse als die Ureinwohner des Landes, und man kann die Totalsumme der Menschen von gemischtem Blute zu 2 400 000 anschlagen.[1] Vermöge einer Erkünstelung ihrer Eitelkeit haben die Bewohner der Kolonieen ihre Sprache durch die Bezeichnung der feinsten Abweichungen des Kolorits in der Ausartung der Primitivfarbe bereichert. Es wird um so nützlicher sein, diese Benennungen kennen zu lernen,[2] da sie von mehreren Reisenden verwechselt worden sind und diese Verwechselung bei Lesung spanischer Werke über die amerikanischen Besitzungen große Verwirrung verursacht.

Der Sohn eines Weißen (sei er Kreole oder Europäer) und einer kupferfarbigen Ureingeborenen heißt Metis oder Mestizo. Seine Farbe ist beinahe vollkommen weiß und seine Haut ganz besonders transparent. In dem wenigen Barte, der Kleinheit seiner Hände und Füße und einer gewissen schiefen Lage seiner Augen verrät sich die indianische Mischung seines Blutes weit häufiger als in der Art seiner Haare. Heiratet eine Mestize einen Weißen, so ist die zweite Generation von ihnen der europäischen Rasse völlig ähnlich. Da nur wenige Neger nach Neuspanien gekommen sind, so machen die Mestizen wahrscheinlich ⅞ aller Kasten aus. Man hält sie allgemein für sanfteren Charakters als die Mulatten (Mulatos), die von einem Weißen und einer Negerin erzeugt sind und sich durch die Heftigkeit ihrer Leidenschaften und eine ganz besondere Beweglichkeit der Zunge auszeichnen. Die von Negern und Indianerinnen Abstammenden tragen in Mexiko, in Lima und selbst auf der Havana den bizarren Namen Chino, Chinesen; auf der Küste von Caracas hingegen und wie die Gesetze beweisen, in Neuspanien selbst, nennt man sie Zambos. Heutzutage ist dieser letztere Name indes

---

[1] [Heute wohl auf 4 Millionen. — D. Herausg.]
[2] Sobre el Clima de Lima, por el Doctor Unanue, S. XLVIII, ein in Peru selbst, im Jahre 1806 gedrucktes Werk.

besonders auf die von einem Neger und einer Mulattin oder
von einem Neger und einer China Abstammenden eingeschränkt.
Von den gewöhnlichen Zambos unterscheidet man die Zambos
prietos, die von einem Neger und einer Zamba herkommen.
Aus der Vermischung eines Weißen mit einer Mulattin ent=
steht die Kaste der Quarteronen. Verheiratet sich eine Quar=
teronin mit einem Europäer oder einem Kreolen, so heißt ihr
Sohn ein Quinteron. Eine neue Vermischung mit der weißen
Rasse verlöscht die Farbe so ganz, daß das Kind eines Weißen
und einer Quinteronin gleichfalls weiß ist. Die Kasten von
indianischem oder afrikanischem Blute behalten den Geruch,
der der Hautausdünstung dieser beiden primitiven Rassen eigen
ist. Die Indianer in Peru, welche die verschiedenen Rassen
bei Nacht dem Geruche nach unterscheiden, haben sich sogar
drei Worte für den Geruch der Europäer, der Ureinwohner
von Amerika und der Neger gebildet und nennen den der
ersten pezuña, den der zweiten posco [1] und der dritten grajo.
Die Vermischungen, in welchen die Farbe des Kindes
dunkler wird, als die der Mutter ist, heißen salto-atras
oder Sprünge rückwärts.

In einem von Weißen beherrschten Lande sind die
Familien, von welchen man annimmt, daß sie am wenigsten
mit Neger= oder Mulattenblut vermischt seien, am geehr=
testen, so wie es auch in Spanien für eine Art von Adel
gilt, weder von Juden noch von Mauren abzustammen. In
Amerika entscheidet der größere oder geringere Grad von
Weiß in der Farbe über den Rang, den man in der Gesell=
schaft behauptet. Ein Weißer, welcher barfuß zu Pferde steigt,
glaubt zum Adel des Landes zu gehören, und die Farbe be=
gründet sogar eine Art von Gleichheit unter den Menschen,
welche wie überall, wo die Civilisation erst wenig vorgerückt
oder schon rückgängig ist, gern in Prärogativen der Rasse
und Abstammung künsteln. Streitet sich ein gemeiner Mann
mit einem betitelten Herrn des Landes, so sagt er ihm ein
Mal über das andere: „Glauben Sie etwa, daß Sie weißer
seien als ich?" und dieser Ausdruck charakterisiert den Zu=
stand und den Ursprung der gegenwärtigen Aristokratie ganz
vortrefflich. Es ist daher für die Eitelkeit und das öffent=
liche Ansehen von großer Wichtigkeit, daß der Anteil von
europäischem Blut, welcher jeder Kaste zuzuschreiben ist, bei

---

[1] Ein altes Wort aus der Qquichuasprache.

allen aufs genaueste bestimmt wird. Nach den durch die Gewohnheit angenommenen Grundsätzen hat man folgende Verhältnisse festgesetzt:

Kasten.	Mischung des Blutes.
Quarteron	$1/4$ Neger- und $3/4$ Weißen-Blut.
Quinteron	$1/8$ „ „ $7/8$ „ „
Zambo	$3/4$ „ „ $1/4$ „ „
Zambo prieto	$7/8$ „ „ $1/8$ „ „

Oftmals geschieht es, daß Familien, welche im Verdacht stehen, daß sie von vermischtem Blute seien, den obersten Justizhof (die Audiencia) um eine öffentliche Erklärung bitten, daß sie zu den Weißen gehören. Diese Erklärungen richten sich übrigens nicht immer nach dem Urteil der Sinne, und man sieht sehr braune Mulatten, die geschickt genug gewesen sind, sich weiß färben zu lassen, wie der gewöhnliche Ausdruck des Volkes in diesem Falle heißt. Ist die Hautfarbe dem nachgesuchten Urteilsspruch zu sehr entgegen, so begnügt sich der Supplikant mit einer etwas problematischen Entscheidungsformel, und der Spruch lautet alsdann bloß so: „Diese oder jene können sich selbst als Weiße ansehen (que se tengan por Blancos)."

Es wäre sehr merkwürdig, den Einfluß der Kastenverschiedenheit auf die Verhältnisse beider Geschlechter zu einander gründlich bestimmen zu können. Aus der Zählung von 1793 habe ich abgesehen, daß in der Stadt Puebla und in Valladolid unter den Indianern mehr Männer als Weiber waren, da man hingegen unter den Spaniern oder unter der weißen Rasse ein umgekehrtes Verhältnis findet. Die Intendantschaften von Guanajuato und Oajaca zeigen in allen Kasten dasselbe Uebergewicht der Männer. Indes habe ich nicht Materialien genug erhalten können, um das Problem der Verschiedenheit der Geschlechter nach dem Kastenunterschiede und der Wärme des Klimas oder der Höhe der Gegenden, welche der Mensch bewohnt, aufzulösen, und wir müssen uns daher bloß mit der Angabe allgemeiner Resultate begnügen.

In Frankreich findet man in einer besonderen, mit äußerster Sorgfalt angestellten Zählung, daß unter 991829 Menschen die lebenden Weiber sich zu den Männern wie 9 zu 8 verhielten; Herr Peuchet[1] aber scheint bei einem Verhältnis

---

[1] Statistique élémentaire de la France, S. 242.

von 34 zu 33 zu beharren. Zuverlässig ist die Zahl der Weiber in Frankreich größer als die der Männer, und werden, was sehr bemerkenswert ist, auf dem Lande und im Süden dieses Staates mehr männliche Kinder geboren als in den Städten und in den Departements, welche zwischen dem 47. und 52. Grad der Breite liegen.

In Neuspanien hingegen gaben diese Berechnungen der politischen Arithmetik ein völlig entgegengesetztes Resultat. Die Männer sind daselbst im Durchschnitt zahlreicher als die Weiber. Wahrscheinlich hat der Anblick der großen Städte zu der in den Kolonieen allgemein verbreiteten Idee Anlaß gegeben, daß in allen heißen Klimaten, und demzufolge in allen heißen Gegenden der brennenden Zone mehr Mädchen als Jungen geboren werden. Die wenigen Kirchspielregister, die ich untersuchen konnte, zeigen gerade das Gegenteil.

In Panuco und Yguala, zwei Orten, die in einem sehr heißen und ungesunden Klima liegen, war unter neun einander folgenden Jahren nicht eines, in welchem das Uebergewicht nicht auf seiten der männlichen Geburten gewesen wäre. Im Durchschnitt scheint mir daher das Verhältnis der letzteren zu den weiblichen Geburten in Neuspanien wie 100:97 zu sein, wodurch ein noch etwas größeres Uebergewicht der Männer über die Weiber herauskommt als in Frankreich, wo auf 100 Jungen nur 96 Mädchen geboren werden. In dem Verhältnis der Sterbefälle, nach der Verschiedenheit der Geschlechter, konnte ich unmöglich das von der Natur bestimmte Gesetz erkennen. Zu Panuco starben in zehn Jahren 479 Männer und 509 Frauen. In Mexiko starben innerhalb fünf Jahren in dem einzigen Kirchspiel von Sagrario 2393 Weiber und nur 1951 Männer. Nach diesen, freilich nur wenigen Angaben sollte das Uebergewicht der lebenden Männer noch weit größer sein als wir es gefunden haben; allein in anderen Gegenden scheinen die Todesfälle der Männer zahlreicher zu sein als die der Weiber. Herr von Pomelles hat indes schon in Frankreich selbst die Bemerkung gemacht, daß die Verschiedenheit der Geschlechter sich auffallender bei den Geburten als in den Todesfällen äußert; es werden daselbst $1/17$ mehr männliche als weibliche Kinder geboren, und dennoch findet man unter den Landleuten, bei all ihrer ruhigen Lebensweise, nur $1/19$ mehr Todesfälle unter dem männlichen als unter dem weiblichen Geschlecht.

Aus allen diesen Angaben erhellt übrigens, daß man in Europa sowohl als in den Aequinoktialgegenden, welche eine lange Ruhe genießen, die Zahl der Männer im Uebergewicht finden würde, wenn der Seedienst, die Kriege und die gefährlichen Arbeiten, denen sich unser Geschlecht überläßt, dieselbe nicht unaufhörlich verminderte.

Die Bevölkerung der großen Städte ist nicht von dauerhaftem Stande, und bleibt in Rücksicht auf die Verschiedenheit der Geschlechter durch sich selbst nicht in einem Zustande von Gleichgewicht. Die Weiber vom Lande kommen in die Städte, um in den Häusern, die keine Sklaven haben, Dienste zu thun. Viele Männer verlassen ihre Dörfer, um das Land als Maultiertreiber (Arrieros) zu durchstreifen, oder sich in Gegenden, wo beträchtliche Bergwerksindustrie ist, niederzulassen. Was indes der Grund dieses Mißverhältnisses zwischen den beiden Geschlechtern in den Städten sein möge, so ist es doch zuverlässig vorhanden.

Auch in den Vereinigten Staaten von Nordamerika gaben die Zählungen der ganzen Bevölkerung, wie in Europa und in Mexiko, ein Uebergewicht der lebenden Männer.[1] Dieses Uebergewicht ist indes in jenem Lande, wo die Auswanderung der Weißen, die Einfuhr vieler männlichen Sklaven und der Seehandel unaufhörlich die von der Natur vorgeschriebene Ordnung unterbrechen, sehr ungleich. In den Staaten von Vermont, von Kentucky und Südcarolina sind beinahe $1/10$ mehr Männer als Weiber; in Pennsylvanien hingegen und im Staate von New-York beträgt dies Mißverhältnis nicht $1/18$.

Genießt das Königreich Neuspanien dereinst eine Administration, welche die Wissenschaften begünstigt, so wird die politische Arithmetik daselbst unendlich wichtigere Angaben, sowohl für allgemeine Statistik als für die Naturgeschichte des Menschen insbesondere liefern. Wie viele Probleme sind noch in einem Gebirgslande zu lösen, welches unter einer und derselben Breite die abwechselndsten Klimate, Bewohner von drei oder vier Primitivrassen und ein Gemisch dieser Rassen in allen denkbaren Kombinationen darstellt! Welche Untersuchungen können da noch über das Alter der Mannbarkeit, die Fruchtbarkeit der Gattung, die Verschiedenheit der Geschlechter und über die Lebensdauer angestellt werden, welche

---

[1] [Jetzt ist dort das Gegenteil der Fall. — D. Herausg.]

länger oder kürzer ist, je nach der Höhe und Temperatur der Orte, der Verschiedenheit der Rassen, nach der Epoche, in welcher die Kolonisten in diese oder jene Gegend verpflanzt wurden, und nach der Verschiedenheit der Nahrung in Provinzen, wo Bananen, Jatropha, Reis, Mais, Weizen und Kartoffeln auf engem Raume beisammen wachsen.

Ein bloßer Reisender kann sich keinen Nachforschungen überlassen, welche viele Zeit, die Verwendung der höchsten Gewalt und das Zusammenwirken vieler Personen zu einem Zwecke erfordern. Ich begnüge mich daher, nur anzuzeigen, was noch zu thun ist, wenn die Regierung dereinst die glückliche Lage benutzen will, in welche die Natur dieses außerordentliche Land versetzt hat.

Die Arbeit, welche 1793 mit der Volkszählung der Hauptstadt vorgenommen wurde, stellt Resultate dar, welche am Ende dieses Kapitels verzeichnet zu werden verdienen. Man hat in diesem Teile der Zählung, nach der Verschiedenheit der Rassen, auch die Individuen unter und über 50 Jahren unterschieden und gefunden, daß über dieses Alter gekommen sind:

		Individuen dieser Rasse
4128 Weiße, Kreolen unter der Gesamtzahl von	.	50371
539 Mulatten	. . . .	7094
1789 Indianer, Kreolen	. . . .	25603
1278 Gemischten Blutes	. . . .	17357

So daß demnach über 50 Jahre gekommen sind:

von 100 Weißen, Kreolen (Spaniern)	. . . .	8
„ „ Indianern	. . . .	6 $^4/_5$
„ „ Mulatten	. . . .	7
„ „ Individuen anderer gemischten Kasten	.	6

Diese Berechnungen bestätigen die bewundernswürdige Einförmigkeit, welche in allen Gesetzen der Natur herrscht, scheinen aber auch anzudeuten, daß die Lebensdauer unter den besser gemischten Rassen, und wo die Mannbarkeit später eintritt, etwas größer ist. Unter 2335 Europäern, welche 1793 in Mexiko lebten, waren nicht weniger als 442, die das 50. Jahr erreicht hatten, wodurch übrigens gar nicht bewiesen wird, daß die Amerikaner dreimal weniger Wahrscheinlichkeit haben, ein hohes Alter zu erreichen, als die Europäer; denn diese kommen gewöhnlich erst in einem reiferen Alter nach Indien.

Nach der Untersuchung des physischen und moralischen Zustandes der verschiedenen Kasten, welche die mexikanische Bevölkerung ausmachen, würde der Leser wohl gern die Fragen erörtert sehen: Welchen Einfluß hat dieses Gemisch von Kasten auf das allgemeine Wohl der Gesellschaft? Welchen Grad von Genuß und individueller Glückseligkeit kann sich der gebildete Mensch in dem jetzigen Zustande des Landes, mitten unter so vielen einander widerstreitenden Interessen, Vorurteilen und drückenden Gefühlen, verschaffen?

Wir sprechen hier nicht von den Vorteilen, welche die spanischen Kolonieen in dem Reichtum ihrer natürlichen Produkte, der Fruchtbarkeit ihres Bodens und in der Leichtigkeit besitzen, womit der Mensch in demselben nach seinem Gefallen und mit dem Thermometer in der Hand auf einem Umkreise von einigen Quadratstunden die Temperatur oder das Klima suchen kann, welches er für sein Alter, seine physische Konstitution und für die Art von Landbau, der er sich ergeben will, am günstigsten hält. Auch wollen wir hier kein Gemälde von den herrlichen Ländern entwerfen, welche an der Mitte des Gebirges, in der Gegend der Eichen und Tannen und in einer Höhe von 1000 bis 1400 m liegen, wo ein ewiger Frühling herrscht, die köstlichsten Früchte von Indien neben den europäischen wachsen und alle diese Genüsse weder durch zu viele Insekten, noch durch die Furcht vor dem gelben Fieber (Vomito), noch durch häufige Erdbeben gestört werden. Hier soll ja nicht untersucht werden, ob es außer den Tropenländern eine Gegend gibt, in welcher der Mensch mit weniger Arbeit die Bedürfnisse einer zahlreichen Familie überflüssiger befriedigen kann; denn der physische Wohlstand der Kolonisten modifiziert seine intellektuelle und moralische Existenz nicht allein.

Kommt ein Europäer, welcher alles genossen hat, was gesellschaftliches Leben in den civilisiertesten Ländern anbietet, in diese fernen Gegenden des neuen Kontinents, so muß er bei jedem Schritte über den Einfluß seufzen, den die Kolonialregierung seit Jahrhunderten auf die Moralität der Bewohner gehabt hat. Der gut unterrichtete Mann, der sich nur für die intellektuelle Entwickelung der Gattung interessiert, leidet daselbst vielleicht weniger, als der, den ein tiefes Gefühl dahin begleitet. Der erste setzt sich mit dem Mutterlande in Verbindung; der Seehandel liefert ihm Bücher und Instrumente; er beobachtet mit Entzücken die Fortschritte, welche das Studium der ernsthaften Wissenschaften in den großen Städten vom spanischen Amerika gemacht hat; die Betrachtung einer großen, wunderbaren, in ihren Produkten äußerst mannigfaltigen Nation entschädigt seinen Geist für die Entbehrungen, welche seine Lage notwendig macht; der zweite hingegen, der bloß sein Herz genießen lassen kann, findet das Leben in diesen Kolonieen nur dann angenehm, wenn er sich ganz in sich selbst zurückzieht. Will er ruhig alle Vorteile genießen, welche die Schönheit des Klimas, der Anblick einer immer frischen Vegetation und die politische Ruhe der Neuen Welt ihm anbieten, so wird er die Abgeschiedenheit und Einsamkeit nur desto wünschenswerter finden. Indem ich diese Ideen mit Freimütigkeit ausspreche, will ich den moralischen Charakter der Bewohner von Mexiko oder Peru nicht beschuldigen, und ich sage nicht, daß das Volk von Lima nicht so gut sei, als das von Cadiz; vielmehr möchte ich glauben, was viele Reisenden vor mir beobachtet haben, daß in den Sitten der Amerikaner eine Annehmlichkeit und Sanftmut herrscht, welche sich der Weichlichkeit gerade so nähert, wie die Energie einiger europäischen Nationen leicht in Härte ausartet. Der in den spanischen Besitzungen allgemeine Mangel an Geselligkeit und der Haß, welcher die verwandtesten Kasten voneinander trennt und dessen Wirkungen das Leben der Kolonisten verbittern, stammt einzig und allein aus den politischen Grundsätzen, nach welchen diese Gegenden seit dem 16. Jahrhundert beherrscht worden sind. Eine in den wahren Interessen der Menschheit hellsehende Regierung würde Einsichten und Kenntnisse mit Leichtigkeit verbreiten und den physischen Wohlstand der Kolonisten erhöhen, wenn sie nur nach und nach diese ungeheure Ungleichheit der Rechte und der Vermögenszustände verschwinden machte; allein sie würde auch ungeheure Schwierigkeiten finden, wenn die Einwohner durch sie geselliger werden und wenn sie von ihr lernen sollten, sich samt und sonders für Mitbürger anzusehen.

Vergessen wir ja nicht, daß sich die Gesellschaft in den Vereinigten Staaten ganz anders als in Mexiko und den übrigen Kontinentalgegenden der spanischen Kolonieen gebildet hat. Als die Europäer in die Alleghanygebirge eindrangen, fanden sie nichts als ungeheure Wälder, in welchen einige Stämme von einem Jägervolke umherirrten, das durch nichts an seinen ungebauten Boden gefesselt war. Bei der Annäherung der neuen Kolonisten zogen sich die Urbewohner nach den westlichen Weideplätzen zurück, welche an den Mississippi und den Missouri grenzen. So wurden freie Menschen einer Rasse und eines Ursprunges die ersten Elemente eines entstehenden Volkes. „In Nordamerika," sagt ein berühmter Staatsmann, durchläuft ein Reisender von einer Hauptstadt aus, wo das gesellschaftliche Leben in seiner völligen Vervollkommnung ist, nacheinander alle Stufen der Civilisation und Industrie, und beide nehmen immer ab, bis er nach sehr wenigen Tagen an einer unförmlichen, plumpen Hütte ankommt, welche von neu abgerissenen Baumzweigen erbaut ist. Eine solche Reise ist gleichsam die praktische Analyse des Ursprunges der Völker und Staaten. Man geht von dem zusammengesetzten Ganzen aus, um zu den einfachsten Bestandteilen zu gelangen; man mißt in der Geschichte der Fortschritte des menschlichen Geistes rückwärts, und findet im Raume, was nur dem Fortschreiten der Zeit anzugehören scheint."[1]

Nirgends in ganz Neuspanien und Peru, die Missionen ausgenommen, sind die Kolonisten in den Naturzustand zurückgekehrt. Bei ihrer Ansiedelung unter ackerbauenden Völkern, welche unter so komplizierten und despotischen Regierungen lebten, benutzten die Europäer alle Vorteile, die ihnen das Uebergewicht ihrer Civilisation, ihre List und das Ansehen, welches ihnen die Eroberung gab, gestattete. Aber diese besondere Lage und das Gemisch der Rassen, deren Interessen einander geradezu entgegen sind, wurden auch zu einer unerschöpflichen Quelle von Haß und Uneinigkeit. In dem Maße, wie die Abkömmlinge der Europäer zahlreicher wurden als die, welche das Mutterland unmittelbar schickte, teilte sich die weiße Rasse in zwei Parteien, deren schmerzliche Nachgefühle nicht durch die Bande der Blutsverwandtschaft unterdrückt werden konnten. Aus einer falschen Politik wähnte die Kolonialregierung diese Uneinigkeiten benutzen zu können. Je größer eine Kolonie wird, desto mißtrauischer wird ihre Administration. Nach den Ideen, welche man unglücklicherweise seit Jahrhunderten befolgt hat, werden diese entfernten Gegenden als Europa tributär angesehen. Die gesetzliche Macht wird nicht nach dem Bedürfnis des Gemeinwohles verteilt, sondern wie es die Furcht, daß das Glück der Bewohner zu schnell steigen könnte, eingibt. Der Mutter-

---

[1] Herr von Talleyrand, in seinem Essai sur les colonies nouvelles.

staat sucht im Bürgerzwist, in dem Gleichgewicht der Macht und des Ansehens und in der Verwickelung aller Triebfedern einer großen politischen Maschine seine Sicherheit, und arbeitet unaufhörlich daran, den Parteigeist zu nähren und den Haß zu vermehren, welchen die Kasten und die konstituierten Autoritäten von Natur aus gegeneinander hegen. Und aus solchem Stande der Dinge entspringt eine Bitterkeit, welche alle Genüsse des gesellschaftlichen Lebens stört.

Besondere Statistik der Intendantschaften, aus welchen das Königreich Neuspanien besteht. — Ihr Territorialumfang und ihre Bevölkerung.

In seinem gegenwärtigen Zustande ist Neuspanien in zwölf Intendantschaften abgeteilt, zu denen noch drei andere von der Hauptstadt sehr weit entfernte Distrikte kommen, welche den bloßen Namen Provinzen behalten haben. Diese 15 Einteilungen sind folgende:

I. Unter der gemäßigten Zone.

A. **Nördliche Gegend, innere Gegend.**

1) Provincia be Nuevo Mexico, längs dem Rio del Norte, nordwärts von dem Parallelkreise von 31°.

2) Intendencia be Nueva Biscaya, südwestlich vom Rio del Norte, auf dem Centralplateau, das sich von Durango bis Chihuahua sehr schnell herabsenkt.

B. **Nordwestgegend am Großen Ozean.**

3) Provincia be la Nueva California oder Nordwestseite der spanischen Besitzungen in Nordamerika.

4) Provincia be la Antigua California. Ihre südlichste Spitze trifft schon unter die heiße Zone.

5) Intendencia be la Sonora. Der südlichste Teil von Sinaloa, worin die berühmten Bergwerke von Copala und vom Rosario liegen und auch schon über die Wendezirkel des Krebses hinausreichend.

C. **Nordostgegend am Golf von Mexiko.**

6) Intendencia be San Luis Potosi. Sie umfaßt die Provinzen Texas, die Colonia be Nuevo Santander und Coahuila, vom Nuevo Reyno de Leon und die Distrikte von Charcas, Altamira, Catorce und Ramos. Diese letzteren Distrikte machen die eigentlich sogenannte Intendantschaft von

San Luis aus. Der mittägliche Teil, der sich südlich von der Barra de Santander und dem Real de Catorce erstreckt, gehört zur heißen Zone.

II. Unter der heißen Zone.

D. Centralgegend.

7) Intendencia de Zacatecas, den Teil ausgenommen, welcher sich nördlich von den Bergwerken von Fresnillo erstreckt.
8) Intendencia de Guadalajara.
9) Intendencia de Guanajuato.
10) Intendencia de Valladolid.
11) Intendencia de Mexico.
12) Intendencia de la Puebla.
13) Intendencia de Veracruz.

E. Südwestgegend.

14) Intendencia de Oajaca.
15) Intendencia de Merida.

Diese Einteilungen gründen sich auf den physischen Zustand des Landes. Wir sehen, daß beinahe sieben Achtteile der Bewohner unter der heißen Zone leben. Die Bevölkerung ist, je weiter man gegen Durango und Chihuahua kommt, um so dünner gesät. In dieser Rücksicht hat Neuspanien eine auffallende Aehnlichkeit mit Hindustan, das auch nördlich an beinahe völlig unangebaute und unbewohnte Gegenden grenzt. Von den 5 Millionen, die die Aequinoktialgegenden von Mexiko einnehmen, bewohnen vier Fünfteile den Rücken der Kordillere oder der Plateaus, welche über der Meeresfläche so hoch erhaben sind als die Straße auf dem Mont Cenis.

Betrachtet man die Provinzen von Neuspanien in Absicht auf ihre Handelsverhältnisse oder nach der Lage der Küste, die sie unmittelbar berühren, so kann man sie in drei Gegenden abteilen.

I. Innere Provinzen, die sich nicht bis an die Küsten des Ozeans erstrecken:

1) Nuevo Mexico.
2) Nuevo Biscaya.
3) Zacatecas.
4) Guanajuato.

II. **Seeprovinzen an der östlichen Küste, gegen Europa gewandt:**
5) San Luis Potosi.
6) Veracruz.
7) Merida oder Yucatan.

III. **Seeprovinzen an der westlichen Küste, gegen Asien gewandt.**
8) Neukalifornien.
9) Altkalifornien.
10) Sonora.
11) Guadalajara.
12) Valladolid.
13) Mexiko.
14) Puebla.
15) Oajaca.

Wenn sich die Kultur von Mexiko bereinst weniger auf dem Centralplateau oder auf dem Rücken der Kordillere vereinigt haben wird und die Küsten angefangen, sich zu bevölkern, werden diese Einteilungen gewiß ein großes politisches Interesse haben. Die westlichen Seeprovinzen werden ihre Schiffe nach Nutka, nach China und Großindien schicken. Die Sandwichinseln, welche von einem wilden aber industriösen und unternehmenden Volke bewohnt sind, scheinen eher dazu bestimmt zu sein, mexikanische als europäische Kolonisten zu erhalten.[1] Sie enthalten sehr wichtige Plätze für die Nationen, welche den Entrepothandel im Großen Ozean treiben. Bis jetzt haben die Bewohner von Neuspanien und Peru zwar von ihrer glücklichen Lage auf einer Asien und Neuholland entgegengesetzten Küste keinen Vorteil ziehen können, ja die Produkte der Südseeinseln sind ihnen nicht einmal bekannt. Den Brotfruchtbaum und das Zuckerrohr von Tahiti aber, diese köstliche Pflanze, deren Bau den glücklichsten Einfluß auf den Handel der Antillen gehabt hat, werden sie einst, statt aus den ihnen zunächst liegenden Inseln, von Jamaika, der Havana und von Caracas erhalten! Wie

---

[1] [Diese Erwartung ist bekanntlich nicht in Erfüllung gegangen; Nordamerikaner sind an die Stelle der Mexikaner getreten. — D. Herausg.]

viele Mühe haben sich die Vereinigten Staaten von Nordamerika seit zehn Jahren gegeben, um sich einen Weg gegen die Westküsten zu öffnen, diese Küsten, an welchen die Mexikaner die schönsten Häfen ohne Leben und Handel besitzen.[1]

Man ist ungewiß, welche Grenzen man Neuspanien auf der Nord- und der Ostseite geben soll; denn wenn ein Missionär ein Land durchzogen oder ein königliches Schiff irgend eine Küste gesehen hat, so kann man sie doch noch nicht als zu den spanischen Kolonieen gehörig ansehen. In Mexiko selbst und noch im Jahre 1770 hat der Kardinal Lorenzana freilich drucken lassen, daß Neuspanien vielleicht durch das Bistum Durango mit der Tatarei und Grönland zusammengrenze.[2] Allein heutzutage ist man zu weit in der Geographie vorgerückt, um sich solchen ausschweifenden Vermutungen zu überlassen. Ein Vizekönig von Mexiko hat von San Blas aus die amerikanischen Kolonieen der Russen auf der Halbinsel Alaska untersuchen lassen. Auch war die Aufmerksamkeit der mexikanischen Regierung lange Zeit auf die Nordwestküste, besonders bei Gelegenheit der Niederlassung von Nutka gerichtet, welche der Hof von Madrid am Ende aufgeben mußte, um einen Krieg mit England zu vermeiden. Die Bewohner der Vereinigten Staaten treiben ihre Civilisation gegen den Missouri hin und suchen sich den Küsten des Großen Ozeans zu nähern, wohin sie der Handel mit Fellen ruft. Indes naht sich die Epoche, da die Grenzen von Neuspanien durch die reißenden Fortschritte der menschlichen Kultur die des russischen Reiches und der großen Konföderation der amerikanischen Republiken berühren werden. So wie die Sachen aber jetzt stehen, dehnt sich die mexikanische Regierung nicht weiter auf den Westküsten aus als bis zur Mission von St. Franziskus, südlich vom Kap Mendocin, und in Neumexiko bis zum Dorfe Taos. Auf der Ostseite gegen den Staat von Louisiana sind die Grenzen der Intendantschaft von San Luis Potosi nur sehr wenig bestimmt. Der Kongreß von Washington sucht sie zwar bis auf das rechte

---

[1] [Heute sind die Vereinigten Staaten längst im Besitze dieser so lange erstrebten Küsten. — D. Herausg.]

[2] „Y aun si signora, si la nueva España por lo mas remoto de las dioceses de Durango confina con la Tartaria y Groenlandia, per las Californias con la Tartaria y por elle Nuevo Mexico con la Groenlandia." (Lorenzana, S. 38.)

Ufer des Rio Bravo del Norte zurückzuweisen; allein die Spanier verstehen unter dem Namen der Provinz Texas die Weidegegenden, welche sich bis zum Rio Mexicano oder Mermentas, östlich vom Rio Sabina erstrecken.

Statistische Analyse.

1) Intendantschaft von Mexiko.

Diese ganze Intendantschaft liegt unter der heißen Zone. Sie erstreckt sich von 16° 34' bis 21° 57' der Nordbreite und grenzt gegen Mitternacht an die Intendantschaft von San Luis Potosi, gegen Westen an die von Guanajuato und Valladolid und gegen Osten an die von Veracruz und Puebla. Auf der mittäglichen Seite netzen die Gewässer des Südmeeres oder des Großen Ozeans die Intendantschaft von Mexiko in einer Uferlänge von 609 km von Acapulco bis Zacatula.

Ihre größte Länge von letzterem Hafen bis zu den Doctorbergwerken[1] ist 1020 km und ihre größte Breite von Zacatula bis zu den östlich von Chilpantzingo gelegenen Gebirgen 683 km. In dem nördlichen Teile in der Gegend der berühmten Bergwerke von Zimapan und des Doctor trennt ein schmaler Landstrich die Intendantschaft vom Mexikanischen Meerbusen. Dies geschieht in der Nähe von Mextitlan und der Strich hat nicht mehr als 67 km Breite.

Mehr als zwei Dritteile der Intendantschaft Mexiko sind Gebirgsland, in welchem ungeheure Plateaus liegen, die sich 2000 bis 2300 m über die Meeresfläche erheben und von Chalco bis Queretaro eine beinahe ununterbrochene Reihe von Ebenen von 370 km Länge und 60 bis 75 km Breite enthalten. In den der Westküste benachbarten Gegenden ist das Klima brennend heiß und ungesund. Nur eine einzige

---

[1] Die äußersten Punkte liegen eigentlich südöstlich von Acapulco, bei der Mündung des Rio Nespa, und nördlich vom Real del Doctor, bei der Stadt Valles, welche schon zur Intendantschaft von San Luis Potosi gehört. Da bedeutende Orte selten auf den Grenzen selbst liegen, so hat man lieber die ihnen am nächsten befindlichen angeben wollen. Wirft man einen Blick auf meine Generalkarte von Mexiko, so wird man diese Art, die Grenzen der Intendantschaften zu bezeichnen, gerechtfertigt finden.

Spitze, der Nevado de Toluca, welcher auf einem fruchtbaren Plateau von 2700 m Höhe steht, erhebt sich bis in die untere Grenze des ewigen Schnees. Indes verliert auch der porphyritische Gipfel dieses alten Vulkanes, dessen Form der des Pichinca bei Quito sehr viel gleicht und welcher einst sehr hoch gewesen zu sein scheint, in den Regenmonaten des Septembers und Oktobers seinen Schnee. Die Höhe des Pico del Frayle oder der höchsten Spitze des Nevado de Toluca in 4620 m. Kein Gebirge in dieser Intendantschaft kommt dem Montblanc an Höhe gleich.

Das Thal von Mexiko oder von Tenochtitlan, von welchem ich eine sehr ins einzelne gehende Karte mitteile, liegt auf dem Mittelpunkte der Kordillere von Anahuac, auf dem Rücken der Porphyr- und Basaltmandelsteingebirge, welche sich von Süd-Süd-Ost nach Nord-Nord-West erstrecken. Dieses Thal hat eine ovale Form. Nach meinen Beobachtungen und denen eines ausgezeichneten Mineralogen, Herrn Don Luis Martin, hat es von der Mündung des Rio Tenango in den See Chalco bis zum Fuße des Cerro de Sincoque bei dem Desague Real de Huehuetoca 136 km Länge und von San Gabriel bei der kleinen Stadt Tezcuco bis zu den Quellen des Rio de Escapusalco bei Guisquilaca 93 km Breite.[1] Der Territorialumfang des Thales hält 13460 qkm. Seine Seen umfassen nicht mehr als 1212 qkm, also nicht einmal den zehnten Teil des ganzen Flächeninhaltes.

Der Umfang des Thales, nach dem Kamme der Gebirge gemessen, welche es wie eine Zirkelmauer umgeben, ist 497 km. Dieser Kamm ist auf der Südseite und besonders gegen Südosten am höchsten, wo die beiden großen Vulkane von Puebla, der Popocatepetl und der Iztaccihuatl das Thal begrenzen. Einer von den Wegen, welche von dem Thale von Tenochtitlan nach dem von Cholula und Puebla führen, geht über Tlamanalco, Ameca, La Cumbre und La Cruz del Corco, mitten zwischen den beiden Vulkanen durch.

---

[1] Die Karten vom Thale von Mexiko, wie man sie bisher gehabt hat, sind so falsch, daß auf der von Herrn Mascaro welche jedes Jahr in dem Almanach von Mexiko wieder abgedruckt wird, die oben angegebenen Distanzen zu 193 und 126 km, 136 und 93 km bestimmt werden. Nach dieser Karte wahrscheinlich gibt der Erzbischof Lorenzana dem ganzen Thale einen Umfang von mehr als 670 km, da er doch beinahe ein Drittel weniger ist.

Diesen nämlichen Weg hat das kleine Truppencorps des Cortez bei seinem ersten Einfalle gemacht.

Sechs große Straßen durchschneiden die Kordillere, welche das Thal begrenzt und deren Mittelhöhe über die Ozeansfläche 3000 m ist; nämlich 1) die Straße von Acapulco, welche nach Huichilaque und Cuernavaca über die hohe Spitze, genannt La Cruz del Marques,[1] geht; 2) die Straße von Toluca über Tianguillo und Lerma, eine prächtige Heerstraße, die ich nicht genug bewundern konnte und welche mit vieler Kunst zum Teil auf Bogen erbaut ist; 3) die Straße von Queretaro, Guanajuato und Durango, el camino de tierra adentro, welche über Quautitlan, Huehuetoca und Puerto de Reyes bei Bata über Hügel wegführt, die kaum 80 m über dem Pflaster des großen Platzes von Mexiko liegen; 4) die Straße von Pachuca. Sie zieht sich nach den berühmten Bergwerken von Real del Monte über den Cerro Ventoso, welcher mit Eichen, Cypressen und beinahe immer blühenden Rosensträuchern bedeckt ist; 5) der alte Weg von Puebla über San Bonaventura und die Llanos de Apan; und endlich 6) der neue Weg von Puebla über Rio Frio und Tesmelucos südöstlich vom Cerro be Telapon, dessen Distanz von der Sierra Nevada, sowie die der Sierra Nevada (der Iztaccihuatl) bis zum großen Vulkan (dem Popocatepetl) den trigonometrischen Operationen der Herren Velasquez und Costanzo zu Basen gedient haben.

Man ist schon so lange her daran gewöhnt, von der Hauptstadt Mexikos als von einer mitten in einen See gebauten Stadt zu hören, welche nur durch Dämme mit dem festen Lande zusammenhängt, und mag sich daher sehr wundern, den Mittelpunkt der heutigen Stadt in meinem mexikanischen Atlas um 4500 m von dem See Tezcuco und von dem von Chalco über 900 m entfernt zu finden. Man wird deswegen entweder die Genauigkeit der in den Entdeckungsgeschichten der

---

[1] Dies war im Anfang der Eroberung ein militärischer Punkt. Wenn die Bewohner von Neuspanien den Namen Marquis aussprechen, ohne einen Familiennamen hinzuzusetzen, so verstehen sie darunter den Hernan Cortez, Marques de el Valle de Oajaca. So bezeichnet der bloße Ausdruck el Almirante im spanischen Amerika den Christoph Kolumbus. Diese naive Art, sich auszudrücken, beweist die Ehrfurcht und Bewunderung, welche sich für das Andenken der beiden großen Männer erhalten haben.

Neuen Welt gegebenen Beschreibungen in Zweifel ziehen oder sich mit der Erklärung helfen, daß die heutige Hauptstadt von Mexiko nicht auf den nämlichen Grund gebaut sei, auf welchem die alte Residenz von Montezuma[1] gestanden habe. Allein es ist völlig zuverlässig, daß die Stadt ihre Stelle nicht verändert hat. Die Domkirche von Mexiko steht genau auf demselben Platze, wo sich der Tempel des Huitzilopochtli befand; die heutige Straße Tacuba ist die alte Straße Tlacopan, durch welche Cortez in der traurigen Nacht (zur Auszeichnung la noche triste genannt) vom 1. Juli 1520 den berühmten Rückzug gemacht hat und die anscheinende Verschiedenheit der Lage, so wie sie auf den alten Karten und den meinigen angegeben ist, kommt bloß von der Verminderung des Wassers im See von Tezcuco her.

Es wird nicht unnütz sein, hier eine Stelle aus einem unter dem 30. Oktober 1520 von Cortez an Kaiser Karl V. erlassenen Briefe anzuführen, worin er ein Gemälde von dem Thale von Mexiko entwirft. Es ist mit hoher Einfachheit verfaßt, und schildert zugleich die Polizei, welche in dem alten Tenochtitlan herrschte. „Die Provinz," sagt Cortez, „in welcher die Residenz dieses großen Fürsten Muteczuma liegt, ist rings von hohen und durch Abgründe durchschnittenen Gebirgen umgeben. Die Ebene hat beinahe 70 Stunden im Umfang und enthält zwei Seen, welche beinahe das ganze Thal ausfüllen, in dem die Einwohner von einem Umkreise von mehr als 50 Stunden in Kähnen fahren." (Hierbei ist zu bemerken, daß Cortez bloß von zwei Seen spricht, weil er die von Zumpango und Xaltocan, zwischen denen er auf seiner Flucht von Mexiko nach Tlaxcalla, vor der Schlacht von Otumba, eiligst durchzog, nur unvollkommen kannte.) „Von diesen beiden großen Seen im Thale von Mexiko enthält der eine süßes und der andere gesalzenes Wasser. Sie sind bloß durch einen kleinen Strich von Gebirgen (die konischen und freistehenden Hügel bei Iztapalapan) voneinander

---

[1] Der wahre mexikanische Name dieses Königs ist Mocteuhzoma. Man unterscheidet in der Genealogie der aztekischen Sultane zwei Könige dieses Namens, von denen der eine Huehue Mocteuhzoma, und der andere, welcher in Cortez' Gefangenschaft gestorben ist, Mocteuhzoma Xocojotzin genannt wird. Die Beiworte, welche vor und nach den Nennworten stehen, bezeichnen den älteren und jüngeren.

getrennt. Diese Gebirge erheben sich mitten in der Ebene, und die Wasser vermischen sich nur in einer schmalen Enge, welche zwischen den Hügeln und der hohen Kordillere (wahrscheinlich auf der östlichen Senkung vom Cerro de Santa Fé) liegt. Die vielen Städte und Dörfer, die auf beiden Seen gebaut sind, treiben ihren Handel auf Kähnen und nicht über das feste Land hin. Die große Stadt Temixtitan[1] (Tenochtitlan) steht mitten in dem Salzsee, der seine Ebben und Fluten hat gleich dem Meere, und von welcher Seite des Ufers man kommen mag, so braucht man immer zwei Stunden, um sie zu erreichen. Vier Dämme führen nach dieser Stadt. Sie sind das Werk der Menschenhände, und immerhin zwei Lanzenlängen breit. Die Stadt selbst ist so groß, als Sevilla oder Cordoba. Die Straßen, das heißt die Hauptstraßen, sind zum Teil sehr eng, zum Teil sehr weit; die einen halb trocken, die anderen zur Hälfte von schiffbaren Kanälen durchschnitten, welche mit hübsch gebauten hölzernen und so geräumigen Brücken versehen sind, daß zehn Reiter zugleich darüber setzen können. Der Markt ist doppelt so groß, als der von Sevilla, und mit einem ungeheuren Portikus umgeben, unter welchem alle Arten von Waren, Lebensmitteln, Kleiderschmuck von Gold, Silber, Blei, Kupfer, edlen Steinen, Knochen, Muscheln und Federn, von Leder und Baumwollenstoffen zum Verkauf ausgestellt sind. Auch findet man hier gehauene Steine, Ziegel und Zimmerholz. Einzelne Stellen sind für den Verkauf von Wildbret, andere von Gemüsen und Gartenkräutern eingerichtet. Hier befinden sich auch eigene Häuser, wo die Barbiere (mit Schermessern von Obsidian) die Kopfhaare rasieren, und andere, welche unseren Apothekerbuden gleichen, und wo schon völlig zubereitete Arzneimittel, Salben und Pflaster verkauft werden. In anderen Häusern gibt man ums Geld zu essen und zu trinken, und man sieht überhaupt so vielerlei Dinge auf dem Markte, daß ich nicht imstande bin, sie Eurer Hoheit alle aufzuzählen. Um Verwirrung zu vermeiden, werden alle Waren an abgesonderten Orten verkauft. Alles wird nach der Elle gemessen, und wir haben bis jetzt noch kein Gewicht brauchen sehen.

---

[1] Temistitan, Temixtitan, Tenoxtitlan, Temihitlan, sind die verschiedenen Entstellungen des wahren Namens Tenochtitlan. Die Azteken oder Mexikaner nannten sich selbst Tenochken, woher der Name Tenochtitlan kommt.

Mitten auf dem großen Platze steht ein Haus, welches ich die Audiencia nennen möchte, und wo immer zehn bis zwölf Richter sitzen, welche über die beim Handel entstandenen Streitigkeiten entscheiden. Eine andere Art öffentlicher Personen ist unaufhörlich im Gedränge verbreitet, führt die Aufsicht darüber, daß um billige Preise verkauft wird, und man hat bemerkt, wie sie die falschen Maße, welche sie bei den Kaufleuten fanden, zerbrachen."

Dies war der Zustand von Tenochtitlan im Jahre 1520, nach Cortez' eigener Beschreibung. Vergebens habe ich in den Archiven seiner Familie, welche in der Casa del Estado zu Mexiko aufbewahrt werden, den Plan gesucht, welchen dieser große Feldherr von den Umgebungen der Hauptstadt aufnehmen ließ und dem Kaiser schickte, wie er in dem dritten seiner von dem Kardinal Lorenzana bekannt gemachten Briefe sagt. Der Abbate Clavigero hat einen Plan vom See Tezcuco gewagt, wie er seine Grenzen im 16. Jahrhundert vermutete. Diese Skizze ist indes mit wenig Genauigkeit gemacht, jedoch immer noch der von Robertson und anderen mit der Geographie von Mexiko ebensowenig bekannten Europäern weit vorzuziehen. Auf der Karte vom Thale Tenochtitlan habe ich den alten Umfang des Salzsees bezeichnet, wie ich ihn in dem historischen Berichte von Cortez und einigen seiner Zeitgenossen zu erkennen glaubte. Im Jahre 1520, und noch lange nachher, waren die Dörfer Iztapalapan, Coyouacan (fälschlich Cuyacan genannt), Tacubaja und Tacuba ganz nahe an den Ufern des Sees Tezcuco gelegen. Cortez sagt ausdrücklich, daß die meisten Häuser von Coyouacan, Culuacan, Churubuzco, Mexicalcingo, Iztapalapan, Cuitaguaca und Mizqueque auf Pfählen im Wasser stünden, so daß die Kanoen oft durch eine untere Thüre in dieselben einlaufen könnten. Schon zu Cortez' Zeit bildete der Hügel von Chapultepec, auf welchem der Vizekönig, Graf von Calvez, ein Schloß bauen ließ, keine Insel mehr in dem See Tezcuco. Auf dieser Seite näherte sich das feste Land der Stadt Tenochtitlan um 3000 m und Cortez' Angabe von 15 km in seinem Briefe an Karl V. ist nicht ganz richtig. Er hätte sie auf die Hälfte herabsetzen sollen, mit Ausnahme jedoch des Teiles vom westlichen Ufer, wo der Porphyrhügel von Chapultepec liegt. Indes darf man glauben, daß dieser Hügel einige Jahrhunderte früher, gleich dem Peñol del Marques und dem der Los Baños, eine Insel gewesen ist; denn geologische Beobachtungen machen es sehr wahrscheinlich, daß die Seen schon lange vor der Ankunft der Spanier und vor der Erbauung des Kanals von Huehuetoca im Abnehmen waren.

Bevor die Azteken oder Mexikaner im Jahre 1325 auf einer Inselgruppe die noch stehende Hauptstadt gründeten, hatten sie schon 52 Jahre hindurch einen anderen Teil des Sees bewohnt, welcher südlicher liegt, mir aber von den Indianern nicht genau genug angegeben werden konnte. Die Mexikaner verließen Aztlan 1160, kamen aber erst nach einer Wanderung von 56 Jahren über Malinalco auf der Kordillere von Toluca und über Tula in das Thal von Tenochtitlan. Zuerst ließen sie sich in Zumpango, dann auf der südlichen Senkung der Gebirge von Tepeyacac nieder, wo heutzutage die prächtige Kirche zur Lieben Frau von Guadalupe steht. Im Jahre 1245 (nach der Chronologie des Abbate Clavigero) kamen sie nach Chapultepec; da sie aber durch die kleinen Fürsten von Xalcotan, welche die spanischen Geschichtschreiber mit dem Königstitel beehren, unaufhörlich geneckt wurden, so flüchteten sie sich, um ihre Unabhängigkeit zu behaupten, auf eine Gruppe von kleinen Inseln, welche Acocolco hießen und auf dem südlichsten Ende des Sees Tezcuco lagen. Hier lebten sie ein halbes Jahrhundert hindurch in schrecklichem Elend, und waren gezwungen, sich einzig und allein von Wurzeln der Wasserpflanzen, von Insekten und einem problematischen kriechenden Tiere zu nähren, das sie Axolotl nannten und Herr Cuvier für die erste Lebensform eines unbekannten Salamanders ansieht.[1] Nachdem die Mexikaner aber in die Sklaverei der Könige von Tezcuco oder Acolhuacan gefallen waren, mußten sie ihr Dorf auf dem Wasser verlassen und sich auf das feste Land, nach Tizapan, flüchten. Die Dienste, welche sie ihren Herren in einem Kriege

---

[1] Herr Cuvier hat es in meinem Recueil d'observations zoologiques et d'anatomie comparée beschrieben. Herr Dumeril glaubt, daß die, von Herrn Bonpland und mir mitgebrachten, sehr gut erhaltenen Exemplare eine neue Gattung des Proteus seien. [Es ist die Amblystoma Axolotl, Dum., oder der Siredon pisciformis, Wagl., ein 14 cm langer Molch, der sich als Larve mit Kiemenbüscheln fortpflanzt und in der Gefangenschaft unter besonderen Verhältnissen eine vollständige Metamorphose erleidet. — D. Herausg.]

gegen die Bewohner von Xochimilco erwiesen, verschafften ihnen die Freiheit wieder. Sie ließen sich jetzt zuerst in Acatzintlan, das sie nach dem Namen ihres Kriegsgottes Mexitli oder Huitzilopochtli,[1] Mexicalzingo nannten, und später in Iztacalco nieder. Allein in Erfüllung eines Befehls, den ihnen das Orakel von Aztlan gegeben hatte, zogen sie von Iztacalco auf die Inseln, welche sich dazumal ost-nordöstlich vom Hügel Chapultepec, auf dem westlichen Teile des Sees Tezcuco erhoben. Es hatte sich unter dieser Horde eine alte Tradition erhalten, vermöge deren sie dem vom Schicksale bestimmten Ziele ihrer Wanderung auf der Stelle begegnen sollten, da sie einen Adler auf dem Gipfel eines Nopal finden würden, dessen Wurzeln die Risse eines Felsens durchbringe. Dieser Nopal (Kaktus), welchen ihnen das Orakel versprochen hatte, zeigte sich den Azteken im Jahre 1325, dem zweiten Calli[2] der mexikanischen Zeitrechnung auf einer Insel, auf welcher sodann der Teocalli, oder Teopan, d. h. das Haus Gottes gegründet wurde, das die Spanier nachher den großen Tempel des Mexitli genannt haben.

Der erste Teocalli, um welchen die neue Stadt gebaut wurde, war wie der älteste griechische Tempel, der des Apollo zu Delphi, welchen Pausanias beschrieben hat, von Holz gewesen. Das steinerne Gebäude hingegen, dessen Architektur von Cortez und Bernal Diaz bewundert wurde, war von dem Könige Ahuitzotl im Jahre 1486 auf der nämlichen Stelle aufgeführt geworden. Es bestand in einer Pyramidalform von 37 m Höhe, und lag mitten auf einem großen, mit Mauern eingeschlossenen Hofe. Man unterschied daran fünf Stockwerke, wie an verschiedenen Pyramiden von Sakhara, und

---

[1] Huitzilin bedeutet einen Kolibri, und opochtli was links ist; indem dieser Gott mit Kolibrifedern unter dem linken Fuße abgemalt wurde. Die Europäer haben den Namen Huitzilopochtli in Huichilobos und Vizlipuzli verdorben. Der Bruder dieses Gottes, welcher besonders von den Bewohnern von Tezcuco verehrt wurde, hieß Tlacahuepan-Cuexcotzin.

[2] Da der erste Acatl mit dem Jahre 1519 der gewöhnlichen Zeitrechnung übereinstimmt, so kann der zweite Calli in der ersten Hälfte des 14. Jahrhunderts bloß das Jahr 1325, und nicht 1324, 1327 und 1341 sein, in welche der Erklärer der Raccolta di Mendoza, sowie Siguenza, in der Citation des Boturini, und Betencourt in der des Torquemada, die Gründung Mexikos setzen.

besonders an der von Mehedun. Der Teocalli von Tenochtitlan stand, gleich allen ägyptischen, asiatischen und merikanischen Pyramiden, in genauer Richtung gegen die Himmelsgegenden, hatte eine Basis von 97 m und war oben abgestumpft, daß er in der Entfernung einem ungeheuren Kubus ähnlich sah, auf dessen Spitze kleine, mit hölzernen Kuppeln bedeckte Altäre angebracht waren. Die Endspitze dieser Kuppeln erhob sich 54 m über die Basis des Gebäudes oder über das Pflaster seiner Einfassung. Diese Umstände beweisen die große Aehnlichkeit, welche der Teocalli mit jenem alten Denkmal von Babylon hatte, das von Strabo das Mausoleum des Belus genannt wird, und nichts als eine dem Jupiter Belus geweihte Pyramide war. Weder der Teocalli, noch dieses babylonische Gebäude waren Tempel in dem Sinne, welchen wir nach den Ueberlieferungen der Griechen und Römer mit diesem Ausdrucke verbinden. Alle den mexikanischen Gottheiten geheiligten Gebäude waren abgestumpfte Pyramiden, wie das die großen, bis auf den heutigen Tag erhaltenen Denkmale von Teotihuacan, Cholula und Papantla beweisen, und aus denen wir schließen können, wie die kleineren Tempel in den Städten Tenochtitlan und Tezcuco beschaffen gewesen sein mögen. Bedeckte Altäre standen auf den Spitzen der Teocalli und wir dürfen sie daher wohl in die Klasse der Pyramidalmonumente von Asien setzen, von denen man erst kürzlich sogar Spuren in Arkadien gefunden hat; denn das konische Mausoleum des Kallisthus, ein wahrer Tumulus, der mit Fruchtbäumen besetzt war, machte die Basis eines kleinen, der Diana geweihten Tempels.

Wir kennen die Materialien nicht, aus welchen der Teocalli von Tenochtitlan gebaut war, denn die Geschichtschreiber berichten bloß, er sei mit einem harten, polierten Steine überzogen gewesen. Die ungeheuren Fragmente, welche man indes von Zeit zu Zeit in der Gegend der heutigen Domkirche entdeckt, sind von Porphyr, mit einem Grunde von Grünstein, der voll Amphibolen und glasartigen Feldspats ist. Als man vor kurzem den Platz um die Domkirche pflasterte, fand man in einer Tiefe von 10 bis 12 m Stücke Bildhauerarbeit. Wenige Nationen haben wohl größere Massen in Bewegung gesetzt als die Mexikaner. Der Kalender- und Opferstein, welche auf dem großen Platze stehen, haben 8 bis 10 cbm. Die kolossale Statue des Teoyaomiqui, die mit Hieroglyphen bedeckt ist, und auf einer Diele des Universitätsgebäudes liegt, ist 2 m lang und 3 m breit. Auch hat mich der Kanonikus Gamboa versichert, man sei bei einer Grabung in der Nähe der Kapelle des Sagrario, neben einer ungeheuren Menge von Idolen, welche zum Teocalli gehörten, auch auf ein Stück Felsen mit Bildhauerarbeit gestoßen, das 7 m Länge und 3 m Höhe gehabt, und das man umsonst herauszuschaffen versucht habe.

Einige Jahre nach der Belagerung von Tenochtitlan, welche sich, wie die von Troja, in einer allgemeinen Zerstörung der Stadt endigte, lag der Teocalli schon in Trümmern.[1] Ich möchte daher glauben, daß die Außenseite der abgestumpften Pyramide aus Thon bestanden, welcher mit dem porösen Mandelsteine, Tetzontli genannt, überzogen war. Wirklich fing man auch kurz vor dem Bau dieses Tempels, unter der Regierung des Königs Ahuitzotl an, die Brüche dieses zellenförmigen, porösen Steines zu bearbeiten. Nichts war daher leichter, als Gebäude zu zerstören, welche aus so leichten und so porösen Materialien, als der Bimsstein ist, aufgeführt waren. Ueber die Dimensionen dieses Teocalli stimmen die meisten Geschichtschreiber zwar miteinander überein,[2] indes dürften sie doch wohl übertrieben sein. Allein

---

[1] Eines der kostbarsten und ältesten Manuskripte, welche in Meriko aufbewahrt werden, ist das Buch der Munizipalität (libro de el Cabildo). Ein ehrwürdiger und in der Geschichte seines Vaterlandes sehr bewanderter Geistlicher, der Pater Pichardo, aus dem Kloster von St. Philipp Neri, hat mir diese Handschrift gezeigt. Sie beginnt mit dem 8. März 1524, also drei Jahre nach der Belagerung, und spricht bereits von dem Platze, wo der große Tempel gestanden hat. („La plaza adonde estaba el templo major.")

[2] Wenn die, welche uns Beschreibungen und Zeichnungen vom Teocalli übermacht, statt selbst zu messen, nur die Angaben der Indianer hierüber benutzt haben, so beweist ihre Uebereinstimmung weniger, als man auf den ersten Blick glauben sollte. In allen Ländern findet man übereinstimmende Traditionen über die Größe der Gebäude, die Höhe der Türme, den Durchschnitt der vulkanischen Krater und die Höhe der Katarakte. Der Nationalstolz übertreibt diese Dimensionen, und die Reisebeschreiber stimmen in ihren Berichten miteinander so lange überein, als sie aus der nämlichen Quelle schöpfen. In dem einzelnen Falle hingegen, den wir vor uns haben, war die Uebertreibung wahrscheinlich nicht sehr stark, weil man aus der Zahl der Treppen, welche auf die Spitze des Gebäudes führten, sehr leicht auf seine Höhe schließen konnte.

die Pyramidalform dieses mexikanischen Gebäudes, und seine große Aehnlichkeit mit den ältesten asiatischen Denkmalen haben für uns weit mehr Merkwürdigkeit als seine Masse und Größe.

Die alte Stadt Mexiko hing durch drei große Dämme, den von Tepeyacac (Guadalupe) von Tlacopan (Tacuba), und von Iztapalapan mit dem festen Lande zusammen. Cortez spricht von vier Dämmen, weil er ohne Zweifel die nach Chapultepec führende Straße auch dazu rechnete. Die Calzada von Iztapalapan hatte einen kleinen Arm, welcher Coyouacan mit dem kleinen Fort Xoloc verband, in welchem die Spanier bei ihrem ersten Einzuge vom mexikanischen Adel bewillkommt wurden. Robertson spricht von einem Damme, der nach Tezcuco führte; aber dieser Damm war nie vorhanden, indem die Distanz dieses Ortes viel zu groß und der östliche Teil des Sees viel zu tief ist.

Siebzehn Jahre nach der Gründung von Tenochtitlan, im Jahre 1338, trennte sich, in Verfolg bürgerlicher Unruhen, ein Teil der Bewohner von dem anderen. Sie ließen sich auf den nordwestlich vom Tempel des Mexitli gelegenen Inseln nieder. Die neue Stadt, welche zuerst den Namen Xaltilolco und dann den von Tlatelolco erhielt, hatte einen von dem von Tenochtitlan unabhängigen König. In dem Mittelpunkte von Anahuac, wie auf dem Peloponnes, in Latium und überall, wo die Civilisation der menschlichen Gattung noch im Beginnen ist, bildete jede Stadt lange Zeit einen besonderen Staat. Der mexikanische König Axayacatl[1] eroberte Tlatelolco und vereinigte es durch Brücken mit der Stadt Tenochtitlan. Ich habe unter den hieroglyphischen Manuskripten der alten Mexikaner, welche im Palast des Vizekönigs aufbewahrt werden, eine merkwürdige Malerei gefunden, die den letzten König von Tlatelolco, Namens Moquihuix, vorstellt, welcher auf der Spitze eines Gotteshauses oder einer abgestumpften Pyramide getötet und die Treppen herabgestürzt wurde, die zum Opfersteine führten. Von dieser Zeit an wurde der große mexikanische Markt, welcher bisher bei dem Teocalli von Mexitli gehalten worden, nach Tlatelolco verlegt. Von dieser Stadt gilt daher die Beschreibung, die wir nach Cortez' Bericht von dem mexikanischen Markte gegeben haben.

---

[1] Axayacatl regierte von 1464 bis 1477.

Was man heutzutage den Barrio von Santiago nennt, umfaßt nur einen kleinen Teil des alten Tlatelolco. Aber auf dem Wege, welcher nach Tenepantla und den Ahuahueten führt, geht man über eine Stunde lang zwischen den Ruinen der alten Stadt. Da erkennt man denn (wie auf der Straße von Tacuba und Jztapalapan), um wie viel kleiner das von Cortez wieder aufgebaute Meriko ist, als Tenochtitlan unter dem letzten Montezuma war. Die ungeheure Größe des Marktes von Tlatelolco, dessen Grenzen man noch sieht, beweist gleichfalls, wie viel stärker die Bevölkerung der alten Stadt gewesen sein muß. Die Indianer zeigen auf diesem Platze eine mit Mauern eingefaßte Anhöhe. Sie bildete eines von den meritanischen Theatern, in welchem Cortez wenige Tage vor dem Ende der Belagerung den berühmten Katapult (Trabuco de palo) aufstellte, dessen Anblick die Belagerten in den größten Schrecken setzte, ohne daß die Maße wegen der Ungeschicklichkeit der Artilleristen spielen konnte. Diese Anhöhe ist heutzutage in der Halle der Kapelle von Santiago einbegriffen.

Die Stadt Tenochtitlan war in vier Quartiere eingeteilt, welche Teopan oder Xochimilco, Atzacualco, Moyotla und Tlaquechiuchan oder Cuepopan hießen. Diese Einteilung hat sich bis auf unsere Zeit in den Grenzen der Quartiere St. Paul, St. Sebastian, St. Johann und Santa Maria erhalten. Die gegenwärtigen Straßen haben großenteils dieselbe Richtung, die sie ehemals gehabt und ziehen sich von Norden nach Süden und von Osten nach Westen.[1] Was der neuen Stadt aber, wie wir oben bemerkt haben, einen ganz besonderen und unterscheidenden Charakter gibt, ist der Umstand, daß sie ganz auf dem festen Lande liegt, und zwar zwischen den Sitzen der beiden Seen Tezcuco und Xochimilco, und daß sie das süße Wasser auf schiffbaren Kanälen aus dem letzteren See erhält.

Verschiedene Umstände haben diese neue Ordnung der

---

[1] Eigentlich von S. 16° W. nach N. 74° O., wenigstens auf der Seite des Klosters von St. Augustin, wo ich die Azimute genommen habe. Ohne Zweifel wurde die Richtung der alten Straßen durch die der vorzüglichsten Dämme bestimmt. Nun ist es aber nach der Lage der Stellen, auf denen sie endigten, nicht wahrscheinlich, daß diese genau die Mittagslinien und die Parallelen beobachtet haben.

Dinge herbeigeführt. Jederzeit hatte der Teil des Salzsees, welcher zwischen den beiden Dämmen, dem südlichen und westlichen liegt, am wenigsten Tiefe, und schon Cortez beklagte sich, daß seine Flottille von Brigantinen, welche er in Tezcuco hatte bauen lassen, trotz der in den Dämmen gemachten Oeffnungen nicht die ganze Stadt umschiffen könne, die er gerade belagerte. Einzelne seichte Lachen wurden nach und nach zu Sumpfboden und diese verwandelten sich endlich, nachdem sie mit Furchen oder kleinen Ableitungskanälen durchschnitten worden waren, in Chinampas und in urbares Land. Der See von Tezcuco, von welchem Valmont de Bomare annahm, daß er mit dem Ozean in Verbindung stehe, ob er gleich nach meinen Messungen 2277 m über dessen Spiegel erhoben liegt, hat keine besonderen Quellen, wie der See von Chalco. Zieht man nun einerseits die kleine Wassermasse in Betrachtung, welche in dürren Jahren von ohnedies sehr unansehnlichen Flüssen in diesen See kommt und andererseits die ungeheure Schnelligkeit der Ausdünstung, wie sie auf dem Plateau von Mexiko stattfindet und worüber ich eine ganze Reihe von Beobachtungen angestellt habe, so muß man annehmen, daß schon seit Jahrhunderten der Mangel an Gleichgewicht zwischen dem Verluste des verdampfenden Wassers und der zuströmenden Masse desselben nach und nach den See von Tezcuco auf engere Grenzen beschränkt hat. Wirklich belehren uns auch die mexikanischen Annalen, wie dieser Salzsee schon unter der Regierung des Königs Ahuitzotl des Wassers so sehr ermangelte, daß er die Schiffahrt unterbrach und daß man, um diesem Uebelstande zu begegnen und die Zuströmung des Wassers zu vermehren, damals eine Wasserleitung von Coyouacan nach Tenochtitlan aufführte. Diese Wasserleitung brachte die Quellen von Huitzilopocho in mehrere Kanäle der Stadt, welche trocken lagen. Eine solche Verminderung des Wassers, welche man schon vor der Ankunft der Spanier bemerkte, würde indes nur sehr allmählich und wenig fühlbar geschehen sein, wenn die Hände der Menschen nicht von der Eroberung an dafür gearbeitet hätten, die Ordnung der Natur zu verändern. Wer die europäische Halbinsel durchreist hat, weiß, wie wenig Gefallen die Spanier an den Pflanzungen finden, welche den Umgebungen der Städte und Dörfer Schatten geben, und es scheint, als ob die ersten Eroberer das schöne Thal von Tenochtitlan dem dürren, aller Vegetation beraubten Boden von Kastilien gleich zu machen gestrebt hätten. Seit dem 16. Jahrhundert hat man ohne alle Ueberlegung die Bäume, sowohl auf dem Plateau, wo die Hauptstadt liegt, als auf den dasselbe umgebenden Gebirgen abgehauen. Der Bau der neuen Stadt, welcher im Jahre 1524 angefangen wurde, erforderte eine Menge Holz zum Bauen und zum Pfahlwerk. Man fällte und fällt noch heutzutage, ohne nachzupflanzen, außer in der Nähe der Hauptstadt, wo die letzten Vizekönige ihr Andenken durch Spaziergänge[1] (Paseos, Alamedas) verewigt haben, welche ihren Namen tragen. Der Mangel an Vegetation stellt den Boden natürlich dem direkten Einflusse der Sonnenstrahlen bloß; die Feuchtigkeit, welche sich in den schwammigen Basaltmandelstein eingesenkt, verlor sich natürlich nicht, aber sie dünstet schnell aus und verdampft überall, wo das Blätterwerk der Bäume oder der dicke Rasen den Einfluß der Sonne und der heißen Mittagswinde nicht verhindert, in Luft.

Da diese Ursache im ganzen Thale gewirkt, so hat sich der Ueberfluß an Wasser und seine Zirkulation fühlbar vermindert. Der See von Tezcuco, der schönste von den fünf Seen, welchen Cortez in seinen Briefen gewöhnlich ein Landmeer nennt, erhält in unseren Tagen viel weniger Wasser durch Infiltration als im 16. Jahrhundert, indem die Urbarmachung und die Zerstörung der Wälder überall die nämlichen Folgen hat. Der General Andreossi hat in seinem klassischen Werke über den Kanal von Languedoc bewiesen, daß sich die Quellen um den Behälter von St. Ferreol her bloß durch ein falsches System vermindert haben, welches in der Forstverwaltung eingeführt wurde. In der Provinz Caracas trocknet der pittoreske See von Tacarigua[2] allmählich aus, seit die Sonnenstrahlen ungehindert auf den angebauten Boden der Thäler von Aragua treffen können.

Was indes am meisten zur Verminderung des Sees von Tezcuco beigetragen hat, ist das berühmte offene Durchbruchwerk, welches unter dem Namen des Desague real de Huehuetoca bekannt ist und wovon wir in der Folge handeln werden. Diese Unternehmung, die zuerst im Jahre 1607 als ein unterirdischer Durchbruch angefangen wurde, hat die

---

[1] Paseo de Buccarelli, de Revillagigedo, de Galvez und de Asanza.
[2] Die Verminderung des Wassers bildet hier von Zeit zu Zeit neue Inseln (las aparecidas). Der See von Tacarigua, oder Neuvalencia, steht 474 m über der Meeresfläche.

beiden im nördlichen Teile des Thales gelegenen Seen von
Zumpango (Tzompango) und San Christobal in sehr enge
Grenzen gezwungen und sie auch verhindert, ihr Wasser zur
Regenzeit in das Becken vom See von Tezcuco auszugießen.
Dieses Wasser überschwemmte sonst die Ebenen und laugte
die Erde aus, welche stark mit Kohlensäure und Kochsalz ge=
schwängert ist. Heutzutage kann es hingegen keine Lachen
mehr bilden und damit die Feuchtigkeit der mexikanischen
Atmosphäre nicht mehr vermehren, indem es durch einen künst=
lichen Kanal in den Fluß Panuco und somit in den Atlan=
tischen Ozean abgeleitet wird.

Dieser Zustand der Dinge wurde durch das Bestreben
bewirkt, die alte Stadt Mexiko in eine Hauptstadt zu ver=
wandeln, welche von Wagen befahren werden konnte und den
Gefahren der Ueberschwemmung weniger ausgesetzt war. Wirk=
lich haben sich auch Wasser und Vegetation in der Schnellig=
keit vermindert, in welcher sich der Tequesquite (oder das
kohlensaure Mineralalkali) vermehrt hat. Zu Montezumas
Zeit und noch lange nachher waren die Vorstadt Tlatelolco,
die Barrios von San Sebastian, San Juan und Santa Cruz
wegen des schönen Grüns berühmt, das ihre Gärten schmückte;
heutzutage zeigen diese Orte und besonders die Ebenen von
San Lazaro nichts als eine Kruste von Salzblüte. Auch ist
die Fruchtbarkeit des Plateaus, so ansehnlich sie übrigens
noch im südlichen Teile ist, nicht mehr so groß als zu der
Zeit, da sich die Stadt mitten aus dem See erhob. Eine
kluge Oekonomie des Wassers und besonders kleine Wässe=
rungskanäle könnten dem Boden seine alte Fruchtbarkeit und
einem Thale, das die Natur zur Hauptstadt eines großen
Reiches bestimmt zu haben scheint, allen seinen Reichtum
wiedergeben.

Die gegenwärtigen Grenzen des Sees von Tezcuco sind
nicht genau bestimmt, indem der Boden thonartig und so
eben ist, daß er auf 7,4 km Umfang kaum zwei Dezi=
meter Flächenverschiedenheit gibt. Wehen die Ostwinde da=
her stark, so zieht sich das Wasser gegen das westliche Ufer
zurück und legt oft eine Länge von mehr als 600 m ins
Trockene. Vielleicht hat ein periodisches Spiel dieser Winde
bei Cortez den Gedanken an eine regelmäßige Ebbe und
Flut[1] veranlaßt, welcher übrigens durch neue Beobachtungen

---

[1] Auch der Genfersee zeigt eine ziemlich regelmäßige Bewegung

nicht bestätigt worden ist. Der See von Tezcuco hat im Durchschnitte zwischen 3 und 5 m Tiefe und an einigen Stellen sogar nicht mehr als 1 m. Daher leidet denn der Handel der kleinen Stadt Tezcuco in den trockenen Monaten Januar und Februar sehr, indem die Bewohner verhindert werden, in ihren Kähnen nach der Hauptstadt zu gehen. Dieser Uebelstand findet sich beim See von Xochimilco nicht; denn von Chalco, Mesquic und Tlahuac aus ist die Schiff= fahrt nie unterbrochen und Mexiko erhält täglich auf dem Kanal von Iztapalapan Gemüse, Früchte und Blumen im Ueberflusse.

Von den fünf Seen im Thale von Mexiko ist der von Tezcuco am meisten mit Kochsalz und kohlensaurem Mineral= alkali geschwängert. Die salpetersaure Schwererde beweist, daß dieses Wasser keine Auflösung von Schwefelsäure enthält. Das meiste und klarste Wasser ist das vom See von Xochi= milco. Ich habe seine spezifische Schwere zu 1,0009 gefun= den, da die des bei einer Temperatur von 18° (den Thermo= meter zu 100°) destillierten Wassers = 1,000 und die des Sees von Tezcuco = 1,0215 war. Letzteres Wasser ist also schwerer als das vom Baltischen Meere, aber leichter als das des Ozeans, welches unter verschiedenen Breiten zwischen 1,0269 und 1,0285 erfunden worden ist. Die Menge von geschwefeltem Wasserstoff, welcher von allen mexikanischen Seen aufsteigt und dessen Ueberfluß in den Seen von Tezcuco und Chalco durch den Bleiessig bewiesen wird, trägt in gewissen Jahreszeiten unstreitig viel zur Ungesundheit des Thales bei. Indes sind die Wechselfieber, was äußerst merkwürdig ist, an den Ufern dieser Seen, deren Oberfläche zum Teil von Binsen und anderen Wasserpflanzen bedeckt ist, sehr selten.

Mit einer Menge von Teocalli geziert, welche sich, wie die Minarete zum Himmel erhoben, umgeben von Wasser und Dämmen, auf Inseln gebaut, die mit Vegetation bedeckt waren und bei der ewigen Bewegung mehrerer tausend Boote, durch die der See belebt wurde, muß das alte Tenochtitlan nach dem Berichte der ersten Eroberer Aehnlichkeit mit einigen Städten von Holland und China oder mit dem Delta von Niederägypten gehabt haben. Die Hauptstadt, welche die Spanier auf demselben Boden wieder aufbauten, gewährt

---

des Wassers, welche Saussure periodischen Winden zuschreibt. [Die sogenannte „Ruhs". — D. Herausg.]

vielleicht keinen so lachenden, aber einen desto imposanteren, majestätischeren Anblick. Mexiko gehört zu den schönsten Städten, welche die Europäer in den beiden Hemisphären aufgeführt haben und mit Ausnahme von Petersburg, Berlin, Philadelphia und einigen Quartieren von Westminster gibt es vielleicht keine Stadt von demselben Umfange, deren Boden so gleichförmig wagerecht, deren Straßen so breit und regelmäßig, und deren öffentliche Plätze so groß wären, wie all dies bei der Hauptstadt von Neuspanien der Fall ist. Die Architektur ist im Durchschnitte von ziemlich reinem Stile und manche Gebäude nehmen sich wirklich sehr schön aus. Das Aeußere der Häuser ist nicht mit Ornamenten überladen, und die beiden Arten von Quadersteinen, der poröse Mandelstein, Tetzontli genannt und besonders ein Porphyr mit glasartigem Feldspat ohne Quarz geben den mexikanischen Bauten ein gewisses Ansehen von Fertigkeit und selbst von Pracht. Von den Balkonen und Galerieen, durch welche alle europäischen Städte beider Indien so sehr entstellt werden, weiß man hier nichts. Die Geländer und Gitter sind von biscayschem Eisen mit Bronzeverzierungen. Und statt der Dächer hat man wie in Italien und allen südlichen Ländern Terrassen auf den Häusern.

Seit dem Aufenthalte des Abbé Chappe im Jahre 1769 ist Mexiko außerordentlich verschönert worden. Das für die Bergschule bestimmte Gebäude, zu welchem die reichsten Männer des Landes eine Summe von mehr als 3 Millionen Franken beigesteuert haben, würde den ersten Plätzen von Paris und London Ehre machen. Einige mexikanische Architekten, welche in der Akademie der schönen Künste in der Hauptstadt gebildet worden sind, haben vor kurzem zwei große Hotels gebaut, von denen das eine, in dem Quartier Traspana gelegene, in seinem Hofe ein sehr schönes Peristyl von ovaler Form enthält. Mit allem Rechte bewundern die Reisenden auf der Plaza Mayor von Mexiko, der Domkirche und dem Palaste der Vizekönige gegenüber eine große mit viereckigen Platten von Porphyr gepflasterte Einfassung, deren Gitter reich mit Bronze verziert sind und auf deren Mitte die Statue Karls IV.[1]

---

[1] Diese kolossale Statue, von welcher oben die Rede war, wurde auf Kosten des Marquis von Branciforte, vormaligen Vizekönigs von Mexiko und Schwagers des Friedensfürsten ausgeführt. Sie hat 450 Quintale Gewicht und wurde von Herrn Tolsa, dessen Name eine ausgezeichnete Stelle in der Geschichte der spanischen

zu Pferde auf einem Piedestal von mexikanischem Marmor steht. Bei allen Fortschritten, welche die schönen Künste seit 30 Jahren in diesem Lande gemacht haben, ist indes unleugbar, daß die Hauptstadt von Mexiko einem Europäer weniger wegen der Größe und Schönheit ihrer öffentlichen Denkmale, als wegen der Breite und Geradheit ihrer Straßen, weniger wegen ihrer einzelnen Gebäude als wegen ihrer übereinstimmenden Regelmäßigkeit, ihrer Ausdehnung und Lage auffallen wird. Durch ein Zusammentreffen ungewöhnlicher Umstände sah ich in sehr kurzer Zeit hintereinander Lima, Mexiko, Philadelphia, Washington,[1] Paris, Rom, Neapel und die größten Städte von Deutschland. Vergleicht man schnell aufeinander folgende Eindrücke miteinander, so ist man oft imstande, eine Meinung, der man sich zu unbedachtsam überlassen hatte, zu berichtigen. Allein trotz allen Vergleichungen, welche der Hauptstadt von Mexiko nicht durchgängig günstig sein könnten, hat sie eine Idee von Größe in meinem Gedächtnisse zurückgelassen, welche ich besonders dem imposanten Charakter ihrer Lage und der sie umgebenden Natur zuschreiben muß.

Wirklich ist auch das Gemälde, welches das Thal an einem schönen Sommermorgen und bei dem wolkenlosen, dunkelazurnen Himmel, der der trockenen und dünnen Luft hoher

---

Bildhauerei verdient, modelliert, gegossen und aufgestellt. Das Verdienst dieses höchst talentvollen Mannes kann nur von denen nach seinem ganzen Werte geschätzt werden, welche die Schwierigkeiten kennen, die selbst in dem civilisierten Europa mit der Ausführung so großer Kunstwerke verbunden sind.

[1] Nach dem Plane, welcher für die Stadt Washington entworfen worden ist, und nach der Pracht seines Kapitols zu urteilen, von dem ich nur einen Teil geendigt gesehen habe, wird Federal City dereinst ohne Zweifel schöner werden als Mexiko. Philadelphia ist ebenso regelmäßig gebaut, und die Alleen von Platanus, Acacia und Populus heterophylla, welche seine Straßen zieren, geben dieser Stadt eine beinahe ländliche Schönheit. Die Vegetation der Ufer des Potomac und Delaware ist viel reicher als die, welche man in einer Höhe von mehr als 2300 m auf dem Rücken der Mexikanischen Kordilleren findet. Washington und Philadelphia werden indes immer nur europäischen Städten ähnlich sehen und den Reisenden nicht durch jenen eigentümlichen, ich möchte sagen, exotischen Charakter überraschen, welchen Mexiko, Santa Fé de Bogota, Quito und alle Hauptstädte darstellen, welche in den Tropenländern auf den Höhen der Großen Bernhardsstraße und noch höher gebaut sind.

Gebirge eigen ist, von einem der Türme des Domes von
Mexiko oder von dem Hügel von Chapultepec herab betrachtet,
darstellt, von wunderbarem Reichtum und seltener Mannig=
faltigkeit. Eine schöne Vegetation umgibt diesen Hügel. Alte
Cypressenstämme[1] von mehr als 15 bis 16 m Umfang er=
heben ihre blätterlosen Scheitel über die Spitzen der Schinus,
deren Wuchs den orientalischen Thränenweiden ähnlich ist.
Von dieser einsamen Stelle auf der Höhe des Porphyrfelsens
von Chapultepec herab beherrscht das Auge eine ungeheure
Ebene und die herrlich angebauten Gefilde, welche sich bis zu
den kolossalen Gebirgen, auf welchen der ewige Schnee liegt,
erstrecken. Die Stadt scheint von dem See von Tezcuco ge=
netzt, dessen Umgebungen von Dörfern und Weilern an die
schönsten Particeen der Art in der Schweiz erinnern. Große
Alleen von Ulmen und Pappeln führen auf allen Seiten nach
der Stadt; zwei Wasserleitungen durchschneiden auf sehr hohen
Bogen die Ebene und gewähren einen ebenso angenehmen als
merkwürdigen Anblick. Gegen Norden zeigt sich das prächtige
Kloster der Lieben Frau von Guadalupe, wie es sich an die
Gebirge von Tepeyacac lehnt, zwischen Schluchten, welche
Dattelpalmen und baumähnliche Yukka beherbergen. Gegen
Süden ist das ganze Land zwischen San Angelo, Tacubaya
und San Agustin de las Cuevas, einem ungeheuren Garten
von Orangen, Pfirsichen, Aepfeln, Kirschen und anderen euro=
päischen Obstbäumen ähnlich. Diese herrliche Kultur macht
einen großen Kontrast mit den kahlen Gebirgen, welche das
Thal einschließen und unter denen sich die berühmten Vulkane
von Puebla, Popocatepetl und Iztaccihuatl auszeichnen. Der
erste unter diesen Bergen bildet einen ungeheuren Kegel, dessen
Krater unaufhörlich in Flammen ist und aus der Mitte des
ewigen Schnees Rauch und Asche auswirft.

Auch die gute Polizei, welche in Mexiko herrscht, zeichnet
diese Stadt rühmlich aus. Die meisten Straßen haben auf
beiden Seiten sehr breite Trottoirs, sind sehr reinlich und
des Nachts durch Spiegellaternen mit platten Dochten in
Bänderform erleuchtet. Diese Vorteile verdankt die Stadt
der Thätigkeit des Grafen von Revillagigedo, bei dessen An=
kunft noch die äußerste Unreinlichkeit geherrscht hatte.

In sehr geringer Tiefe findet man überall auf dem
Boden von Mexiko Wasser; es ist aber ein wenig salzig, wie

---

[1] Los Ahuahuetes. Cupressus disticha, Linn.

das vom See Tezcuco. Die beiden Wasserleitungen, welche der Stadt süßes Wasser zuführen, sind von neuer Architektur, aber der Aufmerksamkeit jedes Reisenden würdig. Die Quellen von trinkbarem Wasser befinden sich östlich von der Stadt, die eine auf dem kleinen, isolierten Berge von Chapultepec und die andere auf dem Cerro de Santa Fé, bei der Kordillere, welche das Thal von Tenochtitlan von dem von Lerma und Toluca scheidet. Die Bogen der Wasserleitung von Chapultepec dehnen sich in einer Länge von 3300 m. Ihr Wasser kommt auf der Südseite der Stadt, bei dem Salto del Agua herein, ist aber nicht sehr klar und wird nur in den Vorstädten von Mexiko getrunken. Am wenigsten mit luftsaurer Kalkerde geschwängert ist das Wasser des Aquäduktes von Santa Fé, welcher sich längs der Alameda hinzieht und bei der Traspana vor der Brücke von Marescala endigt. Diese Wasserleitung hat beinahe 10 200 m Länge; allein die Senkung des Bodens machte nur für ein Drittel ihrer Ausdehnung Bogen nötig. Ebenso beträchtliche Wasserleitungen hatte die alte Stadt Tenochtitlan. Beim Anfange der Belagerung zerstörten die beiden Hauptleute Alvarado und Olid die von Chapultepec. Cortez redet in seinem ersten Briefe an Karl V. auch von der Quelle von Amilco bei Churubusco, deren Wasser in Röhren von gebrannter Erde in die Stadt geführt wurde. Diese Quelle befindet sich ganz nahe bei Santa Fé und man erkennt die Reste dieser großen Wasserleitung noch, welche doppelte Röhren hatte, von denen die eine das Wasser nach der Stadt führte, während die andere gereinigt wurde.[1] Dieses Wasser wurde in den Kähnen ver-

---

[1] Der größte und schönste Bau der Art, welchen die Eingeborenen aufgeführt haben, ist die Wasserleitung der Stadt Tezcuco. Noch sieht man die Spuren eines großen Dammes, welcher, um die Wasserfläche zu erhöhen, aufgeführt wurde. Wie sollte man aber überhaupt die Industrie und die Thätigkeit nicht bewundern, welche die alten Mexikaner und Peruaner in der Bewässerung dürrer Gegenden gezeigt haben! In dem Uferteile von Peru habe ich Ueberbleibsel von Mauern gesehen, auf welchen das Wasser in einer Länge von 5000 bis 6000 m von dem Fuße der Kordillere bis nach den Küsten geführt wurde. Die Eroberer des 16. Jahrhunderts zerstörten diese Werke, und dieser Teil von Peru ist, wie Persien, zu einer Wüste ohne Vegetation geworden. Dies ist die Civilisation, welche die Europäer den Völkern gebracht haben, welche sie Barbaren zu nennen stolz genug waren!

kauft, die in den Straßen von Tenochtitlan herumfuhren. Die Quellen von San Agostin de las Cuevas sind indes die schönsten und klarsten. Auch glaubte ich, auf dem Wege von diesem schönen Dorfe nach Mexiko Spuren einer alten Wasserleitung zu erkennen.

Wir haben weiter oben die vorzüglichsten Dämme genannt, durch welche die alte Stadt mit dem festen Lande zusammenhing. Diese Dämme sind zum Teil noch vorhanden, und man hat ihre Anzahl sogar noch vermehrt. Sie sind heutzutage große gepflasterte Heerstraßen, welche durch Sumpfboden führen, und weil sie sehr hoch sind, den doppelten Vorteil haben, dem Wagenfuhrwerk zu dienen und den Ueberschwemmungen der Seen Einhalt zu thun. Die Calzada von Iztapalapan ist auf denselben alten Damm gegründet, auf welchem Cortez in den Gefechten mit den Belagerten Wunder von Tapferkeit gethan hat. Die Calzada von San Anton zeichnet sich noch heutzutage durch die vielen kleinen Brücken aus, welche die Spanier und die Tlaxcalteken darauf fanden, als Cortez' Waffengefährte, Sandoval, bei Coyouacan verwundet wurde. Die Calzabas von San Antonio Abad, de la Piedad, de San Christobal und de Guadalupe (ehemals der Damm von Tepeyacac genannt) wurden nach der großen Ueberschwemmung von 1604, unter dem Vizekönig Don Juan de Mendoza y Luna, Marquis von Montesclaros, wieder ganz neu aufgebaut. Die einzigen Gelehrten des Landes zu jener Zeit, die Patres Torquemada und Geronimo de Zarate, besorgten die Nivellierung und die Aussteckung der Straßen. In diese Periode fällt auch die erste Pflasterung der Stadt Mexiko; denn vor dem Grafen von Revillagigedo hatte sich noch kein Vizekönig mit so vielem Erfolge mit der Polizei beschäftigt als der Marquis von Montesclaros.

Die Gegenstände, welche die Aufmerksamkeit der Reisenden gewöhnlich am meisten anziehen, sind 1) die Kathedralkirche. Ein kleiner Teil derselben ist in dem gewöhnlich sogenannten gotischen Stile erbaut; das Hauptgebäude hingegen, das zwei mit Pilastern und Statuen gezierte Türme hat, von schöner Anordnung und noch ziemlich neu. 2) Die Münze. Sie stößt an den Palast der Vizekönige, und in ihr wurden seit dem Anfange des 16. Jahrhunderts über sechs Milliarden und eine halbe in Gold- und Silbergeld geschlagen. 3) Die Klöster, unter denen sich besonders das Kloster von Sankt Franziskus auszeichnet, das bloß in

Almosen ein jährliches Einkommen von einer halben Million Franken hat. Dieses große Gebäude sollte anfänglich auf den Ruinen vom Tempel des Huitzilopochtli erbaut werden; da diese aber zum Bau der Kathedralkirche bestimmt wurden, so fing man das Kloster im Jahre 1531 auf seiner heutigen Stelle an. Es verdankt sein Dasein der großen Thätigkeit eines Laienbruders, Fray Pedro de Gante, eines außerordentlichen Menschen, den man für einen natürlichen Sohn Kaisers Karl V. ausgibt, und welcher der Wohlthäter der Indianer geworden ist, indem er sie zuerst die nützlichsten mechanischen Künste der Europäer gelehrt hat. 4) Das Hospitium, oder vielmehr die beiden vereinigten Hospizien, von denen das eine 600 und das andere 800 Kinder und alte Leute unterhält. Diese Anstalt, in welcher ziemlich viel Ordnung und Reinlichkeit, aber wenig Industrie herrscht, hat 250000 Franken Einkommen. Ein reicher Kaufmann hat ihr neulich in seinem Testamente sechs Millionen Franken vermacht, welche die königliche Schatzkammer mit dem Versprechen in Beschlag nahm, ein Interesse von fünf Prozent davon zu bezahlen. 5) Die Acordaba, ein schönes Gebäude, dessen Gefängnisse meist geräumig und luftig sind. Man zählt in diesem Hause und in den übrigen von der Acordaba abhängigen Gefängnissen über 1200 Personen, unter denen sich eine Menge von Schleichhändlern und die unglücklichen gefangenen Indianer befinden, die man aus den Provincias internas nach Mexiko schleppt (Indios Mecos) und von welchen oben die Rede war. 6) Die Bergschule, das neue, erst angefangene Gebäude und die alte provisorische Anstalt, mit ihren schönen physikalischen, mechanischen und mineralogischen Sammlungen. 7) Der botanische Garten, in einem der Höfe des vizeköniglichen Palastes, zwar sehr klein, aber äußerst reich an seltenen oder für Industrie und Handel merkwürdigen vegetabilischen Produkten. 8) Die Gebäude der Universität und der öffentlichen Bibliothek, welche einer so großen und alten Anstalt nicht würdig ist. 9) Die Akademie der schönen Künste, mit einer Sammlung von Gipsabgüssen. 10) Die Statue König Karls IV. zu Pferde auf der Plaza Mayor, und 11) das Grabmal, welches der Herzog von Montelcone dem großen Cortez in einer Kapelle des Hospitals de las Naturales errichten ließ. Es ist ein einfaches Familienmonument, mit einer Büste in Bronze, welche den Helden in einem reiferen Alter darstellt, und von

Herrn Tolsa ausgeführt worden ist. Durchreist man das spanische Amerika von Buenos Ayres bis Monterey, und von Trinidad und Portorico bis nach Panama und Veragua, nirgends findet man ein Nationaldenkmal, das die öffentliche Dankbarkeit dem Ruhme des Christoph Colombo und des Hernan Cortez errichtet hätte!

Wer sich dem Studium der Geschichte und der mexikanischen Altertümer ergibt, findet in der Hauptstadt keine der Trümmer großer Bauten, wie man sie in Peru, in den Umgebungen von Cuzco und Huamachuco, zu Pachacamac bei Lima, oder zu Mansiche bei Truxillo; in der Provinz Quito am Cañar und am Cayo; und in Mexiko bei Mitla und Cholula, in den Intendantschaften von Oajaca und Puebla antrifft. Ueberhaupt scheint es, daß die Azteken keine anderen Denkmale gehabt, als die Teocalli, deren bizarre Form wir oben angegeben haben. Nun hatte freilich schon der christliche Fanatismus ein großes Interesse, diese Denkmale zu zerstören; allein auch die Sicherheit des Siegers machte diese Zerstörung notwendig. Sie geschah zum Teil während der Belagerung selbst, weil diese abgestumpften Pyramiden mit Terrassen den Streitern zu Zufluchtsorten dienten, wie der Tempel des Baal-Berith den Völkern von Kanaan. Sie waren ebenso viele Schlösser, aus denen man den Feind vertreiben mußte!

Die Privathäuser betreffend, welche uns die spanischen Geschichtschreiber als sehr niedrig schildern, so dürfen wir uns nicht wundern, daß wir bloß noch die Grundsteine oder sehr niedriges Mauerwerk davon finden, wie man es in dem Bario de Tlatelolco und gegen den Kanal von Iftacolco zu sieht. Wie wenige kleine Häuser gibt es selbst in den europäischen Städten, deren Bau bis ins 16. Jahrhundert aufsteigt? Indes sind die mexikanischen Gebäude nicht Alters wegen in Trümmer gefallen, sondern die spanischen Eroberer, welche derselbe Zerstörungsgeist beseelte, den die Römer bei Syrakus, in Karthago und in Griechenland gezeigt haben, glaubten die Belagerung einer mexikanischen Stadt nicht früher vollendet zu haben, als bis sie alle ihre Gebäude der Erde gleich gemacht hatten. Cortez spricht in seinem dritten Briefe an Kaiser Karl V. das schreckliche System selbst aus, welches er in seinen militärischen Operationen beobachtete. „Trotz aller dieser Vorteile," sagt er, „die wir davongetragen, sah ich doch wohl, daß die Einwohner der Stadt Temixtitan (Tenochtitlan) so aufrührerisch und hartnäckig waren, daß sie

lieber alle zu Grunde gehen als sich ergeben wollten. Ich
wußte daher nicht mehr, was ich für Mittel anwenden sollte,
um uns so viele Gefahren und Beschwerden zu ersparen, und
um die Hauptstadt nicht völlig zu Grunde zu richten, die
das schönste Ding von der Welt war (a la ciudad, porque
era la mas hermosa cosa del mundo). Umsonst versicherte
ich sie, daß ich mein Lager nicht aufheben, meine Flottille von
Brigantinen nicht zurückziehen, und daß ich nicht aufhören
würde, sie zu Wasser und zu Lande zu bekriegen, bevor ich
nicht Meister von Temixtitan wäre. Vergebens bemerkte ich
ihnen, daß sie keine Hilfe mehr erwarten dürften, und daß
es keinen Winkel der Erde gebe, woher sie Mais, Fleisch,
Früchte und Wasser erhalten könnten. Je mehr wir sie an=
mahnten, desto mehr bewiesen sie uns, daß sie den Mut nicht
verloren hätten, und sie sehnten sich nach nichts anderem als
nach dem Kampfe. Da die Sachen so standen, erwog ich, wie
wir nun schon über 40 bis 50 Tage die Stadt angegriffen,
und entschloß mich endlich, ein Mittel zu ergreifen, das unsere
Sicherheit begünstigte und in den Stand setzte, die Feinde
noch enger einzuschließen. Ich nahm mir daher vor, wie
viele Zeit und Arbeit es uns auch kosten möchte, so wie wir
uns einer Straße bemeistert hätten, auf beiden Seiten die
Häuser niederreißen zu lassen, und zwar dermaßen, daß wir
keinen Schritt vorwärts thun sollten, ohne zuvor alles hinter
uns zertrümmert und das Wasser in festes Land verwandelt
zu haben.[1] Zu diesem Zweck versammelte ich die Herren und
Häupter unserer Alliierten, that ihnen meinen Entschluß kund,
und befahl ihnen, eine große Menge Arbeiter mit ihren Coas,
welche den Hacken ähnlich sind, die man in Spanien bei Aus=
grabungen braucht, kommen zu lassen. Unsere Alliierten und
Freunde billigten meinen Entwurf, indem sie hofften, daß
ihr langgehegter Wunsch erfüllt und die Stadt von Grund
aus zerstört werden würde. So vergingen drei bis vier Tage

---

[1] Accordè de tomar un medio para nuestra seguridad y
para poder mas estrechar á los enemigos; y fue que como
fuesemos ganando por las calles de la ciudad, que fuesen
derocando todas las casas de ellas, de un lado y del otro;
por manera, que no fuesemos un paso adelante sin la de-
jar todo asolado, y que lo que era agua hacerlo tierra
firme; aunque hobiese toda la dilacion que se pudiese
seguir.

ganz ohne Gefecht; weil wir auf die Ankunft der Landleute warteten, die uns in dem Zerstörungsgeschäfte Beistand leisten mußten."

Nach dieser meiner Erzählung, welche Cortez im dritten Brief an seinen Souverän entwirft, darf man sich nicht darüber wundern, daß man beinahe keine Spur alter mexikanischer Gebäude mehr antrifft. Cortez erzählt, daß die Eingeborenen, um die vielen Bedrückungen zu rächen, die sie unter den aztekischen Königen erduldet hatten, so wie sie von dem Zerstörungsgeschäft der Hauptstadt hörten, in größter Anzahl und aus den entferntesten Provinzen herbeikamen, um dabei hilfreiche Hand anzulegen. Die Trümmer der abgerissenen Gebäude dienten dazu, die Kanäle auszufüllen, und die Straßen wurden trocken gelegt, damit die spanische Kavallerie agieren konnte. Die Häuser waren niedrig, wie in Peking in China, und teils von Holz, teils aus Tetzontli, einem leichten, zerbrechlichen, schwammigen Stein gebaut. „Ueber 50000 Indianer," sagt Cortez, „halfen uns an dem Tage, da wir über ganze Haufen von Leichnamen hin endlich die große Straße von Tacuba erreichten, und das Haus des Königs Guatimucin[1] verbrannten. Auch geschah gar nichts anderes, als Sengen und Brennen. Die aus der Stadt sagten unseren Alliierten (den Tlaxtalteken), daß sie unrecht thäten uns zu helfen, indem sie dereinst diese Häuser doch wieder selbst würden aufbauen

---

[1] Der wahre Name dieses unglücklichen Königs, des letzten von der aztekischen Dynastie ist Quauhtemotzin. Er ist derselbe, dem Cortez die Fußsohlen in Oel tauchen und nach und nach verbrennen ließ. Allein diese Folter brachte ihn doch nicht dahin, daß er bekannt hätte, wo er seine Schätze verborgen. Sein Ende war, wie das des Königs von Acolhuacan (Tezcuco) und von Tetlepanguetzaltzin, Königs von Tlacopan (Tacuba). Diese drei Fürsten wurden an einem Baume aufgehangen, und zwar, um ihre Qualen zu verlängern, an den Füßen, wie ich auf einem hieroglyphischen Gemälde gesehen habe, das im Besitz des Paters Pichardo (im Kloster von San Felipe Neri) ist. Diese Grausamkeit Cortez', welche neuere Geschichtschreiber niederträchtig genug waren, für eine Handlung vorsichtiger Politik anzusehen, verursachte in der Armee selbst Murren. „Der Tod des jungen Königs," sagt Bernal Diaz del Castillo (ein alter Soldat voll Rechtlichkeit und Naivität im Ausdruck), „war eine sehr ungerechte Sache. Auch wurde sie von uns allen, die wir auf dem Marsche nach Comajahua in des Kapitäns Gefolge waren, getadelt."

müssen, und dies entweder für die Belagerten, wenn sie Sieger würden, oder für uns Spanier, die wir sie wirklich bereits gezwungen haben, das, was zerstört worden ist, wieder aufzuführen." Ich habe das Libro del Cabildo, eine Handschrift, von welcher oben die Rede war, und die die Geschichte der neuen Stadt Mexiko von 1524 bis 1529 enthält, durchlaufen und auf allen Seiten fast nichts als die Namen der Personen gefunden, welche vor den Alquasits erschienen, „um den Platz (Solar) zu fordern, auf welchem zuvor das Haus dieses oder jenes mexikanischen Großen gestanden hatte." Noch heutzutage ist man sogar damit beschäftigt, die alten Kanäle, welche verschiedene Straßen der Hauptstadt durchschneiden, auszutrocknen und zuzufüllen. Die Anzahl dieser Kanäle hat sich besonders seit der Regierung des Grafen von Galvez vermindert, unerachtet sie wegen der außerordentlichen Breite der Straßen den Wagen weit weniger hinderlich sind als in den meisten holländischen Städten.

Unter die unbedeutenden Reste mexikanischer Altertümer, welche den unterrichteten Reisenden sowohl in der Stadt selbst, als in ihren Umgebungen interessieren mögen, kann man die Trümmer von den Dämmen (Albaradones) und Wasserleitungen der Azteken zählen; ferner den sogenannten Opferstein, mit einem Basrelief, das den Triumph eines mexikanischen Königs vorstellt; die kolossale Statue der Göttin Teoyaomiqui, welche in einer der Galerien des Universitätsgebäudes auf dem Rücken liegt und gewöhnlich mit drei bis vier Zoll Staub bedeckt ist; die aztelischen Handschriften, oder vielmehr hieroglyphischen Gemälde, die auf Agavenpapier, Hirschhäuten und baumwollenen Zeugen gemalt sind (eine kostbare Sammlung, welche man dem Ritter Boturini[1] ungerechterweise abgenommen hat, die überdies in den Archiven der Vizekönige sehr schlecht aufbewahrt ist und in jeder Figur die verirrte Einbildungskraft eines Volkes bezeugt, welches mit Wohlgefallen die zuckenden Herzen von Menschenopfern Riesen und Ungeheuern ähnlichen Göttern darbringen sah); die Grundmauern vom Palaste der Könige von Acolhuacan in Tezcuco; das kolossale Relief auf der westlichen Seite des Porphyrfelsens, Peñol de los Baños genannt; und mehrere

---

[1] Verfasser des scharfsinnigen Werkes: Ydea de una nueva historia general de la America septentrional, por el Cabellero Boturini.

andere Gegenstände, die den unterrichteten Beobachter an Institutionen und Werke der Völker vom mongolischen Stamme erinnern, und deren Beschreibung und Zeichnungen in der historischen Darstellung meiner Reise nach den Aequinoktialgegenden des neuen Kontinents werden mitgeteilt werden.

Die einzigen alten Denkmale im Thale von Mexiko, welche einem Europäer durch ihre Größe und Masse auffallen können, sind die Reste der beiden Pyramiden von San Juan de Teotihuacan, nordöstlich vom See von Tezcuco. Sie waren der Sonne und dem Monde geweiht und wurden von den Eingeborenen Tonatiuh Ytzaqual, Haus der Sonne, und Meztli Ytzaqual, Haus des Mondes, genannt. Nach den Messungen, welche im Jahre 1803 von einem jungen mexikanischen Gelehrten, dem Doktor Oteyza angestellt worden sind, hat die erste Pyramide, die am südlichsten gelegene, in ihrem gegenwärtigen Zustande eine Basis von 208 m Länge, und 55 m (66 mexikanische Varen[1]) perpendikuläre Höhe. Die zweite, die Mondpyramide, ist um 11 m niedriger und hat auch eine kleinere Basis. Nach dem Berichte der frühesten Reisenden und nach ihrer heutigen Form selbst zu urteilen, haben diese Denkmale den aztekischen Teocalli zum Muster gedient. Die Völker, welche dieses Land bei der Ankunft der Spanier bewohnten, schrieben die Pyramiden von Teotihuacan[2] der toltekischen Nation zu, und ihre Erbauung stiege demnach bis ins 8. oder 9. Jahrhundert hinauf, indem Tollans Reich von 667 bis 1031 gedauert hat. Die Seiten dieser Gebäude stehen, auf etwa 52', genau von Norden

---

[1] Velasquez hat gefunden, daß die mexikanische Vara 31 Zoll vom alten königlichen Fuß von Paris = 0,32 m hätte. Die nördliche Fassade des Hotels der Invaliden in Paris hat nicht mehr als 195 m Länge.

[2] Siguenza hält sie indes in seinen handschriftlichen Bemerkungen für ein Werk der olmekischen Nation, Matlacueje, welche um die Sierra von Tlaxcala herum wohnten. Wäre diese Hypothese, deren historischer Grund uns unbekannt ist, wahr, so erhielten diese Denkmale ein noch höheres Alter, indem die Olmeken zu den ältesten Völkern gehören, deren die aztekische Chronologie in Neuspanien erwähnt. Man behauptet sogar, daß dies die einzige Nation sei, deren Wanderung nicht von Nord und Nordwest her, (vom asiatischen Mongolien?), sondern von Osten her (Europa?) gegangen ist.

nach Süden und von Osten nach Westen. Ihr Inneres besteht aus Thon mit einer Mischung von kleinen Steinen. Dieser Kern ist mit einer dicken Mauer von porösem Mandelstein bedeckt, und man erkennt noch die Spuren einer Kalklage, womit die Steine (der Tetzontli) überzogen waren. Einige Schriftsteller des 16. Jahrhunderts behaupten nach einer indianischen Tradition, daß das Innere dieser Pyramiden hohl sei. Indes versichert der Chevalier Boturini, daß der mexikanische Geometer Siguenza vergebens den Versuch gemacht habe, diese Gebäude durch eine Galerie zu durchbrechen. Sie bildeten vier Terrassen, von denen heutzutage indes nur noch drei sich erkennen lassen, indem die Zeit und die Vegetation der Kaktus und Agaven sehr zerstörend auf das Aeußere dieser Denkmale gewirkt haben. Eine Treppe von großen Quadern führte ehemals auf die Spitze, wo nach dem Berichte der frühesten Reisenden, Statuen aufgestellt waren, deren Ueberzug aus sehr dünnen Goldplatten bestand. Jede der vier Hauptterrassen war in kleine Stufen von etwa einem Meter Höhe abgeteilt, deren Fugen man noch unterscheiden kann. Diese Stufen sind mit Stücken von Obsidian bedeckt, welche ohne Zweifel Schneideinstrumente waren, womit die toltekischen und aztekischen Priester (Papahua Tlemacazque oder Teopixqui) in ihrem grausamen Gottesdienste den menschlichen Schlachtopfern die Brust öffneten. Es ist bekannt, daß der Obsidian (Itztli) in großer Menge gebrochen wurde, und man sieht die Spuren solcher Brüche noch in vielen Brunnen zwischen den Bergwerken von Moran und dem Dorfe Atotonilco el Grande, in den Porphyrgebirgen von Oyamel und Jacal, eine Gegend, welche die Spanier das Messergebirg, el Cerro de las Navajas nennen.[1]

Man wünschte wohl die Frage aufgelöst, ob diese merkwürdigen Gebäude, von denen das eine (der Tonatiuh Ytzaqual) nach den genauen Messungen meines Freundes Herrn Oteyza eine Masse von 128970 Kubiktoisen enthält, ganz von Menschenhänden erbaut sind oder ob die Tolteken bloß irgend einen natürlichen Hügel benutzt und mit Steinen und Kalk überzogen haben. Diese Frage ist neulich, bei Gelegenheit mehrerer Pyramiden von Gizeh und Sakhara, in An-

---

[1] Die Höhe des Jacals über die Meeresfläche habe ich zu 3124 m, und die der Roca de las Ventanas, am Fuße des Cerro de las Navajas, zu 2950 m gefunden.

regung gekommen, und durch die phantastischen Hypothesen, welche Herr Witte über den Ursprung der kolossalen Monumente von Aegypten, Persepolis und Palmyra gewagt hat, doppelt merkwürdig geworden. Da weder die Pyramide von Cholula, von der wir in der Folge reden werden, noch die von Teotihuacan durchbrochen worden sind, so kann man unmöglich etwas Zuverlässiges von ihrem Inneren sagen. Die indianischen Traditionen, denen zufolge sie hohl sein sollen, sind unbestimmt und widersprechend. Durch ihre Lage in Ebenen, wo sich sonst kein Hügel findet, wird es sogar wahrscheinlich, daß kein natürlicher Fels den Kern dieser Denkmale ausmacht. Was indes noch sehr bemerkenswert ist (besonders wenn man sich an Pocockes Behauptungen über die symmetrische Stellung der ägyptischen Pyramiden erinnert), liegt in dem Umstande, daß man rings um die Häuser der Sonne und des Mondes von Teotihuacan eine Gruppe, ich möchte sagen ein System von Pyramiden findet, welche kaum 9 bis 10 m Höhe haben. Diese Denkmale, deren es mehrere Hunderte sind, stehen in sehr breiten Straßen, welche genau der Richtung der Parallelen und Meridiane folgen, und sich auf die vier Seiten der zwei großen Pyramiden eröffnen. Auf der Südseite des Mondtempels sind diese kleinen Pyramiden häufiger als auf der des Sonnentempels; auch waren sie ja nach der Tradition des Landes den Sternen geweiht. Indes scheint es gewiß, daß sie Gräber der Stammhäupter gewesen sind. Diese ganze Ebene, welche die Spanier, nach einem Worte aus der Sprache der Insel Cuba, Llano de los Cues nennen, hatte einst in den aztekischen und toltekischen Sprachen den Namen Micaotl, Weg der Toten. Welche Aehnlichkeiten mit den Denkmalen des alten Kontinents! Woher hatte dieses toltekische Volk, welches nach seiner Ankunft auf dem Boden von Mexiko im 7. Jahrhundert nach einem gleichförmigen Plane mehrere dieser Denkmale von kolossaler Form, diese abgestumpften und in verschiedene Terrassen, wie der Tempel des Belus in Babylon, abgeteilte Pyramiden erbaute, woher hatte es das Vorbild zu diesen Gebäuden erhalten? War es vom mongolischen Stamme? Und war es von demselben Ursprunge wie die Chinesen, die Hiong-nu und die Japaner?

Ein anderes altes, der Aufmerksamkeit der Reisenden sehr würdiges Denkmal ist die militärische Verschanzung von Xochicalco, welche süd-süd-westlich von der Stadt Cuernavaca

bei Tetlama liegt und ins Kirchspiel von Xochitepec gehört.
Sie besteht in einem isolierten Hügel von 117 m Höhe, der
mit Graben umgeben und von Menschenhänden in fünf mit
Mauerwerke überkleidete Terrassen abgeteilt ist. Das Ganze
bildet eine abgestumpfte Pyramide, deren vier Seiten genau
nach den vier Himmelsgegenden gerichtet sind. Die Steine
von Porphyr, mit einer Basaltbasis, sind sehr regelmäßig ge=
schnitten und mit hieroglyphischen Figuren geziert, unter
denen man Krokodile, welche Wasser ausspritzen, und was
sehr merkwürdig ist, Menschen, welche nach asiatischer Weise
auf den unterschlagenen Beinen sitzen, unterscheidete. Die
Plattform dieses außerordentlichen Denkmals[1] hat etwa
900 qm Inhalt, und enthält die Ruinen eines kleinen Ge=
bäudes, welches wahrscheinlich zur letzten Zuflucht der Be=
lagerten diente.

Ich will diese flüchtige Uebersicht der aztekischen Alter=
tümer mit der Bezeichnung einiger Orte schließen, welche man
wegen des Interesses, das sie für die Kenner der Geschichte
der Eroberung von Mexiko durch die Spanier haben, klassisch
nennen kann.

Der Palast des Montezuma stand genau auf derselben
Stelle, wo sich heutzutage das Hotel des Herzogs von Monte=
leone, gewöhnlich Casa del Estado genannt, befindet, nämlich
auf der Plaza Mayor, südwestlich von der Domkirche. Dieser
Palast bestand, gleich denen der chinesischen Kaiser, von
welchen uns Sir George Staunton und Herr Barrow genaue
Beschreibungen geliefert haben, aus einer großen Menge ge=
räumiger, aber sehr niedriger Häuser. Sie nahmen den ganzen
Raum zwischen dem Empedradillo, der großen Straße von
Tacuba und dem Kloster de la Profesa ein. Nachdem Cortez
die Stadt erbaut hatte, nahm er seine Wohnung den Ruinen
des Palastes der aztekischen Könige gegenüber, wo heutzutage
der Palast der Vizekönige steht. Indes fand man bald, daß
Cortez' Haus sich besser zu den Versammlungen schickte, und
die Regierung ließ sich daher die Casa del Estado oder das
alte Hotel von Cortez' Familie, welche den Titel vom Mar=
quisat des Valle de Oajaca führt, abtreten. Zur Entschä=

---

[1] Descripcion de las antiguedades de Xochicalco dedicada
a los Señores de la expedicion maritima baxo las ordenes de
Don Alexandro Malaspina por Don José Antonio Alzate.
Mexico 1791, p 12.

bigung gab man ihr dafür den Platz des alten Palastes von
Montezuma, wo sie dann das schöne Gebäude aufführte, in
welchem sich die Staatsarchive befinden, und das mit der
ganzen Erbschaft an den neapolitanischen Herzog von Monte=
leone gekommen ist.

Als Cortez den 8. November 1519 seinen ersten Einzug
in Tenochtitlan hielt, wurde ihm und seinem kleinen Armee=
corps, nicht im Palaste des Montezuma, sondern in einem
Gebäude, welches einst der König Axayacatl bewohnt hatte,
Quartier angewiesen. In diesem Gebäude hielten die Spa=
nier und ihre Bundesgenossen, die Tlaxcalteken, den Sturm
der Mexikaner aus; und hier auch starb der unglückliche König
Montezuma[1] an den Folgen einer Wunde, die er, während
er sein Volk harangierte, erhalten hatte. Noch sieht man
unbedeutende Reste dieser Gebäude[2] in den Mauerwerken
hinter dem Kloster von Santa Teresa, am Ende der Straßen
von Tacuba und Indio triste.

Eine kleine Brücke bei Bonavista hat ihren Namen,
Sprung des Alvarado (Salto de Alvarado) zum Andenken
an den wunderähnlichen Sprung, welchen der tapfere Pedro
de Alvarado machte, als sich die Spanier in der traurigen
Nacht,[3] da die Mexikaner bereits den Damm von Tlacopan

---

[1] Von einem seiner Söhne, Namens Tohualicahuatzin, und
nach seiner Taufe Don Pedro Montezuma, stammen die spanischen
Grafen von Montezuma und Tula ab. Die Cano Montezuma, die
Andrade Montezuma, und wenn ich nicht irre, selbst die Grafen von
Miravalle in Mexiko leiten ihren Ursprung von der schönen Prin=
zessin Tecuichpotzin, der jüngeren Tochter des letzten Königs, Monte=
zuma II., oder Mocteuhzoma Xocojotzin, her. Die Nachkommen dieses
Königs vermischten sich erst in der zweiten Generation mit den
Weißen.

[2] Die Beweise für diese Behauptung liegen in den Handschriften
des Herrn Gama, welche sich im Kloster von San Felipe Neri, in
den Händen des Paters Pichardo, befinden. Cortez nennt sein
Quartier in seinen Briefen la Fortaleza, die Festung. Der Pa=
last von Axayacatl war wahrscheinlich eine große Mauer, welche
mehrere Gebäude umschloß; denn man brachte hier beinahe 700 Mann
unter. Die Ruinen der Stadt Mansiche in Peru geben uns eine
sehr deutliche Vorstellung von dieser Art amerikanischen Bauwesens.
Jede Wohnung eines großen Herrn bildete ein besonderes Quartier,
in welchem man Höfe, Straßen, Mauern und Gräben unterschei=
den konnte.

[3] Noche triste, den 1. Juli 1520.

an mehreren Orten durchschnitten hatten, aus der Stadt nach den Gebirgen von Tepeyacac zurückzog. Indes scheint es, daß man schon zu Cortez' Zeit sich über die historische Wahrheit dieses Ereignisses gestritten habe, unerachtet sich die Volkstradition unter allen Klassen von Mexikos Bewohnern erhalten hat. Bernal Diaz betrachtet die Geschichte des Sprunges als eine bloße Aufschneiderei seines Waffenbruders, dessen Mut und Geistesgegenwart er übrigens mehrmals anrühmt und versichert, daß der Graben zu breit gewesen sei, um darüber wegzuspringen. Allein ich muß bemerken, daß diese Anekdote mit vieler Umständlichkeit von der Handschrift eines adeligen Mestizen aus der Republik von Tlaxcala, Diego Munoz Camargo, erzählt wird. Ich habe diese Handschrift, von welcher der Pater Torquemada[1] auch Kenntnis gehabt zu haben scheint, im Kloster von San Felipe Neri nachgeschlagen. Ihr Verfasser war ein Zeitgenosse von Cortez, und er erzählt die Geschichte von Alvarados Sprung mit vieler Einfachheit, ohne Anschein von Uebertreibung und ohne über die Breite des Grabens etwas Näheres zu sagen. In seiner naiven Darstellung glaubt man einen Helden des Altertums zu erkennen, welcher Arm und Schulter auf seine Lanze gestützt, einen ungeheuren Sprung macht, um sich vor seinen Feinden zu retten. Camargo setzt sogar noch hinzu, daß noch andere Spanier Alvarados Beispiel nachahmen wollten, aber in Ermangelung gleicher Behendigkeit in den Graben (Azequia) gefallen sind. Die Mexikaner, sagt er, waren so erstaunt über die Geschicklichkeit dieses Mannes, daß sie, wie sie ihn gerettet sahen, die Erde aßen (eine figürliche Redensart, welche dieser tlaxcaltische Schriftsteller aus seiner Vatersprache entlehnte, und die das Erstaunen der Verwunderung

---

[1] In Mexiko und in Spanien befinden sich noch mehrere, im 16. Jahrhundert verfaßte, historische Handschriften, deren Bekanntmachung in Auszügen viel Licht auf die Geschichte von Anahuac werfen würde. Dergleichen sind die Handschriften von Sahagun, Motolinia, Andreas de Olmos, Zurita, Joseph Tobar, Fernando Pimentel Ixtlilxochitl, Antonio Montezuma, Antonio Pimentel Ixtlilxochitl, Taddeo de Niza, Gabriel d'Ayala, Zapata, Ponce, Christoph de Casillo, Fernando Alba Ixtlilxochitl, Pomar, Chimalpain, Alvarado Tezozomoc und von Gutierrez. Mit Ausnahme der fünf ersten waren alle diese Schriftsteller getaufte Indianer von Tlaxcala, Tezcuco, Cholula und Mexiko. Die Ixtlilxochitl stammten von der königlichen Familie von Alcohuacari ab.

ausdrückt). „Die Kinder Alvarados, welcher der Hauptmann vom Sprung genannt wurde, bewiesen durch Zeugen und vor den Richtern von Tezcuco diese Heldenthat ihres Vaters. Ein Prozeß zwang sie hierzu, in welchem sie die Thaten von Alvarado de el Salto, ihres Vaters, bei der Eroberung Mexikos darstellten."

Ferner zeigt man den Fremden die Brücke von Clerigo, bei der Plaza Mayor von Tlatelolco, als die denkwürdige Stelle wo der letzte aztekische König Quauhtemotzin, Neffe seines Vorgängers Königs Cuitlahuatzin[1] und Schwiegersohn des Montezuma II. gefangen genommen wurde. Indes erhellt aus den sorgfältigen Nachforschungen, welche ich mit dem Pater Pichardo angestellt habe, daß dieser junge König in einem großen Wasserbehälter, der einst zwischen der Garita del Peralvillo, dem Platze von Santiago de Tlatelolco und der Brücke von Amaxac war, in die Hände des Garcia Holguin[2] gefallen ist. Cortez befand sich auf der Terrasse eines Hauses von Tlatelolco, als man ihm den königlichen Gefangenen vorführte. „Ich ließ ihn sich setzen," sagt der Sieger selbst in seinem dritten Briefe an Kaiser Karl V., „und behandelte ihn mit Zutrauen. Allein der junge Mensch legte die Hand an einen Dolch, den ich am Gürtel trug, und bat mich, ihn zu töten, weil er nach dem, was er sich selbst und seinem Volke schuldig gewesen, keinen anderen Wunsch mehr habe, als zu sterben." Dieser Zug ist der schönsten Zeit von Rom und Griechenland wert; denn die Sprache starker Seelen die gegen das Unglück kämpfen, ist unter allen Zonen, und welche Farbe die Menschen tragen, dieselbe. Wir haben oben das tragische Ende dieses unglücklichen Quauhtemotzin gesehen!

---

[1] Dieser König Cuitlahuatzin (den Solis und andere europäische Geschichtschreiber, welche alle mexikanischen Namen vermischen, Quetlabaca nennen) war der Bruder und Nachfolger Montezumas II. Er ist derselbe Fürst, welcher so vielen Geschmack an Gärten zeigte, und, nach Cortez' Bericht, eine Sammlung seltener Pflanzen gemacht hat, welche man noch lange nach seinem Tode in Iztapalapan bewunderte.

[2] Den 31. August 1521, am 75. Tage der Belagerung. Dieser Tag wird noch jedes Jahr durch einen Zug gefeiert, welchen der Vizekönig und die Oidores zu Pferde durch die Stadt machen, und wobei ihnen die Standarte von Cortez' siegreicher Armee durch den Großfähndrich der sehr adeligen Stadt Mexiko vorgetragen wird.

Nach der gänzlichen Zerstörung des alten Tenochtitlan blieb Cortez noch vier oder fünf Monate mit seinen Leuten zu Coyouacan, einem Orte, für den er immer eine große Vorliebe gezeigt hat. Er war im Anfang unentschlossen, ob er die Hauptstadt nicht auf einer anderen Stelle an dem See wieder aufbauen sollte. Indes entschied er sich endlich für die alte Lage, „weil die Stadt von Temixtitan einmal berühmt geworden war, weil ihre Lage wunderbarlich ist, und man sie von jeher als den Hauptort der mexikanischen Provinzen angesehen hatte." (Como principal y señora de todas estas provincias.) Uebrigens wäre es wegen der häufigen Ueberschwemmungen, welche das alte und neue Mexiko erlitten, klüger gewesen, die Stadt östlich von Tezcuco oder auf die Anhöhen zwischen Tacuba und Tacubaya[1] zu stellen. Wirklich sollte sie auch, zur Zeit der großen Ueberschwemmung von 1607, nach einem förmlichen Befehl Philipps III. auf diese Anhöhen verpflanzt werden; allein das Ajuntamiento, oder der Stadtmagistrat, machte dem Hofe die Vorstellung, daß der Wert der Häuser, welche auf diese Weise zu Grunde gehen müßten, 105 Millionen Franken betrage. Man schien damals in Madrid nicht zu wissen, daß die Hauptstadt eines schon 88jährigen Königreiches kein fliegendes Lager ist, welches man nach Gefallen von einem Orte zum anderen rücken kann!

Es ist unmöglich, die Zahl der Bewohner des alten Tenochtitlan mit einiger Gewißheit anzugeben. Nach dem

---

[1] Cisneros. Descripcion del sitio en el qual se halla Mexico. Alzata Topografia de Mexico. (Gazeta de Literatura, 1700. S. 32.) Die meisten größeren Städte der spanischen Kolonieen, so neu sie auch zu sein scheinen, sind nachteilig gelegen. Ich spreche hier nicht von der Lage von Caracas, von Quito, Pasto und mehreren anderen Städten des südlichen Amerikas, sondern bloß von den mexikanischen Städten, wie z. B. Valladolid, das man in das schöne Thal von Tepare hätte bauen können; von Guadalajara, das sich so nahe bei der lachenden Ebene des Flusses Chiconahuatenco, oder San Pedro, befindet; Pazcuaro, das man lieber auf der Stelle von Tzintzontzan gebaut sehen würde. Wahrlich man möchte glauben, daß die neuen Kolonisten, wo sie die Wahl zwischen zwei Lagen hatten, immer die gebirgigste und den Ueberschwemmungen am meisten ausgesetzte gewählt hätten. Indes haben die Spanier auch beinahe keine neuen Städte gebaut, sondern immer die von den Eingeborenen selbst gestifteten bewohnt oder vergrößert.

Mauerwerk der zerstörten Häuser, nach den Berichten der ersten
Eroberer und besonders nach der Zahl der Streiter zu ur=
teilen, welche die Könige Cuitlahuatzin und Quauhtemotzin
den Tlaxcalteken und Spaniern entgegenstellten, scheint die
Bevölkerung von Tenochtitlan zum wenigsten dreimal größer
gewesen zu sein, als die des heutigen Mexiko ist. Nach der Ver=
sicherung des Cortez war das Zuströmen der mexikanischen
Handwerksleute, welche nach der Belagerung für die Spanier
als Zimmerleute, Maurer, Weber, Metallgießer u. dgl. ar=
beiteten, so groß, daß die Stadt Mexiko im Jahre 1524
bereits 30000 Einwohner zählte. Die neueren Schriftsteller
haben aber die widersprechendsten Ideen über ihre Bevölke=
rung aufgestellt und der Abbé Clavigero beweist in seinem
vortrefflichen Werke über die alte Geschichte von Neuspanien,
wie diese Angaben von 60000 bis auf 1½ Millionen von=
einander abgehen. Diese Widersprüche dürfen uns aber nicht
in Erstaunen setzen, wenn wir nur bedenken wollen, wie neu
noch statistische Untersuchungen selbst in den kultiviertesten
Teilen von Europa sind.

Nach den neuesten und am wenigsten verdächtigen An=
gaben scheint die gegenwärtige Bevölkerung der Hauptstadt
von Mexiko (die Truppen mitgerechnet) 135000 bis 140000
Seelen zu sein.[1]

Mexiko ist die bevölkertste Stadt im neuen Kontinente.[2]
Allein da sie ein großes Viereck bildet, dessen jede Seite nahe
an 2750 m Länge hat, so ist ihre Bevölkerung auf einem
großen Raume verbreitet. Ihre Straßen sind sehr breit und
scheinen deshalb auch äußerst öde; ja sie sind dies um so
mehr, da sich das Volk in einem Klima, welches die Bewohner
der Tropenländer für kalt ansehen, weniger der freien Luft
aussetzt als die in den Städten, die an dem Fuße der Kor=
dillere liegen. Daher scheinen letztere (Ciudades de tierra
caliente) immer viel bevölkerter als die Städte der gemäßigten
oder kalten Regionen (Ciudades de tierra fria). Hat Mexiko
auch mehr Bewohner als die Städte von Großbritannien und
Frankreich, mit Ausnahme von London, Dublin und Paris,
so ist seine Bevölkerung auf der anderen Seite weit geringer
als die der großen Städte in der Levante und in Ostindien.

---

[1] [Jetzt 230000. — D. Herausg]
[2] [Jetzt natürlich längst nicht mehr. — D. Herausg.]

Der Markt von Mexiko ist reichlich mit Eßwaren, besonders Gemüsen und Früchten aller Art versehen. Es ist wirklich ein merkwürdiger Anblick, den man alle Morgen bei Sonnenaufgang genießen kann, wenn diese Vorräte und eine große Menge Blumen auf platten Booten, die von Indianern gefahren werden, die Kanäle von Iſtacalco und Chalco herab in die Stadt kommen. Die meisten dieser Gemüse werden auf den Chinampas gepflanzt, welche die Europäer schwimmende Gärten genannt haben. Es gibt deren zweierlei, von denen die einen beweglich sind und vom Winde hin und her getrieben werden, die anderen feststehen und mit dem Ufer zusammenhängen.

Die sinnreiche Erfindung der Chinampas scheint bis ins 14. Jahrhundert aufzusteigen. Sie wurde durch die außerordentliche Lage eines Volkes veranlaßt, welches, rings von Feinden umgeben, mitten auf einem an Fischen eben nicht sehr reichen See zu leben genötigt war und natürlich auf alle möglichen Mittel zu seinem Lebensunterhalte sinnen mußte. Wahrscheinlich hat die Natur selbst den Azteken die erste Idee zu diesen schwimmenden Gärten gegeben. An den sumpfigen Ufern des Sees von Xochimilco und Chalco reißt die starke Bewegung des Wassers zur Zeit seines hohen Standes Erdschollen ab, die mit Kräutern bedeckt und mit Wurzeln durchflochten sind. Diese Schollen treibt der Wind hin und her, bis sie sich zuweilen zu kleinen Flößen vereinigen. Ein Menschenstamm, welcher zu schwach war, um sich auf dem festen Lande zu halten, glaubte diese Stücke Bodens benutzen zu müssen, die ihm der Zufall anbot und dessen Eigentum ihm von keinem Feinde streitig gemacht wurde. Die ältesten Chinampas waren daher nichts, als künstlich zusammengefügte Rasenstücke, die die Azteken aufhackten und ansäten. Dergleichen schwimmende Inseln bilden sich unter allen Zonen und ich habe deren im Königreiche Quito, auf dem Flusse Guayaquil gesehen, welche 8 bis 9 m lang waren, mitten auf dem Strome trieben und junge Zweige von Bambusa, Pistia stratiotes, Pontedria und eine Menge anderer Vegetabilien trugen, deren Wurzeln sich leicht ineinander verflochten. Auch sah ich in Italien auf dem kleinen Lago di aqua solva in der Nähe der Thermen des Agrippa bei Tivoli solche kleine Inseln, die aus Schwefel, luftsaurer Kalkerde und Blättern der Ulva thermalis bestanden und sich durch das leichteste Wehen des Windes in Bewegung setzten.

Bloße Erdschollen, welche sich am Ufer abgerissen, haben also zur Erfindung der Chinampas Anlaß gegeben; allein die Industrie der aztekischen Nation hat dieses System von Gartenbau nach und nach vervollkommnet. Die schwimmenden Gärten, welche die Spanier in großer Menge fanden und von denen noch mehrere auf dem See von Chalco übrig sind, waren Flöße von Schilf (Totora), Aesten, Wurzeln und Zweigen von Buschwerk. Diese Bestandteile, welche sehr leicht sind und sich ganz ineinander verwickeln, bedecken die Indianer mit einer schwarzen Erde, welche von Natur mit Kochsalz geschwängert ist. Durch das Wasser, womit man die Erde aus dem See begießt, verflüchtigt sich dieses Salz nach und nach und je öfter man diese Auslaugung vornimmt, desto fruchtbarer wird der Boden. Man wendet dieses selbst bei dem Salzwasser aus dem See von Tezcuco mit Vorteil an, indem dieses Wasser, dem noch viel zu seiner Saturation fehlt, wenn es durch den Boden filtriert wird, das Salz vortrefflich auflöst. Oft enthalten die Chinampas noch die Hütte des Indianers, welcher eine Gruppe solcher schwimmenden Gärten zu hüten hat. Man stößt sie mit langen Stangen weiter oder rückt sie damit zusammen und treibt sie so nach Gefallen von einem Ufer zum anderen.

In dem Maße, wie sich der See mit süßem Wasser von dem Salzsee entfernte, befestigten sich auch die beweglichen Chinampas. Von letzterer Klasse sieht man am ganzen Kanal de la Viga hin, in dem Sumpflande zwischen dem See von Chalco und dem von Tezcuco. Jeder Chinampas bildet ein Parallelogramm von 100 m Länge und 5 bis 6 m Breite. Enge Gräben, welche symmetrisch miteinander zusammenhängen, trennen diese Vierecke voneinander. Der urbare Boden, der durch das häufige Begießen seine Salzteile verloren hat, erhebt sich gegen 1 m über die Fläche des ihn umgebenden Wassers. Auf diesen Chinampas baut man Bohnen, kleine Erbsen, spanischen Pfeffer (Chile, Capsicum), Kartoffeln, Artischocken, Blumenkohl und eine Menge anderer Gemüse. Der Rand der Vierecke ist gewöhnlich mit Blumen und manchmal sogar mit einer Rosenhecke eingefaßt. Eine Wasserfahrt um die Chinampas von Iztacalco gehört zu den angenehmsten Partieen, welche man in der Umgegend von Mexiko machen kann. Die Vegetation ist auf dem unaufhörlich gewässerten Boden äußerst kraftvoll.

Der Physiker findet in dem Thale von Tenochtitlan zwei

Quellen von Mineralwasser, die von der Mutter Gottes von Guadalupe und die von Peñon de los Baños (dem Bäderfelsen). Diese Quellen enthalten Kohlensäure, schwefelsauren Kalk und dergleichen Soda und salzsaure Soda. Die vom Peñon hat eine ziemlich hohe Temperatur und es sind dabei sehr heilsame und bequeme Bäder eingerichtet worden. Auch machen die Indianer in der Nähe derselben Salz, indem sie die mit salzsaurer Soda geschwängerte Thonerde auslaugen und das Wasser, das auf 100 Teile nur 12 bis 13 Salz enthält, zusammenleiten. Ihre sehr schlecht gearbeiteten Wärmepfannen haben nicht mehr als sechs Quadratfuß Fläche und 5 bis 7,5 cm Tiefe und zur Feuerung wird bloß Maultier- und Kuhmist gebraucht. Auch wird das Feuer so schlecht geleitet, daß man, um 6 kg Salz zu gewinnen, die um 35 Sous (französischer Münze) verkauft werden, für 12 Sous Brennmaterial verbraucht! Diese Saline war schon zu Montezumas Zeit vorhanden und es ist seither keine andere Veränderung damit vorgegangen, als daß man die irdenen Kufen gegen getriebene kupferne Pfannen vertauschte.

Der kleine Berg von Chapultepec war von dem jungen Vizekönig Galvez gewählt worden, um darauf für sich und seine Nachfolger ein Lustschloß zu erbauen. Dieser Bau kostete den König gegen 1½ Millionen Livres tournois. Der Hof von Madrid mißbilligte diese Ausgabe, allein wie gewöhnlich, erst nachdem sie schon gemacht worden war. Die Anordnung dieses Gebäudes ist sehr sonderbar. Auf der Seite von Mexiko ist es befestigt und man sieht da ganz deutlich die vorspringenden Mauern und die Brustwehren, um die Kanonen darauf zu stellen, ob man gleich diesen Teilen das Ansehen von bloß architektonischen Verzierungen zu geben gesucht hat. Auf der Nordseite befinden sich Gräben und weite Souterrains, um Vorräte für mehrere Monate zu fassen. Auch betrachtet die allgemeine Volksmeinung in Mexiko dieses Haus der Vizekönige auf Chapultepec als eine maskierte Festung. Man beschuldigte den Grafen Bernardo de Galvez sogar des Planes, daß er Neuspanien von der Halbinsel unabhängig habe machen wollen. Der Fels von Chapultepec, sagt man, sollte ihm zum Zufluchts- und Verteidigungsorte dienen, im Falle er von europäischen Truppen angegriffen werden würde. Ich habe sehr achtungswerte Männer in den ersten Stellen gekannt, die diesen Argwohn gegen den jungen Vizekönig teilten; allein die Pflicht des Geschichtschreibers erlaubt es nicht, sich so schweren Beschuldigungen leichtsinnig zu überlassen. Der Graf von Galvez gehörte einer Familie an, die der König Karl III. schnell auf eine Stufe außerordentlicher Macht und Reichtums erhoben hatte. Jung, liebenswürdig und dem Vergnügen und der Pracht ergeben, hatte er von seinem großmütigen Monarchen eine der ersten Stellen erhalten, die ein Privatmann erreichen kann, und darum möchte es wohl nicht sein Vorteil gewesen sein, die Bande zu zerreißen, welche die Kolonieen seit drei Jahrhunderten an das Mutterland knüpften. Auch würde der Graf Galvez bei aller Kunst seines Benehmens, sich die Gunst des großen Haufens von Mexiko zu erwerben und trotz des Einflusses einer ebenso schönen als allgemein geliebten Vizekönigin das Schicksal jedes europäischen[1] Vizekönigs gehabt haben, der nach Unabhängigkeit strebt; man würde ihm in einer großen Revolutionsbewegung nie verziehen haben, daß er kein Amerikaner war!

Das Schloß Chapultepec soll für Rechnung der Regierung verkauft werden. Da es aber überall schwer ist, Käufer zu festen Plätzen zu finden, so haben einige Beamte der Real Hacienda angefangen, die Gläser und Fensterrahmen an die Meistbietenden zu verkaufen. Dieser Vandalismus, welchen man Oekonomie nennt, hat dieses Gebäude, welches 2325 m hoch und unter einem sehr rauhen, der Gewalt der Winde ausgesetzten Klima liegt, tief herabgebracht. Und doch wäre es vielleicht klug, dasselbe als den einzigen Platz zu erhalten, in welchem man bei den ersten Bewegungen eines Volksaufruhres die Archive, das Barrensilber aus der Münze und die Person des Vizekönigs in Sicherheit bringen könnte.[2] Noch ist man

---

[1] Unter den 50 Vizekönigen, welche Mexiko von 1535 bis 1808 regiert haben, war nur ein einziger in Amerika Geborener, der Peruaner Don Juan de Acuña, Marquis von Casa Fuerte (1722 bis 1734), ein sehr uneigennütziger und guter Administrator. Auch werden einige meiner Leser vielleicht mit Interesse erfahren, daß ein Abkömmling von Christoph Kolumbus und einer des Königs Montezuma Vizekönige von Neuspanien gewesen sind. Don Pedro Nuño Colon, Herzog von Veraguas, hielt seinen Einzug 1673 in Mexiko und starb sechs Tage nachher. Der Vizekönig Don Joseph Sarmiento Valladares, Graf von Montezuma, regierte von 1697 bis 1701.

[2] [In unseren Tagen ward Chapultepec von dem unglücklichen Kaiser Maximilian I. von Mexiko 1864 bis 1866 bewohnt. — D. Herausg.]

in Mexiko der Empörungen (Motinos) vom 12. Februar 1608, dem 15. Januar 1624 und dem 8. Juni 1692 eingedenk. In der letzten verbrannten die Indianer im Grimme darüber, daß es an Mais mangelte, den Palast des Vizekönigs Don Gaspar de Sandoval, Grafen von Galve, der sich zu dem Guardian des St. Franziskusklosters geflüchtet hatte. Damals freilich, aber wohl auch nur damals, war der Schutz der Mönche so viel wert, als der eines festen Schlosses.

Um die Beschreibung des Thales von Mexiko zu endigen, müssen wir noch das hydrographische Gemälde dieser von Seen und kleinen Flüssen unterbrochenen Gegend flüchtig entwerfen, und ich schmeichle mir, daß es den Naturforscher nicht weniger interessieren wird als den Ingenieurwasserbaumeister. Wir haben oben schon bemerkt, daß die Fläche der vier Hauptseen etwa den zehnten Teil der Fläche des ganzen Thales 445 qkm ausmache. Wirklich hat der See von Xochimilco (und Chalco) 131, der See von Tezcuco 204, der von San Cristobal 71 und der von Zumpango 26,9 qkm Umfang. Das Thal von Tenochtitlan oder Mexiko ist ein mit einer Zirkelmauer von sehr hohen Porphyrgebirgen umschlossenes Bassin. Dieses Bassin, dessen Grund 2277 m über dem Meeresspiegel steht, gleicht im kleinen dem ungeheuren Bassin von Böhmen, und, wenn die Vergleichung nicht zu gewagt ist, den Gebirgsthälern im Monde, wie sie die Herren Herschel und Schröter beschrieben haben. Alle Feuchtigkeit der Kordilleren, die das Plateau von Tenochtitlan einfassen, fließt in dem Thale zusammen. Kein Fluß, außer dem kleinen Bache (arroyo) Tequisquiac, welcher in einer engen Schlucht durch die nördliche Gebirgskette seinen Weg nach dem Rio de Tula oder de Montezuma sucht, ergießt sich aus demselben.

Die Hauptzuflüsse geschehen dem Thale von Tenochtitlan 1) durch die Flüsse, Papalotla, Tezcuco, Teotihuacan und Tepeyacac (Guadalupe), welche ihre Wasser in den See von Tezcuco ergießen; 2) und durch die von Pachuca und Guautitlan (Quautitlan), welche in den See von Zumpango fließen. Der letzte dieser Flüsse (der Rio de Guautitlan) hat den längsten Lauf, und seine Wassermasse ist viel beträchtlicher als die der übrigen Flüsse zusammen.

Die mexikanischen Seen, welche ebenso viele natürliche Rezipienten für das Wasser sind, das die sie umgebenden

Gebirge absetzen, erheben sich in ihrer Entfernung von dem Centrum des Thales oder der Stelle, wo die Hauptstadt liegt, stufenweise übereinander. Nach dem See von Tezcuco ist die Stadt Mexiko der am niedrigsten gelegene Punkt des ganzen Thales, und nach der sehr genauen Messung der Herren Velasquez und Castera ist die Plaza Mayor derselben, im südlichen Winkel des vizeköniglichen Palastes, 1 mexikanische Vare, 1 Fuß und 1 Zoll höher[1] als der mittlere Wasserstand im See von Tezcuco.[2] Dieser letztere See liegt 4 Varen und 8 Zoll tiefer, als der See von San Cristobal, dessen nördlichster Teil der See von Xaltocan heißt, und wo auf zwei kleinen Inseln die Dörfer Xaltocan

---

[1] Nach Herrn Ciscars klassischem Werke (sobre los nuevos pesos y medidas decimales) verhält sich die kastilische Vare zur Toise = 0,5130 : 1,1963, und eine Toise ist = 2,3316 Varen. Don Jorge Juan schätzte die kastilische Vare auf drei Fuß von Burgos und einen Fuß von Burgos zu 123²/₃ Linien des königlichen Fußes. 1783 hatte der Hof von Madrid befohlen, daß sich das Corps der Seeartilleristen des Varenmaßes, und das der Landartilleristen der Toisen bedienen solle; allein es möchte wohl schwer sein, den Nutzen dieser Verschiedenheit anzugeben. Die mexikanische Vare ist = 0,839 m.

[2] Die handschriftlichen Materialien, die ich bei Verfassung dieser Nachricht über die Desague benutzt habe, sind: 1) die detaillierten Pläne, welche im Jahre 1802 auf Befehl des Dekans des obersten Gerichtshofes (Decano de la Real Audiencia de Mexico), Don Cosme de Mier y Trespalacios, aufgenommen wurden; 2) das Memoire, das Don Juan Diaz de la Calle, zweiter Offizier des Staatssekretariats in Madrid, 1646 König Philipp IV. vorgelegt hat; 3) die Instruktion, welche der ehrwürdige Bischof Palafox, Bischof von Puebla und Vizekönig von Neuspanien 1642 seinem Nachfolger, dem Vizekönig Grafen von Salvatierra (Marquis von Sobroso) übergab; 4) ein Memoire, das der Kardinal Lorenzana, damaliger Erzbischof von Mexiko, dem Vizekönig Buccarelli einreichte; 5) eine vom Tribunal de Cuentas in Mexiko verfaßte Nachricht; 6) ein auf Befehl des Grafen von Revillagigedo aufgesetztes Memoire und 7) das Informe von Velasquez. Auch muß ich das merkwürdige, in Mexiko gedruckte Werk von Zepeda, Historia del Desague, nennen. Ich habe den Kanal von Huehuetoca selber zweimal untersucht, und zwar das erste Mal im August 1803 und das zweite Mal vom 8. bis auf den 12. Januar 1804, wo ich den Vizekönig Don Jose de Jturrygaray dahin begleitete, dessen Wohlwollen und Loyalität in seinen Verhältnissen zu mir ich nicht genug rühmen kann.

und Tonanitla stehen. Der eigentliche See von San Cristobal
ist von dem von Xaltocan nur durch einen sehr alten Damm
getrennt, welcher nach den Dörfern San Pablo und San
Tomas de Chiconautla geht. Der nördlichste See des Thales
von Mexiko, der von Zumpango (Tzompango) ist 10 Varen,
1 Fuß und 6 Zoll höher als der mittlere Wasserstand des
Sees von Tezcuco. Ein Damm (la Calzada de la Cruz
del Rey) teilt den See von Zumpango in zwei Bassins,
dessen westlichstes den Namen der Laguna de Zitlaltepec und
das östlichste den der Laguna de Coyotepec führt. Auf
dem südlichsten Ende des Thales befindet sich der See
von Chalco. Er enthält das hübsche kleine Dorf Xico, das
auf einer Insel liegt, und ist von dem See von Xochimilco
durch die Calzada de San Pedro de Tlahua, einem engen
Damme, der von Tuliahualco nach San Francisco Tlaltengo
geht, abgeschnitten. Die Fläche der süßen Wasserseen von
Chalco und Xochimilco liegt bloß 1 Vare und 11 Zoll höher
als die Plaza Mayor der Hauptstadt. — Ich glaubte, daß
diese einzelnen Angaben für die Ingenieurhydrographen, welche
sich eine genaue Vorstellung von dem großen Kanale (Desague)
von Huehuetoca machen wollen, merkwürdig sein könnten.

Die Verschiedenheit der Höhen, auf welchen sich die vier
hauptsächlichsten Wasserbehälter im Thale von Tenochtitlan
befinden, ist bei den großen Ueberschwemmungen, denen die
Stadt Mexiko seit langen Jahrhunderten ausgesetzt war, fühl=
bar geworden. Zu allen Zeiten war die Folge der Phäno=
mene unaufhörlich dieselbe. Der See von Zumpango, der
durch dies außerordentliche Anwachsen des Rio de Guautitlan
und die Zuflüsse von Pachuca angeschwellt wird, gießt sein
Wasser in den See von San Cristobal, zu welchem die
Cienegas von Tepejuelo und Tlapanahuiloya führen. Der
See von San Cristobal zerreißt den Damm, der ihn vom
See von Tezcuco trennt, und die ausgetretenen Wasser vom
Bassin des letzteren erheben ihren Spiegel über 1 m und
durchströmen, über den Salzboden von San Lazaro weg,
die Straßen von Mexiko. Dies ist der allgemeine Gang der
Ueberschwemmungen, welche sämtlich von Norden und Nord=
westen kommen. Der Abflußkanal, welcher der Desague de
Huehuetoca heißt, hat die Bestimmung, dieser Gefahr vorzu=
beugen; indes ist es ganz zuverlässig, daß durch die Ver=
einigung mehrerer Umstände die südlichen Zuflüsse (Avenidas
del Sur), auf welche der Desague unglücklicherweise nicht

wirft, der Hauptstadt ebenso verderblich werden könnten. Die Seen von Chalco und Xochimilco würden sicher austreten, wenn bei einer starken Eruption des Vulkanes von Popocatepetl dieses kolossale Gebirge plötzlich seinen Schnee verlöre. Während ich mich 1802 in Guayaquil auf den Küsten der Provinz Quito befand, war der Kegel des Cotopaxi durch die Wirkung des vulkanischen Feuers dermaßen erhitzt, daß er beinahe in einer Nacht seine ungeheure Schneemütze verlor. Auf dem neuen Kontinent sind Eruptionen und große Erdbeben oft von Platzregen begleitet, die ganze Monate fortdauern, und welche Gefahren drohten der Hauptstadt selbst, wenn diese Phänomene in dem Thale von Mexiko unter einer Zone stattfänden, wo auch in wenig feuchten Jahren bis auf 15 Dezimeter Regen fällt.

Die Bewohner von Neuspanien wollen in der Zahl von Jahren, die zwischen die großen Ueberschwemmungen fallen, bestimmte Perioden erkennen, und wirklich beweist auch die Erfahrung, daß die außerordentlichen Wasseranschwellungen im Thale von Mexiko beinahe alle 25 Jahre stattfinden.[1] Seit der Ankunft der Spanier hat die Hauptstadt fünf große Ueberschwemmungen erlitten, nämlich: 1553 unter dem Vizekönig Don Luis de Velasco (el Viejo), Connetable von Kastilien; 1580 unter dem Vizekönig Don Martin Enriquez de Almanza; 1604 unter dem Vizekönig Marquis von Montesclaros; 1607 unter dem Vizekönig Don Luis de Velasco (el Segundo), Marquis von Salinas; und 1629 unter dem Vizekönig Marquis von Ceralvo. Letztere Ueberschwemmung ist die einzige, die seit der Eröffnung des Ausleerungskanals von Huehuetoca stattgehabt hat, und wir werden in der Folge sehen, durch welche Umstände sie herbeigeführt wurde. Seit 1629 ist das Wasser in dem Thale von Mexiko siebenmal auf eine sehr furchtbare Weise gewachsen, die Stadt aber immer durch den Desague vor Ueberschwemmung geschützt worden. Diese sieben sehr regnerischen Jahre waren: 1648, 1675, 1707, 1732, 1748, 1772 und 1795. Vergleicht man die elf eben angegebenen Epochen untereinander, so findet man als Zeitpunkt ihres schädlichen Wiedereintreffens die

---

[1] Toaldo glaubt aus einer Menge von Beobachtungen schließen zu können, daß die sehr regnerischen Jahre und somit die großen Ueberschwemmungen alle 19 Jahre, nach dem Cyklus von Saros, wiederkommen.

Anzahl von 27, 24, 3, 26, 19, 27, 32, 25, 16, 24 und 23 Jahren, also eine Reihe von Zahlen, die doch gewiß mehr Regelmäßigkeit verraten, als die, welche man in Lima in der Wiederholung der großen Erdbeben erkennen will.

Die Lage der Hauptstadt von Mexiko ist um so gefährlicher, da sich die Verschiedenheit der Horizontalfläche, welche zwischen dem Spiegel des Sees von Tezcuco und dem Boden, worauf die Häuser gebaut sind, von Jahr zu Jahr verringert. Dieser Boden ist eine feste Fläche, besonders seitdem die Straßen von Mexiko unter der Regierung des Grafen von Revillagigedo gepflastert worden sind. Der Grund des Sees von Tezcuco hingegen erhebt sich allmählich durch den Schlamm und die Steine, welche die kleinen Gießbäche hineinschwemmen, und die Aufhäufungen in den Behältern bilden, in die sie kommen. Um solchem Nachteil abzuhelfen, haben die Venetianer die Brenta, die Piave, die Livenza und andere Flüsse, welche in den Lagunen Anwurf machten, von denselben abgeleitet. Könnte man sich auf alle Resultate eines im 16. Jahrhunderts angestellten Nivellements verlassen, so würde man mit Gewißheit finden, daß der Plaza Mayor von Mexiko ehemals über 1,1 m über den Wasserspiegel des Sees von Tezcuco gestanden hat, und daß sich dieser Mittelstand seiner Fläche von Jahr zu Jahr verändert. Haben sich auf der einen Seite die Feuchtigkeit der Atmosphäre und die Wasserquellen in den das Thal umgebenden Gebirgen durch die Zerstörung der Wälder vermindert, so hat der Anbau des Bodens auf der anderen Seite auch die Wirkung der Erdanhäufungen und die Schnelligkeit der Ueberschwemmungen vergrößert. Der General Andreossy hat in seinem vortrefflichen Werk über den Languedoker Kanal diese Ursachen, welche unter allen Himmelsstrichen dieselben sind, sehr wichtig gemacht. Wasser, das über Grasboden wegfließt, bildet weniger Erdanhäufungen, als wenn es über urbaren Grund geht. Dieses Gras aber, bestehe es nun aus Grasarten, wie in Europa, oder aus kleinen Alpenpflanzen, wie in Mexiko, erhält sich nur im Schatten von Wäldern. Außerdem ist das Buschwerk und das aufrechte Holz auch dem Schneewasser hinderlich, das an dem Abhange der Gebirge herabläuft. Haben diese Abhänge keine Vegetation, so werden die Wasserarme weniger aufgehalten und vereinigen sich schneller zu Gießbächen, deren Anwuchs die Seen in der Nachbarschaft von Mexiko aufschwellt.

Der natürlichen Ordnung zufolge ging in den hydraulischen Arbeiten, welche man unternahm, um die Hauptstadt vor den Gefahren einer Ueberschwemmung zu sichern, das System der Dämme dem der Ableitungskanäle voran. Als die Stadt Tenochtitlan im Jahre 1446 so sehr überschwemmt war, daß keine ihrer Straßen mehr trocken lag, ließ Montezuma I. (Huehue Mocteuhzonia) auf den Rat des Königs von Tezcuco, Nezahualcoyotl, einen Damm aufführen, der über 12 000 m lang, und 20 m breit war. Dieser Damm, wovon ein Teil in dem See selbst lag, bestand in einer Mauer von Steinen und Thon, die auf beiden Seiten mit einer Reihe von Palissaden versehen war, und noch heuzutage sieht man sehr ansehnliche Reste davon in den Ebenen von San Lazaro. Dieser Damm Montezumas I. wurde nach der großen Ueberschwemmung von 1498, welche durch die Unklugheit des Königs Ahuitzotl verursacht worden war, ausgebessert und vergrößert. Dieser Fürst hatte, wie oben bemerkt wurde, die ansehnlichen Quellen von Huitzilopochco in den See von Tezcuco leiten lassen, indem er völlig vergaß, daß letzterer, wenn er auch gleich in dürren Zeiten ganz trocken daliegt, in regnerischen Jahren immer gefährlicher wird, je mehr man seine Zuflüsse vermehrt. Ahuitzotl hatte sogar einen Bürger von Coyouacan, Namens Tzotzomatzin, umbringen lassen, weil er es gewagt, ihm die Gefahr vorauszusagen, der er die Hauptstadt durch die neue Wasserleitung von Huitzilopochco aussetzte; aber nur kurze Zeit nachher ertrank der junge mexikanische König beinahe in seinem eigenen Palaste. Das Wasser schwoll mit solcher Schnelligkeit an, daß er, indem er sich durch eine Thüre, welche aus dem Erdgeschoß nach der Straße führte rettete, gefährlich am Kopfe verwundet wurde.

Die Azteken hatten die Dämme (Calzadas) von Tlahua und Mexicalcingo, und den Albaradon, der sich von Iztapalapan nach Tepeyacac (Guadalupe) verlängert, und dessen Trümmer noch in ihrem jetzigen Zustande der Stadt Mexiko sehr nützlich sind, aufgeführt. Dieses Dammsystem welches die Spanier noch bis zu Anfang des 17. Jahrhunderts befolgten, war zugleich ein Verteidigungsmittel, das wenn auch nicht ganz sichernd, doch wenigstens zu einer Zeit beinahe hinreichend war, da die Bewohner von Tenochtitlan, noch in Kähnen fahrend, gegen die Wirkungen kleiner Ueberschwemmungen viel gleichgültiger waren. Der Ueberfluß an Wäldern und Pflanzungen erleichterte dazumal den Bau auf

Grundpfählen. Das mäßige Volk begnügte sich mit den Produkten der schwimmenden Gärten (Chinampas), und es bedurfte nur sehr wenig urbaren Boden. Das Austreten des Sees von Tezcuco hatte für Menschen, welche in Häusern lebten, die häufig von Kanälen durchschnitten waren, nichts Furchtbares.

Als die neue Stadt Mexiko, welche von Hernan Cortez wieder aufgebaut worden, im Jahre 1553 die erste Ueberschwemmung erfuhr, ließ der Vizekönig Velasco I. den Albaradon von San Lazaro aufführen. Dieses Werk, das nach dem Muster der indianischen Dämme gemacht worden war, litt in der zweiten Ueberschwemmung im Jahre 1580 sehr, und bei der dritten von 1604 mußte man es ganz wieder herstellen. Der Vizekönig Montesclaros fügte dazumal zur Sicherheit der Hauptstadt den Behälter (Presa) von Oculma und die drei Calzadas von der Mutter Gottes von Guadalupe, von San Cristobal und von San Antonio Abad hinzu.

Kaum waren diese großen Werke vollendet, als die Hauptstadt durch ein Zusammentreffen außerordentlicher Umstände im Jahre 1607 aufs neue überschwemmt wurde. Nie waren sich vormals zwei Ueberschwemmungen so schnell nachgefolgt und nie ist seither der Cyklus dieses Unglückes kürzer gewesen als 16 oder 17 Jahre. Endlich da man des Baues von Dämmen (Albaradones), welche das Wasser periodisch wieder zerstörte, müde war, sah man ein, daß man einmal das alte hydraulische System der Indianer aufgeben und das der Ableitungskanäle annehmen müßte. Diese Veränderung schien um so notwendiger, da die von den Spaniern bewohnte Stadt der ehemaligen Hauptstadt des aztekischen Reiches nicht im geringsten mehr ähnlich war. Nur in wenigen Straßen konnte man noch in Kähnen fahren und die Nachteile und Verluste, die die Ueberschwemmungen zur Folge hatten, waren daher ungleich größer geworden, als sie zu Montezumas Zeit gewesen.

Da man die außerordentliche Anschwellung des Rio de Guautitlan und seiner Zuflüsse als die hauptsächliche Ursache der Ueberschwemmungen ansah, so stellte sich der Gedanke natürlich selbst dar, daß man diesen Fluß verhindern müsse, sich in den See von Zumpango zu ergießen, dessen mittlerer Wasserstand auf seiner Fläche 7½ m höher ist, als der Boden des großen Platzes von Mexiko. In einem Thale, das rings von hohen Gebirgen eingeschlossen ist, konnte man dem Rio de Guautitlan keinen anderen Ausgang verschaffen als durch eine unterirdische Galerie oder einen durch diese Gebirge durchgestochenen offenen Kanal. Wirklich hatten schon im Jahre 1580, zur Zeit der großen Ueberschwemmung zwei einsichtsvolle Männer, der Licenciado Obregon und der Maestro Arciniega der Regierung den Vorschlag gemacht, eine Galerie zwischen dem Cerro de Sincoque und der Loma de Nochistongo durchbrechen zu lassen. Dieser Punkt mußte auch mehr als jeder andere die Aufmerksamkeit derer, welche die Bildung des mexikanischen Bodens studiert hatten, anziehen. Er befindet sich am nächsten bei dem Rio de Guautitlan, der mit allem Rechte als der gefährlichste Feind der Hauptstadt angesehen wird. Nirgends sind die Gebirge, welche das Plateau einschließen, niedriger, und nirgends haben sie weniger Masse als nord=nord=westlich von Huehuetoca, bei den Hügeln von Nochistongo. Untersucht man diesen Mergelboden, dessen horizontale Lagen einen Ausschnitt von Porphyr ausfüllen, so möchte man sagen, daß auf dieser Stelle einst das Thal von Tenochtitlan mit dem von Tula zusammengehangen habe.

Im Jahre 1607 beauftragte der Vizekönig Marquis de Salinas den Enrico (Heinrich) Martinez, die mexikanischen Seen künstlich auszuleeren. In Neuspanien glaubt man gewöhnlich, daß dieser berühmte Ingenieur, der den Desague de Huehuetoca erbaut hat, ein Holländer oder Deutscher gewesen ist. Wirklich deutet auch sein Name eine fremde Familie an, doch scheint er in Spanien selbst erzogen zu sein. Der König hatte ihm den Titel seines Kosmographen erteilt und es gibt auch eine Schrift über Trigonometrie von ihm, welche in Mexiko gedruckt und heutzutage sehr selten geworden ist. Enrico Martinez, Alonzo Martinez, Damian Davila und Juan de Ysla stellten ein allgemeines Nivellement im ganzen Thale an, dessen Richtigkeit durch die im Jahre 1774 von dem gelehrten Geometer Don Joaquin Velasquez gemachten Messungen bewiesen wurde. Der königliche Kosmograph Enrico Martinez, legte zwei Kanalentwürfe vor, den einen zur Ausleerung der drei Seen von Zumpango, Tezcuco und San Cristobal; den anderen zur Ausleerung des Sees von Zumpango allein. Nach beiden Plänen sollte die Ableitung des Wassers durch die unterirdische Galerie von Nochistongo geschehen, wie sie Obregon und Arciniega 1580 vorgeschlagen hatten. Da aber die Entfernung des Sees von Tezcuco bei der Mündung des Rio Guautitlan gegen 32000 m betrug, so beschränkte sich die Regierung lieber auf den Kanal von Zumpango. Dieser Kanal wurde dermaßen angefangen, daß er zugleich das Wasser vom See, dessen Namen er führt und von dem Flusse Guautitlan aufnahm. Es ist daher falsch, daß der von Martinez vorgeschlagene Desague in seinem Prinzip negativ war, das heißt, daß er bloß den Rio de Guautitlan verhinderte, sich in den See von Zumpango zu ergießen. Der Zweig des Kanals, welcher das Wasser des Sees nach der Galerie führte, füllte sich durch Erdanhäufungen aus und dann diente der Desague freilich bloß für den Guautitlan, dessen Lauf er veränderte. Als daher Herr Mier neuerdings die direkte Ausleerung der Seen von San Cristobal und von Zumpango unternahm, erinnerte man sich in Mexiko kaum noch, daß 188 Jahre früher dieselbe Arbeit für das erste der großen Bassins unternommen worden war.

Die berühmte unterirdische Galerie von Nochistongo wurde den 28. November 1607 angefangen. Der Vizekönig that in Gegenwart der Audiencia den ersten Schlag mit dem Karst. 15000 Indianer wurden mit dieser Arbeit beschäftigt, welche mit einer außerordentlichen Schnelligkeit geendigt wurde, da man an vielen Schachten zugleich arbeitete. Die armen Eingeborenen wurden mit der größten Härte behandelt. Der Gebrauch des Karst und der Schaufel reichten hin, die lockere Erde zu durchstechen. Nach elfmonatlicher, ununterbrochener Arbeit war die Galerie (el Socabon), welche über 6600 m Länge, 3,5 m Breite und 42 m Höhe hatte, fertig. Im Dezember 1608 wurde der Vizekönig und der Erzbischof von Mexiko von dem Ingenieur eingeladen, sich nach Huehuetoca zu begeben, um das Wasser[1] aus dem See von Zumpango und vom Rio de Guautitlan durch die Galerie abfließen zu sehen. Nach Zepedas Bericht machte der Vizekönig Marquis von Salinas über 2000 m zu Pferde in diesem unterirdischen Gange. Auf der anderen Seite des Hügels von Nochistongo ist der Rio de Montezuma (oder von Tula), der sich in den Fluß Panuco ergießt. Von der nördlichsten Spitze des Socabon an, welche die Boca de San Gregorio heißt, hatte Martinez eine dem Himmel offene Rigole angebracht, welche in einer direkten Entfernung von 8600 m die Wasser der

---

[1] Das erste Wasser war seit dem 17. September 1608 durchgeflossen.

Galerie nach der kleinen Kaskade (Salto) des Rio de Tula führte. Von dieser Kaskade an hat dasselbe Wasser nach meinen Messungen bis zum Golf von Mexiko 2135 m herabzufließen, was bei einer Länge von 323 000 m den Fall desselben im Durchschnitte zu 6³/₅ m auf 1000 m bestimmt.

Ein unterirdischer Durchgang von 6600 m Länge mit einer Oeffnung von 10½ qm im Profil, der zu einem Ausleerungskanal bestimmt ist und in weniger als in einem Jahre vollendet worden, ist ein hydraulisches Werk, das zu unserer Zeit und in Europa sogar die Aufmerksamkeit der Ingenieure fesseln würde; denn erst seit Ende des 17. Jahrhunderts, da der berühmte Franz Andreossy an dem Languedoker Kanal durch den Durchgang von Malpas ein großes Muster aufgestellt hat, sind dergleichen unterirdische Durchbrüche gemeiner geworden. Der Kanal, welcher die Themse mit der Severn vereinigt, geht bei Sapperton in einer Länge von mehr als 4000 m durch eine Kette sehr hoher Gebirge. Der große unterirdische Kanal von Bridgwater, welcher bei Worsley in der Gegend von Manchester zum Transporte der Steinkohlen dient, hat, wenn man seine verschiedenen Arme zusammennimmt, eine Ausdehnung von 19 200 m. Der Kanal in der Pikardie, an welchem man gegenwärtig arbeitet, sollte nach dem ersten Plane einen unterirdischen schiffbaren Durchgang von 13 700 m Länge, 7 m Breite und 8 m Höhe erhalten.[1]

Kaum hatte ein Teil des Wassers aus dem Thale von Mexiko gegen den Atlantischen Ozean abzufließen angefangen, als man Martinez schon vorwarf, daß er eine Galerie gegraben habe, welche weder breit, noch dauerhaft, noch tief genug war, um das Wasser, wenn es stark anwuchs, zu fassen. Er antwortete, daß er verschiedene Pläne vorgelegt, die Regierung aber das Mittel vorgezogen habe, welches am schnellsten auszuführen war. Wirklich bewirkte der schnelle Wechsel der Feuchtigkeit und der Trockenheit in der lockeren Erde häufigen Einsturz, und man sah sich bald genötigt, die Decke, welche nur aus einer Abwechselung von Lagen Mergel

---

[1] Der Georgstollen im Harz, eine im Jahre 1777 angefangene und 1800 geendigte Galerie, hat 10 438 m Länge und kostete 1 600 000 Franken. Bei Forth arbeitet man in den Steinkohlengruben über 3000 m unter dem Meeresgrund hinein, ohne Infiltrationen ausgesetzt zu sein. Der unterirdische Kanal von Bridgwater ist zwei Drittel so lang, als die Meerenge von Calais breit.

und verhärtetem Thon, Tepetate genannt, bestand, zu stützen. Anfänglich bediente man sich des Bretterwerkes, das mit einem Gesimse von dünnen Balken auf Pfeilern ruhte. Da aber harzhaltiges Holz in diesem Teile des Thales selten war, so ersetzte Martinez die Bretterdecke später mit Mauerwerk. Dieses Mauerwerk war nach den Ueberbleibseln, die man in der Obra del Consolado noch davon sieht, zu urteilen, sehr gut ausgeführt, aber in seinem Prinzipe mangelhaft. Der Ingenieur hatte, statt die Galerie von der Decke bis zu der Rigole auf dem Boden mit einem fortlaufenden Gewölbe von elliptischem Ausschnitte zu bekleiden (wie man sie in den Bergwerken anlegt, wenn eine Quergalerie durch lockeren Sand gegraben wird), bloß Bogen gebaut, welche auf sehr unfestem Grunde ruhten. Das Wasser, dem man einen zu starken Fall gegeben hatte, untergrub nach und nach die Seitenmauern und setzte eine ungeheure Menge Erde und Kies in der Rigole der Galerie an, weil man gar kein Mittel angewandt hatte, es vorher zu filtrieren, wie z. B. dadurch hätte geschehen können, daß man es durch ein Petategewebe geleitet, wie es die Indianer aus den Fasern der Palmstengel machen. Martinez begegnete diesem Uebelstande dadurch, daß er in der Galerie von einer Entfernung zur anderen eine Art von Krippen oder kleine Schleusen anbrachte, die sich schnell öffneten und damit den Durchgang reinigen sollten. Allein auch dieses Mittel war unzureichend und die Galerie verstopfte sich durch die unaufhörlichen Erdanhäufungen.

Vom Jahre 1608 stritten sich die mexikanischen Ingenieure, ob man den Socabon von Nochistongo erweitern, oder sein Mauerwerk vollenden, oder einen ganz offenen Durchbruch mit Abhebung aller auf dem Gewölbe lastenden Erde machen, oder aber auf einem niedrigeren Punkte eine neue Ausleerungsgalerie unternehmen sollte, welche außer dem Wasser des Flusses Guautitlan und des Sees von Zumpango auch das des Sees von Tezcuco abführen könnte. Der Erzbischof und Vizekönig Don Garcia Guerra von dem Dominikanerorden ließ im Jahre 1611 neue Nivellierungen durch Alonso de Arias, Oberintendanten des königlichen Arsenals (Armero mayor) und Inspektor des Befestigungswesens (Maestro mayor de fortificaciones), einen sehr rechtschaffenen Mann, der damals in großem Rufe stand, vornehmen. Arias schien Martinez' Arbeiten zu billigen; allein der Vizekönig konnte zu keinem definitiven Entschlusse kommen. Des Streites der

Ingenieure müde, sandte der Hof von Madrid im Jahre 1614 einen Holländer, Adrian Boot, nach Mexiko, dessen Kenntnisse in der Wasserbaukunst in den Denkschriften jener Zeit, welche in den Archiven der Vizekönige aufbewahrt sind, hoch gerühmt werden. Dieser Fremde, welcher Philipp III. durch seinen Gesandten am französischen Hofe empfohlen worden war, sprach aufs neue zu Gunsten des indianischen Systemes und gab den Rat, rings um die Hauptstadt große Dämme und mit Mauerwerk bekleidete Erdwälle aufzuführen. Indes brachte er es erst 1623 dahin, daß die Galerie von Nochistongo ganz aufgegeben wurde. Eben war ein neuer Vizekönig, der Marquis von Guelves, in Mexiko angekommen, welcher noch keine der großen Ueberschwemmungen gesehen hatte, die das Austreten des Rio de Guautitlan verursachte. Er war daher verwegen genug, dem Ingenieur Martinez den Befehl zu geben, den unterirdischen Durchgang zu verstopfen und das Wasser auf dem See von Zumpango und San Cristobal in den See von Tezcuco zu leiten, um zu sehen, ob die Gefahr wirklich so groß sei, wie man sie ihm vorgestellt hatte. Natürlich schwoll dieser See außerordentlich an; der Befehl wurde zurückgenommen und Martinez setzte die Arbeiten an der Galerie bis zum 20. Juni 1629 fort, wo ein Ereignis vorfiel, dessen wahre Ursachen immer ein Geheimnis geblieben sind.[1]

Es war sehr starker Regen gefallen, der Ingenieur hatte den unterirdischen Gang verstopft und die Stadt Mexiko stand eines Morgens plötzlich 1 m Höhe im Wasser. Bloß die Plaza Mayor, der Platz des Volador und die Vorstadt von Santiago de Tlatelolco lagen noch trocken, und in den übrigen Straßen fuhr man in Kähnen. Martinez wird ins Gefängnis geworfen, weil man behauptete, er habe die Abteilungsgalerie geschlossen, um den Ungläubigen einen offenbaren und negativen Beweis von der Nützlichkeit seines Werkes zu geben. Dagegen erklärte er aber, daß er, indem er eine weit ansehnlichere Wassermasse ankommen gesehen, als seine enge Galerie hätte fassen können, lieber die Hauptstadt der vorübergehenden Gefahr einer Ueberschwemmung habe aussetzen als an einem Tage die Arbeit so vieler Jahre durch die Gewalt des Elementes zerstören lassen wollen. Gegen alle Erwartung blieb Mexiko

---

[1] Nach einigen handschriftlichen Nachrichten erst den 20. September.

fünf Jahre lang, von 1629 bis 1634[1] unter Waſſer. Man befuhr die Straßen in Kähnen, wie vor der Eroberung im alten Tenochtitlan geſchehen war, und baute längs den Häuſern hin hölzerne Brücken, welche als Quais für die Fußgänger dienten.

Inzwiſchen wurden vier verſchiedene Pläne dem Vizekönig Marquis von Ceralvo vorgelegt und von ihm unterſucht. Simon Mendez, ein Einwohner von Valladolid de Michoacan ſtellte in einer Denkſchrift dar, daß der Boden des Plateau von Tenochtitlan auf der Nordweſtſeite gegen Huehuetoca und den Hügel von Nochiſtongo hin beträchtlich emporſteige; daß der Punkt, wo Martinez die Bergkette, welche das Thal rings einſchließt, angegriffen, der mittlere Höheſtand vom Waſſerſpiegel des am erhabenſten gelegenen Sees (des von Zumpango) und nicht dem des am niedrigſten ſtehenden (von Tezcuco) gleichkomme und daß ſich vielmehr der Boden des Thales nördlich von dem Dorfe Carpio, öſtlich von den Seen von Zumpango und San Criſtobal beträchtlich ſenke. Mendez ſchlug daher vor, den See von Tezcuco durch eine Ableitungsgalerie auszutrocknen, welche zwiſchen Xaltocan und Santa Lucia gehen und ſich in den Bach (Arroyo) Tequisquiac ergießen ſollte, welcher, wie ſchon oben bemerkt worden iſt, in den Rio de Montezuma oder de Tula fließt. Mendez fing wirklich dieſen Desague, wie er ihn entworfen hatte, auf dem niedrigſten Punkte an, und ſchon waren vier Luftſchachte (puits d'airage, lumbreras) vollendet, als die immer unentſchloſſene und ſchwankende Regierung die Unternehmung, weil ſie ihr zu weit ausſehend und zu koſtſpielig ſchien, wieder aufgab. Auf einer anderen Seite ſchlugen Antonio Roman und Juan Alvarez von Toledo im Jahre 1630 die Austrocknung des Thales durch einen Zwiſchenpunkt vor, nämlich durch den See von San Criſtobal; indem man das Waſſer in die Schlucht (Barranca) von Huipuķth vorwärts von dem Dorfe San Mateo und vier Meilen weſtlich von der kleinen Stadt Pachuca leitete. Auf dieſen Plan achteten der Vizekönig und die Audiencia ebenſowenig, als auf den des Maires von Oculma, Criſtobal de Padilla, welcher drei perpendikuläre Höhlen oder natürliche Schlünde (Boquerones)

---

[1] Mehrere Nachrichten geben an, daß die Ueberſchwemmung nur bis 1631 gedauert, aber gegen Ende des Jahres 1633 wieder angefangen habe.

in dem Bezirke des Thales von Oculma selbst entdeckt hatte und sich ihrer zur Ausleerung der Seen bedienen wollte. Der kleine Fluß Teotihuacan verliert sich in diesen Boquerones und Padilla machte den Vorschlag, auch das Wasser des Sees von Tezcuco über Oculma und die Meierei Tezquititlan in dieselben zu leiten.

Diese Idee, die natürlichen Grotten in den Lagen von blasigem Mandelsteine zu benutzen, gab dem Jesuiten Francisco Calderon zu einem ähnlichen, nicht minder gigantesken Plane Veranlassung. Dieser Mönch behauptete, daß sich auf dem Grunde des Sees von Tezcuco, nahe bei dem Peñol de los Baños, ein Loch (Sumidero) befinde, das, wenn es gehörig erweitert würde, alles Wasser verschlingen würde. Diese Behauptung unterstützte er mit dem Zeugnisse der einsichtsvollsten Eingeborenen und der alten indianischen Karten. Der Vizekönig beauftragte die Prälaten aller geistlichen Orden (die sich wohl am besten auf hydraulische Gegenstände verstehen mußten) mit der Prüfung dieses Planes. Drei Monate lang, vom September bis zum Dezember 1635 sondierten die Mönche und der Jesuit vergebens und der Sumidero wurde nicht gefunden, unerachtet selbst heutzutage noch viele Indianer ebenso hartnäckig an sein Dasein glauben als der Pater Calderon. Allein welche geologische Meinung man auch über den vulkanischen oder neptunischen Ursprung des blasigen Mandelsteines haben mag, so ist es doch nicht wahrscheinlich, daß diese problematische Felsart Höhlen enthält, welche geräumig genug sind, das Wasser des Sees von Tezcuco, das auch zur Zeit der Dürre immer noch zu mehr als 251 700 000 cbm angeschlagen werden muß, zu fassen. Bloß in Schichten von sekundärem Gips, wie in Thüringen, kann man es zuweilen wagen, ansehnliche Wassermassen in natürliche Grotten (Gipsschlotten) zu leiten. In diese läßt man die Ableitungsgalerien, welche im Inneren einer Mine von Kupferschiefer angefangen werden, sich ausstoßen, ohne sich weiter um den Weg zu bekümmern, den das Wasser, welches die metallurgischen Arbeiten hinderte, nehmen mag. Wie kann man aber auf die Anwendung eines solchen Lokalmittels zählen, wenn von einem großen hydraulischen Werke die Rede ist?

Während der Ueberschwemmung von Mexiko, welche fünf Jahre hintereinander fortdauerte, stieg das Elend des niedrigen Volkes aufs höchste. Aller Handel hörte auf, viele Häuser fielen zusammen und andere wurden wenigstens unbewohnbar. In dieser jammervollen Zeit zeichnete sich der Erzbischof Francisco Manzo y Zuniga durch seine Wohlthätigkeit aus. Täglich fuhr er in einem Kahne herum und verteilte Brot an die Armen in den überschwemmten Straßen. Der Hof von Madrid befahl 1635 zum zweitenmal, die Stadt in die Ebene zwischen Tacuba und Tacubaya zu versetzen, allein der Magistrat (Cabildo) machte die Vorstellung, daß der Wert der Gebäude (Fincas), die man im Jahre 1607 zu 150 Millionen Livres tournois angeschlagen hatte und welche man nun verlassen sollte, schon über 200 Millionen betrage. Bei diesem Unglück ließ der Vizekönig das Bild der heiligen Jungfrau von Guadalupe[1] nach Mexiko bringen. Lange blieb es in der überschwemmten Stadt; allein das Wasser verlief sich nicht früher als 1634, wo die Erde durch sehr häufige und äußerst starke Erdstöße in dem Thale platzte; welches Phänomen, wie die Ungläubigen sagen, das Wunder des angebeteten Bildes höchlichst begünstigte.

[1] Bei öffentlichem Unglück nehmen die Einwohner von Mexiko zu den beiden berühmten Mutter-Gottes-Bildern von Guadalupe und be los Remedios ihre Zuflucht. Das erste wird als einheimisch betrachtet, indem es unter Blumen in dem Taschentuche eines Indianers erschienen ist; letzteres hingegen wurde zur Zeit der Eroberung aus Spanien in das Land gebracht. Der Parteigeist, welcher zwischen den Kreolen und Europäern (Gachupines) obwaltet, gibt dem religiösen Glauben einen besonderen Unterschied. Das niedrige Volk von Kreolen und Indianern sieht es sehr ungern, wenn der Erzbischof zur Zeit großer Dürre das Bild der Mutter Gottes be los Remedios vorzugsweise nach Mexiko bringen läßt. Daher stammt auch das Sprichwort, welches den gegenseitigen Haß der Kasten so charakteristisch bezeichnet: Alles, selbst das Wasser, müssen wir von Europa erhalten (hasta el agua nos debe venir de la Gachupiña)! Läßt die Dürre trotz der Gegenwart der Mutter Gottes be los Remedios nicht nach (wie man indes nur wenige Beispiele gesehen haben will), so erlaubt der Erzbischof den Indianern, das Bild der Madonna von Guadalupe zu holen. Diese Erlaubnis verbreitet allgemeine Freude unter dem mexikanischen Volke, besonders wenn die lange Dürre sich (wie überall) in starken Regen endigt. Ich habe Werke über Trigonometrie gesehen, die in Neuspanien gedruckt und der Mutter Gottes von Guadalupe zugeeignet waren. Auf dem Hügel von Tepeyacac, an dessen Fuße ihr reiches Heiligtum steht, befand sich einst der Tempel der mexikanischen Ceres, Onantzin (unsere Mutter), oder Cen-teotl (Göttin des Mais) oder auch Tzin-teotl (Göttin-Gebärerin) genannt.

Der Vizekönig Marquis von Ceralvo setzte den Ingenieur Martinez wieder in Freiheit. Er ließ die Calzada (Damm) von San Cristobal beinahe in dem Zustande aufführen, worin man sie heutzutage erblickt. Schleusen (Compuertas) gestatten die Verbindung des Sees von San Cristobal mit dem von Tezcuco, dessen Wasserkanal gewöhnlich nur 3 bis 3,2 m niedriger ist. Schon 1609 hatte Martinez angefangen, einen kleinen Teil der unterirdischen Galerie von Nochistongo in einen dem Himmel offenen Durchbruch zu verwandeln; allein nach der Ueberschwemmung von 1634 erhielt er Befehl, diese zu langwierige und zu kostbare Arbeit aufzugeben, und den Desague durch die Erweiterung seiner Galerie zu vollenden. Das Resultat einer besonderen Auflage auf die Konsumtion der Lebensmittel (Derecho de sisas) war von dem Marquis von Salinas zur Unterhaltung der hydraulischen Arbeiten des Martinez bestimmt worden. Der Marquis von Cadereyta vermehrte die Einkünfte der Kasse des Desague noch mit einer neuen Auflage von 25 Piastern, womit er die Einfuhr jeder Pipe spanischen Weines beschwerte. Beide Abgaben bestehen noch jetzt; allein nur wenig von ihrem Ertrage kommt dem Desague zu gute. Zu Anfang des 18. Jahrhunderts bestimmte der Hof die Hälfte der Weinaccise für die Unterhaltung der Befestigungswerke des Schlosses von San Juan d'Ulua, und seit 1779 erhält die Kasse der hydraulischen Arbeiten im Thale von Mexiko nicht mehr als fünf Franken, welche jedes aus Europa kommende und über Veracruz eingeführte Baril Weines bezahlt.

Von 1634 bis 1637 wurde die Arbeit an dem Desague mit wenig Nachdruck fortgesetzt; indem der Vizekönig Marquis von Villena, (Herzog von Escalona) dem Pater Luis Flores, Generalkommissär des Franziskanerordens, die Leitung derselben übertragen hatte. Indes rühmt man dennoch die Thätigkeit dieses Geistlichen, unter dessen Administration man das Austrocknungssystem zum drittenmal veränderte, sehr. Man entschloß sich ein für allemal die Galerie (Socabon) aufzugeben, das Gehirn des Gewölbes wegzuheben und einen ungeheuren Bergdurchschnitt (Tajo abierto) zu machen, von welchem der alte unterirdische Durchgang bloß die Rigole bilden sollte.

Die Franziskanermönche wußten sich im Besitze der Leitung der hydraulischen Arbeiten zu erhalten, und es gelang ihnen alles um so besser, da sich um diese Zeit¹ der Posten des Vizekönigs hintereinander im Besitz eines Bischofs von Puebla, Palafox, eines Bischofs von Yucatan, Torres, eines Grafen von Baños, der eine sehr glänzende Laufbahn mit dem Eintritt in den Orden der Karmeliterbarfüßer endigte, und eines Erzbischofs von Mexiko und Augustinermönches, Namens Eriquez de Ribera, befand. Der Unwissenheit und Langsamkeit der Mönche müde, erhielt endlich ein Jurist, der Fiskal Martin de Solis, im Jahre 1675 vom Hofe von Madrid die Administration des Desague. Er versprach die Bergkette in zwei Monaten zu durchschneiden, und seine Unternehmung gelang so gut, daß 80 Jahre kaum hinreichten, den Schaden, den er in wenigen Tagen verursacht, wieder gut zu machen. Auf den Rat des Ingenieurs Francisco Posuelo de Espinosa ließ der Fiskal auf einmal mehr Erde in die Rigole werfen, als die Gewalt des Wassers hinwegführen konnte. Dadurch verstopfte sich die Oeffnung ganz. Noch 1760 erkannte man die Spuren des Einsturzes, den Solis Unklugheit verursacht hatte. Der Vizekönig Graf von Montlova glaubte daher mit allem Recht, daß die Langsamkeit der Franziskanermönche minder schädlich sei als die verwegene Thätigkeit des Juristen, und setzte den Pater Fray Manuel Cabrera 1687 wieder in seine Stelle als Oberintendanten (Super Intendente de la real obra del Desague de Huehuetoca) ein, und dieser rächte sich an dem Fiskal durch die Herausgabe eines Werkes, das den bizarren Titel hat: „Aufgeklärte Wahrheiten und widerlegte Annaßungen, vermöge deren eine mächtige und giftvolle Feder in einem schlecht verfaßten Berichte zu beweisen gesucht hat, daß die Arbeit an dem Desague 1675 geendigt war."²

Der unterirdische Durchgang war in wenigen Jahren durchgebrochen und mit Mauerwerk bekleidet worden; allein man brauchte zwei Jahrhunderte, um den offenen Durchschnitt des Berges in lockerer Erde und in Profilen von 80 bis 100 m Breite und 40 bis 50 m perpendikulärer Tiefe zu

---

¹ Vom 9. Juni 1641 bis zum 13. Dezember 1673.
² Verdad aclarada y desvanecidas imposturas, con que lo ardiente y envenenado de una pluma poderosa en esta Nueva España, en un dictamen mal instrido, quisó persuadir, averse acabado y perfectionado el año 1675, la fabrica del Real Desague de Mexico.

vollenden. Man vernachlässigte die Arbeit in dürren Jahren und nahm sie mit außerordentlicher Energie in den wenigen Monaten, welche großen Ueberschwemmungen oder einem Austreten des Flusses Guautitlan folgten, wieder vor. Die Ueberschwemmung, von welcher die Hauptstadt 1747 bedroht wurde, bestimmte den Grafen von Guemes, sich wieder mit dem Desague zu beschäftigen. Allein neue Saumseligkeit trat bis 1762 ein, wo man nach einem sehr regnichten Winter starke Wassersnot zu fürchten hatte. Noch lagen auf der nördlichen Seite von Martinez' unterirdischer Galerie 1938 m Boden, die noch nicht in einen offenen Durchschnitt (Tajo abierto) verwandelt worden waren, und da sie überhaupt zu eng war, so geschah es oft, daß das Wasser nicht frei genug gegen den Salto de Tula ablaufen konnte.

1767 endlich, unter der Administration eines flamändischen Vizekönigs, des Marquis von Croix, übernahm das Corps der Kaufleute von Mexiko, welche das Tribunal des Consulado in der Hauptstadt bildeten, die Beendigung des Desague unter der Bedingung, zur Entschädigung für seine Vorschüsse die Sisa und die Weinauflage erheben zu dürfen. Die Kosten des Werkes wurden von den Ingenieuren zu sechs Millionen Franken angeschlagen, und das Consulado führte es wirklich mit einem Aufwande von vier Millionen aus; allein statt, wie festgesetzt worden war, den Durchschnitt des Gebirges in fünf Jahren zu vollenden und der Rigole 8 m Breite zu geben, wurde der Kanal erst 1789 und zwar nicht breiter, als Martinez' Galerie gewesen war, fertig. Seit der Zeit hat man unaufhörlich daran gearbeitet, das Werk zu vervollkommnen, indem man den Grund des Ausschnittes erweiterte und die Abhänge sanfter machte. Indes fehlt noch immer viel dazu, bis der Kanal vor Erdfällen ganz gesichert ist, und diese sind um so gefährlicher, da die Auslockerungen auf der Seite in dem Maße zunehmen, in welchem der Lauf des Wassers an seiner Schnelligkeit verliert.

Studiert man in den Archiven von Mexiko die Geschichte der hydraulischen Arbeiten von Nochistongo, so bemerkt man eine unaufhörliche Unschlüssigkeit der Regierung und eine Veränderlichkeit von Meinungen und Vorstellungen, welche die Gefahr statt zu entfernen nur noch vermehren. Der Vizekönig macht in Begleitung der Audiencia und der Domherren Besuche an Ort und Stelle; der Fiskal und andere Rechtsgelehrten verfertigen Schriften darüber; Junten werden nieder=

gesetzt; Ratschläge von den Franziskanermönchen erteilt; alle 15 oder 20 Jahre, wenn die Seen auszutreten drohen, entsteht eine stürmische Thätigkeit, und ist die Gefahr vorüber, so tritt sogleich wieder Saumseligkeit und strafbare Sorglosigkeit ein. 25 Millionen Livres tournois werden verschleudert, weil man nie Mut genug hat, den nämlichen Plan zu verfolgen, und zwei Jahunderte lang zwischen dem Dammsystem der Indianer und der Ausleerungskanäle, zwischen dem Plan einer unterirdischen Galerie (Socabon) und dem eines offenen Durchbruches des Gebirges (Tajo abierto) hin und her schwankt. Martinez' Galerie läßt man zusammenstürzen, weil man eine größere und tiefere unternehmen will, und vernachlässigt die Durchschneidung des Gebirges von Nochistongo zu vollenden, weil man sich über den Plan eines Kanales von Tezcuco zankt, der nie zustande gekommen ist.

In seinem jetzigen Zustande gehört der Desague zu den riesenhaftesten hydraulischen Arbeiten, welche je von Menschen ausgeführt worden sind. Man sieht ihn mit einer Art von Bewunderung an, besonders wenn man die Natur des Bodens und die ungeheure Breite, Tiefe und Länge des Grabens in Betracht zieht. Hätte dieser Graben 10 m tief Wasser, so könnten die größten Kriegsschiffe[1] zwischen der Bergreihe durchfahren, welche das Plateau von Mexiko gegen Nordosten begrenzt. In die Bewunderung, die dieses Werk einflößt, mischen sich aber dennoch niederschlagende Ideen. Man erinnert sich, wie viele Indianer hier, teils durch die Unwissenheit der Ingenieure, teils durch die zu schwere Arbeit, welche man ihnen in den Jahrhunderten der Barbarei und Grausamkeit zumutete, zu Grunde gegangen sind. Man untersucht, ob es eines so langsamen und kostspieligen Mittels bedürft hätte, um eine nicht sehr ansehnliche Wassermasse aus einem auf allen Seiten geschlossenen Thale hinauszuleiten, und bedauert am Ende, daß so viel vereinigte Kraft nicht auf einen größeren und nützlicheren Zweck verwendet worden ist, wie z. B. auf die Eröffnung nicht eines Kanales, sondern einer Durchfahrt durch irgend einen Isthmus, der die Schiffahrt hindert.

Heinrich Martinez' Plan war mit vielem Verstande gedacht und wurde mit erstaunlicher Schnelligkeit ausgeführt. Die Natur des Bodens und die Form des Thales machten einen unterirdischen Durchbruch nötig, und das Problem wäre

---

[1] [Natürlich jener Zeit. — D. Herausg.]

auf eine vollständige und dauerhafte Weise gelöst gewesen, 1) wenn die Galerie auf einem niedrigeren Punkte, welcher dem Wasserspiegel des untersten Sees gleich gewesen, angefangen worden wäre; und 2) wenn man diese Galerie in elliptischer Form durchgebrochen und ganz mit einer festen Mauer und einem gleichfalls elliptischen Gewölbe bekleidet hätte. Der von Martinez ausgeführte Durchbruch hatte, wie wir oben schon bemerkt, bloß 15 qm im Profil; um aber über das Maß zu urteilen, in welchem eine Ableitungsgalerie angelegt werden mußte, hätte man genau die Wassermasse kennen müssen, welche der Fluß Guautitlan und der See von Zumpango zur Zeit ihres großen Anschwellens herbeiführen. Von einer solchen Schätzung habe ich nichts in den Denkschriften von Zepeda, Cabrera, Velasquez und Castera finden können; nach meinen eigenen, an Ort und Stelle und auf dem Teile des Gebirgsdurchschnittes (el corte o tajo), welcher la obra del consulado genannt wird, gemachten Untersuchungen aber hat es mir geschienen, daß das Wasser zur Zeit außerordentlichen Regens ein Profil von 8 bis 10 qm darstellte, und daß dieser Umfang bei außerordentlichen Austretungen des Flusses Guautitlan auf 30 bis 40 m stieg.[1] Auch haben mich die Indianer versichert, daß sich die Rigole, welche den Grund des Tajo bildet, in letzterem Falle dermaßen füllt, daß die Ruinen vom alten Gewölbe des Martinez unter der Wasserfläche stehen. Fanden die Ingenieure zu viele Schwierigkeit in der Ausführung einer elliptischen Galerie von mehr als 4 bis 5 m Breite, so wäre es offenbar besser gewesen, das Gewölbe in seiner Mitte mit einem Pfeiler zu stützen, oder zwei Galerien zugleich zu graben, als einen offenen Durchbruch zu machen. Dergleichen Durchbrüche sind nur bei wenig erhabenen, nicht sehr breiten Hügeln, welche aus Schichten bestehen, die der Lockerung weniger unterworfen sind, vorteilhaft. Um eine Wassermasse, welche gewöhnlich 8, und zuweilen 15 bis 20 qm Profil hat, durch das Gebirge von Nochistongo zu führen, glaubte man einen

---

[1] Der Ingenieur Iniesta behauptete sogar, daß das Wasser, bei großen Anwachsen desselben, in dem Kanale nächst der Boveda real bis auf 20 oder 25 m steige. Velasquez hingegen versichert, daß diese Schätzungen außerordentlich übertrieben seien. (Declaracion del Maestro Iniesta und Informe de Velasquez, beide handschriftlich vorhanden.)

Graben durchbrechen zu müssen, dessen Profil in sehr ansehnlichen Distanzen 1800 bis 3000 qm hält!

In seinem jetzigen Zustande hat der Ableitungskanal (Desague) von Huhehuetoca, nach Herrn Velasquez' Messungen:[1]

	Mexik. Varen		Meter
Von der Schleuse von Vertiberos bis zur Brücke von Huehuetoca	4870	oder	4087
Von der Brücke von Huehuetoca bis zur Schleuse der heil. Maria	2660	„	2232
Von der Compuerta de Santa Maria bis zur Schleuse von Valderas	1400	„	1175
Von der Compuerta von Valderas bis Boveda real	3290	„	2761
Von der Boveda real bis zu den Ueberbleibseln der alten unterirdischen Galerie Techo Baxo genannt	650	„	545
Von Techo Baxo bis zur Galerie der Vizekönige	1270	„	1066
Von Cañon de los Vireyes bis zur Boca de San Gregorio	610	„	512
Von der Boca de San Gregorio bis zu der niedergerissenen Schleuse . . .	1400	„	1175
Von der Presa demolida bis zur Brücke der Kaskade	7950	„	6671
Von der Puente del Salto bis zur Kaskade selbst (Salto del Rio de Tula) .	430	„	361
Länge des Kanales von Vertiberos bis zum Salto	24530	oder	20585

Von dieser Länge von 20½ km ist der vierte Teil, in welchem die Kette der Hügel von Nochistongo (östlich von Cerro de Sincoque) liegen, in einer außerordentlichen Tiefe durchbrochen. Da, wo die Seitenwand des Kanales am höchsten ist, bei dem alten Schachte von Juan Garcia, hat der Durchschnitt des Berges, in einer Länge von mehr als 800 m, eine Perpendikulärtiefe von 45 bis 60 m und auf seiner Spitze, von einer Böschung zur anderen, 85 bis 110 m

---

[1] Informe y exposicion de las oporaciones hechas para examinar la posibilidad del Desague general de la Laguna de Mexico y otros fines a el conducientes, 1774. (Eine handschriftliche Denkschrift, S. 5.)

Breite.[1] Ueber 3500 m lang beträgt die Tiefe des Ausschnittes 30 bis 50 m. Die Rigole, in welcher das Wasser fließt, hat gewöhnlich nur 3 bis 4 m Breite; allein in einem großen Teile des Desague, wie man in den Profilen sieht, die ich der 15. Platte meines mexikanischen Atlasses beigefügt habe, ist der obere Teil des Ausschnittes im Verhältnis zu seiner Tiefe nicht breit genug, so daß die Seitenwände, statt 40 oder 45° Senkung zu haben, viel zu steil ablaufen und daher unaufhörliche Erdfälle bilden. Besonders sieht man in der Obra del Consulado die ungeheure Erdanhäufung von hergeschwemmtem Boden, welche die Natur auf dem Basaltporphyr des Thales von Mexiko angelegt hat. Als ich die Treppe der Vizekönige herabstieg, zählte ich 25 Schichten von verhärtetem Thon, die mit ebensoviel Mergelschichten abwechselten, und diese enthielten Kugeln von faserigem Kalk mit zellenförmiger Oberfläche. Auch hat man beim Ausgraben des Desague die versteinerten Elefantenknochen gefunden, von denen ich in einem anderen Werke gesprochen habe.

Auf beiden Seiten des Bergdurchschnittes sieht man beträchtliche Hügel, welche von der ausgegrabenen Erde gebildet wurden, und sich nach und nach mit Vegetation zu bedecken anfangen. Da die Herausschaffung dieses Abraumes eine außerordentlich beschwerliche und langsame Arbeit war, so bediente man sich in letzteren Zeiten der schon von Enrico Martinez angewandten Methode, und schwellte das Wasser vermittelst kleiner Schleusen dermaßen an, daß die Gewalt des Stromes den in die Rigole geworfenen Abraum wegführte. Bei dieser Arbeit kamen oft 20 bis 30 Indianer auf einmal um. Man band sie an Seile und zwang sie, an denselben aufgehangen, den Schutt in der Mitte des Wassers zu vereinigen; allein oft schleuderte sie die reißende Flut gegen abgerissene Felsenblöcke, die sie zerschmetterten.

Wir haben weiter oben bemerkt, daß der Arm von Martinez' Kanal, welcher sich gegen den See von Zumpango hingießt, seit 1623 verstopft, und dadurch (um mich des Ausdruckes der heutigen mexikanischen Ingenieure zu bedienen) bloß negativ

---

[1] Um sich eine klarere Vorstellung von der ungeheuren Breite dieses Grabens bei der Obra del Consulado zu machen, braucht man sich bloß zu erinnern, daß die Seine in Paris beim Hafen Bonaparte 102 m, beim Pont royal 136 und bei der Brücke von Austerlitz, in der Nähe des Jardin des Plantes 175 m Breite hat.

geworden war, d. h. den Fluß Guautitlan nur verhinderte, sich in den See zu ergießen. Wenn das Wasser stark anwuchs, so wurde man den Nachteil inne, der für die Stadt Mexiko aus diesem Zustande der Dinge entstand. Trat der Rio de Guautitlan aus, so schüttete er einen Teil seines Wassers in das Becken von Zumpango, und dieses, welches überdies durch die Zuströmung von San Mateo und Pachuca anschwoll, vereinigte sich mit dem See von San Cristobal. Allein es wäre sehr kostspielig gewesen, das Bett des Flusses Guautitlan zu erweitern, seine Beugungen abzuschneiden und seinen Lauf gerade zu machen, und dieses Mittel würde erst nicht einmal alle Gefahr der Ueberschwemmung entfernt haben. Man faßte daher gegen Ende des verflossenen Jahrhunderts, unter der Leitung von Don Cosme de Mier y Trespalacios, Generaloberintendanten des Desague, den weisen Entschluß, zwei Kanäle zu eröffnen, welche das Wasser aus den Seen von Zumpango und San Cristobal nach dem Bergdurchschnitte von Nochistongo führten. Der erste von diesen beiden Kanälen wurde 1796 und der zweite 1798 angefangen, und der eine hat 8900, der andere 13000 m Länge. Der Ausleerungskanal von San Cristobal vereinigt sich mit dem von Zumpango südöstlich von Huehuetoca, 5000 m weit von seiner Mündung in den Desague von Martinez. Beide Werke haben über eine Million Livres tournois gekostet. Die Wasserfläche steht in beiden 8 bis 12 m niedriger, als der sie umgebende Boden, und sie haben im kleinen die nämlichen Fehler, wie der große Durchbruch von Nochistongo. Ihre Abhänge sind viel zu jähe und an vielen Orten beinahe senkrecht; auch stürzt die lockere Erde so häufig in dieselben hinein, daß die Unterhaltung dieser beiden Kanäle des Herrn Mier jährlich über 16000 bis 20000 Franken kostet. Nehmen die Vizekönige den Desague in Augenschein (la visita) wozu sie zwei Tage brauchen, und wofür sie ehemals ein Geschenk von 3000 Piastern erhielten, so schiffen sie sich bei ihrem Palaste,[1] auf dem südlichen Ufer des Sees von San Cristobal ein, und gehen zu Wasser sieben gewöhnliche Meilen weit, bis über Huehuetoca hinaus.

---

[1] Dieser sogenannte Palacio de los Vireyes, in welchem man eine prächtige Aussicht auf den See von Tezcuco und den mit ewigem Schnee bedeckten Vulkan Popocatepec hat, sieht eher einem großen Pachthause als einem Palaste gleich.

Nach einem handschriftlichen Memoire von Don Ignacio Castera, gegenwärtigem Inspektor (Maestro mayor) der hydraulischen Gewerke in dem Thale von Mexiko, hat der Desague mit Einschluß der Dämmeausbesserungen (Albaradones), seit 1607 bis 1789, 5547670 harte Piaster gekostet. Rechnet man zu dieser ungeheuren Summe noch 600000 bis 700000 Piaster, welche in den nächstfolgenden 15 Jahren aufgewendet wurden, so findet man, daß alle diese Arbeiten zusammen (der Durchbruch des Gebirges von Nochistongo, die Dämme und die beiden Kanäle der oberen Seen) über 31 Millionen Livres tournois gekostet haben. Der Kostenanschlag des Languedoker Kanales, der 238648 m Länge hat, betrug (trotz dem Bau von 62 Schleusen, und dem prächtigen Behälter von St. Ferreol) nicht weiter, als 4897000 Franken; aber die Unterhaltung dieses Werkes verzehrte von 1686 bis 1791 die Summe von 22999000 Franken.[1]

Fassen wir alles, was wir über die in der Ebene von Mexiko ausgeführten hydraulischen Arbeiten gesagt haben, zusammen, so sehen wir, daß die Sicherheit der Hauptstadt gegenwärtig auf folgenden Punkten beruht: 1) auf den steinernen Dämmen, welche das Wasser von Zumpango hindern, sich in den See von San Cristobal, und das von letzterem, sich in den See von Tezcuco zu ergießen; 2) auf den Dämmen und Schleusen von Tlahuac und Mexicalcingo, die sich der Austretung der Seen von Chalco und Xochimilco widersetzen; 3) auf dem Desague von Enrico Martinez, vermöge dessen der Fluß Guautitlan die Gebirge durchschneidet, um in das Thal von Tula zu gelangen; und 4) auf den beiden Kanälen des Herrn Mier, durch die man die Seen von Zumpango und San Cristobal nach Gefallen ausleeren kann.

Alle diese vielfältigen Mittel schützen die Hauptstadt indes doch nicht vor den Ueberschwemmungen, welche von Norden und Nordwesten kommen. Trotz aller Ausgaben, die man gemacht hat, wird die Stadt so lange in großer Gefahr sein, als noch kein Kanal geradezu nach dem See von Tezcuco geführt wird. Das Wasser dieses Sees kann anschwellen ohne daß das von San Cristobal seine Dämme zu durchbrechen braucht. Die große Ueberschwemmung von Mexiko, unter der Regierung von Ahuitzotl, kam bloß von häufigem

---

[1] Andreossy, Historie du Canal du Midi, S. 289.

Regen¹ und von dem Austreten der südlichsten Seen, von Chalco und Xochimilco her. Das Wasser stieg 5 bis 6 m über den Boden in den Straßen. 1763 und anfangs 1764 sah man die Hauptstadt gleichfalls in größter Gefahr. Von allen Seiten überschwemmt, bildete sie mehrere Monate lang eine Insel, und dies geschah, ohne daß sich ein Tropfen Wassers aus dem Flusse Guautitlan in den See von Tez= cuco ergoß. Dieses Anschwellen desselben wurde also bloß durch die kleinen Zuflüsse verursacht, welche von Osten, Westen und Süden kommen. Ueberall quoll Wasser aus der Erde, und dies wahrscheinlich durch den hydrostatischen Druck, den es erhielt, indem es sich in die umgebenden Berge einsenkte. Am 6. September 1772 fiel² im Thale von Mexiko so ein starker und plötzlicher Platzregen, daß er allen Anschein einer Wasserhose (Manga de agua) hatte. Glücklicherweise fand dieses Phänomen bloß in dem nördlichen und nordwestlichen Teile des Thales statt. Der Kanal von Huehuetoca that als= dann die wohlthätigste Wirkung, unerachtet dennoch ein großer Landstrich zwischen San Cristobal, Ecatepec, San Mateo, Santa Ines und Guautitlan dermaßen überschwemmt wurde, daß viele Häuser in Trümmer fielen. Wäre diese Wolke aber gerade über der Schale des Sees von Tezcuco geplatzt, so hätte sich die Hauptstadt der drohendsten Gefahr ausgesetzt gesehen. Diese Umstände, und noch mehrere andere, die ich weiter oben ausgeführt habe, beweisen zur Genüge, wie un= erläßlich es für die Regierung wird, sich mit Ausleerung der der Stadt Mexiko am nächsten gelegenen Seen zu beschäftigen. Diese Notwendigkeit wird aber von Tag zu Tag noch drin= gender, indem die Erde welche in die Seen von Tezcuco und Chalco geschwemmt wird, ihren Grund unaufhörlich erhöht.

Wirklich gab auch der Vizekönig Jturrigarray, während meines Aufenthaltes in Huehuetoca im Januar 1804, Befehl zur Erbauung des Kanales von Tezcuco, wie er schon von Martinez entworfen und von Velasquez neuerdings nivelliert

---

¹ Die indianischen Geschichtschreiber erzählen, daß um diese Zeit große Massen Wassers aus dem Inneren der Erde am Abhange der Gebirge herausbrachen, und daß dasselbe Fische enthielt, die man bloß in den Flüssen der heißen Gegenden (Pescados de tierra caliente) findet, ein Phänomen, das wegen der Höhe des mexika= nischen Plateaus schwer zu erklären ist.

² Informe de Velasquez (eine Handschrift), S. 25.

worden war. Dieser Kanal, dessen Kosten zu 3 Millionen
Livres angeschlagen wurden, soll von der Nordwestspitze des
Sees von Tezcuco auf einem Punkte bei der ersten Schleuse
der Calzaba von San Cristobal, Süd 36° Ost, in einer Ent=
fernung von 4590 m auslaufen. Zuerst wird er die große
dürre Ebene, in welcher sich die freistehenden Berge der Las
Cruces de Ecatepec und von Chiconautla[1] befinden, durch=
schneiden und sich dann über die Meierei von Santa Jnes
gegen den Kanal von Huehuetoca hinziehen. Seine ganze
Länge bis zur Schleuse von Vertiberos wird 31 901 m be=
tragen; was aber die Ausführung dieses Planes besonders
kostspielig machen muß, ist die Notwendigkeit, in der man
sich befinden wird, die Rigole des alten Desague von Ver=
tiberos an bis über die Boveda real hinaus zu vertiefen, in=
dem der erste von diesen beiden Punkten 9,078 m höher
und der andere 9,181 m tiefer ist als der mittlere Höhen=
stand vom Wasserspiegel des Sees von Tezcuco.[2] Ihre Ent=

---

[1] Die erste dieser Bergspitzen hat, nach Herrn Velasquez' geodäti=
schen Messungen, 404, die zweite 378 mexikanische Varen (339 und
317 m) Höhe über dem mittleren Flächenstande des Sees von Tezcuco.

[2] Um die Beschreibung dieses großen hydraulischen Werkes zu
vollenden, und zugleich der Platte, welche das Profil im Durchschnitt
des Gebirges darstellt, größeres Interesse zu geben, wollen wir hier
die hauptsächlichsten Resultate von Velasquez' Nivellement angeben.
Verbessert man diese Resultate durch Hebung des Fehlers der Re=
fraktion und durch die Reduktion des anscheinenden wagerechten
Flächezustandes auf den wahren, so stimmen sie so ziemlich mit den
von Enrico Martinez und Arias zu Anfang des 17. Jahrhunderts
gegebenen überein; beweisen aber auch die Unrichtigkeit der im
Jahre 1764 von Don Ylbefonso Yniesta vorgenommenen Flächen=
messungen, denen zufolge sich die Ausleerung des Sees von Tezcuco
als ein weit schwerer zu lösendes Problem darstellte, als es wirk=
lich ist. Wir werden durch + die Punkte bezeichnen, welche höher,
und durch — die, die niedriger sind als der mittlere Höhenstand
vom Wasserspiegel des Sees von Tezcuco in den Jahren 1773 und
1774, oder als das an seinem Ufer Süd 36° östlich von der ersten
Schleuse der Calzaba von San Cristobal, in einer Entfernung von
5475 mexikanischen Varen stehende Zeichen.

	Varas	Palmos	Dedos	Granos
Der Grund des Flusses Guau= titlan bei der Schleuse von Verti= beros . . . . +	10	3	2	3
Der Grund des Desague un= ter der Brücke von Huehuetoca +	8	0	2	1

fernung beträgt nahe an 10 200 m. Um indes das Bett des gegenwärtigen Desague nicht in noch viel ansehnlichere Länge vertiefen zu dürfen, rechnet man darauf, dem neuen Kanale auf 1000 m nur 0,2 m Fall zu geben. 1607 wurde der Plan des Ingenieurs Martinez bloß darum verworfen, weil man annahm, daß man dem fließenden Wasser auf 100 m 0,5 m Fall geben müsse. Alonso de Arias bewies damals durch Vitruvs Zeugnis, daß man, um das Wasser des Sees von Tezcuco in den Rio de Tula zu leiten, dem neuen Kanale eine ungeheure Tiefe geben müßte und daß am Fuße der Kaskade, bei der Hacienda del Salto seine Fläche doch noch um 200 m unter der des Flusses stehen würde. Martinez mußte der Gewalt der Vorurteile und der Autorität der Alten nachgeben! Wir denken, daß, wenn es klug ist, Kanälen, die für die Schiffahrt bestimmt sind, wenig Fall zu geben, es im Durchschnitt von Nutzen ist, Austrocknungskanälen einen starken Fall zu geben; allein es gibt besondere Fälle, wo die Natur des Erdreiches nicht gestattet, in hydraulischen Werken alle Vorteile zu vereinigen, welche die Theorie vorgeschrieben hat.

Zieht man die großen Unkosten in Betrachtung, welche die in dem Rio del Desague von der Schleuse von Verti-

	Varas	Palmos	Dedos	Granos
Derselbe bei der Schleuse von Santa Maria . . . . +	4	3	8	3
Derselbe über der Schleuse von Valderas . . . . +	2	1	11	2
Derselbe unter der Boveda Real . . . . —	10	3	9	3
Derselbe unter der Boveda de Techo Baxo . . . . —	15	0	6	1
Derselbe unter der Boca de San Gregorio . . . . —	23	1	11	2
Derselbe über dem Salto del Rio . . . . —	90	1	9	0
Derselbe unter dem Salto del Rio . . . . —	107	2	9	0

Es ist zu bemerken, daß die Vare in 4 Palmen, 48 Zoll, und 192 Granos eingeteilt wird, daß eine Toise = 3,32258 mexikanische Varen, und eine mexikanische Vare = 0,839169 m ist, und dieses zwar nach den Versuchen, welche mit einer schon seit König Philipps II. Zeit in der Casa del Cabildo zu Mexiko aufbewahrten Vare angestellt worden sind.

deros oder der von Valderas bis zur Boveda Real nötigen Ausgrabungen verursachen werden, so ist man versucht zu glauben, daß es wohl leichter sein möchte, die Hauptstadt vor der Gefahr, welche ihr der See von Tezcuco immer noch droht, zu schützen, wenn man auf den Plan zurückkäme, dessen Ausführung Simon Mendez während der großen Ueberschwemmung von 1629 bis 1634 angefangen hat. Herr Velasquez hat diesen Plan 1774 aufs neue untersucht, und dieser Geometer versichert, nachdem er den Boden nivelliert hat, daß 28 Luftschächte und eine unterirdische Galerie von 13 000 m Länge, welche das Wasser von Tezcuco durch das Gebirge von Zitlaltepec in den Fluß Tequixquiac leitete, mit geringen Kosten und viel schneller ausgeführt werden würden, als die Erweiterung vom Graben des Desague, die Vergrößerung seiner Tiefe auf einer Länge von mehr als 9000 m und ein Kanal, der vom See von Tezcuco bis zur Schleuse von Vertideros bei Huehuetoca gegraben werden müßte. Ich war bei den Konferenzen zugegen, welche 1804 dem Beschlusse vorangingen, letzteren See durch den alten Durchschnitt des Gebirges von Nochistongo abzuleiten. Die Vorteile und Nachteile von Mendez' Plan wurden aber in diesen Konferenzen nicht untersucht.

Es ist zu hoffen, daß man sich bei Grabung des neuen Kanales von Tezcuco ernstlicher mit dem Schicksale der Indianer beschäftigen wird als bisher, selbst bei Ausführung der Rigolen von Zumpango und San Cristobal in den Jahren 1796 und 1798 geschehen ist. Die Eingeborenen hegen den entschiedensten Haß gegen den Desague von Huehuetoca. Eine hydraulische Unternehmung wird von ihnen als ein öffentliches Unglück angesehen und dies nicht nur wegen der vielen Menschen, welche durch traurige Zufälle bei der Durchschneidung des Gebirges zu Grunde gegangen sind, sondern besonders weil sie zur Arbeit gezwungen wurden, ihre häuslichen Angelegenheiten vernachlässigen mußten und während der Ausleerung der Seen in die größte Dürftigkeit verfielen. Seit zwei Jahrhunderten waren mehrere tausend Indianer beinahe unaufhörlich hier beschäftigt und man kann den Desague als die Hauptursache des Elendes der Eingeborenen im Thale von Mexiko ansehen. Die große Feuchtigkeit, der sie in dem Graben von Nochistongo ausgesetzt waren, erzeugte tödliche Krankheiten unter ihnen, und noch vor wenigen Jahren war man so grausam, die Indianer an Seile zu binden und sie wie Galeerensklaven und manchmal krank und sterbend auf der Stelle selbst arbeiten zu machen. Vermöge einer Mißdeutung der Gesetze und eines Mißbrauches der seit der Organisation der Intendantschaften eingeführten Grundsätze wird die Arbeit an dem Desague von Huehuetoca als ein außerordentlicher Frondienst angesehen. Ein solches Ueberbleibsel von Mita sollte man nicht in einem Lande erwarten, wo die Ausbeutung der Bergwerke heutzutage ein völlig freies Geschäft ist und der Eingeborene überhaupt eine größere persönliche Freiheit genießt als in dem nordöstlichen Teile von Europa. Als ich die Aufmerksamkeit des Vizekönigs auf diese wichtigen Betrachtungen leitete, bediente ich mich der häufigen Zeugnisse, welche das Informe de Zepeda enthält. Man liest darin auf allen Seiten, „daß der Desague die Bevölkerung und den Wohlstand der Indianer vermindert hat und daß man diesen oder jenen hydraulischen Plan nicht in Ausführung zu setzen wagt, weil die Ingenieure nicht mehr über so viele Indianer verfügen können wie zur Zeit des Vizekönigs Don Luis de Velasco II." Indes ist es wenigstens tröstlich, zu bemerken, was wir zu Anfang des vierten Kapitels zu entwickeln gesucht haben, daß diese progressive Entvölkerung nur in dem Centralteile des alten Anahuac stattfindet.

Bei allen hydraulischen Arbeiten in dem Thale von Mexiko wurde das Wasser bloß als ein Feind betrachtet, gegen den man sich entweder durch Dämme oder durch Ausleerungskanäle verteidigen muß. Wir haben weiter oben bewiesen, daß dieses Verfahren, besonders das europäische System einer künstlichen Austrocknung, den Keim der Fruchtbarkeit auf einem großen Teile des Plateaus von Tenochtitlan zerstört hat. Die Anflüge von kohlensaurem Kali (Tequesquite) vermehrten sich in dem Maße, in welchem die Feuchtigkeit der Atmosphäre und die Masse fließenden Wassers abnahmen. Schöne Weiden gewannen nach und nach die Ansicht dürrer Steppen. Auf ganz großen Strichen zeigt der Boden des Thales nichts anderes als eine Kruste von verhärtetem Thon (Tepetate) ohne Vegetation und mit häufigen Rissen. Und doch wäre es so leicht gewesen, die natürlichen Vorteile des Bodens zu benutzen und die Ausleerungskanäle der Seen nach Gefallen zur Bewässerung der dürren Ebenen und zur inneren Schiffahrt zu gebrauchen. Die großen Wasserschalen, welche gleichsam stockweise übereinander stehen, er leichtern die Anlegung von Bewässerungskanälen im höchsten Grade. Südöstlich von Huehuetoca befinden sich drei Schleusen, los Vertideros genannt, die man nur eröffnete, wenn man den Fluß Guautitlan in den See von Zumpango leiten oder wenn man den Rio del Desague (den Durchschnitt des Berges) trocken legen will, um seine Rigole zu reinigen oder zu vertiefen. Da sich die Spur der alten Mündung des Rio de Guautitlan, wie sie 1607 gewesen ist, nach und nach verloren hat, so hat man von Vertideros bis zum See von Zumpango einen neuen Kanal gegraben. Anstatt das Wasser aus diesem See und dem von San Cristobal unaufhörlich aus dem Thale hinaus in den Atlantischen Ozean zu führen, hätte man in den Zwischenräumen von 18 oder 20 Jahren, in welchen oftmals keine Ueberschwemmung eintritt, das Wasser des Desague in den niedrigsten Strecken des Thales zum Besten des Ackerbaues benutzen und Wasserbehälter für die Zeit der Dürre anlegen können. Allein man folgte lieber dem schon von alters her in Madrid gegebenen Befehle, „daß kein Tropfen Wasser aus dem See von San Cristobal in den von Tezcuco kommen dürfe, außer einmal des Jahres, wenn man die Schleusen (las Compuertas de la Calzada) öffnet, und in dem ersten dieser Seen den Fischfang anstellt".[1] Der Handel der Indianer von Tezcuco liegt aus Mangel an Wasser in dem Salzsee, der sie von der Hauptstadt trennt, ganze Monate lang danieder; dürre Strecken Boden dehnen sich unter dem mittleren Höhenstande des Wassers von Guautitlan unter den nördlichen Seen hin und dennoch ist es seit Jahrhunderten noch niemand eingefallen, den Bedürfnissen des Ackerbaues und der inneren Schiffahrt zu Hilfe zu kommen. Freilich war schon lange ein kleiner Kanal (Sanja) von dem See von Tezcuco bis zu dem von San Cristobal vorhanden; aber ein Schleuseneinsatz von 4 m Fall hätte die Kähne in den Stand gesetzt, von der Hauptstadt bis nach dem letzten dieser Seen zu fahren, und auf Herrn Miers Kanälen wären

---

[1] Dieser Fischfang ist eines der schönsten ländlichen Feste für die Bewohner der Hauptstadt. Die Indianer bauen alsdann Hütten auf den Ufern des Sees von San Cristobal, welcher während dieses Vergnügens beinahe ganz trocken gelegt wird, und diese Sitte erinnert an den Fischfang, den die Aegypter, nach Herodots Erzählung, zweimal des Jahres bei Eröffnung der Bewässerungsschleusen im See Moeris angestellt haben.

sie sogar bis zum Dorfe Huehuetoca gelangt. So würde eine Wasserkommunikation von dem südlichen Ufer des Sees von Chalco bis zur nördlichen Grenze des Thales in einer Ausdehnung von 80 000 m zustande gekommen sein. Unterrichtete und von hohem patriotischem Eifer belebte Männer haben es freilich gewagt, ihre Stimmen[1] für diese Ideen zu erheben; allein die Regierung, welche so lange die besten Pläne entworfen hatte, wollte das Wasser der mexikanischen Seen nicht anders ansehen, als wie ein schädliches Element, von welchem man die Umgebungen der Hauptstadt befreien mußte und dem man keinen anderen Lauf gestatten durfte, als den Ausfluß gegen die Küsten des Ozeans.

Nun aber, da der Kanal von Tezcuco auf Befehl des Vizekönigs Don Joseph de Iturrigarray eröffnet werden soll, kann die freie Schiffahrt durch das große und schöne Thal von Tenochtitlan gar kein Hindernis mehr finden und das Getreide und die übrigen Erzeugnisse von Tula und Guautitlan werden zu Wasser nach der Hauptstadt kommen.

Den wohlthätigsten Einfluß aber würde ein von Chalco nach Huehuetoca schiffbarer Kanal auf denjenigen Teil des inneren Handels von Neuspanien haben, welchen man durch den Namen des Comercio de tierra adentro bezeichnet und der in gerader Linie von der Hauptstadt aus nach Durango, Chihuahua und Santa Fé in Neumexiko geht. Huehuetoca könnte in Zukunft der Entrepotplatz für diesen wichtigen Handel werden, zu welchem über 50 000 bis 60 000 Saumtiere (Recuas) gebraucht werden. Die Maultiertreiber (Arrieros) von Neubiscaya und Santa Fé fürchten auf dieser Straße von 500 Meilen keine Tagereise so sehr, wie die von Huehuetoca nach Mexiko. Zur Regenzeit werden die Wege in dem nordwestlichen Teile des Thales, wo der Basaltmandelstein mit einer dicken Lage Thon bedeckt ist, beinahe ganz unbrauchbar. Viele Maultiere gehen auf denselben zu Grunde und die übrigen können sich wenigstens in den Umgebungen der Hauptstadt, wo es weder die guten Weideplätze noch die großen Gemeintriften (Exidos) wie in Huehuetoca gibt, nicht von ihren Anstrengungen erholen. Man muß sich lange in Ländern aufgehalten haben, wo aller Art Handel durch Karawanen von Kamelen oder Maultieren getrieben wird, um den großen Einfluß der Gegen-

---

[1] Zum Beispiel Herr Velasquez am Schlusse seines Informe sobre el Desague (handschriftlich).

stände, die wir eben abgehandelt haben, auf das Glück der Einwohner in seinem ganzen Umfange würdigen zu können.

Die in dem südlichen Teile des Thales von Tenochtitlan gelegenen Seen setzen auf ihrer Oberfläche Miasmen von geschwefeltem Wasserstoff ab, die man, wenn der Südwind weht, in den Straßen von Mexiko riecht. Die Azteken bezeichneten sie ehemals in ihrer hieroglyphischen Schrift mit einem Totenkopfe. Der See von Xochimilco ist zum großen Teile mit Pflanzen aus der Familie der Simsen und Cyperngräsern angefüllt, welche in geringer Tiefe unter einer Lage stehenden Wassers vegetieren. Man hat der Regierung kürzlich den Vorschlag gemacht,[1] in gerader Linie von der kleinen Stadt Chalco nach Mexiko einen schiffbaren Kanal zu graben, der um ein Drittel kürzer wäre, als der bereits vorhandene ist, auch hegt man zu gleicher Zeit den Plan, die Bassins der Seen von Xochimilco und Chalco auszutrocknen und den Boden davon zu verkaufen, welcher, seit Jahrhunderten mit süßem Wasser ausgelaugt, sehr fruchtbar geworden ist. Indes würde der See von Chalco, da er in seinem Mittelpunkte eine größere Tiefe hat als der See von Tezcuco, nie ganz ausgeleert werden können. Der Ackerbau und die Gesundheit der Luft aber müßten durch die Ausführung dieses Planes von Herrn Castera gleich sehr gewinnen; denn die südliche Spitze des Thales enthält im Durchschnitte den für den Ackerbau geeignetsten Boden, weil das kohlensaure und das schwefelsaure Kali hier wegen der unaufhörlichen Filtrationen des von den Höhen des Cerro d'Ajusco, des Guarda und der Vulkane abrinnenden Wassers in geringerer Menge vorhanden sind. Uebrigens darf nicht vergessen werden, daß die Ausleerung beider Seen die Trockenheit der Atmosphäre in einem Thale, wo der Delucsche[2] Hygrometer oft auf 15° fällt, noch mehr vermehren würde, und dieses Uebel wird so lange unvermeidlich sein, als man die hydraulischen Arbeiten nicht mit einem allgemeinen Systeme verbindet, die Bewässerungs-

---

[1] Informe de Don Ignacio Castera (Handschrift), S. 14.

[2] Wenn die Temperatur der Luft 23 Centigrade hat, so sind die 15° des Delucschen Hygrometers mit Fischbein so viel, als 42° auf dem Saussureschen Hygrometer mit Haaren. Ich habe die Ursachen dieser außerordentlichen Trockenheit in dem physikalischen Gemälde der Aequinoktialgegenden, welches meinem Versuch über die Geographie der Pflanzen beigefügt ist, untersucht.

kanäle nicht vermehrt, keine Wasserbehälter für die Zeit der Dürre anlegt und keine Schleusen baut, welche dem verschiedenen Drucke der ungleichen Zuführungskanäle das Gleichgewicht haltend, sich öffnen, um das Wasser der anschwellenden Flüsse zu empfangen und aufzubehalten. Diese Wasserbehälter könnten, wenn sie in gehöriger Höhe angebracht würden, noch dazu benutzt werden, zuweilen die Straßen der Hauptstadt zu waschen und zu reinigen.

Zur Zeit einer eben entstehenden Civilisation sind kühne Entwürfe und riesenhafte Pläne viel verführerischer als die einfachsten und am leichtesten ausführbaren Ideen. Statt daher ein System von kleinen Kanälen für die innere Schifffahrt in dem Thale anzulegen, verlor man sich unter dem Vizekönig Grafen von Revillagigedo, in unnütze Spekulationen über die Möglichkeit einer Kommunikation zu Wasser zwischen der Hauptstadt und dem Hafen von Tampico. Als man das Wasser der Seen, durch das Gebirge von Nochistongo hindurch, den Fluß Tula (auch Rio de Montezuma genannt) herab und mit dem Flusse Panuco in den mexikanischen Meerbusen fließen sah, gewann man Hoffnung, daß diese Straße dem Handel von Veracruz geöffnet werden könnte. Für mehr denn 100 Millionen Livres tournois Waren werden jährlich durch Maultiere von der Europa gegenüberliegenden Küste bis auf das Plateau im Inneren des Landes getragen, und Mehl, Leder und die metallischen Reichtümer auf gleiche Weise von dem Centralplateau nach Veracruz herabgebracht. Das Entrepot dieses ungeheuren Handels ist die Hauptstadt. Der Landweg, den man in Ermangelung eines Kanales von der Küste aus bis nach Perote anlegen muß, wird mehrere Millionen Piaster kosten; aber die Luft in dem Hafen von Tampico scheint bis jetzt für die Europäer und die Bewohner der kalten Gegenden von Mexiko weniger schädlich zu sein als das Klima von Veracruz. Können Schiffe, welche 4,5 bis 6 m tief Wasser haben, auch gleich wegen der vor jenem Hafen liegenden Bank nicht in denselben einlaufen, so möchte er dennoch dem gefährlichen Ankergrunde in den niedrigen Tiefen von Veracruz vorzuziehen sein. Aus diesen Gründen dürfte daher eine Schiffahrt von der Hauptstadt bis nach Tampico, so groß auch die Kosten für die Ausführung eines so kühnen Entwurfes sein möchten, zu wünschen sein.

Allein in einem Lande, wo ein bloßer Privatmann, der

Graf de la Valenciana, in einem einzigen Bergwerke[1] drei Schachte graben ließ, die ihn über neuntehalb Millionen Franken kosteten, darf man keine Kosten scheuen. Ebensowenig ist die Möglichkeit der Ausführung eines Kanales von dem Thale von Tenochtitlan nach dem Hafen von Tampico zu leugnen. Bei dem gegenwärtigen Zustande der hydraulischen Architektur kann man überall, wo die Natur Abteilungspunkte gestattet, welche die Vereinigung zwischen zwei Hauptrezipienten bilden, Schiffe über hohe Gebirge wegführen, und der General Andreossy hat verschiedene dergleichen Punkte in den Vogesischen Gebirgen und in anderen Teilen Frankreichs angegeben.[2] Herr Prony hat die Zeit berechnet, welche ein Schiff brauchte, um die Alpen zu passieren, wenn man die bei dem Hospitium von Mont Cenis gelegenen Seen benutzend zwischen Lans-le-Bourg und dem Thale von Susa eine Kommunikation zu Wasser anlegte, und dieser vortreffliche Ingenieur bewies sogar durch seine Berechnung, daß in diesem besonderen Falle der Landtransport der Langsamkeit der Schleusen vorzuziehen wäre. Die von Reynolds erfundenen und von Fulton vervollkommneten abhängigen Flächen und die Taucherschleusen der Herren Hubleston und Betancourt, zwei beim System von kleinen Kanälen gleich anwendbare Erfindungen, haben die künstlichen Mittel der Schiffahrt in gebirgigen Ländern aufs glücklichste vermehrt. Wie groß aber auch die Ersparnis von Wasser und Zeit sein mag, die man erreichen kann, so gibt es gewisse Maxima der Höhe des Durchgangspunktes, über welche hinaus die Kanäle keinen Vorteil mehr vor dem Räderfuhrwerk haben. Das Wasser des Sees von Tezcuco, östlich von der Hauptstadt Mexiko liegt 2276 m über der Meeresfläche bei Tampico! Selbst wenn man Schleuseneinsätze auf Gewölben (des sas acollés) anbrächte, brauchte man bei 200 Schleusen, um die Schiffe auf eine so ungeheure Höhe zu erheben. Müßten aber die Zuführungskanäle in dem Mexikanischen Kanale nur wie in dem Languedoker verteilt werden, dessen Teilungspunkt (zu Naurouse) bloß eine senkrechte Höhe von 189 m hat, so käme die Zahl der Schleusen schon auf 330 bis 340. Ich kenne das Bett des Flusses Montezuma, jenseits des Thales von Tula (des alten Tollan), nicht; und ebensowenig sind mir

---

[1] Bei Guanajuato.
[2] Andreossy, Ueber den Languedoker Kanal, S. 45.

die einzelnen Abteilungen seines Falles bis in die Gegenden von Zimapan und vom Doctor bekannt; sondern ich erinnere mich bloß, daß die Kähne durch Ruder oder durch Seile gezogen auf den großen Flüssen des südlichen Amerikas ohne Schleusen, und auf eine Weite von 180 Meilen, 300 m hoch stromauf fahren. Aber trotz dieser Aehnlichkeit und der Vergleichung mit den großen in Europa ausgeführten Werken kann ich mich kaum überzeugen, daß ein Schiffahrtskanal, von dem Plateau von Anahuac bis an die Küsten des Meeres der Antillen eine hydraulische Unternehmung ist, zu der man raten darf!

Die hauptsächlichsten Städte (Ciudades y villas) der Intendantschaft von Mexiko sind folgende:

Mexiko, Hauptstadt des Königreiches Neuspanien. Höhe 2277 m und Bevölkerung im Jahre 1803: Seelen 137000.

Tezcuco mit Baumwollenmanufakturen, welche ehemals sehr ansehnlich waren, aber durch die Konkurrenz derer von Queretaro viel verloren haben.

Coyoacan mit einem Frauenkloster, das von Hernan Cortez gestiftet wurde, und wohin er seinem Testament zufolge begraben sein wollte, „in welchem Teile der Welt er auch seine Tage endigen würde". Wir haben aber oben gesehen, daß diese Klausel seines Testamentes nicht erfüllt worden ist.

Tacubaya westlich von der Hauptstadt, mit einem erzbischöflichen Palaste und einer schönen Pflanzung europäischer Olivenbäume.

Tacuba, das alte Tlacopan, die ehemalige Hauptstadt eines kleinen Königreiches der Tepaneken.

Cuernavaca, das alte Quauhuahuac, auf dem südlichen Abhange der Kordillere von Huichilaque, unter einem gemäßigten, äußerst angenehmen und für die Kultur der europäischen Fruchtbäume höchst geeigneten Klima. Höhe[1] 1655 m.

---

[1] Herr Alzate versichert in der Litteraturzeitung von Mexiko (1760, S. 220), daß die absolute Höhe der Orte in Neuspanien sehr geringen Einfluß auf ihre Temperatur hat. Er führt als Beispiel die Stadt Cuernavaca an, welche seiner Angabe nach auf gleicher Höhe mit der Hauptstadt von Mexiko über dem Spiegel des Ozeans

Chilpantzingo (Chilpantzinco), von sehr fruchtbaren Getreidefeldern umgeben.

Tasco (Tlachco), mit einer schönen Parochialkirche, die gegen die Mitte des 18. Jahrhunderts von einem Franzosen, Joseph de Laborde, welcher in sehr kurzer Zeit durch die Ausbeutung der mexikanischen Bergwerke ungeheure Reichtümer gewonnen hatte, aufgeführt und dotiert wurde. Der Bau der Kirche allein kostete ihn über zwei Millionen Franken. Nachdem er aber gegen das Ende seines Lebens in die äußerste Armut geraten war, erhielt er von dem Erzbischof von Mexiko die Erlaubnis, zu seinem Vorteil die prächtige Sonne (Custodia), welche reich mit Diamanten geschmückt war, und die er in glücklicheren Zeiten dem Tabernakel der Parochialkirche von Tasco aus Frömmigkeit zum Geschenk gemacht hatte, an die Hauptkirche von Mexiko zu verkaufen. Höhe der Stadt 783 m.

Acapulco (Acapolco), an eine Kette von Granitgebirgen gelehnt, welche durch das Zurückprallen der Sonnenstrahlen die erdrückende Hitze des Klimas vermehren. Kürzlich hat man bei der Bai von Langosta den berühmten Gebirgsdurchbruch (Abra de San Nicolas), welcher die Bestimmung hat, den Seewinden Zugang zu der Stadt zu verschaffen, vollendet. Die Bevölkerung dieser erbärmlichen Stadt, welche beinahe ausschließend von farbigen Menschen bewohnt ist, beläuft sich zur Zeit der Ankunft der Galione von Manilla (Nao de China) auf 9000 Seelen, ist aber gewöhnlich nicht höher als 4000.[1]

Zacatula, ein kleiner Hafen am Südmeere, auf den Grenzen der Intendantschaft von Valladolid, zwischen den Häfen Sihuantanejo und Colima.

Lerma, beim Eingang in das Thal von Toluca, auf einem Sumpfboden.

Toluca (Tolocan), am Fuße des Porphyrgebirges von

---

steht, und ihr herrliches Klima bloß ihrer Lage auf der Südseite einer hohen Gebirgskette verdankt. Allein Herr Alzate hat sich in der Höhenangabe dieser Stadt um mehr als 600 m geirrt! Cortez, welcher alle Namen der aztetischen Sprache verstümmelt, nennt diese Stadt Coadnabaced, und in diesem Namen ist doch wahrscheinlich ihr eigentlicher, Quauhuahuac, schwer zu erkennen.

[1] [Jetzt 5000. — D. Herausg.]

San Miguel de Tutucuitlapilco, in einem an Mais und Maguey (Agave) reichen Thale. Höhe 2687 m.

Pachuca, mit Tasco der älteste Bergwerksort des Königreichs, so wie das benachbarte Dorf Pachuquillo für das erste christliche Dorf gehalten wird, das die Spanier angelegt haben. Höhe 2482 m.

Cadereita, mit schönen Brüchen von Thonporphyr.

San Juan del Rio, umgeben von Gärten, welche mit Reben und Anona geschmückt sind. Höhe 1978 m.

Queretaro, berühmt wegen der Schönheit seiner Gebäude, seiner Wasserleitung und seiner Tuchmanufakturen. Höhe 1940 m und gegenwärtige Bevölkerung 35000.[1]

Die bedeutendsten Bergwerke, bloß in Rücksicht auf ihren gegenwärtigen Reichtum betrachtet, sind:

Die Veta Biscaina de Real del Monte bei Pachuca; Zimapan, El Doctor und Tehulilotepec bei Tasco.

2) Intendantschaft von Puebla.

Diese Intendantschaft, welche bloß auf einer Küste von 26 Meilen Länge, von dem Großen Ozean genetzt wird, erstreckt sich von 16° 57' bis 20° 40' der nördlichen Breite. Sie liegt demnach ganz unter der heißen Zone und grenzt gegen Nordosten an die Intendantschaft von Veracruz, gegen Osten an die von Oajaca, gegen Süden an den Ozean und gegen Westen an die Intendantschaft von Mexiko. Ihre größte Länge, von der Mündung des kleinen Flusses Tecoyame bis gegen Mextitlan, beträgt 875 km, und ihre größte Breite, von Techuacan bis Mecameca, 370 km.

Der größte Teil der Intendantschaft von Puebla wird von den hohen Kordilleren von Anahuac durchschnitten. Ueber den 18. Grad der Breite hinaus ist das Land ein an Weizen, Mais, Agaven und Fruchtbäumen äußerst fruchtbares Plateau, das 1800 bis 2000 m über dem Spiegel des Ozeans liegt. Auch befindet sich in dieser Intendantschaft das höchste Gebirge von ganz Neuspanien, der Popocatepetl. Dieser Vulkan, den ich zuerst gemessen habe, ist unaufhörlich in Flammen;

---

[1] [Jetzt 27560. — D. Herausg.]

indes sieht man seit Jahrhunderten bloß Rauch und Asche aus seinem Krater hervorgehen. Er liegt 600 m höher als die höchsten Bergspitzen auf dem alten Kontinent, und von der Landenge von Panama bis zur Beringsstraße, welche Asien von Amerika scheidet, ist uns nur eine Höhe, nämlich die des St. Eliasberges, bekannt, welche die des großen Vulkanes von Puebla noch übertrifft.

Die Bevölkerung dieser Intendantschaft ist noch ungleicher verteilt als die in der Intendantschaft von Mexiko und auf dem Plateau, welches sich von dem östlichen Abhange der Nevados[1] bis in die Gegend von Perote ausdehnt und besonders in den hohen und schönen Ebenen zwischen Cholula, Puebla und Tlaxcala vereinigt. Beinahe alles Land, das sich von dem Centralplateau gegen San Luis und Ygualapa an den Küsten des Südmeeres hin erstreckt, liegt wüst und öde, uncrachtet es zum Bau des Zuckers, der Baumwolle und anderer der kostbarsten Produkte der Tropenländer geeignet ist.

Das Plateau von Puebla enthält merkwürdige Spuren der ältesten mexikanischen Civilisation. Die Befestigungen von Tlaxcalla sind von späterem Bau als die große Pyramide von Cholula, von der ich in dem historischen Berichte von meinen Reisen in das Innere des neuen Kontinents eine Zeichnung und die ausführliche Beschreibung liefern werde. Ich brauche daher hier bloß zu bemerken, daß diese Pyramide, auf deren Spitze ich viele astronomische Beobachtungen angestellt habe, in vier Abteilungen übereinander besteht, daß sie in ihrem gegenwärtigen Zustande bloß 54 m perpendikulärer Höhe, aber 439 m horizontaler Breite an ihrer Basis hat; daß ihre Seiten genau nach der Richtung der Meridiane und Parallelkreise gestellt sind, und daß sie (wie der Durchbruch gezeigt, den man vor wenigen Jahren auf ihrer Nordseite

---

[1] Die Ausdrücke Nevado und Sierra Nevada bezeichnen im Spanischen keine Gebirge, welche sich im Sommer von Zeit zu Zeit mit Schnee bedecken, sondern Berggipfel, welche in die Region des ewigen Schnees hineinreichen. Ich ziehe dieses fremde Wort langen Umschreibungen und dem unpassenden Ausdruck Schneegebirge vor, welchen die nach Peru geschickten Akademiker zuweilen gebrauchen. Ueberdies gibt das Wort Nevado, wenn es dem Namen eines Gebirges beigesetzt wird, eine Idee von dem Minimum der Höhe seines Gipfels.

versucht hat) aus Lagen von Backsteinen besteht, die mit anderen von Thon abwechseln. Diese Angaben reichen hin, um in dem Bau dieses Werkes denselben Typus zu erkennen, welchen die Form der Pyramiden von Teotihuacan verrät, von denen wir oben gesprochen haben; auch beweisen sie schon die große Aehnlichkeit, welche zwischen diesen von den ältesten Bewohnern von Anahuac aufgeführten Denkmalen, dem Tempel des Belus in Babylon und den Pyramiden von Menschich-Daschur bei Sakhara in Aegypten obwaltet.

Die Plattform der abgestumpften Pyramide von Cholula hat eine Oberfläche von 4200 qm. In ihrer Mitte erhebt sich eine Kirche der Lieben Frau de los Remedios, welche von Cypressen umgeben ist, und worin alle Morgen von einem Geistlichen aus dem indianischen Stamme, der immer auf der Spitze dieses Denkmals wohnt, Messe gelesen wird. Von dieser Plattform herab genießt man eine entzückende und imposante Aussicht auf den Vulkan von Puebla, auf den Pik von Orizaba und auf die kleine Kordillere von Matlacueye,[1] welche einst das Gebiet der Cholulanen von dem der republikanischen Tlaxcalteken trennte.

Die Pyramide oder der Teocalli von Cholula hat genau dieselbe Höhe wie der Tonatiuh Iztaqual von Teotihuacan, den wir oben beschrieben haben, und ist 3 m höher als der Mycerinus, oder die dritte von den großen Pyramiden aus der Gruppe dieser Denkmale bei Gizeh. Die anscheinende Länge ihrer Basis betreffend, so übertrifft sie die von allen ähnlichen Werken, welche die Reisenden auf dem alten Kontinent gefunden haben, und ist beinahe doppelt so groß als die der großen Pyramide, welche unter Cheops' Namen bekannt ist. Wer sich durch die Vergleichung bekannter Gegenstände eine klare Vorstellung von der beträchtlichen Masse dieses mexikanischen Denkmales machen will, der denke sich ein Quadrat, welches viermal größer als der Platz Vendome in Paris und mit einem Berge von Backsteinen bedeckt ist, der sich doppelt so hoch als der Louvre erhebt! Vielleicht besteht auch nicht der ganze Kern der Pyramide von Cholula aus Backsteinen, und sind diese nur, wie schon ein berühmter

---

[1] Auch die Sierra Malinche oder Doña Maria genannt. Malinche scheint von Malintzin herzukommen, einem Worte, das (aus welchem Grunde, ist mir nicht bekannt), heutzutage die Mutter Gottes bezeichnet.

Altertumsforscher, Herr Zoëga in Rom, vermutet hat, die Bekleidung eines Haufens von Steinen und Mörtel, gleich mehreren Pyramiden von Sakhara, welche schon Pocoke und neuerdings Herr Grobert besucht hat. Der Weg von Puebla nach Mecameca indes, welcher durch einen Teil vom ersten Stockwerk dieses Teocalli gebrochen ist, bestätigt diese Vermutung nicht.

Die alte Höhe dieses außerordentlichen Denkmales ist uns unbekannt. In seinem jetzigen Zustande verhält sich die Länge seiner Basis[1] zu seiner perpendikulären Höhe wie

---

[1] Ich will hier die wahren Dimensionen der drei großen Pyramiden, nach Herr Groberts interessantem Werke geben, und ihnen die der Pyramidendenkmale von Backsteinen zu Sakhara in Aegypten, und der von Teotihuacan und Cholula in Mexiko zur Seite stellen. Die Zahlen sind Meter.

	Pyramiden von Stein			Pyramiden von Backsteinen		
	Cheops	Cephren	Mycerinus	mit 5 Stockwerken in Aegypten bei Sakhara	mit 4 Stockwerken in Mexiko	
					Teotihuacan	Cholula
Höhe	145,5	126	52,2	48,7	55,5	55,8
Länge der Basis	236,5	212,7	90,9	68,2	209,4	440

Es ist merkwürdig zu bemerken: 1) daß die Völker von Anahuac den Vorsatz gehabt haben, der Pyramide von Cholula dieselbe Höhe, aber die doppelte Basis der von Tonatiuh-Itzaqual zu geben; und 2) daß die größte aller ägyptischen Pyramiden, die von Asychis, deren Basis 260 m Länge hat, nicht von Steinen, sondern von Backsteinen aufgeführt ist. Die Domkirche von Straßburg ist 2,6 m und das Kreuz auf der Peterskirche in Rom 13,3 m niedriger als der Cheops. Es gibt in Mexiko, und zwar in den Wäldern von Papantla, in geringer Erhabenheit über dem Meeresspiegel, auf den Plateaus von Cholula und Teotihuacan, Pyramiden von mehreren Stockwerken, welche höher sind als unsere Alpenstraßen. Man sieht mit Erstaunen, wie der Mensch auch in Gegenden, die noch so weit voneinander entfernt sind, und unter den verschiedensten Klimaten, in seinen Bauten, seinen Verzierungen, seinen Gebräuchen, und selbst in seinen politischen Institutionen, denselben Typus befolgt.

8 zu 1, da hingegen bei den drei großen Pyramiden von Gizeh dieses Verhältnis wie 1⁶/₁₀ und 1⁷/₁₀ zu 1 oder ungefähr wie 8 zu 5 ist. Wir haben weiter oben schon bemerkt, daß die Häuser der Sonne und des Mondes, oder die pyramidalischen Denkmale von Teotihuacan, nordöstlich von Mexiko, mit einem System von kleinen symmetrisch geordneten Pyramiden umgeben sind. Herr Grobert hat eine sehr merkwürdige Zeichnung von der gleichfalls regelmäßigen Verteilung der kleinen Pyramiden, welche um den Cheops und den Mycerinus zu Gizeh herumstehen, bekannt gemacht. Der Teocalli von Cholula scheint, wenn man ihn anders mit den großen ägyptischen Denkmalen vergleichen darf, nach einem ähnlichen Plane gebaut zu sein, und man sieht auf der Westseite den Cerros von Tecaxete und von Zapoteca gegenüber noch zwei vollkommen prismatische Massen. Die eine derselben heißt heutzutage Alcoscac oder Istenenetl, die andere der Cerro de la Cruz und letztere, die von Stampferde (en pisé) gebaut ist, hat bloß 15 m Höhe.

Die Intendantschaft Puebla zeigt dem neugierigen Reisenden auch eines der ältesten Denkmale von Vegetation. Der berühmte Ahahuete[1] oder die Cypresse im Dorfe Atlixco hat 23,3 m Umfang und ganz gemessen (denn ihr Stamm ist ausgehöhlt) im Durchschnitt 4,8 m. Diese Cypresse ist also, mit einigen Schuhen Unterschied, so dick als der Baobab (Adansonia digitata) am Senegal.

Der Distrikt der alten Republik Tlaxcalla, die von Indianern bewohnt wurde, welche auf ihre Privilegien äußerst eifersüchtig und zu bürgerlichen Unruhen sehr geneigt waren, bildete seit langer Zeit eine eigene Regierung. Ich habe ihn in meiner Generalkarte von Neuspanien als noch zur Intendantschaft von Puebla gehörig angezeigt; allein durch eine neue Veränderung in der Finanzadministration sind Tlaxcalla und Quautla de las Amilpas zu gleicher Zeit, da Tlapa und Ygualapa von der Intendantschaft von Mexiko getrennt wurden, mit derselben vereinigt worden.

Cholula, Tlaxcalla und Huexotzingo sind die drei Republiken, welche ganze Jahrhunderte hindurch dem mexikanischen Reiche widerstanden haben, unerachtet ihre unglückliche aristokratische Verfassung dem niedrigen Volke kaum mehr

---

[1] Cupressus disticha, Linn.

Freiheit gestattete, als es unter der Feudalregierung der aztekischen Könige genossen haben würde.

Die Fortschritte der Nationalindustrie und des Wohlstandes der Bewohner dieser Provinz waren, trotz des thätigen Eifers eines ebenso aufgeklärten als ehrwürdigen Intendanten, Don Manuel de Flon, der kürzlich den Titel eines Grafen von Cadena geerbt hat, sehr langsam. Der einst so blühende Mehlhandel hat durch die ungeheure Verteuerung des Transportes von dem mexikanischen Plateau nach der Havana und besonders durch den Mangel an Saumtieren sehr gelitten. Auch hat der Handel, den die Stadt Puebla bis 1710 mit Hüten und Fayence nach Peru getrieben, ganz aufgehört. Das größte Uebel aber, das den allgemeinen Wohlstand verhindert, besteht darin, daß vier Fünfteile alles Grundeigentums (Fincas) Leuten von der toten Hand, d. h. den Mönchen, Kapiteln, Brüderschaften und Hospitälern gehören.

Die Intendantschaft von Puebla besitzt sehr ansehnliche Salzwerke bei Chila, Xicotlan, Ocotlan (in dem Distrikte von Chiautla) und bei Zapotitlan. Der unter dem Namen des Marmors von Puebla bekannte schöne Marmor, welcher dem von Bizaru, Real del Doctor, vorzuziehen ist, wird in den Brüchen von Totamehuacan und von Tecali, zwei und sieben Meilen weit von dem Hauptorte der Intendantschaft, gebrochen. Die luftsaure Kalkerde von Tecali ist transparent, wie der Gipsalabaster von Volterra und der Phengit der Alten.

Die Eingeborenen dieser Provinz reden drei ganz verschiedene Sprachen, nämlich die mexikanische, die totonakische und die tlapanekische. Die erste derselben ist den Bewohnern von Puebla, Cholula und Tlaxcalla, die zweite denen von Zacatlan und die dritte denen der Gegend von Tlapa eigen.

———

Die vorzüglichsten Städte der Intendantschaft von Puebla sind folgende:

La Puebla de los Angeles, Hauptstadt der Intendantschaft, und bevölkerter als Lima, Quito, Santa Fé und Caracas. Nach Mexiko, Guanajuato und Havana ist dies die ansehnlichste Stadt in den spanischen Kolonieen auf dem neuen Kontinent. Puebla gehört zu den sehr wenigen ameri-

kanischen Städten, welche durch europäische Kolonisten ge=
gründet worden sind; denn in der Ebene von Acoxate oder
Cuitlaxcoapan, und an der Stelle, wo heutzutage die Haupt=
stadt der Provinz steht, befanden sich zu Anfang des 16. Jahr=
hunderts bloß einige von den Indianern von Cholula be=
wohnte Hütten. Das Privilegium von Puebla ist vom
28. September 1531 datiert. 1802 betrug die Konsumtion
der Bewohner dieser Stadt 52951 Cargas (jede von 300
Pfunden) Weizenmehl, und 36000 Cargas Mais. Die Höhe
des Bodens ist auf der Plaza Mayor 2196 m und ihre Be=
völkerung 67800.[1]

Tlaxcalla ist so tief von seiner alten Größe herabge=
sunken, daß man daselbst nur noch 3400 Einwohner zählt,
unter denen bloß 900 Indianer von unvermischtem Stamme
sind. Und dennoch fand Cortez einst in dieser Stadt eine
Bevölkerung, welche ihm ansehnlicher deuchte, als die von
Granada.

Cholula, Churultecal von Cortez[2] genannt, mit schönen

---

[1] [Jetzt 64588. — D. Herausg.]

[2] Dieser große Konquistador entwirft, mit der ihm eigenen Ein=
fachheit des Stils, ein merkwürdiges Gemälde der alten Stadt
Cholula. „Die Bewohner dieser Stadt," sagt er in seinem dritten
Briefe an Kaiser Karl V., „sind besser gekleidet, als die, welche uns
bisher vorgekommen sind. Die wohlhabenden unter ihnen tragen
Mäntel (Albornoces) über ihren Anzug. Diese Mäntel unterschei=
den sich aber von den afrikanischen dadurch, daß sie Taschen haben,
obwohl Schnitt, Zeug und Franzen dieselben sind. Die Umge=
bungen der Stadt sind sehr fruchtbar und wohl angebaut. Bei=
nahe alle Felder können bewässert werden, und die Stadt ist viel
schöner als alle spanischen Städte, denn sie ist wohl befestigt und
auf einer gleichen Fläche gebaut. Ich kann Eure Hoheit versichern,
daß ich von einer Moschee (Mezquita, womit Cortez immer die
Teocalli bezeichnet) herab 400 und mehrere Türme gezählt habe,
welche sämtlich zu Moscheen gehörten. Die Einwohnerschaft ist so
beträchtlich, daß kein Zoll Landes unangebaut liegt; und dennoch
sind die Indianer an mehreren Orten der Hungersnot ausgesetzt,
und fordern auf den Straßen, in den Häusern und auf dem Markte
Almosen, wie die Bettler in Spanien und anderen civilisierten Län=
dern." Es ist merkwürdig, daß der spanische General die Bettelei
als ein Zeichen von Civilisation ansieht. Er sagt: „Gente, que
piden como hay en España y en otras partes, que hay gente
de razon."

Agavenpflanzungen umgeben und mit einer Bevölkerung von 16 000.[1]

Atlixco, mit allem Rechte gerühmt wegen der Schönheit seines Klimas, der großen Fruchtbarkeit seiner Felder, und dem Ueberflusse an schmackhaften Früchten (besonders der Anona cherimolia, Lin. chilimoya) und der verschiedenen Passifloren (Parchas), die in der Umgegend wachsen.

Tehuacan de las Granadas, das alte Teohuacan de la Mizteca, einer der besuchtesten heiligen Orte vor der Ankunft der Spanier.

Tepeaca oder Tepeyacac, zum Marquisat des Cortez gehörig. Diese Stadt hieß zu Anfang der Eroberung Segura de la Frontera. In dem Distrikte von Tepeaca liegt das schöne indianische Dorf, heutzutage Huacachula (das alte Quauhquechollan) genannt, in einem an Fruchtbäumen reichen Thale.

Huajocingo oder Huexotzingo, einst der Hauptort einer kleinen Republik dieses Namens, welche mit denen von Tlaxcalla und Cholula in Feindschaft lebte.

3) Intendantschaft von Guanajuato.

Diese Provinz, welche ganz auf dem Rücken der hohen Kordillere von Anahuac liegt, ist die bevölkertste in Neu=spanien und zugleich diejenige, in welcher die Bevölkerung am gleichsten verteilt ist. Ihre Länge, von dem See von Chapala bis nordöstlich von San Felipe beträgt 385 km und ihre Breite von Villa de Leon bis Celaya 230 km. Ihr Territorialumfang ist ungefähr derselbe wie der des Königreiches Murcia und ihre relative Bevölkerung übersteigt die des Königreiches Asturien. Auch ist sie stärker als die relative Bevölkerung des Departements der oberen und nie=deren Alpen, der Ostpyrenäen und der Landes. Der höchste Punkt dieses gebirgigen Landes scheint das Gebirge de los Llanitos in der Sierra de Santa Rosa zu sein. Ich habe seine Höhe über dem Meeresspiegel zu 2815 m gefunden.

Diese schöne Provinz, welche einen Teil des alten Königs=reiches Michoacan ausmachte, verdankt ihre Kultur beinahe einzig und allein den Europäern, die im 16. Jahrhundert

---

[1] [Jetzt 5000. — D. Herausg.]

den ersten Keim von Civilisation dahin gebracht haben. In diesen nördlichen Gegenden, an dem Ufer des Rio de Lerma, einst Tololotlan genannt, wurden die Nomaden- und Jägervölker geschlagen, welche die Geschichtschreiber mit dem unbestimmten Namen der Chichimeken bezeichnen und die zu den Stämmen der Pames-, Capuces-, Samues-, Mayolias-, Guamances- und Guachichilesindianer gehörten. In dem Maße, wie das Land von diesen herumschweifenden kriegerischen Nationen verlassen wurde, verpflanzten die spanischen Eroberer Kolonieen mexikanischer oder aztekischer Indianer in dasselbe. Lange Zeit waren die Fortschritte des Ackerbaues beträchtlicher daselbst als die Ausbeutung der Bergwerke. Diese, welche zu Anfang der Eroberung wenig Ruf hatten, wurden während des 17. und 18. Jahrhunderts beinahe ganz verlassen, und haben sich erst seit 30 oder 40 Jahren in Ansehung ihres Reichtums über die Bergwerke von Pachuca, Zacatecas und Bolaños erhoben. Ihr Ertrag ist aber heutzutage viel ansehnlicher, als der der Minen von Potosi oder irgend eines anderen Bergwerkes auf beiden Kontinenten jemals gewesen ist.

Man zählt in der Intendantschaft Guanajuato 3 Ciudades (nämlich: Guanajuato, Celaya und Salvatierra) vier Villas (nämlich: San Miguel el Grande, Leon, San Felipe und Salamanca), 37 Dörfer oder Pueblos, 33 Kirchspiele (Paroquias), 448 Pachthöfe (Haciendas).

Die bemerkenswertesten Städte dieser Intendantschaft sind folgende:

Guanajuato oder Santa Fé de Goanojauto. Der Bau dieser Stadt wurde 1554 von den Spaniern angefangen. Sie erhielt im Jahre 1619 das königliche Privilegium als Villa und das als Ciudad den 8. Dezember 1741.

Die Höhe der Plaza Major ist 2084 m; die von Valenciana, an dem Rande des neuen Schachtes (Tiro nuevo) 2313 m und die von Rayas, an der Mündung der Galerie 2157 m.

Salamanca, eine hübsche kleine Stadt in einer Ebene gelegen, welche sich allmählich über Temascatio, Burras und Cuevas gegen Guanojuato erhebt. Höhe 1835 m.

Celaya. Man hat kürzlich in Celaya, Queretaro und Guanajuato kostspielige Gebäude aufgeführt. Die Karmeliterkirche in Celaya ist in schönem Stile erbaut und mit korinthischen und ionischen Säulen geziert. Höhe 1835 m.

Villa de Leon, in einer an Getreide äußerst fruchtbaren Ebene. Von dieser Stadt an bis nach San Juan del Rio findet man den schönsten Weizen-, Gersten- und Maisbau.

San Miguel el Grande, berühmt wegen der Industrie seiner Bewohner in Fabrikation baumwollener Zeuge.

In dieser Provinz findet man die heißen Quellen von San Jose de Comangillas, welche aus einer Basaltbreccie hervordringen und deren Temperatur (nach meinen in Verbindung mit Herrn Rozas angestellten Versuchen) 96,3° auf dem Thermometer von hundert Graden ist.

4) Intendantschaft von Valladolid.

Zur Zeit der Eroberung durch die Spanier machte diese Intendantschaft einen Teil vom Königreiche Michoacan aus, das sich von dem Rio de Zacatula bis nach dem Hafen de la Navidad und von den Gebirgen von Xala und Colima bis an den Fluß Lerma und den See von Chapala erstreckte. Die Hauptstadt dieses Königreiches Michoacan, welches wie die Republiken Tlaxcalla, Huexotzingo und Cholola, jederzeit von dem mexikanischen Reiche unabhängig war, hieß Tzintzontzan und lag an den Ufern eines außerordentlich malerischen Sees, genannt der See von Patzcuaro. Tzintzontzan, das die Azteken Huitzitzila heißen, ist ein indianisches Dorf, das aber doch den hochtönenden Titel Stadt (Ciudad) beibehalten hat.

Die Intendantschaft von Valladolid, gewöhnlich die von Michoacan im Lande selbst genannt, wird nordwärts durch den Rio de Lerma begrenzt, der weiter östlich den Namen Rio Grande de Santiago annimmt. Gegen Osten und Nordosten stößt sie an die Intendantschaft von Mexiko, gegen Norden an die von Guanajuato und gegen Westen an die von Guadalajara. Die größte Länge der Provinz Valladolid beträgt 580 km, von dem Hafen von Zacatula bis zu den Basaltgebirgen von Palangeo, also in der Richtung von Süd-Süd-Ost nach Nord-Nord-Ost. Sie wird auf einer Küstenausdehnung von 280 km von dem Südmeere benetzt.

Auf dem westlichen Abhange der Kordillere von Anahuac gelegen, von Hügeln und lieblichen Thälern durchschnitten und mit dem unter der heißen Zone so ungewöhnlichen Anblick großer, durch Bäche bewässerter Wiesen, genießt die Provinz Valladolid im ganzen ein sanftes, gemäßigtes und der Gesundheit ihrer Bewohner äußerst zuträgliches Klima. Nur wenn man von dem Plateau von Ario herabkommt und sich der Küste nähert, findet man Gegenden, in welchen die neuen Kolonisten und selbst die Eingeborenen der Geißel von Faul- und Wechselfiebern unterworfen sind.

Die höchste Bergspitze in dieser Intendantschaft ist der Pik von Tancitaro, östlich von Turpan. Ich habe ihn nicht nahe genug sehen können, um ihn genau zu messen; es ist aber zuverlässig, daß er viel höher ist als der Vulkan von Colima, und auch öfters mit Schnee bedeckt wird. Oestlich von dem Pik von Tancitaro hat sich in der Nacht vom 29. September 1759 der Vulkan von Jorullo[1] (Xorullo oder Juruyo) gebildet, an dessen Krater wir, Herr Bonpland und ich, den 19. September 1803 gestiegen sind. Die große Katastrophe, in welcher dieser Berg aus der Erde hervorging, und wodurch ein ansehnlicher Landstrich eine ganz andere Gestalt erhielt, ist vielleicht eine der außerordentlichsten Naturrevolutionen, welche die Geschichte unseres Planeten aufzuweisen hat.[2] Die Geologie gibt diejenigen Stellen des Ozeans an, wo sich in neueren Zeiten, seit 2000 Jahren, in der Nähe der Azoren, im Aegeischen Meere und südlich von Island vulkanische Inselchen aus der Meeresfläche erhoben haben; aber sie zeigt uns kein anderes Beispiel, daß sich in dem Inneren des Kontinentes, 267 km weit von den Küsten und über 312 km

---

[1] Die Höhen, welche ich gegenwärtig angebe, gründen sich auf Herrn Laplaces barometrische Formel. Sie sind das Resultat von Herrn Oltmanns letzter Arbeit, und weichen zuweilen um 20 bis 30 m von den in der Geographie der Pflanzen enthaltenen Angaben ab; indem dieses Werk wenige Monate nach meiner Zurückkunft nach Europa zu einer Zeit herausgegeben wurde, da ich einer so großen Menge von Berechnungen unmöglich noch alle die Genauigkeit geben konnte, deren sie fähig waren.

[2] Strabo berichtet, daß eine vulkanische Explosion in den Ebenen bei Methone, am Ufer des Golfs der Hermione, einen Berg von Schlacken (Monte nuovo) gebildet habe, dem er die ungeheure Höhe von sieben Stadien gibt. Sind dies nun olympische Stadien, so machen sie 1249 m! — Wie übertrieben diese Angabe auch sein mag, so verdient dieses geologische Faktum dennoch die Aufmerksamkeit der Reisenden.

Ferne von jedem anderen in Bewegung befindlichen Vulkan plötzlich mitten unter tausend kleinen brennenden Kegeln ein Berg von Schlacken und Asche, 517 m hoch (bloß im Verhältnis zu dem Flächenstande der benachbarten Ebenen gerechnet) gebildet hat. Dieses merkwürdige Phänomen wurde von einem Jesuiten, dem Pater Raphael Landivar, von Guatemala gebürtig, in lateinischen Hexametern besungen. Der Abbé Clavigero[1] hat es zwar in der alten Geschichte seines Vaterlandes berührt, allein es blieb den Mineralogen und Physikern von Europa dennoch völlig unbekannt, ob dieses Ereignis gleich erst vor 50 Jahren, nur sechs Tagereisen weit von der Hauptstadt von Mexiko entfernt auf dem Abhange des Centralplateaus gegen die Küsten des Südmeeres stattgehabt hat!

Eine große Ebene dehnt sich von den Hügeln von Aguasarco bis zu den Dörfern von Teipa und Petatlan aus, welche durch ihren schönen Baumwollenbau berühmt sind. Zwischen den Picachos del Mortero, den Cerros de las Cuevas und de Cuiche hat diese Ebene nur 750 und 800 m Höhe über dem Meeresspiegel. Mitten auf einem Erdstriche, in welchem der Porphyr mit einer Grünsteinbasis herrscht, erheben sich Basaltkegel, deren Spitzen von immer grünen Eichen, mit lorbeer- und olivenähnlichen Blättern und kleinen Palmbäumen mit fächerförmigen Blättern gekrönt sind. Diese schöne Vegetation kontrastiert wunderbarlich mit der dürren, von dem vulkanischen Feuer verwüsteten Ebene.

Bis gegen die Mitte des 18. Jahrhunderts erstreckten sich die Felder, die mit Zuckerrohr und Indigo bepflanzt waren, zwischen den beiden Bächen Cuitimba und San Pedro. Sie waren von Basaltgebirgen begrenzt, deren Bau anzuzeigen scheint, daß dieses ganze Land vor uralten Zeiten schon mehreremal durch Vulkane umgekehrt worden ist. Diese künstlich gewässerten Gefilde gehörten zu dem Pachthofe (Hacienda) von San Pedro de Jorullo, einem der größten und reichsten des Landes. Im Juni 1759 ließ sich ein unterirdisches Geräusch hören. Schreckliches Gebrüll (Bramidos) war von häufigen Erdstößen begleitet. Diese dauerten 50 bis 60 Tage lang und versetzten die Bewohner der Hacienda in die größte Bestürzung.

---

[1] Storia antica di Messico, Bd. I, S. 42 und Rusticatio mexicana (des Pater Landivars Gedicht, von welchem 1782 zu Bologna eine zweite Ausgabe erschienen ist), S. 17.

Mit Anfang des Monates September schien alles eine vollkommene Ruhe anzuzeigen, als sich in der Nacht vom 28. auf den 29. aufs neue ein fürchterliches unterirdisches Getöse vernehmen ließ. In ihrem Schrecken flüchteten sich die Indianer auf die Gebirge von Aguasarco. Ein Landstrich von 3 bis 4 Quadratmeilen Umfang, den man Malpays nennt, erhob sich in Form einer Blase, und noch heutzutage erkennt man in den zerbrochenen Schichten die Grenzen dieser Erhebung. An seinem Rande hat das Malpays nur 12 m Höhe über dem alten Flächenstande der sogenannten Ebene, las playas de Jorullo; allein die Wölbung des aufgetriebenen Bodens steigt gegen die Mitte zu allmählich bis auf 160 m Höhe.

Diejenigen, welche auf der Spitze des Aquasaro Zeugen dieser großen Katastrophe gewesen sind, versichern, daß auf einer Ausdehnung von mehr als einer halben Quadratmeile Flammen hervorbrachen, Trümmer durchglühter Felsen auf eine ungeheure Höhe emporgeschleudert wurden, und daß man durch eine dicke, von vulkanischem Feuer beleuchtete Aschenwolke, gleich dem sturmbewegten Meere, die erweichte Decke der Erde aufschwellen sah. Die Flüsse Cuitimba und San Pedro stürzten sich in die brennenden Schluchten; die Versetzung des Wassers fachte die Flammen noch mehr an und diese waren sogar in der Stadt Patzcuaro sichtbar, unerachtet sie auf einem sehr breiten Plateau 1400 m über den Ebenen der Playas de Jorullo liegt. Die Eruptionen von Schlamm, besonders von Thonschichten, welche aufgelöste Basaltkugeln mit konzentrischen Schichten umhüllen, scheinen anzuzeigen, daß unterirdische Wasser in dieser außerordentlichen Revolution eine große Rolle gespielt haben. Tausende von kleinen Kegeln, welche 2 bis 3 m Höhe hatten und die Eingeborenen Oefen (Hornitos) nennen, stiegen aus dem aufgeblasenen Gewölbe des Malpays hervor. Unerachtet nach dem Zeugnisse der Indianer die Hitze dieser vulkanischen Oefen seit fünfzehn Jahren beträchtlich abgenommen hat, so sah ich den Thermometer dennoch, wenn ich ihn in die Risse senkte, aus denen Wasserdünste ausstiegen, auf 95° steigen. Jeder dieser kleinen Kegel ist eine Fumarole, aus der sich ein dicker Rauch auf 10 bis 15 m erhebt, und bei vielen hört man ein unterirdisches Geräusch, welches die Nähe eines siedenden Fluidums zu verraten scheint.

In der Mitte dieser Oefen und aus einem Risse, der

sich von Nord-Nord-Ost nach Süd-Süd-Ost hinzieht, sind sechs große Erdhaufen, jeder ungefähr 4 bis 5 m über den alten Höhestand der Ebene erhaben, aufgestiegen. Es ist eigentlich das Phänomen vom Monte Nuovo bei Neapel, das sich hier in einer Reihe von vulkanischen Hügeln mehreremal wiederholt hat. Der höchste unter diesen ungeheuren Erdhaufen, welche an die Puys in der Auvergne erinnern, ist der große Vulkan von Jorullo. Er steht unaufhörlich in Flammen und hat auf der Nordseite eine ungeheure Menge schlackiger und basaltischer Laven ausgeworfen, welche Trümmer von primitiven Felsarten enthalten. Diese große Eruptionen des Centralvulkanes dauerten bis in die Mitte des Februars 1760 und wurden in den darauf folgenden Jahren allmählich seltener. Aus Furcht vor dem schrecklichen Getöse des neuen Vulkanes verließen die Indianer anfänglich alle Dörfer auf 7 bis 8 Meilen in der Runde um die Playas de Jorullo; sie gewöhnten sich aber in wenigen Monaten an das furchtbare Schauspiel, kehrten in ihre Hütten zurück und stiegen auf der Seite der Gebirge von Aguasarco und Santa Jnes hinab, um die Feuergarben zu bewundern, welche aus einer zahllosen Menge großer und kleiner vulkanischer Mündungen herausschnellten. Dazumal waren alle Dächer der Häuser von Queretaro in einer Entfernung von 360 km in gerader Linie von dem Orte der Explosion an gerechnet, mit Asche bedeckt. Uneracht das unterirdische Feuer gegenwärtig nicht sehr lebhaft zu sein scheint[1] und das Malpays und der

---

[1] Wir fanden die Luft in der Tiefe des Kraters zu 47°, und an einigen Stellen zu 58 und 60°. Um dahin zu gelangen, mußten wir über Risse wegsetzen, aus welchen Schwefeldünste aufstiegen, und in denen sich der Thermometer bis auf 85° erhob. Der Gang über diese Risse und die Haufen von Schlacken, die beträchtliche Löcher bedecken, machen das Hinuntersteigen in den Krater sehr gefährlich. Ich verspare die näheren Nachrichten von meinen geologischen Untersuchungen über den Vulkan von Jorullo für den historischen Bericht meiner Reise. Der Atlas, welchen ich derselben beilegen werde, wird drei Kupferplatten enthalten: 1) die malerische Ansicht des neuen Vulkans, welcher dreimal höher ist, als der Monte Nuovo bei Pozzuoli, der sich 1538 beinahe am Ufer des Mittelländischen Meeres aus der Erde erhoben hat; 2) den senkrechten Durchschnitt oder das Profil des Malpays und des ganzen aufgetriebenen Erdreichs; 3) die geographische Karte der Ebenen von Jorullo, vermittelst des Sextanten und mit Anwendung der

große Vulkan sich mit Vegetation zu bedecken anfangen, so fanden wir doch die umgebende Luft durch die kleinen Oefen (Hornitos) so erhitzt, daß der Thermometer sehr entfernt vom Boden und im Schatten doch auf 43° stieg. Dieser Umstand scheint zu beweisen, daß in dem Zeugnis einiger alter Indianer gar keine Uebertreibung liegt, wenn sie erzählen, daß die Ebenen von Jorullo mehrere Jahre lang nach der ersten Eruption und selbst in einer großen Entfernung von dem aufgetriebenen Boden wegen der außerordentlichen Hitze, die daselbst herrschte, unbewohnbar waren.

Noch zeigt man dem Reisenden bei dem Cerro de Santa Inés die Flüsse Cuitimba und San Pedro, deren klare Wasser ehemals die Zuckerrohrfelder in Don André Pimentels Pflanzung genetzt haben. Diese Quellen verloren sich in der Nacht vom 29. September 1759; dafür sieht man aber nun etwas westlicher, in einer Entfernung von 200 m in dem aufgetriebenen Boden selbst zwei Flüsse, welche das Thongewölbe der Hornitos durchbrochen haben, und sich als warme mineralische Wasser ergießen, in denen der Thermometer auf 52,7° steigt. Die Indianer haben ihnen die Namen San Pedro und Cuitimba gelassen, weil man an mehreren Stellen des Malpays große Wassermassen von Osten nach Westen, von den Gebirgen von Santa Inés nach der Hacienda de la Presentacion, fließen zu hören glaubt. Bei dieser Wohnung befindet sich ein Bach, der geschwefelten Wasserstoff absetzt. Er ist über 7 m breit und somit die reichste Schwefelwasserquelle, die ich irgendwo gesehen habe.

Nach der Meinung der Eingeborenen sind die außerordentlichen Veränderungen, die wir eben beschrieben haben, diese Kruste von aufgetriebenem Erdreich, welche durch das vulkanische Feuer geplatzt ist, und diese Berge von Schlacken und aufgehäufter Asche, das Werk der Mönche, und offenbar das größte, was sie je auf beiden Hemisphären ausgeführt haben! In der Hütte, welche wir auf den Playas von Jorullo bewohnten, erzählte uns unser alter indianischer Wirt,

---

Methode von perpendikulären Basen und Höhenwinkeln aufgenommen. Die vulkanischen Produkte dieses ganz umgekehrten Erdreiches befinden sich im Kabinett der Bergschule zu Berlin, und die Pflanzen, die ich in dieser Gegend gesammelt habe, machen einen Teil der Herbarien aus, welche ich im naturhistorischen Museum in Paris niedergelegt habe.

daß 1759 einige Kapuziner, die sich auf Mission befanden, in der Wohnung von San Pedro gepredigt, aber weil sie keine günstige Aufnahme gefunden (vielleicht nicht so gut zu essen bekommen, als sie erwartet), diese damals so schöne und fruchtbare Gegend mit den schrecklichsten Verwünschungen und Flüchen belastet und prophezeit hätten, daß die ganze Wohnung von Flammen, die aus der Erde hervorbrechen müßten, verschlungen werden, und später die umgebende Luft dermaßen erkalten würde, daß die benachbarten Berge sich mit ewigem Schnee und Eis bedecken würden. Da die erste dieser Verwünschungen so schreckliche Folgen gehabt hat, so sieht das niedrige Volk unter den Indianern die allmähliche Erkaltung des Vulkans als das unglückliche Vorzeichen eines ewigen Winters an. Ich glaubte diese Volkssage, welche in dem epischen Gedichte des Jesuiten Landivar einen würdigen Platz gefunden hätte, anführen zu müssen, weil sie einen auffallenden Zug in dem Gemälde der Sitten und Vorurteile dieser entfernten Länder darstellt. Sie beweist zugleich die thätige Industrie einer Menschenklasse, welche die Leichtgläubigkeit des Volkes zu oft benutzt, und indem sie sich das Ansehen gibt, daß sie durch ihren Einfluß die unveränderlichen Gesetze der Natur aufhalten könne, von allem Vorteil zu ziehen weiß, um ihre Herrschaft auf die Furcht vor physischen Uebeln zu gründen.

Die Lage des neuen Vulkans von Jorullo gibt zu einer sehr merkwürdigen geologischen Beobachtung Anlaß. Wir haben weiter oben schon bemerkt, daß es in Neuspanien eine Parallele von großen Höhen, oder eine enge, zwischen 18° 59' und 19° 12' enthaltene Zone gibt, in welcher alle Spitzen von Anahuac liegen, die sich über die Region des ewigen Schnees erheben. Diese Spitzen sind entweder noch wirklich in Flammen stehende Vulkane, oder Berge, deren Form sowie die Natur ihrer Felsarten es im höchsten Grade wahrscheinlich macht, daß sie einst unterirdisches Feuer enthalten haben. Geht man von den Küsten des Meeres der Antillen aus, so findet man von Osten nach Westen den Pik von Orizaba, die beiden Vulkane von Puebla, den Nevado von Toluca, den Pik von Tancitaro und den Vulkan von Colima. Diese großen Höhen stehen, anstatt den Kamm der Kordillere von Anahuac zu bilden und ihrer Richtung von Südost nach Nordwest zu folgen, vielmehr auf einer Linie, welche der Achse der großen Gebirgskette perpendikulär ist. Zuverlässig ist es in hohem Grade bemerkenswert, daß sich der neue Vulkan von Jorullo auf der Verlängerung dieser Linie und auf gleicher Parallele mit den alten mexikanischen Vulkanen gebildet hat!

Ein Blick auf meinen Plan von den Umgebungen vom Jorullo beweist, daß die sechs großen Erdhügel auf einem Gange, der die Ebene von dem Cerro de las Cuevas bis zu dem Picacho del Mortero durchschneidet, aus der Erde hervorgegangen sind, so wie sich auch die Bocche Nuove des Vesuvs auf der Verlängerung eines Risses befinden. Sollten uns diese Analogieen nicht zu der Vermutung berechtigen, daß sich in diesem Teile von Mexiko, sehr tief im Inneren der Erde, ein Riß befindet, der sich in einer Länge von 137 Meilen (900 km) von Osten nach Westen hinzieht, und durch welchen sich das vulkanische Feuer, nach Durchbrechung der äußeren Kruste der Porphyrfelsen, zu verschiedenen Zeiten von der Küste des mexikanischen Golfs bis an die Südsee Luft gemacht hat? Und verlängert sich dieser Riß nicht etwa bis zu der kleinen Inselgruppe, die Herr Colnet den Archipelagus von Revillagigedo genannt hat, und in deren Nähe man, auf gleicher Parallele mit den mexikanischen Vulkanen, Bimssteine schwimmen gesehen hat? Naturforscher, welche die Thatsachen der beschreibenden Geologie von den theoretischen Träumereien über den Primitivzustand unserer Erde unterscheiden, werden mir gewiß verzeihen, daß ich diese Beobachtungen auf der Generalkarte von Neuspanien in meinem mexikanischen Atlas bezeichnet habe. Außerdem gibt es von dem See von Cuiseo an, der mit salzsaurem Kali geschwängert ist, und geschwefelten Wasserstoff ausdünstet, bis zu der Stadt Valladolid, also auf einem Umfange von 40 Quadratmeilen, eine große Menge heißer Quellen, welche allgemein bloß Salzsäure ohne Spuren von schwefelsaurer Erde oder metallischen Salzen enthalten. Dergleichen sind die Mineralwasser von Chucandiro, von Cuinche, von San Sebastian und von San Juan Tararamco.

Der Umfang der Intendantschaft von Valladolid ist um ein Fünfteil geringer als der von Irland, aber ihre relative Bevölkerung zweimal größer als die von Finnland. Man zählt in dieser Provinz 3 Ciudades (Valladolid, Tzintzontzan und Patzcuaro), 3 Villas (Zitacuaro, Zamora und Charo), 263 Dörfer, 205 Kirchspiele und 326 Meierhöfe.

Die Indianer, welche die Provinz Valladolid bewohnen,

bilden drei Völker von verschiedenem Ursprunge, und zwar: die Tarasken, im 16. Jahrhundert berühmt wegen ihrer milden Sitten, ihrer Industrie in mechanischen Künsten, und der Harmonie ihrer an Selbstlautern reichen Sprache; die Otomiten, ein Stamm, der noch heutzutage in der Civilisation sehr weit zurück ist, und eine Sprache voll Nasen- und Kehlentönen redet; die Chichimeken, welche gleich den Tlaxcalteken, Nahuatlaken und Azteken die mexikanische Sprache beibehalten haben. Der ganze südliche Teil dieser Intendantschaft ist von Indianern bewohnt, und man findet in den Dörfern gar kein anderes weißes Gesicht, als höchstens das des Pfarrers, welcher überdies selber oft ein Indianer oder Mulatte ist. Die Pfründen sind daselbst so armselig, daß der Bischof von Michoacan nur mit größter Mühe Geistliche findet, die sich entschließen können, sich in einem Lande niederzulassen, wo man beinahe nie spanisch reden hört, und wo die Pfarrer oftmals längs der Küste des Großen Ozeans in den ersten sieben oder acht Monaten ihres Aufenthaltes an den bösartigen Fiebern dahinsterben.

Die hauptsächlichsten Orte der Provinz von Valladolid sind folgende:

Valladolid de Michoacan, Hauptstadt der Intendantschaft, Sitz eines Bischofs, und im Genusse eines herrlichen Klimas. Seine Höhe über dem Meeresspiegel beträgt 1950 m und dennoch hat man auf dieser so mittelmäßigen Höhe und unter 19° 42′ der Breite schon Schnee in den Straßen von Valladolid fallen gesehen. Dieses Beispiel einer plötzlichen Erkaltung der Atmosphäre, welche ohne Zweifel durch den Nordwind verursacht wird, ist viel auffallender als der Schnee, welcher den Tag vor der Hinwegführung der Jesuiten in den Straßen von Mexiko gefallen ist! Die neue Wasserleitung, durch die die Stadt ihr trinkbares Wasser erhält, wurde auf Kosten des letzten Bischofs, Fray Antonio de San Miguel erbaut, und kostete ihn gegen eine halbe Million Franken.

Patzcuaro, an den Ufern des malerischen Sees von gleichem Namen und dem indianischen Dorfe Janicho gegenüber, das in einer Entfernung von einer kleinen Meile auf einer reizenden Insel mitten in dem See liegt. In Patzcuaro ruht die Asche eines auszeichnungswerten Mannes, dessen Andenken noch nach drittehalb Jahrhunderten von den Indianern verehrt ist, nämlich des berühmten Vasco de Quiroga, ersten Bischofs von Michoacan, der 1556 im Dorfe Uruapa gestorben ist. Diesem eifrigen Prälaten, den die Indianer noch heutzutage ihren Vater (Tata don Vasco) nennen, gelang die Beschützung der unglücklichen Bewohner von Mexiko besser als dem tugendhaften Bischof von Chiapa, Bartolomé de las Casas. Quiroga wurde besonders der Wohlthäter der taraskischen Indianer, deren Industrie er anfeuerte. Er schrieb jedem einzelnen Dorfe einen eigenen Handlungszweig vor, und diese seine nützlichen Anstalten haben sich großenteils bis auf unsere Zeit erhalten. Die Höhe von Patzcuaro ist 2200 m.

Tzintzontzan oder Huitzitzilla, die alte Hauptstadt des Königreichs Michoacan, von der wir weiter oben gesprochen haben.

Die Intendantschaft von Valladolid enthält die Bergwerke von Zitacuaro, Angangueo, Tlalpujahua, Real del Oro und Ynguaran.

---

5) **Intendantschaft Guadalajara.**

Die Provinz, welche einen Teil des Königreichs Nueva Galicia ausmacht, hat beinahe eine zweimal größere Ausdehnung als Portugal, aber auch eine fünfmal geringere Bevölkerung. Sie grenzt gegen Norden an die Intendantschaften Sonora und Durango, gegen Osten an die von Zacatecas und Guanajuato, gegen Süden an die Provinz Valladolid und gegen Westen auf einer Küstenlänge von 910 km an das Stille Meer. Ihre größte Breite, vom Hafen San Blas bis zu der Stadt Lagos, beträgt 740 km, und ihre größte Länge von Süden nach Norden oder vom Vulkan von Colima bis nach San Andreas Teul 875 km.

Die Intendantschaft Guadalajara wird von Osten nach Westen vom Rio de Santiago durchschnitten, einem ansehnlichen Flusse, der mit dem See von Chapala zusammenhängt, und dereinst, wenn die Civilisation höher in diesem Lande gestiegen sein wird, für die innere Schiffahrt, von Salamanca und Celaya bis nach dem Hafen von San Blas, wichtig werden kann.

Der ganze östliche Teil dieser Provinz nimmt das Plateau

und den westlichen Abhange der Korbilleren von Anahuac ein. Die Seegegenden, besonders die längs der großen Bai von Banderas gelegenen, sind mit Wäldern bedeckt und geben vortreffliches Bauholz. Allein die Bewohner sind einer ungesunden und äußerst heißen Luft ausgesetzt. Das Innere des Landes genießt jedoch ein gemäßigtes und der Gesundheit zuträgliches Klima.

Der Vulkan von Colima, dessen Lage man noch nicht durch astronomische Beobachtungen bestimmt hat, ist der wesentlichste unter den Vulkanen von Neuspanien, welche auf einer Linie und in Parallelrichtung stehen. Er stößt häufig Asche und Rauch aus. Ein aufgeklärter Geistlicher, welcher lange vor meiner Ankunft in Mexiko daselbst mehrere sehr genaue barometrische Messungen angestellt hatte, Don Manuel Abad, Großvikar des Bistums Michoacan, schätzt die Höhe des Vulkans von Colima über dem Meeresspiegel auf 2800 m. „Dieser freistehende Berg," bemerkt Herr Abad, „scheint, wenn man seinen Gipfel mit dem Boden von Zapotilti und Zapotlan, zwei Dörfern vergleicht, welche 2000 Varen hoch über der Küste gelegen sind, nur eine mittelmäßige Höhe zu haben. Allein von der kleinen Stadt Colima aus zeigt sich der Vulkan in seiner ganzen Größe. Er wird bloß dann mit Schnee bedeckt, wenn dieser durch die Wirkung der Nordwinde in der benachbarten Gebirgskette fällt. Den 8. Dezember 1788 wurde der Vulkan beinahe bis auf zwei Drittel seiner Höhe[1] mit Schnee bedeckt; allein er blieb die nächstfolgenden zwei Monate bloß auf der Nordseite des Berges, gegen Zapotlan zu, liegen. Als ich ihn zu Anfang des Jahres 1791 über Sayula, Tuxpan und Colima bereiste, fand ich nicht die geringste Spur von Schnee auf seinem Gipfel."

Nach einem handschriftlichen Memoire, das der Intendant von Guadalajara dem Tribunal des Consulado in Veracruz übergeben hat, betrug der Wert der Erzeugnisse des Ackerbaues in dieser Intendantschaft 1802 die Summe von 2599000 Piastern (nahe an 13 Millionen Franken).

---

[1] Nehmen wir an, daß der Schnee den Vulkan bloß zur Hälfte seiner Höhe bedeckt. Nun fällt in dem westlichen Teile von Neuspanien manchmal unter einer Breite von 18 bis 20 Graden und auf einer Höhe von 1600 m Schnee. Diesen meteorologischen Betrachtungen zufolge dürfte der Vulkan von Colima etwa 3200 m Höhe haben.

Der Wert der Manufakturindustrie aber wurde zu 3302200 Piastern oder 16½ Millionen Franken angeschlagen.

Die Provinz Guadalajara enthält 2 Ciudades, 6 Villas und 322 Dörfer. Die berühmtesten Bergwerke in derselben sind die von Bolaños, Asientos de Ibarra, Hostotipaquillo, Copala und Huichichila bei Tepic.

Die vorzüglichsten Städte sind:

Guadalajara, auf dem linken Ufer des Flusses Santiago, Residenz des Intendanten, des Bischofs und des obersten Gerichtshofes (Audiencia).

San Blas, Hafen und Residenz des Departemento de Marina, an der Mündung des Rio de Santiago. Die dabei Angestellten (Oficiales reales) befinden sich in Tepic, einer kleinen Stadt, deren Klima nicht so heiß und viel gesünder ist. Schon seit zehn Jahren beschäftigt man sich mit der Frage, ob es nützlich wäre, die Werften, die Magazine und das ganze Seedepartement von San Blas nach Acapulco zu verlegen. In letzterem Hafen fehlt es ganz an Schiffsbauholz, und die Luft ist daselbst ebenso ungesund als in San Blas; allein die entworfene Veränderung würde, indem sie die Konzentrierung der Seemacht begünstigte, der Regierung die Kenntnis der Bedürfnisse der Marine und die Mittel, ihnen zu Hilfe zu kommen, erleichtern.

Compostela, südwärts von Tepic. Nordwestlich von Compostela, nämlich in den Partidos von Autlan, Ahuxcatlan und Acaponeta, baute man ehemals einen ganz vorzüglich guten Tabak.

Aguas Calientes, südwärts von den Bachwerken der Asientos de Ibarra, eine kleine, sehr bevölkerte Stadt.

Villa de la Purificacion, nordwestlich von dem Hafen von Guatlan, ehemals Santiago de Buena Esperanza genannt und berühmt durch die Entdeckungsreise, welche Diego Hurtado de Mendoza 1532 angestellt hat.

Lagos, nördlich von der Stadt Leon, auf einem an Weizen fruchtbaren Plateau, auf den Grenzen der Intendantschaft Guanajuato gelegen.

Colima, 15 km südlich von dem Vulkan von Colima.

6) Intendantschaft von Zacatecas.

Diese ganz besonders menschenarme Provinz liegt auf einem gebirgigen, dürren und einer unaufhörlichen Unregelmäßigkeit der Luft ausgesetzten Boden. Ihre Grenzen sind gegen Norden die Intendantschaft Durango, gegen Osten die von San Luis Potosi, gegen Süden die Provinz Guanajuato und gegen Westen die von Guadalajara. Ihre größte Länge beträgt 630 und ihre größte Breite, von Sombrerete bis Real de Ramos, 380 km.

Die Intendantschaft von Zacatecas hat ungefähr gleichen Umfang wie die Schweiz, der sie auch sonst in verschiedenen geologischen Beziehungen ähnlich ist. Ihre relative Bevölkerung kommt der von Schweden kaum gleich.

Das Plateau, welches das Centrum der Intendantschaft Zacatecas bildet und sich über 2000 m erhebt, besteht aus Syenit, einer Felsart, auf welcher nach Herrn Valencias[1] schönen Beobachtungen, Schichten von Primitivschiefer und von Chloritschiefer ruhen. Der Schiefer bildet die Basis der Gebirge von Grauwacken und Trappporphyr. Nordwärts von der Stadt Zacatecas liegen neue kleine Seen, welche reich an Kochsalz und besonders an luftsaurem Kali sind.[2] Dieses Karbonat, das man nach dem alten mexikanischen Worte tequixquilit mit dem Namen Tequesquite bezeichnet, wird beim Schmelzen des salzsauren und des geschwefelten Silbers sehr stark gebraucht. Ein Advokat von Zacatecas, Herr Garcès, hat neuerdings die Aufmerksamkeit seiner Landsleute auf den Tequesquite geleitet, der sich auch in Zacualco, zwischen Valladolid und Guadalajara, in dem Thale von San Francisco, bei San Luis Potosi, in Acusquillo, bei den Bergwerken von Bolaños in Chorro, bei Durango, und in fünf Seen um die Stadt Chihuahua befindet. Das Centralplateau von Asien ist nicht reicher an Kali als Mexiko.

---

[1] Don Vicente Valencia, Zögling des Herrn Del Rio und der Bergschule in Mexiko, hat eine merkwürdige Beschreibung der Bergwerke von Mexiko verfaßt. (Gazeta de Mexico, Tom. XI, S. 417.)
[2] Don Joseph Garces y Eguia. Del beneficio de los metales de oro y plata. Mexiko 1802. S. 11 und 49. (Ein Werk, das sehr gründliche chemische Kenntnisse verrät.)

Die merkwürdigsten Orte dieser Provinz sind:

Zacatecas, heutzutage nach Guanajuato der berühmteste Bergwerksort in Neuspanien. Seine Bevölkerung beträgt zum wenigsten 33000.[1]

Fresnillo, auf dem Wege von Zacatecas nach Durango.

Sombrerete, Hauptort und Residenz einer Diputacion de Minerva.

Außer den drei angezeigten Orten enthält die Intendantschaft von Zacatecas noch merkwürdige Erzgänge bei Sierra de Pinos, Chalchihuites, San Miguel del Mezquitas und Mazapil. In dieser Provinz auch, und zwar in dem Bergwerke der Veta negra de Sombrerete, hat sich der reichste Erzgang gezeigt, welcher je auf beiden Hemisphären gesehen worden ist.[2]

---

7) Intendantschaft Oajaca.

Der Name dieser Provinz, welche andere Geographen unrichtigerweise Guaxaca benennen, kommt von dem mexikanischen Namen der Stadt und des Thales Huaxyacac her, einem der Hauptorte im Lande der Zapoteken, der beinahe so ansehnlich war als ihre Hauptstadt Teotzapotlan. Die Intendantschaft Oajaca ist eines der reizendsten Länder in dieser Gegend der Erde. Schönheit und Gesundheit des Klimas, Fruchtbarkeit des Bodens, Reichtum und Mannigfaltigkeit seiner Produkte, alles vereinigt sich hier zum Glück der Bewohner. Darum war auch diese Provinz seit den entferntesten Zeiten immer der Mittelpunkt einer ziemlich weit vorgerückten Civilisation.

Sie grenzt nördlich an die Intendantschaft Veracruz, östlich an das Königreich Guatemala, westwärts an die Provinz Puebla und gegen Süden, in einer Küstenlänge von 820 km, an den Großen Ozean. Ihr Umfang übertrifft den von Böhmen und Mähren zusammengenommen; aber ihre absolute Bevölkerung ist neunmal kleiner, und kommt also, relativ betrachtet, der des europäischen Rußlands gleich.

---

[1] [Jetzt 32000. — D. Herausg.]
[2] [Seither durch die Silbergruben in Colorado und Nevada übertroffen. — D. Herausg.]

Der gebirgige Boden der Intendantschaft Oajaca kontrastiert sehr stark gegen den der Provinzen Puebla, Meriko und Valladolid. Statt der Schichten von Basalt, von Mandelsteinen und von Porphyr mit einer Basis von Grünstein, welche den Boden von Anahuac von 18° bis 22° der Breite bedecken, sieht man in den Gebirgen der Mixteca und der Zapoteca bloß Granit und Gneis, und die Gebirgskette, mit einer Bildung von Trapp, beginnt erst südostwärts, auf den westlichen Küsten des Königreichs Guatemala. Wir kennen von keinem der Granitgipfel in der Intendantschaft Oajaca die Höhe; allein die Bewohner dieses schönen Landes betrachten den Cerro de Cempoaltepec bei Villalta, von welchem aus man zwei Meere sieht, als einen der höchsten unter ihnen. Indes beweist diese Ausdehnung des Horizontes bloß eine Höhe von 2350 m.[1] Dieselbe imposante Aussicht soll man auch auf der Gineta, auf den Grenzen der Bistümer Oajaca und Chiapa, 90 km von dem Hafen von Tehuantepec auf der großen Straße von Guatemala nach Mexiko haben.

Die Vegetation ist in der ganzen Provinz Oajaca schön und kräftig, und dies besonders auf den mittleren Höhen des Landes, in der gemäßigten Region, wo vom Monat Mai bis zum Oktober starker Regen fällt. Im Dorfe Santa Maria del Tule, 22 km östlich von der Hauptstadt, zwischen Santa Lucia und Tlacochiguaya, befindet sich ein ungeheurer Stamm von einer Cupressus disticha (sabino), welcher 36 m Umfang hat. Dieser alte Baum ist demnach viel dicker als die Cypresse von Atlixco, von der wir oben gesprochen haben, als der Drachenbaum auf den Kanarischen Inseln und als alle Boabab (Adansoniæ) in Afrika. Indes hat Herr Anza bei genauerer Untersuchung desselben gefunden, daß das, was die Bewunderung der Reisenden erregt, nicht bloß ein einziger Stamm ist, sondern daß drei

---

[1] Der sichtbare Horizont eines Gebirges von 2350 m Höhe hält 3° 20′ Durchschnitt. Man hat die Frage aufgeworfen, ob man von dem Nevado de Toluca aus beide Meere sehen könnte. Der sichtbare Horizont dieses Gebirges hat 2° 21′ oder 430 km im Halbmesser, wenn man nur eine gewöhnliche Refraktion annimmt. Die beiden mexikanischen Küsten, welche dem Nevado am nächsten stehen, wie die von Cojuca und Turpan, sind 400 und 474 km von ihm entfernt.

vereinigte Stämme den berühmten Sabina von Santa Maria del Tule bilden.

Die Intendantschaft Oajaca enthält zwei Gebirgsländer, die man seit den ältesten Zeiten mit den Namen Mixteca und Zapoteca bezeichnet. Diese Benennungen, welche sich bis auf unsere Zeit erhalten haben, deuten eine große Verschiedenheit in der Abstammung der Eingeborenen an. Das alte Mixtecapan teilt sich heutzutage in das Ober= und Nieder=mixteca (Mixteca alta y baxa), und die östliche Grenze des ersteren, das an die Intendantschaft Puebla grenzt, zieht sich von Ticombaca über Quaxiniquilapa und zwischen Colotepece und Tamasulapa hindurch gegen die Südsee. Die Indianer von Mixteca sind ein thätiges, verständiges und industriöses Volk.

Umfaßt die Provinz Oajaca auch keine durch ihren Umfang so staunenerregenden Denkmale alter aztekischer Architektur, wie die Götterhäuser (Teocalli) von Cholula, Papantla und Teotihuacan, so enthält sie dafür Ruinen von Gebäuden, die wegen ihrer Anordnung und der Eleganz ihrer Ornamente weit mehr Aufmerksamkeit verdienen. Die Mauern des Palastes von Mitla sind mit Labyrinthen aus Mosaik von kleinen Porphyrsteinen verziert und man erkennt auf denselben die nämliche Zeichnung, die man auf den fälschlich sogenannten etrurischen Vasen oder in dem Fries vom alten Tempel des Deus ridiculus, bei der Grotte der Nymphe Egeria zu Rom, bewundert. Ich habe einen Teil dieser amerikanischen Ruinen, welche von dem Oberst Don Pedro de Laguna und einem geschickten Architekten, Don Luis Martin, sehr sorgfältig gezeichnet worden sind, stechen lassen. Findet man indes die große Aehnlichkeit zwischen den Verzierungen des Palastes von Mitla und denen der Griechen und Römer auch mit allem Rechte auffallend, so darf man sich darum doch den historischen Hypothesen über die alten Kommunikationen, welche zwischen beiden Kontinenten stattgefunden haben können, nicht leichtsinnig überlassen; denn man muß nie vergessen, daß sich die Menschen beinahe unter allen Zonen (wie ich an einer anderen Stelle zu entwickeln gesucht habe) in einer rhythmischen Wiederholung derselben Formen, welche den Hauptcharakter alles dessen, was wir griechische Ornamente,[1]

---

[1] Der tiefste Kenner der ägyptischen Altertümer, Herr Zoëga,

Mäanders, Labyrinthe, Arabesken und dergleichen nennen, gefallen haben.

Das Dorf Mitla hieß einst Miguitlan, ein Wort, das in der mexikanischen Sprache einen düsteren Ort, einen Ort der Traurigkeit bezeichnet; die zapotekischen Indianer aber nennen es Leoba, welches Grab bedeutet. Wirklich war der Palast von Mitla, dessen Alter man nicht mehr kennt, nach der Tradition der Eingeborenen, und wie auch die ganze Anordnung aller seiner einzelnen Teile verrät, ein über den Gräbern der Könige gebauter Palast, in welchen sich der Souverän nach dem Tode eines Sohnes, einer Gattin oder Mutter auf einige Zeit zurückzog. Vergleicht man die Größe dieser Gräber mit der Kleinheit der Gebäude, in denen die Lebenden wohnten, so möchte man mit Diodor von Sizilien sagen, daß es Völker gibt, welche prächtige Denkmale nur für die Toten errichten, weil sie dieses Dasein für kurz und schnell vorübergehend ansehen, und es nicht der Mühe wert halten, ähnliche Werke für die Lebenden aufzuführen.

Der Palast oder vielmehr die Gräber von Mitla bilden drei symmetrisch gestellte Gebäude in einer äußerst romantischen Lage. Das Hauptgebäude hat sich am besten erhalten und ist 40 m lang. Eine in einem Brunnen angebrachte Treppe führt in ein unterirdisches Gemach von 27 m Länge und 8 m Breite. Dieses traurige Gemach, das für die Gräber bestimmt war, ist mit denselben griechischen Ornamenten bedeckt, womit die äußeren Mauern des Gebäudes verziert sind.

Was indes die Ruinen von Mitla von allen anderen Ueberbleibseln der mexikanischen Architektur unterscheidet, sind sechs Porphyrsäulen, welche mitten in einem großen Saale stehen und dessen Decke stützen. Diese Säulen, beinahe die einzigen, die man auf dem neuen Kontinente gefunden, verraten die Kindheit der Kunst. Sie haben weder Basen noch Kapitäler und man sieht bloß an ihrem oberen Teile einige Verjüngung. Ihre ganze Höhe beträgt 5 m, aber der Schaft besteht jedesmal aus einem einzigen Stück von amphibolischem Porphyr. Mehr als ein Drittteil ist mit Schutt bedeckt, der sich seit Jahrhunderten angehäuft hat. Nach dessen Hinwegräumung fanden wir, Herr Martin und ich, ihre Höhe gleich sechs ihrer Durchmesser. Verhielte sich der untere Durchmesser

---

hat die merkwürdige Beobachtung gemacht, daß die Aegypter diese Art von Verzierungen nie gebraucht haben.

dieser Säulen zu dem oberen nicht wie 3 zu 2, so ergäbe sich, daß ihre Anordnung noch leichter wäre, als die der toscanischen Säulenordnung.

Die Verteilung der Gemächer im Inneren dieses sonderbaren Gebäudes hat auffallende Aehnlichkeiten mit derjenigen, welche man in den Monumenten von Oberägypten sieht, wie sie Herr Denon und die Gelehrten des Institutes von Kairo gezeichnet haben. Herr von Laguna hat in den Ruinen von Mitla merkwürdige Malereien gefunden, die Kriegstrophäen und Opfer darstellen. Ich werde an einem anderen Orte (in dem historischen Berichte von meiner Reise) Gelegenheit haben, wieder auf diese Reste einer alten Civilisation zurückzukommen.

Die Intendantschaft Oajaca hat allein die Kochenillenkultur (Coccus cacti), einen Industriezweig, den sie ehemals mit den Provinzen Puebla und Neugalicien teilte, beibehalten.

Die Familie von Hernan Cortez führt den Titel des Marquis von Oajaca. Ihr Majorat besteht aus vier Villas del Marquisado und 49 Dörfern, die eine Bevölkerung von 17700 Menschen umfassen.

Die bemerkenswertesten Orte dieser Provinz sind:

Oajaca oder Guaxaca, das alte Huaxyacac und zu Anfang der Belagerung Antequera genannt. Thiery de Menonville gibt dieser Stadt nur 6000 Einwohner; allein bei der Zählung von 1792 fand man 24400.[1]

Tehuantepec oder Tequantepeque, ein Hafen im Hintergrunde einer Bucht, die der Ozean zwischen den kleinen Dörfern San Francisco, San Dionisio und Santa Maria de la mar bildet. Dieser Hafen ist durch eine gefährliche Bank geschützt und wird dereinst sehr wichtig werden, wenn sich die Schiffahrt überhaupt und besonders der Transport des Indigo von Guatemala auf dem Rio Guazacoalco mehr ausgebreitet hat.

San Antonio de los Cues, ein sehr bevölkerter Ort auf dem Wege von Orizaba nach Oajaca, der durch die Ueberbleibsel alter mexikanischen Befestigungen berühmt ist.

---

[1] [Jetzt 26200. — D. Herausg.]

Die am fleißigsten bearbeiteten Bergwerke dieser Intendantschaft sind die von Villalta, Zolaga, Yxtepexi und Totomoxtla.

8) Intendantschaft Merida.

Diese Intendantschaft, über welche uns Herr Gilbert[1] kostbare Nachrichten geliefert hat, umfaßt die große Halbinsel Yukatan zwischen der Bai von Champesche und Honduras. Durch das Vorgebirge Catoche, welches 380 km weit von den Kalkhügeln vom Kap San Antonio entfernt ist, scheint Mexiko vor der Durchbrechung des Meeres der Antillen mit der Insel Cuba zusammengehangen zu haben.

Die Provinz Merida grenzt gegen Süden an das Königreich Guatemala und gegen Osten an die Intendantschaft Veracruz, von der sie durch den Rio Baraderas, sonst auch Krokodilsfluß (Rio Lagartos) genannt, getrennt ist. Auf ihrer Westseite dehnen sich die englischen Niederlassungen bis zu der Mündung des Rio Hondo, nördlich von der Hannoverbai, der Insel Ubero gegenüber (Ambergrese Key) aus. In dieser Gegend ist Salamanca oder das kleine Fort von San Felipe de Bacalar, der südlichste Punkt der von den Spaniern bewohnten Küste.

Die Halbinsel Yucatan, deren nördliche Küste von dem Kap Catoche, bei der Contoninsel bis zu der Punta de Piedras (auf einer Länge von 600 km) genau der Richtung der Rotationsströmung folgt, ist eine große Ebene, deren Inneres von Nordwest nach Südwest von einer Kette nicht sehr hoher Hügel durchschnitten wird. Die Gegenden, welche sich östlich von diesen Hügeln gegen die Himmelfahrts- und die Heiligengeistbai ausdehnen, scheinen die fruchtbarsten zu sein

---

[1] Dieser einsichtsvolle Beobachter hat einen großen Teil der spanischen Kolonieen bereist, aber das Unglück gehabt, in einem Schiffbruch auf der Südseite der Insel Cuba zwischen den Untiefen der Gärten des Königs, deren astronomische Lage ich bestimmt habe, die statistischen Materialien zu verlieren, die er gesammelt hatte. Es ist nicht unnütz, hier zu bemerken, daß Herr Gilbert, ohne meine Angaben zu kennen, sondern bloß nach eigener Schätzung der Zahl der Dörfer und ihrer Bevölkerung, gefunden hat, daß Yucatan, im Jahre 1801 etwa eine halbe Million Menschen aller Kasten und Farben enthalten müßte.

und waren auch wirklich einst die bevölkertsten. Die Trümmer europäischer Gebäude, die man auf der Cozumelinsel mitten in einem Gehölze von Palmbäumen sieht, zeigen an, daß sie, obgleich heutzutage völlig verlassen, schon zu Anfang der Eroberung von spanischen Kolonisten bevölkert war. Seitdem sich aber die Engländer zwischen Orno und Rio Hondo niedergelassen, hat die Regierung, um den Schleichhandel zu vermindern, die spanische und indianische Bevölkerung in dem westlich von den Gebirgen Yucatans gelegenen Teile der Halbinsel zusammengezogen und den Kolonisten verboten, sich auf der westlichen Küste, an den Ufern des Rio Bacalar und auf Rio Hondo anzusiedeln. Solchermaßen ist dieser ganze große Landstrich verödet und man findet nur noch den Militärposten (Presidio) von Salamanca in demselben.

Die Intendantschaft Merida ist eines der heißesten und dabei dennoch gesündesten Länder des äquinoktialen Amerikas. Diese Gesundheit des Klimas kommt in Yucatan wie in Coro, Cumana und auf der Margareteninsel ohne Zweifel von der großen Trockenheit des Bodens und der Atmosphäre her. Auf der ganzen Küste, von Campeche oder von der Mündung des Rio de San Francisco an bis zum Kap Catoche findet der Reisende nicht eine einzige Quelle süßen Wassers; aber bei letzterem Kap hat die Natur das nämliche Phänomen wiederholt, welches sich südlich von der Insel Cuba in der Bai von Xagua zeigt und das ich an einem anderen Orte beschrieben habe. An der Nordküste von Yucatan, bei der Mündung des Rio Lagartos sprudeln nämlich 400 m weit vom Ufer Quellen von süßem Wasser in die Höhe. Diese merkwürdigen Quellen nennt man die Mündungen (Bocas) von Conil. Wahrscheinlich erhebt sich das süße Wasser, nachdem es die Kalkfelsen, in deren Risse es strömt, durchbrochen hat, durch einen starken hydrostatischen Druck über die Fläche des Salzwassers.

Die Indianer dieser Intendantschaft reden die Mayasprache, welche stark durch die Kehle geht und von der es vier ziemlich vollständige Wörterbücher von Pedro Beltran, Andres de Avendaño, Fray Antonio de Ciudad-Real und Luis de Villalpando gibt. Nie war die Halbinsel den mexikanischen oder aztekischen Königen unterworfen; aber die ersten Eroberer derselben, Bernal Diaz, Hernandez de Cordova und der tapfere Juan de Grijalva erstaunten schon über den hohen Grad von Civilisation, den sie unter ihren Bewohnern antrafen. Sie fanden hier Häuser, die mit Steinen und Kalk aufgeführt waren, pyramidalische Gebäude (Teocalli), welche sie mit den Moscheen der Mauren verglichen, Felder mit Hecken eingeschlossen, kurz ein Volk, das gut bekleidet war, gut regiert wurde und sich hierin von den Bewohnern der Insel Cuba sehr unterschied. Noch heutzutage sieht man viele Ruinen,[1] besonders von Grabmälern (Guacas) ostwärts von der kleinen Centralbergkette des Landes. Im südlichen Teile desselben, den dichte Wälder und eine kräftige Vegetation beinahe unzugänglich machen, haben einige indianische Stämme sich unabhängig erhalten.

Die Provinz Merida erzeugt wie alle Länder der heißen Zone, deren Boden sich nicht 1300 m über die Meeresfläche erhebt, keine anderen Nahrungsmittel für ihre Bewohner als Mais, Wurzeln von Jatropha und Dioscorea, aber kein europäisches Getreide. Dafür wachsen die Bäume, welche das berühmte Campecheholz (Haematoxylon campechianum) liefern, in mehreren Distrikten dieser Intendantschaft in großer Menge. Das Fällen derselben (Cortes de palo Campeche) wird jedes Jahr an den Ufern des Rio Champoton vorgenommen, dessen Mündung sich südlich von der Stadt Campeche, 30 km von dem kleinen Dorfe Lerma befindet. Bloß mit außerordentlicher Erlaubnis des Intendanten von Merida, der den Titel eines Gouverneur-Generalkapitäns führt, können die Kaufleute von Zeit zu Zeit auch ostwärts von den Gebirgen bei der Himmelfahrts-, der Todos los Santos- und der Espirito Santobai Campecheholz fällen lassen. In den Buchten der Ostküste treiben die Engländer einen sehr ausgebreiteten und gewinnreichen Schleichhandel. Ist das Campecheholz gefällt, so bleibt es, um auszutrocknen, ein ganzes Jahr liegen, ehe man es nach Veracruz, nach der Havana oder Cadiz absendet. In Campeche wird das Quintal dieses ausgetrockneten Holzes (Palo de tinta) zu 2 bis 2½ Piaster (10 Franken 50 Centimen bis 12 Franken 88 Centimen) verkauft. Indes findet sich das Hämatoxylon, welches in Yucatan und auf der Honduraskffiste in größter Masse wächst, in allen Wäldern des äquinoftialen Amerikas, wo die mittlere Temperatur der

---

[1] [Seither sind über 50, teils sehr große Ruinenstädte in Yucatan entdeckt worden, darunter Uxmal, das amerikanische Theben, mit 22 km Umfang und zahlreichen Ueberresten von Tempeln, Türmen, Palästen, Pyramiden, Grabmälern. — D. Herausg.]

Luft nicht unter 22° des hundertgradigen Thermometers steht. Auch die Küste von Paria in Neuandalusien könnte dereinst einen ansehnlichen Handel mit Campeche= und Brasilienholz (Caesalpina), welches sie beides in größtem Ueberflusse hervorbringt, treiben.

Die ausgezeichnetsten Orte der Intendantschaft Meriba sind folgende:

Meriba de Yucatan, die Hauptstadt, 75 km im Inneren des Landes und in einer dürren Ebene stehend. Der kleine Hafen von Meriba, Sisal genannt, ist westlich von Chaboana, einer nahe an 90 km langen Sandbank gegenüber.

Campeche, an dem Rio de San Francisco, mit einem Hafen, der nicht ganz sicher ist. Die Schiffe müssen daher fern vom Ufer ankern. In der Mayasprache bedeutet cam eine Schlange, und peche das kleine Insekt (Acarus) das die Spanier garapata nennen und dessen Hautstiche heftige Schmerzen verursachen. Zwischen Campeche und Meriba liegen zwei sehr beträchtliche indianische Dörfer, Jampolton und Hecilchacan. Die Ausfuhr des Wachses von Yucatan ist einer der ergiebigsten Handlungszweige dieser Stadt. Ihre gewöhnliche Bevölkerung beträgt 6000.

Valladolid, eine kleine Stadt, in deren Umgebungen viele und ganz vortreffliche Baumwolle gewonnen wird. Sie geht indes zu sehr niedrigen Preisen weg, weil sie den großen Fehler hat, daß sie schwer von den Samenkörnern loszumachen ist. Im Lande selbst versteht man es gar nicht, sie zu reinigen (despepitar oder desmotar), und da die Körner sehr schwer sind, so verliert sie zwei Drittel ihres Wertes durch die Frachtkosten.

---

9) **Intendantschaft Veracruz.**

Diese unter dem brennenden Himmel der Tropenländer gelegene Provinz erstreckt sich längs dem Mexikanischen Meerbusen, von dem Rio Baraderas an (oder de los Lagartos) bis zu dem großen Panucostrome, welcher in den metallreichen Gebirgen von San Luis Potosi entspringt, und umfaßt somit einen sehr beträchtlichen Teil der Ostküste von Neuspanien. Ihre Länge von der Bai von Terminos, bei der Insel del Carmen, bis zu dem kleinen Hafen von Tampico, beträgt 1630 km, und ihre Breite im Durchschnitt 185 bis 210 km. Ostwärts grenzt sie an die Halbinsel Merida, westwärts an die Intendantschaften von Oajaca, Puebla und Mexiko und nördlich an die Kolonie von Neusantander.

Ein Blick auf die neunte und zehnte Platte meines mexikanischen Atlasses zeigt die außerordentliche Bildung dieses Landes, das einst unter den Namen Cuetlachtlan begriffen wurde. Es gibt im neuen Kontinent wenige Gegenden, wo dem Reisenden das Zusammentreffen der entgegengesetzten Klimate so oft und so stark auffällt. Der ganze westliche Teil dieser Intendantschaft nimmt den Abhang der Kordilleren von Anahuac ein. In einem Tage steigen die Bewohner daselbst von der Zone des ewigen Schnees in die am Meere gelegenen Ebenen herab, in welchen eine erstickende Hitze herrscht. Nirgends erkennt man so leicht die bewundernswürdige Ordnung, worin die verschiedenen Stämme der Vegetabilien gleichsam schichtenweise aufeinander folgen, als wenn man von Veracruz nach dem Plateau von Perote hinaufsteigt. Bei jedem Schritte sieht man alsdann die Physiognomie des Landes, den Anblick des Himmels, den Wuchs der Pflanzen, die Figur der Tiere, die Lebensweise der Menschen, und die Kulturweisen, denen sie sich ergeben, wechseln.

Je höher man kommt, scheint die Natur minder belebt, die Schönheit der vegetabilischen Formen geringer, sind die Stengel weniger saftig, die Blüten kleiner und nicht mehr so schön gefärbt. Indes gibt der Anblick der mexikanischen Eiche dem Reisenden, der in Veracruz gelandet ist, wieder Mut; indem ihm ihre Gegenwart anzeigt, daß er jene mit allem Recht von den Völkern des Nordens gefürchtete Zone, unter welcher das gelbe Fieber seine Verwüstungen in Neuspanien anrichtet, verlassen hat. Dieselbe niedrige Grenze der Eichen deutet dem Kolonisten, der das Centralplateau bewohnt, an, wie weit er gegen die Küsten herabsteigen kann, ohne die tödliche Krankheit des Vomito fürchten zu dürfen. Bei Jalapa verkündigen die Liquidambarwälder durch ihr frisches Grün, daß auf dieser Höhe die über dem Ozean hängenden Wolken die Basaltgipfel der Kordillere berühren. Noch höher, bei Banderilla, reift die nahrhafte Bananenfrucht schon nicht mehr. In dieser kalten nebligen Gegend zwingt das Bedürfnis den Indianer zur Arbeit und erweckt seine Industrie. Auf der Höhe von San Miguel mischen sich bereits Tannen unter die Eichen, und der Reisende findet sie bis auf den erhabenen Ebenen des Perote, welche ihm den lachenden Anblick von Weizenfeldern zeigen. 800 m höher wird das Klima selbst für die Eichen zu kalt. Bloß Tannen bedecken die Felsen, deren Spitzen in die Zone des ewigen Schnees reichen. So durchläuft der Naturforscher in diesem wunderbaren Lande in wenigen Stunden die ganze Stufenleiter der Vegetation von der Helikonia und dem Bananas, dessen glänzende Blätter sich in ungeheuren Dimensionen entwickeln, bis zu dem verengten Zellengewebe der Harzbäume!

Die Natur hat die Provinz Veracruz mit den kostbarsten Produkten bereichert. Am Fuße der Kordillere, in den immer grünen Wäldern von Papantla, Nautla und St. Andreas Tuxtla, wächst die Liane (Epidendrum vanilla), deren gewürzhafte Frucht zur Schokolade gebraucht wird. Bei den indianischen Dörfern Colipa und Misantla findet man den schönen Convolvulus jalapae, dessen knollige Wurzel die Jalape, eines der kräftigsten und wohlthätigsten Purgiermittel liefert. Im östlichen Teile dieser Intendantschaft bringen die Wälder, welche sich gegen das Ufer des Baraderas erstrecken, die Myrte (Myrtus pimenta) hervor, deren Samenkorn ein angenehmes Gewürz und im Handel unter dem Namen: Pimienta de Tabasco bekannt ist. Der Kakao von Acayucan würde sehr gesucht sein, wenn sich die Eingeborenen dem Bau seines Baumes fleißiger ergäben. An dem östlichen und südlichen Abhange des Piks von Orizaba, in den Thälern, welche sich gegen die kleine Stadt Cordoba hin ausdehnen, wird Tabak von ganz vorzüglicher Qualität gebaut, der der Krone jährlich über 18 Millionen Franken einträgt. Der Smilax, dessen Wurzel die wahre Sarsaparille ist, wächst in den feuchten, schattigen Schluchten der Kordillere. Die Baumwolle von Veracruz ist wegen ihrer Feinheit und Weiße berühmt, und das Zuckerrohr daselbst ebenso gehaltreich als auf der Insel Cuba, und gehaltreicher als in den Pflanzungen von San Domingo.

Diese Intendantschaft allein wäre imstande, den Handel im Hafen von Veracruz zu beleben, wenn die Anzahl der Kolonisten beträchtlicher wäre, und wenn ihre Trägheit, die Wirkung der gütigen Natur und der Leichtigkeit, sich ohne

Arbeit die ersten Lebensbedürfnisse zu verschaffen, nicht die Fortschritte der Industrie aufhielte. Die alte Bevölkerung von Mexiko war im Inneren des Landes, auf dem Plateau selbst vereinigt; indem die mexikanischen Völker, welche, wie wir weiter oben auseinandergesetzt haben, aus nördlichen Gegenden abstammten, auf ihren Wanderungen den Rücken der Kordilleren mit seinem, ihrem vaterländischen ähnlichen Klima vorzogen. Ohne Zweifel war indes zur Zeit der ersten Ankunft der Spanier auf der Küste von Chalchiuhcuccan (Veracruz) das ganze Uferland, von dem Flusse Papaloapan (Alvarado) bis nach Huaxtecapan besser bevölkert und angebaut als heutzutage. Je höher die Eroberer aber gegen das Plateau aufstiegen, desto näher fanden sie die Dörfer aneinander gelegen, in desto kleinere Stücke das Land verteilt, und das Volk desto civilisierter. Die Spanier, welche neue Städte zu gründen glaubten, wenn sie nur den schon von den Azteken gebauten europäische Namen gaben, folgten den Spuren der Civilisation der Eingeborenen. Dabei hatten sie aber noch mächtigere Beweggründe, sich auf dem Plateau von Anahuac niederzulassen. Sie fürchteten die Hitze und die Krankheiten, welche in den Ebenen herrschten; auch wurden sie durch das Suchen nach kostbaren Metallen, den Bau des Weizens und der europäischen Fruchtbäume, die Aehnlichkeit des Klimas mit dem von Kastilien, sowie durch andere schon besprochene Ursachen bewogen, sich auf dem Rücken der Kordilleren anzusiedeln. Solange die Encomenderos, die ihnen von dem Gesetze zugestandenen Rechte mißbrauchend, die Indianer als Leibeigene behandelten, wurden viele von den letzteren von den Küstengegenden auf das Plateau im Inneren verpflanzt, um entweder in den Bergwerken zu arbeiten, oder bloß dem Wohnorte ihrer Herren näher zu sein. Zwei ganze Jahrhunderte hindurch war der Handel mit amerikanischem Indigo, Zucker und Baumwolle im höchsten Grade unbedeutend. Nichts munterte die Weißen auf, sich in den Ebenen, welche das wahre Klima von Indien haben, anzubauen und man könnte wohl sagen, daß die Europäer bloß in die Tropenländer kamen, um die gemäßigte Zone derselben zu bewohnen.

Seitdem sich aber die Konsumtion des Zuckers beträchtlich vermehrt hat, und der Handel mit dem neuen Kontinent überhaupt viele Produkte liefert, welche Europa sonst allein aus Asien und Afrika bezog, haben die Ebenen (Tierras calientes) offenbar einen größeren Reiz gewonnen, sich in denselben anzusiedeln. Daher vermehrten sich auch besonders seit den traurigen Ereignissen auf San Domingo, welche den spanischen Kolonieen überhaupt einen großen Schwung gegeben haben, die Zuckerrohr- und Baumwollenpflanzungen äußerst in der Provinz Veracruz. Diese Fortschritte sind indes auf den mexikanischen Küsten noch nicht sehr auffallend; indem es Jahrhunderte braucht, bis diese Wüsten bevölkert sind. Heutzutage sind daher ganze Striche von mehreren Quadratmeilen noch bloß mit zwei bis drei Hütten (Hatos de ganado) besetzt, um welche herum halbwilde Ochsen grasen. Einige wenige mächtige Familien, die auf dem Centralplateau wohnen, sind im Besitz des größten Teiles vom Userlande der Intendantschaften Veracruz und San Luis Potosi. Kein agrarisches Gesetz zwingt diese reichen Eigentümer, ihre Majorate (Mayorazgos) zu verkaufen, wenn sie auch gleich die ungeheuren Landstriche, die dazu gehören, nicht selbst anbauen wollen. Sie bedrücken ihre Pächter und jagen sie nach Gefallen fort.

Zu diesem Uebel, das die Küsten des Mexikanischen Golfes mit Andalusien und einem großen Teile von Spanien gemein haben, gesellen sich noch andere Ursachen der Entvölkerung. Die Intendantschaft Veracruz hat für ein so wenig bevölkertes Land eine viel zu starke Miliz und der Kriegsdienst lastet daher schwer auf dem Feldarbeiter. Er flieht daher auch die Küsten, um nicht gezwungen zu werden, in das Corps der Lanceros und der Milicianos zu treten. Auch die Matrosenaushebungen für die königliche Marine wiederholen sich zu schnell, und werden mit zu viel Willkür behandelt. Da die Regierung bisher jedes Mittel, die Bevölkerung dieser öden Küste zu vermehren, vernachlässigt hat, so erfolgte aus diesen Umständen der größte Mangel an Armen zur Arbeit, und eine Teurung der Lebensmittel, wie sie bei der großen Fruchtbarkeit des Bodens kaum glaublich ist.

Die Intendantschaft Veracruz enthält zwei Kolossalspitzen, von denen die erste, der Vulkan von Orizaba, nach dem Popocatepetl, das höchste Gebirge in Neuspanien ist.[1] Der Gipfel dieses abgestumpften Kegels hat sich gegen Südosten etwas gesenkt, und man sieht den Ausschnitt des Kraters sehr weit, sogar in der Stadt Jalapa. Die zweite Spitze, der Koffer

---

[1] [Neuere Messungen stellen den Orizaba über den Popocatepetl. — D. Herausg.]

von Perote, ist nach meinen Messungen beinahe 400 m höher als der Pik von Teneriffa und dient den Schiffern, die nach Veracruz steuern, zum Signal. Da dieser Umstand die Bestimmung seiner astronomischen Lage sehr wichtig macht, so habe ich auf dem Koffer selbst die Polhöhe vor- und nachmittags gemessen. Eine dicke Lage Bimsstein umgibt dieses porphyritische Gebirge. Auf seinem Gipfel sieht man jedoch keine Spur eines Kraters; allein die Lavaströme, die man zwischen dem kleinen Dorfe de las Vigas und de Hoya bemerkt, scheinen die Wirkungen eines sehr alten Seitenausbruches zu sein. Der kleine Vulkan von Turtla, der sich an die Sierra de San Martin lehnt, liegt 30 km von der Küste südöstlich von dem Hafen von Veracruz, bei dem indianischen Dorfe Santiago de Turtla, und befindet sich demnach außerhalb der Parallellinie der brennenden Vulkane von Mexiko, die wir oben angezeigt haben. Seine letzte sehr beträchtliche Eruption fand den 2. März 1793 statt, und die vulkanische Asche bedeckte damals die Dächer der Häuser von Oajaca, Veracruz und Perote. An letzterem Orte, welcher 422 km in gerader Linie[1] von dem Vulkan von Turtla entfernt ist, gleicht das unterirdische Getöse den Schüssen von schwerer Artillerie.

In dem nördlichen Teile der Intendantschaft Veracruz, westlich von der Mündung des Rio Tecolutla befindet sich 15 km von dem großen indianischen Dorfe Papantla ein sehr altes pyramidalisches Gebäude, das mitten in einem dichten Walde, in tonatischer Sprache Tajin genannt, liegt. Jahrhunderte hindurch verbargen die Eingeborenen den Spaniern dieses Denkmal, welches sie von alters her verehren, und erst vor etwa 30 Jahren wurde es durch Zufall von einigen Jägern entdeckt. Ein ebenso bescheidener als einsichtsvoller Beobachter, Herr Dupé,[2] der sich schon lange her mit

---

[1] Diese Entfernung ist größer, als die von Neapel nach Rom, und doch hört man den Vesuv nicht über Gaeta hinaus. Herr Bonpland und ich, wir haben beim Ausbruch des Cotopaxi im Jahre 1802 das Gebrülle desselben 534 km weit vom Krater, auf der Südsee, westlich von der Insel de la Puna ganz deutlich gehört. 1744 hörte man diesen Vulkan in Honda und Mompox, an den Ufern des Magdalenenflusses.

[2] Kapitän in königlich spanischen Diensten. In seinem Besitze befindet sich die Büste einer mexikanischen Priesterin von Basalt,

merkwürdigen Nachforschungen über die Architektur und die Idole der Mexikaner beschäftigt, hat die Pyramide von Papantla bereist, und besonders sorgfältig den Schnitt der Steine, aus denen sie erbaut ist, untersucht, sowie auch die Hieroglyphen abgezeichnet, mit welchen diese ungeheuren Massen bedeckt sind. Es wäre zu wünschen, daß er sich entschließen möchte, die Beschreibung dieses merkwürdigen Denkmals bekannt zu machen. Die im Jahre 1785 in der mexikanischen Zeitung erschienene Figur ist sehr unvollkommen.

Die Pyramide von Papantla ist nicht, wie die von Cholula und Teotihuacan, von Backsteinen oder Thon, mit einer Mischung von Kieseln und einer Bekleidung von Mandelstein, sondern einzig und allein von ungeheuren Porphyrquadern aufgeführt. In den Fugen sieht man den Mörtel ganz deutlich. Uebrigens ist dieses Gebäude nicht sowohl wegen seiner Größe als wegen seiner ganzen Anordnung, der feinen Bearbeitung seiner Steine und der äußersten Regelmäßigkeit ihres Schnittes merkwürdig. Die Basis desselben ist ein ganz genaues Quadrat, dessen jede Seite 25 m Länge hat; seine perpendikuläre Höhe aber scheint kaum 16 bis 20 m zu betragen. Wie alle mexikanischen Teocalli, besteht auch dieses Monument aus mehreren Absätzen, von denen man noch sechs unterscheiden kann, und der siebente durch die Vegetation, welche die Seite bedeckt, versenkt zu sein scheint. Eine große Treppe von 57 Stufen führt auf die stumpfe Spitze dieses Teocallis, wo die Menschenopfer vorgenommen wurden, und auf beiden Seiten dieser großen Treppe befindet sich eine kleinere. Die Bekleidung der Absätze ist voll Hieroglyphen, unter denen man Schlangen und Krokodile in erhabener Arbeit erkennt. Jeder Absatz hat überdies eine Menge viereckiger und ganz symmetrisch verteilter Nischen, und zwar der erste 24, der zweite 20, und der dritte 16. Die sämtliche Zahl derselben an der Hauptmasse des Gebäudes beträgt 366, und 12 an der Treppe auf der Ostseite. Der Abbé Marquez vermutet, daß diese 378 Nischen sich auf das Kalendersystem der Mexikaner beziehen, und glaubt sogar, daß in jeder derselben eine der zwanzig Figuren wiederholt war, die in der Hieroglyphensprache der Tolteken, zur symbolischen Bezeichnung des Tages, des gemeinen Jahres und der Schalttage am Ende des Cyklus

---

die ich durch Herrn Massard habe stechen lassen, und welche mit der Calanthica der Isisköpfe große Aehnlichkeit hat.

dienten. Wirklich bestand das Jahr bei ihnen aus 18 Monaten, jeder von 20 Tagen, welche 360 Tage ausmachten, zu denen man noch nach ägyptischem Gebrauche 5 Ergänzungstage, Nemontemi genannt, hinzusetzte. Die Interkalation wurde alle 52 Jahre vorgenommen, da man den Cyklus um 15 Tage vergrößerte, welches denn (360 + 5 + 13 =) 378 einfache oder zusammengesetzte Zeichen der Tage des bürgerlichen Kalenders gab, den man Compohualilhuitl oder Tonalpohualli nannte, um ihn von dem Comilhuitlapohualliztli oder dem Ritualkalender zu unterscheiden, dessen sich die Priester bedienten, um die Wiederkehr der Opfer anzuzeigen. Uebrigens will ich hier die Hypothese des Abbé Marquez nicht untersuchen, sondern nur bemerken, daß sie an die astronomischen Erklärungen erinnert, die ein berühmter Historiker, Herr Gatterer, von der Anzahl der Gemächer und Stufen in dem großen ägyptischen Labyrinth gegeben hat.

Die ausgezeichnetsten Städte dieser Provinz sind:

Veracruz, Residenz des Intendanten und Mittelpunkt des Handels mit Europa und den Antillen. Diese Stadt ist hübsch und sehr regelmäßig gebaut und von einsichtsvollen, thätigen und mit Eifer für das Wohl ihres Vaterlandes belebten Kaufleuten bewohnt. Sie hat in den letzten Jahren in Rücksicht auf innere Polizei sehr gewonnen. Die Küste, auf welcher Veracruz liegt, hieß ehemals Chalchiuhcuecan, und die Insel, auf der man mit ungeheuren Kosten (nach der gewöhnlichen Angabe 200 Millionen Franken) das Fort von San Juan de Ulua aufgeführt hat, wurde schon von Juan de Grijalva im Jahre 1518 besucht. Er gab ihr den Namen Ulua, weil er daselbst die Ueberbleibsel von zwei unglücklichen Menschenopfern[1] fand und auf seine Frage nach dem Grunde solch grausamen Gebrauches die Antwort erhielt, daß es auf Befehl der Könige von Acolhua oder Mexiko geschehe. Die Spanier hatten keine anderen Dolmetscher als die Indianer von Yucatan, verstanden die Antwort daher falsch und glaubten, daß Ulua der Name der Insel sei. Solchen Mißverständnissen ver-

---

[1] Diese Opfer wurden, wie es scheint, auf mehreren von den kleinen Inseln vorgenommen, die den Hafen von Veracruz umgeben. Eine derselben, die von den Seefahrern sehr gefürchtet wird, heißt heutzutage noch die Isla de Sacrificios.

danken Peru, die Küste von Paria und viele andere Provinzen ihre gegenwärtigen Benennungen. Die Stadt Veracruz heißt zuweilen auch Veracruz Nueva, zur Unterscheidung von Veracruz Vieja, das bei der Mündung des Rio Antigua liegt und von den meisten Geschichtschreibern als die erste von Cortez gegründete Kolonie angesehen wird. Indes hat der Abbé Clavigero die Falschheit dieser Behauptung erwiesen. Die Stadt, welche im Jahre 1519 angefangen und Villarica oder La Villarica de Veracruz genannt wurde, lag 22 km von Cempoalla, dem Hauptorte der Totonaken, bei dem kleinen Hafen von Chiahuitzla, den man in Robertsons Werke kaum noch unter dem Namen Quiabislan erkennt. Drei Jahre nachher veröbete Villarica ganz und die Spanier legten südwärts eine andere Stadt an, die den Namen Antigua erhalten hat. Auch diese zweite Kolonie wurde, wie man im Lande selbst glaubt, wegen der Krankheit des Vomito, welche dazumal schon über zwei Dritteile der zur Zeit der großen Hitze landenden Europäer hinwegraffte, wieder verlassen. Der Vizekönig Graf von Monterey, welcher Mexiko am Ende des 16. Jahrhunderts regierte, ließ den Grund von Nueva Veracruz oder der gegenwärtigen Stadt, der Insel San Juan d'Ullua gegenüber auf der Küste von Chalchiuhcuecan und auf der nämlichen Stelle liegen, wo Cortez den 21. April 1519 gelandet hatte. Diese dritte Stadt Veracruz erhielt die Privilegien einer Stadt erst 1615 unter König Philipp III. Sie liegt in einer dürren Ebene, der es ganz an fließendem Wasser fehlt und auf welcher die heftigen Nordwinde, die vom Oktober bis in den April wehen, Hügel von Flugsand gebildet haben. Diese Dünen (Meganos de arena) verändern jedes Jahr Form und Stelle. Sie sind 8 bis 12 m hoch und vermehren die erstickende Hitze der Luft in Veracruz nicht wenig durch das Zurückprallen der Sonnenstrahlen und durch die hohe Temperatur, die sie während des Sommers selbst gewinnen. Zwischen der Stadt und dem Aroyo Gavilan befindet sich mitten unter den Dünen Sumpfland, das mit allerhand Gesträuche überwachsen ist. Die stehenden Wasser des Baxio de la Tembladera und die kleinen Lagunen der Hormiga, des Rancho de la Hortaliza und von Arjona erzeugen Wechselfieber unter den Eingeborenen und spielen wahrscheinlich auch eine wichtige Rolle unter den traurigen Ursachen des Vomito prieto, die wir in der Folge noch näher untersuchen werden. Alle Gebäude von Veracruz und vom

Schlosse Ulua sind von Materialien erbaut, die man aus dem
Grunde des Ozeans heraufgeholt hat und die die steinernen
Wohnungen der Madreporen (Piedras de mucana) sind, in=
dem man in der Nähe der Stadt gar keine Steine findet.
Der Sand bedeckt die Sekundärbildungen, welche auf dem
Porphyr von Encero ruhen und erst bei Acazonica, einem
Meierhofe der Jesuiten, der einst wegen seiner Brüche von
schönem blätterigen Gipse berühmt war, zum Vorschein kommen.
Gräbt man 1 m tief in dem Sandboden von Veracruz, so
findet man süßes Wasser, das aber bloß von der Filtration
der Lagunen zwischen den Dünen herkommt. Es ist Regen=
wasser, das mit Wurzeln der Vegetabilien im Kontakte ge=
wesen, sehr schlecht ist und nur zum Waschen dient. Die
niedrige Volksklasse muß sich daher, was für die medizinische
Topographie von Veracruz von Wichtigkeit ist, mit dem Wasser
eines Grabens (Zanja), der von den Meganos kommt, behelfen,
das etwas besser ist als das aus den Brunnen oder aus dem
Bache Tenoya. Die Wohlhabenden hingegen trinken Regen=
wasser, welches in Zisternen gesammelt wird, deren Bau, mit
Ausnahme der schönen Zisternen (Algibes) vom Schlosse San
Juan d'Ullua sehr fehlerhaft ist. Das Wasser der letzteren
ist sehr klar und gesund, wird aber nur unter das Mili=
tär verteilt. Seit Jahrhunderten hat man den Mangel an
gutem Trinkwasser für eine der vielen Ursachen von den
Krankheiten der Bewohner angesehen. 1704 machte man den
Plan, einen Teil des schönen Flusses Jamapa in den Hafen
von Veracruz zu leiten und König Philipp V. sandte wirk=
lich einen französischen Ingenieur hierher, um den Boden zu
untersuchen. Dieser aber, wahrscheinlich des Aufenthaltes
in einem so heißen und unangenehmen Lande müde, erklärte
die Ausführung dieses Entwurfes für unmöglich. Im Jahre
1756 begann der Streit zwischen den Ingenieuren, der Muni=
zipalität, dem Gouverneur, dem Assessor des Vizekönigs und
dem Fiskal aufs neue, und man hat bis jetzt, bloß mit Unter=
suchung der Kunsterfahrenen und mit Gerichtskosten (denn in
den spanischen Kolonieen wird alles zum Prozeß), die Summe
von 2 250 000 Franken aufgewendet. Ehe man den Boden
nivellierte, baute man 1100 m über dem Dorfe Jamapa
einen Damm, der schon wieder zur Hälfte zerstört ist und
1½ Millionen Franken gekostet hat. Auch läßt sich die Re=
gierung seit mehr als zwölf Jahren eine Abgabe von Mehl
bezahlen, die über 150 000 Franken jährlich einträgt. Eine

gemauerte Wasserleitung (Atarxea), die ein Wasserprofil von 116 qcm fassen kann, ist bereits in einer Länge von 900 m fertig; und doch sind trotz aller Kosten und Haufen von Memoiren und Berichten im Archive die Wasser des Rio Jamapa noch über 23000 m von der Stadt Veracruz entfernt. Erst 1795 endigte man damit, wo man hätte anfangen sollen; man nivellierte den Boden und fand, daß die mittlere Wasserhöhe des Jamapa 8,83 m über der Fläche der Straßen von Veracruz ist. Damit sah man denn freilich ein, daß der große Damm in Medellin angebracht werden mußte und daß man ihn aus Unwissenheit nicht nur auf einem zu hohen Punkte, sondern auch 7500 m weiter von dem Hafen entfernt angelegt hatte, als der Fall des Wassers notwendig erforderte. So wie die Sachen jetzt stehen, ist der Bau der Wasserleitung von dem Rio Jamapa bis Veracruz auf fünf oder sechs Millionen Franken angeschlagen worden. In einem an kostbaren Metallen so unendlich reichen Lande schreckt freilich die Größe dieser Summe die Regierung nicht ab; allein man hat den Plan hinausgeschoben, weil man seit kurzem berechnete, daß zehn öffentliche Zisternen, jede von 670 cbm Inhalt außerhalb der Stadt gebaut, zusammen nur 700000 Franken kosten und für eine Bevölkerung von 16000 Menschen hinreichen würden. „Warum," heißt es in dem Berichte des Vizekönigs, „warum so in der Ferne suchen, was so nahe liegt? Warum den ebenso regelmäßigen als überflüssigen Regen nicht benutzen, der nach den genauen Untersuchungen des Obersten Constanzo jährlich mehr Wasser bringt, als in Frankreich und Deutschland fällt?" Die gewöhnliche Bevölkerung von Veracruz mit Ausnahme der Miliz und der Seeleute beträgt 16000.

Jalapa (Xalapan), eine Stadt am Fuße des Basaltgebirges von Macultepec in einer sehr romantischen Lage. Das Kloster von St. Franziskus gleicht, wie alle von Cortez gegründeten Klöster, in der Entfernung einer kleinen Festung; denn in den ersten Zeiten der Eroberung baute man alle Klöster und Kirchen so, daß sie im Falle eines Aufstandes der Eingeborenen zur Verteidigung dienen konnten. In diesem Kloster von St. Franziskus genießt man eine prächtige Aussicht auf die kolossalen Gipfel des Cofre und des Piks von Orizaba, auf den Abhang der Kordillere (gegen den Encero, Otates und Apazapa hin), den Fluß Antigua und sogar auf den Ozean. Die dichten Wälder von Styrax,

Piper, Melastomen und Farnkrautbäumen, besonders die, welche den Weg von Pacho und San Andres durchschneiden, die Ufer des kleinen Sees de los Berrios und die nach dem Dorfe Huastepec führenden Anhöhen bieten die angenehmsten Spaziergänge dar. Der Himmel von Jalapa, welcher im Sommer so schön und klar ist, macht den Menschen vom Dezember bis in den Februar ganz melancholisch; denn sowie in Veracruz der Nordwind weht, umhüllt ein dicker Nebel die Bewohner von Jalapa. Der Thermometer fällt alsdann auf 12 bis 16° und es verstreichen in dieser Jahreszeit (estacion de los Nortes) oft zwei bis drei Wochen, ehe man die Sonne und die Sterne wieder sieht. Die reichsten Kaufleute von Veracruz haben Landhäuser in Jalapa, in welchen sie eine angenehme Kühlung genießen, während die Küste durch Moskiten, die schreckliche Hitze und das gelbe Fieber für ihre Bewohner äußerst unangenehm wird. Man findet in dieser kleinen Stadt eine Anstalt, welche das, was ich oben über die Fortschritte der intellektuellen Kultur von Mexiko behauptet habe, bestätigt; nämlich eine vortreffliche Zeichnungsschule, die erst seit einigen Jahren gegründet worden ist und in der die Kinder der armen Handwerker auf Kosten der Wohlhabenden Unterricht erhalten. Die Höhe von Jalapa über dem Meeresspiegel beträgt 1320 m und seine Bevölkerung wird geschätzt auf 13000.[1]

Perote (das alte Pinahuizapan), das kleine Fort von San Carlos de Perote liegt nördlich von dem großen Marktflecken Perote und ist eher ein Waffenplatz als eine Festung. Die Ebenen umher sind äußerst unfruchtbar und mit Bimsstein bedeckt; auch fehlt es gänzlich an Bäumen, außer einigen einzelnen Cypressen- und Molinastämmen. Die Höhe von Perote ist 2353 m.

Cordoba, eine Stadt auf dem östlichen Abhange des Piks von Orizaba in einem viel heißeren Klima, als das von Jalapa ist. Die Umgebungen von Cordoba und Orizaba erzeugen allen Tabak, der in Neuspanien verbraucht wird.

Orizaba, östlich von Cordoba, etwas nordwärts vom Rio Blanco, der sich in die Laguna d'Alvarado ergießt. Man hat sich lange darüber gestritten, ob die neue Straße von Mexiko nach Veracruz über Jalapa oder Orizaba gehen sollte. Weil nun beiden Städten sehr viel daran liegt, wie sich dieser

---

[1] [Jetzt 12400. — D. Herausg.]

Streit endigt, so hat ihre Rivalität alle möglichen Mittel ergriffen, um ihre Ansprüche bei den konstituierten Autoritäten überwiegend zu machen. Da geschah es denn, daß die Vizekönige bald die eine, bald die andere Partei ergriffen, und daß während dieser Ungewißheit gar keine Straße angelegt wurde. Seit einigen Jahren endlich ist aber doch eine schöne Heerstraße von dem kleinen Fort Perote bis nach Jalapa und von da nach Encero angelegt worden.

Tlacotlalpan, Hauptort der alten Provinz Tabasco. Etwas nördlicher liegen die kleinen Städte Victoria und Villa Hermosa, deren erstere eine der ältesten Städte in Neuspanien ist.

Die Intendantschaft Veracruz hat keine Bergwerke von einiger Bedeutung. Die von Zomelahuacan bei Jalacingo sind beinahe ganz verlassen worden.

10) Intendantschaft von San Luis Potosi.

Diese Intendantschaft begreift den ganzen nordöstlichen Teil des Königreiches Neuspanien. Da sie an völlig öde oder wenigstens nur von unabhängigen und als Nomaden lebenden Indianer bewohnte Länder stößt, so kann man sagen, daß ihre nördlicheren Grenzen beinahe gar nicht bestimmt sind. Die Gebirgsgegend, der Bolson de Mapimi genannt, umfaßt über 165 188 qkm und aus ihr kommen die Apachen, die so oft die Kolonisten von Coahuila und Neubiscaya angreifen. Zwischen diese beiden Provinzen eingeschlossen und nordwärts von dem großen Rio del Norte begrenzt, wird der Bolson de Mapimi bald als ein von den Spaniern noch nicht erobertes Land, bald als ein Teil der Intendantschaft Durango angesehen. Ich habe indes die Grenzen von Coahuila und Texas bei der Mündung des Rio Puerco und gegen die Quellen des Rio San Saba so gezogen, wie ich sie in den Spezialkarten gefunden, welche in den Archiven des Vizekönigs aufbewahrt werden und von den Ingenieuren des Königs von Spanien aufgenommen worden sind. Wie kann man aber genau die Territorialgrenzen in ungeheuren Steppen bestimmen, wo jeder Meierhof 100 bis 150 km von dem anderen entfernt ist und wo man beinahe keine Spur von urbar gemachtem Boden oder von Kultur überhaupt findet?

Die Intendantschaft San Luis Potosi umfaßt sehr heterogene Bestandteile, deren verschiedene Benennungen zu vielen geographischen Verstößen Anlaß gegeben haben. Sie besteht aus Provinzen, von denen einige zu den Provincias internas, die anderen zu dem eigentlichen Königreich Neuspanien gehören. Unter den ersten stehen zwei unmittelbar unter dem Kommandanten der Provincias internas, und die beiden anderen werden als Provincias internas del Vireynato angesehen.

Die Intendantschaft von San Luis begreift nahe an 1700 km Küstenlandes, also gerade eine Ausdehnung wie die von Genua nach Reggio in Kalabrien. Allein einige kleine Schiffe ausgenommen, welche von den Antillen kommen und entweder in Tampico oder auf dem Ankergrunde von Neusantander Fleisch laden, ist diese ganze Küste ohne Handel und ohne Leben, und derjenige Teil, welcher sich von der Mündung des großen Flusses del Norte bis gegen den Rio Sabina erstreckt, beinahe noch ganz unbekannt. Wirklich wurde er nie von Seefahrern untersucht, und dennoch wäre es sehr wichtig, auf dieser nördlichsten Seite des Mexikanischen Meerbusens einen guten Hafen zu entdecken. Unglücklicherweise finden sich überall auf der Ostküste von Neuspanien dieselben Hindernisse, nämlich: Mangel an Tiefe für Schiffe, die über 3,8 m Wasser haben, Bänke an den Mündungen der Flüsse, Landzungen und lange kleine Inseln, deren Richtung mit der des festen Landes parallel ist, und die den Eingang in das innere Bassin versperren. Die Küste der Provinzen Santander und Texas ist, vom 21. bis 29. Grad der Breite ganz besonders ausgeschweift, und enthält eine Reihe von inneren Bassins die 30 bis 37 km breit und 300 bis 370 km lang sind. Man nennt sie Lagunas oder Salzseen, und einige unter ihnen (wie z. B. die Laguna de Tamiagua) sind wahre Straßen ohne Ausgang (Impasses). Andere hingegen, wie die Laguna Madre und die von San Bernardo, hängen durch mehrere Kanäle mit dem Ozean zusammen, und begünstigen die Uferschiffahrt sehr; indem die Küstenfahrer in denselben vor den großen Meereswogen sicher sind. Es wäre für die Geologie merkwürdig, wenn auf Ort und Stelle untersucht würde, ob diese Lagunen durch heftige Strömungen, die sehr tief in das Land eingedrungen, gebildet wurden, oder ob diese langen, eng an der Küste hin gereihten kleinen Inseln bloß Sandbänke sind, die sich nach und nach über den gewöhnlichen Höhestand des Meeres erhoben haben.

In der ganzen Intendantschaft San Luis Potosi ist bloß der an die Provinz Zacatecas stoßende Teil, in welchem die reichen Bergwerke von Charcas, Guadalcazar und Catorce liegen, ein kaltes gebirgiges Land. Das Bistum Monterey hingegen, das den hochtönenden Titel Neues Königreich Leon führt, Coahuila, Santander und Texas sind sehr niedrige Gegenden, mit weniger Abwechselung, in welchen der Boden mit Sekundärbildungen und Anschwemmungen bedeckt ist. Sie genießen ein sehr ungleiches Klima, im Sommer eine außerordentliche Hitze, und im Winter, wenn die Nordwinde ganze Massen kalter Luft von Kanada gegen die heiße Zone heruntertreiben, eine beißende Kälte.

Seit Abtretung Louisianas an die Vereinigten Staaten sind die Grenzen der Provinz Texas und die Grafschaft Natchitoches, die einen integrierenden Teil des amerikanischen Staatenbundes ausmacht, Gegenstand eines ebenso lange dauernden als unfruchtbaren Streites geworden. Mehrere Glieder des Kongresses von Washington waren der Meinung, daß man das Territorium von Louisiana bis an das linke Ufer des Rio Bravo del Norte ausdehnen könne. Ihnen zufolge „gehörte alles Land, das die Mexikaner die Provinz Texas nennen, ehemals zu Louisiana: nun sollen die Vereinigten Staaten letztere Provinz mit allen Rechten besitzen, mit denen sie Frankreich vor Abtretung an Spanien besessen hat; also können weder die von den Vizekönigen von Mexiko eingeführten neuen Benennungen, noch die Bewegungen der Bevölkerung von Texas nach Osten den rechtmäßigen Ansprüchen des Kongresses das geringste benehmen." Während dieses Streits hatte die amerikanische Regierung oft die Niederlassung angeführt, welche ein Franzose, Herr von Lasale, ums Jahr 1685, ohne, wie es scheint, den Rechten der spanischen Krone Eintrag zu thun, an der Bai von St. Bernhard gemacht hatte.

Untersucht man meine Generalkarte von Mexiko und dessen Grenzländern gegen Osten, so sieht man, wie weit es noch von der St. Bernhardsbai bis zur Mündung des Rio del Norte ist. Auch führen die Mexikaner mit gutem Grunde zu ihren Gunsten an, daß die spanische Bevölkerung von Texas sehr alt ist, daß sie in den ersten Zeiten der Eroberung sich über Linares, Revilla und Camargo, aus dem Inneren von Neuspanien verbreitet, und daß Herr von Lasale, als er westlich vom Mississippi landete, dessen Mündung er verfehlte, unter den Wilden, die er bekämpfte, bereits Spanier gefunden hat. Gegenwärtig betrachtet daher der Intendant von San Luis Potosi den Rio Mermentas oder Mexicano der sich östlich von dem Rio de la Sabina in den Golf von Mexiko ergießt, als die Ostgrenze der Provinz Texas und somit seiner ganzen Intendantschaft.

Uebrigens ist es nicht unnütz, hier zu bemerken, daß dieser Streit über die wahren Grenzen von Neuspanien erst dann wichtig werden wird, wenn die Kolonisten von Louisiana das Land bis unmittelbar an die von mexikanischen Kolonisten bewohnten Gegenden angebaut haben werden, und z. B. ein Dorf der Provinz Texas nahe an einem in der Grafschaft Opheluſſas stehen wird. Gegenwärtig ist indes das Fort Clayborne, das bei der alten spanischen Mission der Adayes (Adaes oder Adaiſſes) an dem Roten Fluſſe liegt, diejenige Niederlaſſung in Louisiana, die den Militärpoſten (Presidios) der Provinz Texas am nächſten ſteht; und doch ſind es immer noch 500 km von dem Preſidio de Nacogdoch bis nach dem Fort Clayborne. Große Steppen, die mit Gras bedeckt sind, bilden die gemeinſchaftlichen Grenzen des Gebietes der amerikaniſchen Freiſtaaten und des mexikaniſchen Reiches. Alles Land, was weſtlich vom Miſſiſſippi liegt, vom Ochſenfluſſe an bis zum Rio Colorado von Texas, iſt unbewohnt. Auch finden ſich in dieſen Steppen, die zum Teil Sumpfboden enthalten, Hinderniſſe, die ſchwer zu überwinden ſind. Man kann ſie als einen Seearm anſehen, der zwei Nachbarküſten ſcheidet, aber doch der Induſtrie neuer Koloniſten nicht widerſtehen kann. In den Vereinigten Staaten hat ſich die Bevölkerung der atlantiſchen Provinzen zuerſt gegen den Ohio und den Tenneſſee, und dann gegen Louiſiana gewandt. Ein Teil dieſer beweglichen Bevölkerung wird ſich noch weiter gegen Weſten ziehen. Bloß beim Namen des mexikaniſchen Gebietes wird man an die Nähe von Bergwerken denken, und die amerikaniſchen Koloniſten am Ufer des Rio Mermentas glauben gewiß, bereits an einen Boden zu ſtoßen, der metalliſche Reichtümer enthält. Dieſer unter dem niedrigen Volke verbreitete Irrtum wird neue Auswanderungen veranlaſſen, und man wird erſt ſehr ſpät erfahren, daß die berühmten Bergwerke von Catorce, die Louiſiana am nächſten liegen, doch noch 2200 km von ihr entfernt ſind.

Mehrere meiner mexikaniſchen Freunde haben den Land=

weg von Neuorleans nach der Hauptstadt Neuspaniens gemacht. Diese Straße, die von den Bewohnern von Louisiana, welche nach den Provincias internas kommen, um Pferde zu kaufen, gebahnt wurde, beträgt über 4000 km, und hat demnach eine gleiche Länge mit dem Wege von Madrid nach Warschau. Sie soll wegen Mangels an Wasser und an Wohnungen sehr beschwerlich sein; doch kann sie unmöglich so viele Schwierigkeiten enthalten, als die über den Rücken der Kordilleren von Santa Fé in Neugranada bis nach Quito oder von Quito nach Cuzco gezogenen Pfade. Auf diesem Wege ist auch ein mutiger Reisender, Herr Pagès, französischer Linienschiffskapitän, im Jahre 1767 von Louisiana nach Acapulco gereist. Seine Nachrichten über die Intendantschaft San Luis Potosi und die Straße von Queretaro nach Acapulco, die ich 30 Jahre nach ihm gemacht habe, verraten einen richtigen Blick und große Wahrheitsliebe; allein er ist unglücklicherweise in der Orthographie der mexikanischen und spanischen Namen so wenig genau, daß man in seinen Beschreibungen nur mit Mühe die Orte wieder erkennt, durch die er gekommen ist.[1] Der Weg von Louisiana nach Mexiko hat bis zu dem Rio del Norte wenig Schwierigkeiten, und erst von Saltillo aus fängt man an, gegen des Plateau von Anahuac emporzusteigen. Der Abhang der Kordillere ist hier gar nicht steil, und es unterliegt, nach den Fortschritten der Civilisation auf dem neuen Kontinent zu urteilen, gar keinem Zweifel, daß die Landkommunikation zwischen den Vereinigten Staaten und Neuspanien nach und nach sehr häufig werden und daß mit der Zeit öffentliche Wagen von Philadelphia und Washington bis nach Mexiko und Acapulco fahren werden.

Die drei Grafschaften des Staates von Louisiana, oder Neuorleans, die dem öden Lande, welches man als die östliche Grenze der Provinz Texas ansieht, am nächsten liegen, sind, von Süden nach Norden gezählt, die Grafschaften Attacappas, der Opheluffas und Natchitoches. Die letzten Niederlassungen von Louisiana stehen auf einem Meridian, 185 km östlich von der Mündung des Rio Mermentas, der nördlichste Ort aber ist das Fort Clayborne de Natchitoches, 52 km

---

[1] Herr Pagès nennt Loredo: La Rheda; das Fort de la Bahia del Espirito Santo: Lababia; Orquoquissas: Acoquissa; Saltillo: Saltille; Coahuila: Cuwilla.

oſtwärts von der alten Stelle der Miſſion der Adayes. Nord=
weſtlich von Clayborne liegt der Spaniſche See, aus deſſen
Mitte ſich ein großer, mit Stalaktiten bedeckter Felſen erhebt.
Geht man von dieſem See aus nach Süd=Süd=Oſt, ſo findet
man an dem Ende dieſes ſchönen von Koloniſten franzöſiſchen
Urſprunges angebauten Landes zuerſt das kleine Dorf San
Landry, 22 km nördlich von den Quellen des Rio Mermentas;
dann die Wohnung von San Martin und endlich Neu=
iberien, an dem Fluſſe Teche, bei dem Kanal Boutet, der
in den See Taſe führt. Da jenſeits vom öſtlichen Ufer
des Rio Sabina keine mexikaniſche Niederlaſſung mehr iſt,
ſo folgt daraus, daß das unbewohnte Land, welches die
Dörfer Louiſianas von den Miſſionen von Texas ſcheidet,
über 82600 qkm beträgt. Der ſüdlichſte Teil dieſes Wieſen=
landes, zwiſchen den Baien Garcuſiu und Sabina, beſteht
aus unwegbaren Sümpfen, und die Straße von Louiſiana
nach Mexiko geht daher auch nördlicher, parallel mit dem
32. Grade. Von Natchez wenden ſich die Reiſenden nördlich
von dem See Cataouillou gegen das Fort Clayborne hin,
und kommen ſodann über die alte Stelle der Adayes von
Chichi am Brunnen der Pater Gama vorbei. Ein geſchickter
Ingenieur, Herr Lafond, deſſen Karte vieles Licht über dieſe
Gegenden verbreitet, bemerkt, daß ſich 60 km nordwärts
von dem Poſten Chichi Hügel erheben, die reich an Stein=
kohlen ſind, und in der Entfernung ein unterirdiſches Getöſe
gleich Kanonenſchüſſen hören laſſen. Sollte dieſes merkwür=
dige Phänomen vielleicht eine Abſetzung von Hydrogen an=
deuten, die durch den Brand einer Lage von Steinkohlen
verurſacht wird? Von den Adayes an geht die Straße von
Mexiko über San Antonio de Bejar, Loredo (am Ufer des
Rio grande del Norte), Saltillo, Charcas, San Luis Potoſi
und Queretaro nach der Hauptſtadt von Neuſpanien, und
man braucht drittehalb Monate, um dieſes ungeheure Land zu
durchreiſen, in welchem man von dem linken Ufer des Rio
Grande del Norte an bis zu den Natchitoches beinahe immer
unter freiem Himmel Quartier nehmen muß.

Die vorzüglichſten Orte der Intendantſchaft von San
Luis ſind folgende:

San Luis Potoſi, Reſidenz des Intendanten, und
an dem öſtlichen Abhange des Plateaus von Anahuac, weſt=
wärts von den Quellen des Rio de Panuco gelegen.

Nuevo Santander, Hauptstadt der Provinz dieses Namens. Die Bank von Santander hindert Schiffe, die über 8 bis 10 Palmen Wasser haben, am Einlaufen. Das Dorf Soto la Marina, östlich von Santander, könnte für den Handel dieser Küste sehr wichtig werden, wenn man seinen Hafen ausreinigen würde. Heutzutage ist die Provinz Santander indes so öde, daß man 1802 sehr fruchtbare Striche von 550 bis 660 qkm um 2 bis 3 Franken verkauft hat.

Charcas oder Santa Maria de las Charcas, ein sehr ansehnlicher Flecken, in welchem eine Deputation de Minas ihren Sitz hat.

Catorce oder La purisima Concepcion de Alamos de Catorce, eines der reichsten Bergwerke von Neuspanien. Das Real de Catorce besteht indes erst seit 1773, wo Don Sebastian Coronado und Don Bernabé Antonio Zepeda diese berühmten Gänge entdeckten, welche jedes Jahr über 18 bis 20 Millionen abwerfen.

Monterey, Sitz eines Bischofs in dem kleinen Königreich Leon.

Linares, in demselben Königreich, zwischen dem Rio Tigre und dem großen Rio Bravo del Norte.

Monclova, ein Militärposten (Presidio), Hauptstadt der Provinz Coahuila, Residenz eines Gouverneurs.

San Antonio de Bejar, Hauptstadt der Provinz Texas, zwischen dem Rio de los Nogales und dem Rio San Antonio.

11) Intendantschaft Durango.

Diese Intendantschaft, welche unter dem Namen Neubiscaya bekannter ist, gehört, wie Sonora und Nuevo Mexico, zu den Provincias internas occidentales. Sie umfaßt einen Landstrich, der viel ansehnlicher ist, als die drei britischen Königreiche zusammen, und doch übersteigt ihre Bevölkerung kaum die der beiden Städte Birmingham und Manchester miteinander. Ihre Länge von Süden nach Norden, von den berühmten Bergwerken von Guarisamey bis zu den Gebirgen von Carcay, nordwestlich von Presidio de Yanos, beträgt 1720 km. Ihre Breite aber ist sehr ungleich, und bei Parral kaum 430 km.

Die Provinz Durango, ober Nueva Biscaya, grenzt gegen Süden an Nueva Galicia, nämlich an die beiden Intendantschaften Zacatecas und Guadalajara, gegen Südosten an einen kleinen Teil der Intendantschaft San Luis Potosi, und gegen Westen an die von Sonora. Gegen Norden und besonders gegen Osten stößt sie auf einer Linie von mehr als 1480 km an ein unangebautes, von unabhängigen und sehr kriegerischen Indianern bewohntes Land. Die Acoclames, die Cocoyames und die Apaches Mescaleros und Faraones bewohnen den Bolson de Mapimi, die Gebirge von Chanate und die der los Organos, auf dem linken Ufer des Rio grande del Norte. Die Apaches Mimbreños hingegen halten sich mehr westwärts in den wilden Schluchten der Sierra de Acha. Die Comanchen und die zahlreichen Stämme der Chichimeken, welche die Spanier unter dem unbestimmten Namen der Mecos begreifen, beunruhigen die Bewohner von Neubiscaya, und setzen sie in die Notwendigkeit, nicht anders als bewaffnet und in Karawanen zu reisen. Die Militärposten (Presidios), mit denen man die weiten Grenzen der Provincias internas versehen hat, sind zu weit voneinander entfernt, um die Einfälle dieser Wilden zu hindern, die, den Beduinen der Wüste gleich, jede List des kleinen Krieges kennen. Die Comanchen, die töblichsten Feinde der Apaches, von denen mehrere Horden mit den spanischen Kolonisten im Frieden leben, sind für die Bewohner von Neubiscaya und Neumexiko am allerfurchtbarsten. Wie die Patagonier der Magelhaensschen Meerenge, haben sie die Kunst gelernt, die Pferde zu bändigen, welche seit der Ankunft der Europäer in diesen Gegenden wild geworden sind, und unterrichtete Reisende versichern, daß die Araber selbst keine gewandteren und flüchtigeren Reiter sind als die Comanchen. Seit Jahrhunderten durchziehen sie daher auch Ebenen, welche, von Gebirgen durchschnitten, ihnen Gelegenheit geben, sich in Hinterhalt zu stellen, um die Reisenden zu überfallen. Wie beinahe alle Wilden, die in Steppen umherirren, kennen sie ihr ursprüngliches Vaterland nicht. Sie haben Zelte von Büffelfellen, die sie nicht auf ihre Pferde, sondern auf große Hunde laden, welche die Horde begleiten. Dieser Umstand, der schon in dem handschriftlichen Tagebuche der Reise des Bischofs Tamaron[1] angeführt wird, ist sehr bemerkenswert und erinnert

---

[1] Diario de la visita diocesana del ilustrisimo Señor

an ähnliche Sitten unter mehreren Völkern des nördlichen Asiens. Die Comanchen machen sich den Spaniern um so furchtbarer, da sie alle erwachsenen Gefangenen töten und nur die Kinder leben lassen, welche sie mit Sorgfalt zu ihren Sklaven aufziehen.

Die Anzahl der kriegerischen und wilden Indianer (Indios bravos), welche die Grenzen von Neubiscaya beunruhigen, hat sich seit dem Ende des letzten Jahrhunderts ein wenig vermindert. Sie suchen nicht mehr so oft wie ehemals in das Innere des bewohnten Landes einzudringen, um spanische Dörfer zu plündern und zu zerstören. Indes ist ihre Erbitterung gegen die Weißen noch immer gleich stark und die Wirkung eines Ausrottungskrieges, den eine barbarische Politik angefangen und mit mehr Mut als Erfolg fortgesetzt hat. Indianer haben sich gegen Norden in dem Moqui und in den Gebirgen von Navajoa zusammengezogen, wo sie den Bewohnern von Neumexiko einen sehr ansehnlichen Landstrich wieder abnahmen. Dieser Stand der Dinge hat sehr traurige Folgen gehabt, welche man noch Jahrhunderte lang empfinden wird und die einer Untersuchung wohl wert sind. Diese Kriege haben die Hoffnung, diese wilden Horden auf gelinden Wegen zum geselligen Leben zu führen, wenn auch nicht ganz zerstört, doch wenigstens weit hinausgeschoben und Rachsucht und alter Haß eine beinahe unübersteigliche Scheidewand zwischen den Indianern und den Weißen befestigt. Viele Stämme der Apaches, der Moqui und Yuta, die man unter dem Namen der friedlichen Indianer (Indios de paz) begreift, sind auf dem Boden fest, vereinigen ihre Hütten und bauen Mais. Vielleicht würden sie sich leichter mit den spanischen Kolonisten einlassen, wenn mexikanische Indianer unter diesen wären. Die Aehnlichkeit von Sitten und Gewohnheiten, die Analogie, nicht in den Tönen, aber in dem Mechanismus und dem allgemeinen Bau der amerikanischen Sprachen können unter Völkern von gleichem Ursprunge sehr mächtige Verbindungsmittel werden, und einer weisen Gesetzgebung gelänge es vielleicht, das Andenken an die Zeiten der Barbaren zu verlöschen, da ein Korporal oder Sergeant in den Provincias internas mit seinen Leuten auf die Indianer wie bei einem Treibjagen von rotem Wildbret Jagd machte.

Tamaron, Obispo de Durango, hecha en 1759 y 1760 (handschriftlich).

Wahrscheinlich würde ein Kupferfarbiger sich lieber entschließen, in einem von Menschen seiner Rasse bewohnten Dorfe sich niederzulassen, als sich mit den Weißen, die ihn mit Stolz meistern, zu vereinigen. Allein wir haben gesehen, daß es unglücklicherweise in Neubiscaya und in Neumexiko beinahe gar keine Einwohner von aztekischer Abstammung gibt. In der ersten von diesen Provinzen ist nicht ein einziges tributäres Individuum; indem alle Einwohner Weiße sind oder sich doch dafür ansehen. Alle glauben das Recht zu haben, den Titel Don vor ihren Taufnamen zu setzen und wenn sie auch nichts weiter sind als das, was man auf den französischen Inseln durch eine Erkünstelung der Aristokratie, die die Sprachen bereichert, petits blancs oder messieurs passables genannt hat.

Dieser Kampf gegen die Eingeborenen, der Jahrhunderte fortgedauert hat; die Notwendigkeit, in welcher sich der Kolonist, der auf einem einzeln stehenden Pachthofe lebt oder durch dürre Wüsten reist, befindet, unaufhörlich für seine eigene Sicherheit zu wachen, seine Herde, sein Haus, sein Weib und sogar seine Kinder gegen die Einfälle wilder Nomaden zu verteidigen; kurz, dieser Naturzustand, der sich bei allem Anscheine alter Civilisation erhalten hat, gibt dem Charakter der Bewohner des nördlichen Neuspaniens eine besondere Energie und eine eigene Kraft. Hierzu wirken gewiß auch noch die Natur des Klimas, das gemäßigt ist, die äußerst gesunde Luft, die Notwendigkeit der Arbeit auf einem nicht besonders reichen und fruchtbaren Boden und der gänzliche Mangel an Indianern und Sklaven, die die Weißen gebrauchen könnten, um sich dem Müßiggange und der Faulheit ohne Gefahr zu überlassen. Die Entwickelung der menschlichen Kräfte wird in den Provincias internas durch ein sehr thätiges Leben, meist zu Pferde, und durch die ganz besondere Sorgfalt begünstigt, welche die reichen Hornviehherden, die halb wild auf den Weiden umherirren, erfordern. Zu solcher Kraft eines gesunden starken Körpers gesellt sich große Seelenstärke und glückliche Anlage für Verstandesausbildung, und die Aufseher der Erziehungsanstalten in Mexiko haben längst schon die Bemerkung gemacht, daß die meisten jungen Leute, die sich durch schnelle Fortschritte in den Wissenschaften ausgezeichnet haben, aus den nördlichsten Provinzen von Neuspanien gebürtig waren.

Die Intendantschaft Durango umfaßt die nördlichste

Spitze des großen Plateaus von Anahuac, die sich nordost=
wärts gegen die Ufer des Rio Grande del Norte herabsenkt.
Doch hat die Umgegend von Durango nach den barometrischen
Messungen des Don Juan Jose de Oteyza immer noch über
2000 m Höhe über dem Meeresspiegel. Der Boden scheint diese
große Höhe selbst noch gegen Chihuahua hin zu haben; denn die
Centralkette der Sierra Madre nimmt (wie wir in dem all=
gemeinen Gemälde dieses Landes angezeigt haben) bei San
Jose del Parral die Richtung gegen Nord=Nordwesten, der
Sierra Verde und der Sierra de las Grullas zu.

Man zählt in Neubiscaya eine Stadt oder Ciudad (Du=
rango), sechs Villas (Chihuahua, San Juan del Rio, Nombre
de Dios, Papasquiaro, Saltillo und Mapimi), 199 Dörfer
oder Pueblos, 75 Kirchspiele oder Paroquias, 152 Pachthöfe,
Haciendas, 37 Missionen und 400 Hütten oder Ranchos.

Die hauptsächlichsten Ortschaften sind:

Durango oder Guadiana, Residenz eines Intendanten
und eines Bischofes im südlichsten Teile von Neubiscaya,
1260 km in gerader Linie gerechnet von der Stadt Mexiko,
2210 km von Santa Fé gelegen und 2087 m über dem
Meeresspiegel erhaben. Sehr oft fällt in Durango Schnee,
und der Thermometer sinkt hier (unter 24° 25' der Breite)
bis auf 8° unter dem Gefrierpunkte. Zwischen der Haupt=
stadt, den Wohnungen del Ojo und del Chorro und der kleinen
Stadt Nombre de Dios erhebt sich mitten auf einem sehr
ebenen Plateau die sogenannte Breña, eine Gruppe von
Felsen, die mit Bimsstein bedeckt sind. Diese grotesk gestaltete
Gruppe hat von Norden nach Süden 90 km Länge und
von Osten nach Westen 45 km Breite und verdient die be=
sondere Aufmerksamkeit der Mineralogen. Die Felsen, aus
denen sie besteht, sind von Basaltmandelstein und scheinen
von vulkanischem Feuer herausgetrieben worden zu sein. Herr
Oteyza hat die benachbarten Gebirge, besonders das vom
Frayle bei der Hacienda del Ojo, untersucht und auf seiner
Spitze einen Krater von beinahe 100 m Umfang und über
30 m perpendikulärer Tiefe gefunden. Auch befindet sich in
der Nähe von Durango jene ungeheure Masse von schmied=
barem Eisen und Nickel isoliert in der Ebene liegend, deren
Zusammensetzung mit dem Aerolithen identisch ist, welcher
1751 zu Hraschina bei Agram in Ungarn vom Himmel fiel.

Der gelehrte Direktor vom Tribunal de Mineria de Mexico, Don Fausto d'Elhuyar, hat mir Stücke davon mitgeteilt, die ich an verschiedene Kabinette von Europa abgegeben und deren Analyse die Herren Vauquelin und Klapproth bekannt gemacht haben. Man versichert, daß diese Masse von Durango bei 1900 Myriagramm, also 400mal größeres Gewicht hat als der Aerolith, welchen Herr Rubin de Celis zu Olumpa in dem Tucuman entdeckt hat. Ein sehr ausgezeichneter Mineraloge, Herr Friedrich Sonnenschmidt,[1] der einen viel größeren Teil von Mexiko bereist hat als ich, hat 1792 auch im Inneren der Stadt Zacatecas eine Masse fletschbaren Eisens von 97 Myriagramm Gewicht gefunden. Die äußeren und physischen Charaktere derselben waren dem fletschbaren Eisen völlig analog, welches von dem berühmten Pallas beschrieben worden ist. Die Bevölkerung von Durango beträgt 12 000.

Chihuahua, Residenz des Generalkapitäns der Provincias internas, östlich von dem großen Real de Santa Rosa de Cosiquiriachi gelegen und von beträchtlichen Bergwerken umgeben.

San Juan del Rio, südwestlich vom See von Parras. Man muß diese Stadt nicht mit einem Orte ähnlichen Namens verwechseln, der in der Intendantschaft Mexiko östlich von Queretaro liegt.

Nombre de Dios, eine beträchtliche Stadt auf dem Wege zu den berühmten Bergwerken von Sombrerete in Durango.

Papasquiaro eine kleine Stadt auf der Südseite des Rio de Nazas.

Saltillo, auf den Grenzen der Provinz Coahuila und des kleinen Königreiches Leon. Diese Stadt ist mit dürren Ebenen umgeben, in welchen die Reisenden durch den Mangel an Quellwasser sehr leiden. Das Plateau, auf welchem Saltillo liegt, senkt sich gegen Monclova, den Rio del Norte und die Provinz Texas zu, wo man statt des europäischen Getreides die Felder bloß mit Kaktus bedeckt findet.

Mapimi, mit einem Militärposten (Presidio), östlich von dem Cerro de la Cadena auf dem Lande des unangebauten Landstriches, der der Bolson de Mapimi heißt.

Parras, bei dem See dieses Namens, westlich von Saltillo. Eine Art von Reben, die die Spanier in dieser schönen Gegend wild wachsend gefunden, hat dieser Stadt den Namen

---

[1] Gazeta de Mexico, T. V, S. 59.

Parras zugezogen. Die Eroberer verpflanzten hierher die asiatische Vitis vinifera, und dieser neue Industriezweig hat trotz dem Hasse, den die Monopolisten von Cadiz seit Jahrhunderten der Kultur des Oelbaumes, der Reben und des Maulbeerbaumes in den Provinzen des spanischen Amerikas geschworen, sehr gut eingeschlagen.

San Pedro de Batopilas, ehemals wegen des Reichtums seiner Bergwerke sehr berühmt und westwärts von dem Rio de Conchos gelegen.

San Jose de Parral, Residenz einer Deputacion de minas. Der Name dieses Real kommt, wie der der Stadt Parras von der Menge wilder Reben her, welche das Land bei der Ankunft der Spanier bedeckten.

Santa Rosa de Cosiquiriachi, am Fuße der Sierra de los Metates, mit Silberbergwerken umgeben. Ich habe ein noch sehr neues Memoire der Intendanten von Durango gesehen, in welchem die Bevölkerung von diesem Real angegeben war auf 10700.

Guarisamey, sehr alte Bergwerke auf dem Wege von Durango nach Copala.

---

12) **Intendantschaft Sonora.**

Diese Intendantschaft, welche noch entvölkerter ist als die von Durango, erstreckt sich längs dem Golfe von Kalifornien, der auch Cortez' Meer heißt. Ihre Küstenlänge beträgt von der großen Bai von Bayona oder dem Rio del Rosario an bis zur Mündung des Rio Colorado, sonst Rio de Balzas genannt, an dessen Ufer die Missionäre Pedro Nadal und Marcos de Niza im 16. Jahrhundert astronomische Beobachtungen angestellt haben, über 2000 km. Ihre Breite ist sehr abwechselnd; denn von dem Wendezirkel des Krebses an bis zum 28. Grad der Breite geht sie kaum über 370 km, nimmt aber mehr nordwärts gegen den Rio Gila dermaßen zu, daß sie auf dem Parallelkreise von Arispe über 950 km ausmacht.

Die Intendantschaft Sonora bedeckt einen gebirgigen Landstrich, der mehr Flächenraum hat als halb Frankreich; ihre absolute Bevölkerung erreicht aber kaum den vierten Teil von der der bevölkertsten Departements dieses Reiches. Der Intendant hat seinen Sitz in der Stadt Arispe und ist wie

der von San Luis Potosi mit der Administration mehrerer
anderer Provinzen beauftragt, welche die besonderen Namen,
die sie vor der Vereinigung hatten, beibehalten haben. Die
Intendantschaft Sonora umfaßt somit die drei Provinzen
Cinaloa oder Sinaloa, Ostimury und das eigentliche Sonora.
Die erstere erstreckt sich von dem Rio del Rosario bis zum
Rio del Fuerte; die zweite von letzterem Flusse bis zum Mayo=
strom. Die Provinz Sonora aber, die die alten Karten auch
unter dem Namen Reunavarra haben, nimmt das ganze nörd=
liche Ende der Intendantschaft ein. Der kleine Distrikt Osti=
mury wird heutzutage als in der Provinz Cinaloa einge=
schlossen angesehen. Die Intendantschaft Sonora stößt gegen
Westen an das Meer, gegen Süden an die Intendantschaft
Guadalajara und gegen Osten an einen sehr wenig angebauten
Teil von Neubiscaya. Ihre Grenzen gegen Norden sind noch
sehr unbestimmt. Die Dörfer der Pimeria alta sind von den
Bächen des Rio Gila durch eine Gegend geschieden, welche
von unabhängigen Indianern bewohnt wird, die zu erobern[1]
bis jetzt weder den in den Presidios stehenden Soldaten noch
den Mönchen der benachbarten Missionen gelungen ist.

Die drei beträchtlichsten Flüsse von Sonora sind der Culia=
can, der Mayo und der Yaqui oder Sonora. Bei der Mün=
dung des Rio Mayo im Hafen von Guitivis, auch Santa
Cruz de Mayo genannt, schifft sich der Kurier, welcher die
Depeschen der Regierung und den Briefwechsel des Publi=
kums überbringt, nach Kalifornien ein. Dieser Kurier geht
zu Pferde von Guatemala nach Mexiko und von da über
Guadalajara und den Rosario nach Guitivis. Von hier durch=
schneidet er in einer Lancha das Meer von Cortez und landet
im Dorfe Loreto in Altkalifornien. Von diesem Dorfe aus
werden die Briefe von Mission zu Mission nach Monterey
und nach dem Hafen San Francisco geschickt, der in Neu=
kalifornien unter 37° 48' der nördlichen Breite liegt. Sie
durchlaufen auf dieser Poststraße über 6800 km Weges, also
eine Entfernung, wie die von Lissabon nach Cherson ist. Der
Lauf des Flusses Yaqui oder Sonora ist sehr lang. Er ent=

---

[1] Auf die Konquista gehen, erobern (conquistar) sind technische
Ausdrücke, womit die Missionäre in Amerika sagen wollen, daß sie
Kreuze aufgerichtet, um welche her die Indianer einige Hütten ge=
baut haben. Zum Unglück für die Eingeborenen sind aber erobern
und civilisieren nicht synonym.

springt auf dem westlichen Abhange der Sierra Madre, deren ziemlich niedriger Kamm zwischen Arispe und dem Presidio de Fronteras durchläuft. Bei seiner Mündung liegt das kleine Fort Guaymas.

Der nördliche Teil der Intendantschaft Sonora heißt wegen eines zahlreichen Stammes von Pimasindianern, die ihn bewohnen, die Pimeria. Die meisten von diesen Indianern leben unter der Herrschaft von Missionären und folgen den katholischen Religionsgebräuchen. Man unterscheidet die Pimeria alta von der Pimeria baja. Letztere enthält das Presidio de Buenavista; erstere erstreckt sich von dem Militärposten (Presidio) von Ternate bis gegen den Rio Gila hin. Dieses Gebirgsland der Pimeria alta ist der Choco von Nordamerika. Alle Schluchten und selbst die Ebenen enthalten Goldsand in dem angeschwemmten Boden und man hat hier pepites reinen Goldes von 2 bis 3 kg Gewicht gefunden. Aber diese Lavaderos werden wegen der häufigen Einfälle der unabhängigen Indianer und besonders wegen der Teuerung der Lebensmittel, welche sehr weit hergeschafft werden müssen, wenig benutzt. Weiter nördlich, auf dem rechten Ufer des Rio de la Ascension, leben sehr kriegerische Indianer, die Seris, denen mehrere mexikanische Gelehrte wegen der Aehnlichkeit ihres Namens mit den Seri, welche die alten Geographen an den Fuß der Gebirge von Ottorocorras, ostwärts von Scythia extra Imaum setzen, einen asiatischen Ursprung beimessen.

Bis jetzt besteht keine ununterbrochen fortdauernde Kommunikation zwischen Sonora, Neumexiko und Neukalifornien, unerachtet der Madrider Hof die Anlegung von Presidios und Missionen zwischen dem Rio Gila und dem Rio Colorado oftmals befohlen hat. Auch trug die unbesonnene Militärexpedition des Don Jose Galvez nichts dazu bei, die Nordgrenzen der Intendantschaft Sonora auf eine feststehende Weise auszudehnen. Aber zwei mutigen und unternehmenden Mönchen, den Patern Garcès und Font, ist es gelungen, zu Lande, ohne das Meer von Cortez zu befahren und ohne die Halbinsel von Altkalifornien zu berühren, mitten durch Länder, die von unabhängigen Indianern bewohnt sind, von den Missionen der Pimeria alta bis nach Monterey und in den Hafen von San Francisco zu kommen.[1] Diese kühne

---

[1] [Dermalen werden diese Gebiete von der südpacifischen Eisenbahn durchschnitten. — D. Herausg.]

Unternehmung, über die das Kollegium der Propaganda in Queretaro eine merkwürdige Notiz bekannt gemacht, hat auch neue Nachrichten über die Trümmer der Casa grande geliefert, welche die mexikanischen Geschichtsforscher für den Aufenthaltsort der Azteken ansehen, als diese gegen Ende des 12. Jahrhunderts am Rio Gila ankamen.

Der Pater Francisco Garcès verließ in Begleitung des Paters Font,[1] der den Auftrag hatte, Breitenbeobachtungen anzustellen, das Presidio d'Horcasitas am 20. April 1773. Nach elf Tagereisen kam er in eine schöne, große Ebene, eine Meile von dem südlichen Ufer des Rio Gila, wo er die Trümmer einer alten aztekischen Stadt erkannte, in deren Mitte sich die Casa grande erhebt. Diese Trümmer nehmen einen Umfang von einer Quadratmeile ein. Das große Haus ist genau nach den vier Weltgegenden gestellt, hat von Norden nach Süden 136 m Länge, von Osten nach Westen 84 m Breite und ist von Kleiberlehm (Tapia) aufgeführt. Die Wände sind von ungleicher Größe, aber ganz symmetrisch gestellt. Die Mauern haben bloß 1,2 m Dicke. Man sieht noch, daß dieses Gebäude drei Stockwerke und eine Terrasse hatte. Die Treppe befand sich außerhalb und war wahrscheinlich von Holz. Dieselbe Bauart findet sich in allen Dörfern der unabhängigen Indianer von Moqui, westlich von Neumexiko. In der Casa grande unterscheidet man fünf Zimmer, von denen jedes 8,3 m lang, 3,3 m breit und 3,5 m hoch ist. Eine von schwerfälligen Türmen unterbrochene Mauer umschließt das Hauptgebäude und scheint zu seiner Verteidigung bestimmt gewesen zu sein. Der Pater Garcès entdeckte die Spuren eines künstlichen Kanales, welcher Wasser aus dem Rio Gila nach der Stadt führte. Die ganze Ebene umher

---

[1] Chronica serifica de el Colegio de Propaganda fede de Queretaro, por Fray Domingo Arricivita, Mexico 1792. Bd. II, S. 396, 426 und 462. Diese Chronik, die einen dicken Foliobund von 600 Seiten füllt, verdiente wohl, daß man einen Auszug daraus machte. Sie enthält sehr genaue historische Nachrichten über die indianischen Stämme, welche Kalifornien, Sonora, Moqui, Navajoa und die Ufer des Rio Gila bewohnen. Indes habe ich nicht erfahren können, welcher Instrumente sich der Pater Font auf seinen Reisen nach dem Rio Colorado, von 1771 bis 1776, bedient hat, und ich fürchte fast, daß es nur ein Sonnenring war.

ist mit zerbrochenen irdenen Krügen und Töpfen bedeckt, welche hübsch weiß, rot und blau bemalt waren. Auch findet man unter diesen Ueberbleibseln von mexikanischem Fayence Stücke von Obsidian (Itztli), was sehr merkwürdig ist, indem es beweist, daß die Azteken durch irgend eine unbekannte nördliche Gegend gekommen waren, die diese vulkanische Substanz enthält, und daß nicht der Ueberfluß von Obsidian in Neuspanien den Gedanken zu Rasiermessern und Waffen von Iztli gegeben hat. Uebrigens darf man die Ruinen dieser Stadt am Gila, dem Mittelpunkte einer alten Civilisation der amerikanischen Völkerschaften nicht mit den Casas grandes in Neubiscaya verwechseln, die zwischen dem Presidio de Janos und dem von San Buenaventura zu finden sind. Letztere werden von den Eingeborenen selbst als der dritte Niederlassungsort der Azteken angesehen und dies in der sehr unbestimmten Voraussetzung, daß die aztekische Nation auf ihrer Wanderung von Aztlan nach Tula und dem Thale von Tenochtitlan drei Stationen gemacht habe, die erstere bei dem See Teguyo (südwärts von der fabelhaften Stadt Quivira, dem mexikanischen Dorado), die zweite am Rio Gila und die dritte in der Gegend von Janos.

Die Indianer, welche in den Ebenen bei den Casas grandes vom Rio Gila wohnen und nie die geringste Verbindung mit den Bewohnern von Sonora gehabt haben, verdienen den Namen Indios bravos auf keine Weise. Ihre gesellschaftliche Kultur weicht von dem Zustande der Wilden, die auf den Ufern des Missouri und in anderen Gegenden von Kanada umherirren, aufs höchste ab. Die Patres Garcès und Font fanden die Indianer auf dem südlichen Ufer des Gila bekleidet, ruhig das Land bauend und zu 2000 bis 3000 in Dörfern vereinigt, welche sie Uturicut und Sutaquisan nannten. Sie sahen Felder, auf denen Mais, Baumwolle und Flaschenkürbisse gezogen wurden. Um die Bekehrung dieser Indianer zu versuchen, zeigten ihnen die Missionäre ein Gemälde, das auf einem großen Stücke baumwollenen Zeuges angebracht war und einen zum höllischen Feuer verdammten Sünder darstellte. Das Gemälde machte ihnen wirklich bange und sie baten den Pater Garcès, dasselbe nicht mehr aufzurollen, und ihnen überhaupt nicht mehr davon zu reden, was ihnen seiner Meinung zufolge nach ihrem Tode begegnen würde. Diese Eingeborenen sind von sanftem, loyalem Charakter. Der Pater Font ließ ihnen durch seine

Dolmetscher von der Sicherheit sprechen, welche in den christlichen Missionen herrschte, wo ein indianischer Alkalde die Gerechtigkeit handhabte; allein der Anführer derselben antwortete ihm: „Diese Ordnung der Dinge kann für euch nötig sein. Wir aber stehlen nicht, streiten uns selten und brauchen also keinen Alkalden." Die Civilisation, die man bei den Eingeborenen in der Nähe der Nordwestküste von Amerika von 33° bis 54° der Breite findet, ist ein sehr auffallendes Phänomen, das einiges Licht über die Geschichte der ersten Wanderungen der mexikanischen Völkerschaften verbreitet.

Man zählt in der Provinz Sonora eine Stadt (Ciudad) nämlich Arispe; zwei Villas, nämlich Sonora und Hostimuri; 64 Dörfer (Pueblos), 15 Kirchspiele (Paroquias), 43 Missionen, 20 Meierhöfe (Haciendas) und 25 Pachthöfe (Ranchos).

Die vorzüglichsten Orte der Intendantschaft von Sonora sind folgende:

Arispe, Residenz des Intendanten, südlich und westlich von den Presidios Bacuachi und Bavispe. Personen, welche den Herrn Galvez auf seiner Expedition durch Sonora begleitet haben, versichern, daß die Mission Ures, bei Pitic, viel geeigneter zur Hauptstadt der Intendantschaft gewesen wäre als Arispe.

Sonora, südlich von Arispe und nordostwärts von dem Presidio Horcasitas.

Hostimuri, eine kleine, sehr volkreiche Stadt, die mit beträchtlichen Bergwerken umgeben ist.

Culiacan, in der mexikanischen Geschichte unter dem Namen Hueicolhuacan berühmt.

Sinaloa, auch Villa de San Felipe y Santiago, östlich von dem Hafen Santa Maria d'Ahome.

El Rosario, bei den reichen Bergwerken von Copala.

Villa del Fuerte oder Montesclaros, nördlich von Sinaloa.

Los Alamos, zwischen dem Rio del Fuerte und dem Rio Mayo, Residenz einer Diputacion de Mineria.

13) **Provinz Neumexiko.**¹

Verschiedene Geographen scheinen Neumexiko mit den Provincias internas zu verwechseln; denn sie reden davon als von einem an Bergwerken reichen und an Flächeninhalt sehr weit umfassenden Lande. Der berühmte Verfasser der philosophischen Geschichte der europäischen Niederlassungen in beiden Indien hat hauptsächlich zur Verbreitung dieses Irrtums beigetragen. Allein das, was er das Reich Neumexiko nennt, ist bloß eine von armen Kolonisten bewohnte Ufergegend. Es ist ein fruchtbares aber entvölkertes und soviel man bis jetzt glaubt, von allem metallischen Reichtum entblößtes Land, das sich längs dem Rio del Norte, von 31 bis 38° der nördl. Br. erstreckt, von Süden nach Norden 1400 km Länge und von Osten nach Westen 220 bis 300 km Breite hat. Diese Provinz hat also weit weniger Territorialumfang, als diejenigen Bewohner derselben, die wenig Kenntnis von der Geographie haben, selbst glauben. Die Nationaleitelkeit vergrößert so gern die Raumbestimmungen und setzt, wenn auch nicht in der Wirklichkeit, doch in der Einbildung, die Grenzen des von den Spaniern besetzten Landes hinaus. In den Memoiren, die mir über die mexikanischen Bergwerke mitgeteilt wurden, wird z. B. die Entfernung von Arispe nach Rosario auf 300 und von Arispe nach Copala auf 400 Seemeilen geschätzt, wobei natürlich gar nicht in Anschlag gebracht worden ist, daß die ganze Intendantschaft Sonora überhaupt nur 2000 km Länge hat. Aus gleichem Grunde, und besonders um sich die Gunst des Hofes zu gewinnen, haben die Konquistadoren, die Missionäre und die ersten Kolonisten kleinen Dingen große Namen gegeben. So haben wir weiter oben ein ganzes Königreich, Leon, beschrieben, dessen sämtliche Bevölkerung nicht einmal der Zahl aller Franziskanermönche in Spanien gleichkommt. Oft nehmen einige Hütten, die bei einander stehen, den hochtönenden Titel Stadt an; ein in den Wäldern der Guyana aufgepflanztes Kreuz figuriert manchmal auf den nach Rom und Madrid geschickten Missionskarten, als ein von den Indianern bewohntes Dorf, und erst wenn er lange genug in den spanischen Kolonieen gelebt, und diese eingebildeten Königreiche, Städte und Dörfer

---

¹ [Das Gebiet gehört dermalen in seinem ganzen Umfange den Vereinigten Staaten. — D. Herausg.]

selbst gesehen hat, bildet sich der Reisende den Maßstab, nach welchem er die Gegenstände auf ihren wahren Wert zurücksetzen kann.

Die spanischen Eroberer machten wenige Jahre nach der Zerstörung des aztekischen Reiches stehende Niederlassungen im Norden von Anahuac. Die Stadt Durango wurde unter der Administration des zweiten Vizekönigs von Neuspanien, Velasco el Primaro, im Jahre 1559 gegründet. Damals war sie ein Militärposten gegen die Einfälle der Chichimelischen Indianer. Gegen Ende des 16. Jahrhunderts schickte der Vizekönig, Graf von Monterey, den tapferen Juan de Onate nach Neumexiko. Dieser General verjagte die eingeborenen Nomadenstämme und bevölkerte die Ufer des großen Rio del Norte.

Von der Stadt Chihuahua aus kann man bis nach Santa Fé in Neumexiko zu Wagen gehen, und man bedient sich hier gewöhnlich einer Art von Kaleschen, die die Katalonier „Volantes" nennen. Der Weg ist schön und eben, und zieht sich an dem östlichen Gestade des großen Stromes (Rio Grande) hin, über den man bei dem Paso del Norte kommt. Die Ufer dieses Flusses sind sehr malerisch und mit schönen Pappeln- und anderen Bäumen der gemäßigten Zone geziert.

Es ist auffallend, daß die Provinz Neumexiko, nach zwei Jahrhunderten Kolonisation, noch nicht mit der Intendantschaft Neubiscaya zusammenstößt. Eine Wüste, in welcher die Reisenden manchmal von Comanchesindianern angefallen werden, scheidet noch beide Provinzen, und dehnt sich vom Paso del Norte bis gegen die Stadt Albuquerque hin. Indes war dieser Strich unangebauten und unbevölkerten Landes vor dem Jahre 1680, da ein allgemeiner Aufstand der Indianer in ganz Neuspanien war, nicht so beträchtlich; denn es gab damals noch drei Dörfer, San Pascual, Semisiete und Socorro, welche zwischen dem Sumpfe des Muerto und der Stadt Santa Fé lagen. Der Bischof Tamaron sah 1760 noch die Ruinen davon, und fand wildgewordene Aprikosenbäume auf dem Felde, welche die alte Kultur des Landes verrieten. Die zwei, für die Reisenden gefährlichsten Punkte sind der Engpaß von Robledo, westwärts vom Rio del Norte, der Sierra de Doña Anna gegenüber, und die Wüste des Muerto; denn hier wurden schon viele Weißen von indianischen Nomaden getötet.

Die Wüste des Muerto ist eine Ebene, die 220 km

lang ist und kein Wasser hat. Ueberhaupt ist dieses Land im allgemeinen schrecklich dürr; denn auf den Gebirgen de los Mansos, welche östlich von dem Wege liegen, der von Durango nach Santa Fé führt, entspringt auch nicht ein einziger Bach. Trotz der Gelindigkeit des Klimas und allen Fortschritten der Industrie wird daher ein großer Teil dieses Landes, gleich Altkalifornien und mehreren Distrikten von Neubiscaya und der Intendantschaft Guadalajara, nie eine viel ansehnlichere Bevölkerung enthalten können als heutzutage.

Uneractet Neumexiko unter gleicher Breite mit Syrien und Centralpersien liegt, so hat es doch ein äußerst kaltes Klima, und friert es hier noch mitten im Mai. Bei Santa Fé, und etwas nördlicher, unter der Parallele mit der Morea, bedeckt sich der Rio del Norte oft mehrere Jahre hintereinander mit so dickem Eis, daß man mit Pferden und Wagen darüber weggehen kann. Ich kenne die Höhe des Bodens dieser Provinz nicht; indes glaube ich kaum, daß das Bett jenes Flusses, unter dem 37. Grad der Breite über 7 oder 8 m über der Meeresfläche liegt. Die Gebirge, welche das Thal des Rio del Norte begrenzen, und selbst diejenigen, an deren Fuße das Dorf Taos liegt, verlieren ihren Schnee erst gegen Anfang des Juni.

Der große Nordstrom entspringt, wie wir weiter oben bemerkt haben, in der Sierra Verde, einem Teilungspunkte der Zuflüsse des Mexikanischen Meerbusens und der Südsee. Er hat seine periodischen Anschwellungen (Crecientes), wie der Orinoko, der Mississippi und eine Menge anderer Flüsse auf beiden Kontinenten. Das Wasser des Rio del Norte wächst vom Monate April an und erreicht sein Maximum zu Anfang Mai. Gegen Ende Juni fällt es wieder am stärksten, und nur bei großer Sommerdürre, wenn die Strömung schwach ist, setzen die Einwohner auf Pferden von außerordentlicher Größe, die man in Peru Cavallos Chimbadores nennt, durch denselben. Mehrere Personen besteigen ein Tier miteinander, und wenn es beim Schwimmen zuweilen wieder Fuß faßt, so nennt man diese Art, über den Fluß zu setzen, pasar el rio à volapiè.

Das Wasser des Rio del Norte ist, wie das des Orinoko und aller großen Ströme des südlichen Amerikas, äußerst trübe. In Neubiscaya sieht man einen kleinen Fluß, Rio Puerco (schmutziger Fluß) genannt, dessen Mündung südwärts von der Stadt Albuquerque, bei Valencia ist, als die Ursache dieser Erscheinung an. Indes hat Herr Tamaron die Bemerkung gemacht, daß das Wasser schon oberhalb Santa Fé und der Stadt Taos trübe ist. Die Bewohner vom Paso del Norte haben die Erinnerung an ein sehr außerordentliches Ereignis aufbewahrt, welches 1752 statthatte. Sie sahen auf einmal das ganze Bett des Stromes, 220 km oberhalb und über 150 km unter dem Paso, trocken gelegt, indem sich das Wasser desselben in eine neugebildete Schlucht stürzte, und erst bei dem Presidio von San Elazario wieder aus der Erde hervorkam. Dieses Sichverlieren des Rio del Norte dauerte ziemlich lange. Die schönen Felder um den Paso her, welche von kleinen Verwässerungskanälen durchschnitten sind, blieben ohne Begießung, und die Einwohner gruben daher Brunnen in den Sand, womit das Bett des Flusses bedeckt ist. Nach mehreren Wochen endlich nahm das Wasser seinen alten Lauf wieder, weil sich die Schlucht und die unterirdischen Ableiter wahrscheinlich verstopft hatten. Dieses Phänomen hat Aehnlichkeit mit einem Ereignis, das mir die Indianer der Provinz Jaen de Bracamorros während meines Aufenthaltes in Tomependa erzählten. Zu Anfang des 18. Jahrhunderts sahen nämlich die Bewohner des Dorfes Puyaya mit Entsetzen das Bett des Amazonenstromes mehrere Stunden lang austrocknen. Bei dem Katarakte (Pongo) von Rentema war ein Teil des Sandsteinfelsens durch ein Erdbeben zusammengestürzt, wodurch das Wasser des Marañon so lange in seinem Laufe aufgehalten wurde, bis es den Damm, der sich gebildet hatte, überstiegen. In dem nördlichsten Teile von Neumexiko, bei Taos, und zwar nordwärts von dieser Stadt, entspringen Flüsse, deren Wasser sich mit dem des Mississippi vermischen. Wahrscheinlich ist der Rio de Pecos mit dem Rotem Flusse von Natchitoches identisch, und der Rio Napestla vielleicht derselbe Fluß, der weiter östlich den Namen Arkansas annimmt.

Die Kolonisten dieser Provinz sind durch große Charakterkraft bekannt und leben in unaufhörlichem Kriege mit den benachbarten Indianern. Aus Mangel an Sicherheit bei dem Landleben sind die Städte viel bevölkerter, als man in einem so öden Lande erwarten sollte. Die Lage der Bewohner von Neumexiko gleicht unter verschiedenen Gesichtspunkten der der europäischen Völker im Mittelalter. Denn solange die Vereinzelung den Menschen persönlichen Gefahren aussetzt, kann kein Gleichgewicht zwischen der Bevölkerung der Städte und des Landes entstehen.

Indes sind doch bei weitem nicht alle Indianer, welche mit den spanischen Kolonisten in Feindschaft leben, gleiche Barbaren. Die im Osten sind Nomaden und Krieger, und wenn sie mit den Weißen handeln, so geschieht dies oft, ohne daß man einander selbst zu Gesichte bekommt, und nach Grundsätzen, wovon man noch bei mehreren Völkern von Afrika Spuren findet. Auf ihren Zügen nordwärts gegen den Bolson de Mapimi pflanzen die Wilden längs dem Wege, der von Chihuahua nach Santa Fé führt, kleine Kreuze auf, an die sie eine lederne Tasche mit Hirschfleisch hängen. Am Fuße des Kreuzes ist eine Büffelhaut ausgebreitet. Durch diese Zeichen deutet der Indianer an, daß er mit denen, welche das Kreuz anbeten, einen Tauschhandel eingehen will, und bietet dem christlichen Reisenden eine Haut an, um Eßwaren zu erhalten, deren Quantität er nicht bestimmt. Die Soldaten in den Presidios verstehen diese Hieroglyphensprache der Indianer, nehmen die Büffelhaut, und legen dafür etwas gesalzenes Fleisch an den Fuß des Kreuzes.¹ Diese Art von Handel verrät doch ein außerordentliches Gemisch von Zutrauen und Mißtrauen!

Gegen die mißtrauischen Indianer, welche als Nomaden in den Steppen östlich von Neumexiko umherschweifen, bilden diejenigen, die man westwärts vom Rio del Norte, zwischen den Flüssen Gila und Colorado findet, einen starken Kontrast. Der Pater Garcés ist einer von den letzten Missionären, welche 1773 das Land der Moqui, das der Rio de Yaquesila durchströmt, besucht haben. Zu seinem größten Erstaunen fand er bei ihnen eine indianische Stadt mit zwei großen Plätzen, mit Gebäuden von mehreren Stockwerken, und sehr gerad gezogenen, parallel laufenden Straßen.² Das Volk versammelte sich alle Abende auf den Terrassen, welche die Dächer bildeten. Die Bauart der Häuser von Moqui ist dieselbe wie bei den Casas grandes am Ufer des Rio Gila, von denen wir weiter oben gesprochen haben. Auch die Indianer, die den nördlichen Teil von Neumexiko bewohnen, geben ihren Wohnungen eine beträchtliche Höhe, um die Annäherung ihrer

---

¹ Diario del Illmo. Señor Tamaron (handschriftlich).
² [Aehnlich bauen die benachbarten Zuñi und andere Stämme, die man deshalb Puebloindianer nennt. — D. Herausg.]

Feinde sogleich zu bemerken. Alles scheint in diesen Gegenden die Spuren der alten Mexikaner zu verraten. Die indianischen Traditionen belehren uns sogar, daß 150 km nordwärts von Moqui, bei der Mündung vom Rio Zaguananas, die Bäche von Navajoa der erste Aufenthaltsort der Azteken nach ihrer Auswanderung aus Aztlan gewesen ist. Betrachtet man die Civilisation, welche sich auf mehreren Punkten der Nordwestküste von Amerika, in Moqui und an den Ufern des Gila findet, so möchte man glauben (und ich wage es hier zu wiederholen), daß sich seit der Wanderung der Toltefen, Acolhuen und Azteken mehrere Stämme von der großen Volksmasse losgerissen und sich in diesen nördlichen Gegenden niedergelassen haben. Uebrigens ist die Sprache der Indianer des Moqui, der Yabipais, welche lange Bärte tragen, und derer, die die Ebenen am Rio Colorado bewohnen, von der mexikanischen verschieden.[1]

Im 17. Jahrhundert hatten sich mehrere Missionäre vom Franziskanerorden unter den Bewohnern von Moqui und von Navajoa niedergelassen; allein sie wurden alle bei der großen Empörung der Indianer im Jahre 1680 niedergemacht. Ich habe auf handschriftlichen Karten, welche vor dieser Zeit verfertigt waren, sogar den Namen der Provincial del Moqui gelesen.

Die Provinz Neumexiko enthält drei Villas (Santa Fé, Santa Cruz de la Cañada y Taos, Albuquerque y Alameda), 26 Pueblos, 3 Paroquias, 19 Missionen, aber keinen einzeln stehenden Pachthof (Rancho).

Santa Fé, Hauptstadt, östlich vom Gran Rio del Norte.

Albuquerque, dem Dorfe Atrisco gegenüber, westwärts von der Sierra obscura.

Taos, das auf den alten Karten um 460 km zu nördlich, unter dem 40. Grad der Breite, angegeben ist.

Paso del Norte. Ein Presidio oder Militärposten auf dem rechten Ufer des Rio del Norte, und von der Stadt

---

[1] Siehe das Zeugnis mehrerer in der aztekischen Sprache sehr erfahrener Missionäre [Nach Eduard Buschmanns scharfsinnigen Untersuchungen bilden die Moqui und ihre Verwandten die sonorische Sprachfamilie, welche mit der aztekisch-toltekischen Gruppe linguistisch verschwistert ist. — D. Herausg.]

Santa Fé durch ein unangebautes Land von mehr als 440 km Länge getrennt. Indes muß man diesen Marktflecken, welcher auf einigen in den Archiven von Mexiko aufbewahrten handschriftlichen Karten als zu Neubiscaya gehörig angesehen wird, nicht mit dem Presidio del Norte oder be las Juntas verwechseln, welches auf der Südseite der Mündung vom Rio Conchos liegt. In Paso del Norte halten sich die Reisenden gewöhnlich auf, um die nötigen Vorräte zur Fortsetzung ihrer Reise nach Santa Fé zusammenzubringen. Die Umgebungen vom Paso sind ein herrliches Land, das den schönsten Gegenden von Andalusien gleichkommt. Die Felder sind mit Mais und Weizen angebaut; der Weinstock gibt vortrefflichen Likörwein, den man sogar den Weinen von Parras in Neubiscaya vorzieht. In den Gärten wachsen die europäischen Fruchtbäume, Feigen, Pfirsiche, Aepfel und Birnen im Ueberflusse. Da der Boden sehr trocken ist, so führt ein Bewässerungskanal das Wasser aus dem Rio del Norte nach dem Paso. Uebrigens haben die Einwohner des Presidio viele Mühe, das Wehr zu erhalten, wodurch das Wasser, wenn es niedrig steht, in den Kanal (Azequia) gezwungen wird. Zur Zeit des Anschwellens wird dieses Wehr beinahe jedes Jahr, im Monat Mai und Juni, durch den reißenden Fluß zerstört. Die Art, den Damm wieder herzustellen und zu befestigen, ist indes sehr sinnreich. Die Bewohner machen zu diesem Zwecke Körbe von Pfählen, die mit Baumzweigen verbunden werden, und die sie mit Erde und Steinen ausfüllen. Diese Körbe (Cestones) werden dem Strome überlassen, der sie durch eine wirbelförmige Bewegung von selbst auf der Stelle niedersetzt, wo sich der Kanal von dem Flusse trennt.

14) **Provinz Altkalifornien**

Die Geschichte der Geographie enthält mehrere Beispiele von Ländern, deren Lage schon den ältesten Seefahrern bekannt war, und die man doch lange als erst in sehr neueren Zeiten entdeckt angesehen hat. Von der Art sind die Sandwichinseln, die Westküste von Neuholland, die großen Kykladen, welche Quiros einst den Archipel del Espiritu Santo genannt hat, das Land der Arsaciden, das Mendaña gesehen, und besonders die Küsten von Kalifornien. Letzteres Land war vor

1541 schon als eine Halbinsel anerkannt worden, und dennoch maß man 160 Jahre später dem Pater Kühn (Kino) das Verdienst bei, zuerst bewiesen zu haben, daß Kalifornien keine Insel ist, sondern mit dem Kontinent von Mexiko zusammenhängt.

Nachdem Cortez die Welt durch seine Thaten auf dem festen Lande in Erstaunen gesetzt hatte, zeigte er eine nicht minder bewundernswerte Charakterkraft in seinen Unternehmungen zur See. Unruhig, ehrgeizig, und von der Idee gequält, das Land zu sehen, das sein Mut erobert hatte, und welches bald von einem Corregidor von Toledo, bald von einem Präsidenten der Audiencia oder einem Bischof von San Domingo[1] administriert wurde, ergab er sich ausschließend den Entdeckungsexpeditionen in der Südsee. Er schien es völlig zu vergessen, daß er die mächtigen Feinde, die er am Hofe hatte, bloß durch die Größe und Schnelligkeit seiner Erfolge gereizt, und schmeichelte sich, sie durch den Glanz der neuen Laufbahn, welche ihm seine Thätigkeit eröffnete, zum Schweigen zu bringen. Ueberdies munterte ihn die Regierung, welche einem so außerordentlichen Manne mißtraute, selbst in seinem Plane auf, den Ozean zu durchsegeln; denn da der Kaiser nach der Eroberung von Mexiko sein militärisches Talent nicht mehr nötig zu haben glaubte, so war er sehr zufrieden, ihn in neue kühne Unternehmungen verwickelt zu sehen. Es war ihm alles daran gelegen, den Helden von dem Schauplatze zu entfernen, auf welchem sein Mut und seine Tapferkeit so sehr geglänzt hatten.

Schon 1523 hatte Karl V. in einem Briefe, aus Valladolid geschrieben, dem Cortez empfohlen, auf den östlichen und westlichen Küsten von Neuspanien das Geheimnis einer Meerenge (el secreto del estrecho) zu suchen, das die Schiffahrt von Cadiz nach Ostindien, dazumal das „Land der Spezereien" genannt, um zwei Dritteile abkürzen würde. In seiner Antwort an den Kaiser spricht Cortez mit dem größten Enthusiasmus von der Möglichkeit dieser Entdeckung, „welche (wie er hinzusetzt) Ew. Majestät zum Herrn von so vielen Königreichen machen wird, daß Sie sich füglich als den Monarchen der ganzen Welt ansehen dürfen".[2] Auf einer dieser Fahrten,

---

[1] Der Corregidor Luis Ponce de Leon, der Präsident Nuño de Guzman und der Bischof Sebastian Ramirez de Fuenleal.
[2] Cartas de Cortez, S. 374, 382, 385.

welche auf Cortez' eigene Kosten unternommen wurden, entdeckte Hernando de Grijalva die Küsten von Kalifornien im Februar 1534.[1] Sein Pilote Fortun Ximenez wurde von den Kaliforniern in der Bai Santa Cruz, späterhin Hafen de la Paz oder des Marquis del Valle genannt, umgebracht. Unzufrieden über die Langsamkeit und die geringen Erfolge der Entdeckungen in der Südsee schiffte sich Cortez im Jahre 1535 mit 400 Spaniern und 300 Negersklaven im Hafen von Chiametlan (Chametla) selbst ein. Er steuerte an den beiden Ufern des Golfes hin, den man damals Cortez' Meer nannte, und der Geschichtschreiber Gomara schon 1557 sehr sinnreich mit dem Adriatischen Meere verglichen hat. Während seines Aufenthaltes in der Bai Santa Cruz erhielt Cortez jedoch die niederschlagende Nachricht, daß der erste Vizekönig von Neuspanien angekommen sei. Nichtsdestoweniger verfolgte der große Eroberer seine Entdeckungen in Kalifornien ohne Verzug. Da verbreitete sich das Gerücht von seinem Tode in Mexiko. Seine Gattin, Juana de Zuñiga, rüstete zwei Kriegsschiffe und eine Garavelle aus, um die Wahrheit dieser traurigen Nachricht zu erforschen. Indes kam Cortez nach tausend Gefahren, die er bestanden, wieder glücklich im Hafen von Acapulco an. Noch ließ er, und immer auf seine eigenen Kosten, die Laufbahn, die er so glorreich eröffnet hatte, durch Francisco de Ulloa verfolgen, und dieser untersuchte auf einer zweijährigen Fahrt die Küsten von Kalifornien bis an die Mündung des Rio Colorado.

Die Karte, welche der Pilote Castillo 1541 in Mexiko verfertigte und die wir mehreremal angeführt haben, stellt die Richtung der Küsten der Halbinsel von Kalifornien ungefähr so dar, wie wir sie heutzutage kennen. Uneractet dieser Fortschritte der Geographie, welche man dem Genie und der

---

[1] Ich habe in einer Handschrift, die in den Archiven des Vizekönigs von Mexiko aufbewahrt wird, gefunden, daß Kalifornien 1526 entdeckt worden sei. Auf was sich diese Angabe gründet, ist mir unbekannt. Cortez spricht in seinen Briefen an den Kaiser, die bis zum Jahre 1524 gehen, oft von den Perlen, welche man bei den Inseln der Südsee findet; und doch scheinen die Auszüge, welche der Verfasser der Relacion del Viage al Estrecho de Fuca aus den kostbaren Handschriften gemacht hat, welche in der Akademie der Geschichte zu Madrid aufbewahrt werden, zu beweisen, daß Kalifornien vor der Expedition des Diego Hurtado de Mendoza, im Jahre 1532, gar nicht gesehen worden war.

Thätigkeit Cortez' zu verdanken hat, fingen doch mehrere Schriftsteller unter der schwachen Regierung Karl II. an, Kalifornien als einen Archipel von großen Inseln zu betrachten, die sie die Islas Carolinas nannten. Die Perlenfischerei zog nur von Zeit zu Zeit einige Schiffe dahin, die in den Häfen von Jalisco, Acapulco oder Chacala ausgerüstet wurden; und als drei Jesuiten, die Patres Kühn, Salvatierra und Ugarte, die Küsten, welche das Meer des Cortez (Mar roxo o vermejo) einfassen, vom Jahre 1701 bis 1721 aufs genaueste untersuchten, glaubte man in Europa zum erstenmal zu erfahren, daß Kalifornien eine Halbinsel ist.

Je unvollkommener ein Land gekannt und je entfernter es von den bevölkerten europäischen Kolonieen gelegen ist, desto leichter kommt es zum Rufe großer metallischer Reichtümer; denn die Einbildungskraft der Menschen gefällt sich in der Erzählung der Wunder, welche die Leichtgläubigkeit und öfters noch die List der ersten Reisenden in geheimnisvollem Tone verbreitet. Auf den Küsten von Caracas spricht man Wunderdinge von den Reichtümern der Länder zwischen dem Orinoko und dem Rio Negro, in Santa Fé rühmt man unaufhörlich die Missionen der Andaquies, und in Quito die Provinzen Macas und Maynas. Auch die Halbinsel Kalifornien ist lange Zeit das Dorado von Neuspanien gewesen; denn nach der Logik des Volkes muß ein Land, das reich an Perlen ist, auch Gold, Diamanten und andere kostbare Steine in Menge hervorbringen. Ein reisender Mönch, Fray Marcos de Nizza, machte den Mexikanern mit seinen fabelhaften Nachrichten von der Schönheit des Landes nördlich vom Golf von Kalifornien, der Pracht der Stadt Cibola,[1] ihrer ungeheuren

---

[1] Die alte, handschriftliche Karte des Castillo setzt die fabelhafte Stadt Cibola oder Cibora unter den 37. Grad der Breite. Reduziert man ihre Lage aber auf die der Mündung des Rio Colorado, so möchte man glauben, daß die Ruinen der Casas grandes am Gila, von denen in der Beschreibung der Intendantschaft Sonora die Rede gewesen ist, zu den Märchen Anlaß gegeben, die der gute Pater Marcos de Nizza verbreitet hat. Indes scheint mir doch die hohe Civilisation, welche dieser Mönch unter den Bewohnern dieser nördlichen Gegenden angetroffen haben will, eine ziemlich wichtige Thatsache, die sich an dasjenige anreiht, was wir in unseren Nachrichten über die Indianer am Rio Gilo und im Moqui

Bevölkerung, der guten Polizei und der Civilisation ihrer Bewohner die Köpfe äußerst warm, und Cortez und der Vizekönig Mendoza stritten sich zum voraus schon um die Eroberung dieses mexikanischen Timbuktu. Erst die Niederlassungen der Jesuiten in Altkalifornien vom Jahre 1683 an gaben Veranlassung, die große Dürre dieses Landes und die höchste Schwierigkeit kennen zu lernen, mit welcher der Anbau desselben verbunden ist. Auch der geringe Vorteil, den die Bergwerke bei Santa Ana, nördlich vom Kap Pulmo, abwarfen, verminderte den Enthusiasmus, mit welchem man von den metallischen Reichtümern dieser Halbinsel gesprochen hatte. Indes erweckten doch der Haß und die allgemeine üble Stimmung gegen die Jesuiten den Verdacht, daß sie der Regierung die Schätze eines Landes verbargen, die von alters her so hoch gepriesen worden waren. Aus diesem Grunde ging der Visitador Don Jose Galvez, den sein chevaleresker Geist zu einem Zuge gegen die Indianer in Sonora verleitet hatte, nach Kalifornien. Allein er fand bloß nackte Gebirge, ohne vegetabilische Erde und ohne Wasser, und in den Felsenrissen zuweilen Opuntien und baumartige Mimosen. Nichts verriet hier Silber oder Gold, das die Jesuiten, wie man sie beschuldigte, aus der Erde gezogen hatten; aber überall erkannte man die Spuren ihrer Thätigkeit, ihrer Industrie und des löblichen Eifers, womit sie ein ödes, dürres Land anzubauen gestrebt hatten. Auf diesem Zuge wurde der Visitador Galvez von einem durch seine Talente, wie durch die großen Glückswechsel, die ihn betrafen, merkwürdigen Manne begleitet; indem der Ritter von Asanza Sekretärdienste bei ihm leistete. Freimütig bekannte er, was die Operationen der kleinen Armee noch besser bewiesen als die Aerzte von Pitic, und wagte es zu sagen, daß der Visitador wahnsinnig

---

gesagt haben. Die Schriftsteller des 16. Jahrhunderts setzten ein zweites Dorado nordwärts von Cibora, unter den 41. Grad der Breite. Hier lag nach ihrer Meinung, das Königreich Tatarrax und eine ungeheure Stadt Namens Quivira an den Ufern des Sees von Teguayo, ziemlich nahe bei dem Rio von Aguilar. Gründet sich diese Sage auf die Behauptungen der Indianer von Anahuac, so ist sie ziemlich merkwürdig; denn die Ufer des Sees von Teguayo, welcher vielleicht mit dem See von Timpanogos identisch ist, werden von den aztekischen Geschichtschreibern als das Vaterland der Mexikaner angegeben.

sei. Freilich wurde Herr von Asanza dafür arretiert und während fünf Monaten in dem Dorfe Tepozotlan gefangen gehalten, wo er indes 30 Jahre später, einen feierlichen Einzug als Vizekönig von Neuspanien hielt.

Die Halbinsel Kalifornien, die auf einem Flächenraume so groß wie England nicht einmal die Bevölkerung der kleinen Städte Ipswich oder Deptford hat, liegt unter demselben Parallelkreise mit Bengalen und den Kanarischen Inseln. Der Himmel ist daselbst unaufhörlich klar, dunkelblau und ohne Wolken. Erscheinen diese bei Sonnenuntergang auf einige Augenblicke, so glänzen sie in den schönsten Abstufungen von Violett, Purpurfarb und Grün. Alle Personen, die sich einige Zeit in Kalifornien aufgehalten haben (und ich kannte deren mehrere in Neuspanien), haben die Erinnerung an die außerordentliche Schönheit dieses Phänomens behalten, das von der besonderen Beschaffenheit der Dunstbläschen und der großen Reinheit der Luft in diesen Klimaten herrührt. Für einen Astronomen könnte es keinen herrlicheren Aufenthalt geben als Cumana, Coro, die Margareteninsel und die Küsten von Kalifornien. Aber unglücklicherweise ist auf dieser Halbinsel der Himmel schöner als die Erde. Der Boden ist dürr und staubig, wie in den Küstengegenden der Provence, und die Vegetation so arm als der Regen selten.

Der Mittelpunkt dieser Halbinsel wird von einer Gebirgskette durchschnitten, deren höchste Spitze, der Cerro de la Giganta, 1400 bis 1500 m Höhe hat und vulkanischen Ursprunges zu sein scheint. Diese Kordillere wird von Tieren bewohnt, welche in Gestalt und Lebensweise dem Mouflon (Ovis ammon) von Sardinien ähnlich sind, und die der Pater Consag nur unvollständig bekannt gemacht hat. Die Spanier nennen sie wilde Schafe (Carneros cimarones). Sie hüpfen, wie der Steinbock, mit gesenktem Kopfe, und haben spiralförmig in sich selbst zurückgewundene Hörner. Nach Herrn Costanzos[1] Beobachtungen weicht dieses Tier wesentlich von

---

[1] Tagebuch einer Reise nach Altkalifornien und nach dem Hafen von San Diego, ausgearbeitet im Jahre 1769 (handschriftlich). Dieses Werk war bereits in Mexiko gedruckt, als plötzlich alle Exemplare davon auf Befehl des Ministers konfisziert wurden. — Für die Fortschritte der Zoologie wäre es zu wünschen, daß man durch die Sorgfalt der Reisenden bald die wahren, spezifischen Charaktere kennen lernte, welche die Carneros cimarones von Altkalifornien von den Berendos in Monterey unterscheiden.

den wilden Ziegen ab, welche graulichweiß, viel größer sind, und Neukalifornien, besonders der Sierra de Santa Lucia, bei Monterey, eigens angehören. Auch heißen diese Ziegen, welche vielleicht zum Antilopengeschlecht gehören, im Lande selbst „Berendos". Sie haben wie die Gemsen, rückwärts gebogene Hörner.

Am Fuße der Gebirge von Kalifornien sieht man nichts als Sand oder auch eine Steinlage, auf welcher sich cylinderförmiger Kaktus (Organos del Tunal) von außerordentlicher Höhe erhebt. Man findet daselbst wenige Quellen und auch da, wo sie fließen, ist das besondere Unglück, daß der Felsen völlig nackt ist, während er an anderen Orten, da er vegetabilische Erde hat, kein Wasser gibt. Aber überall, wo Wasser und Erde beisammen sind, ist die Fruchtbarkeit des Bodens ungeheuer. Auf diesen wenigen, aber von der Natur besonders begünstigten Punkten haben die Jesuiten ihre ersten Missionen angelegt. Mais, Jatropha und Dioscorea wachsen hier in aller Kraft; die Reben tragen vortreffliche Trauben, deren Wein etwa dem der Kanarischen Inseln ähnlich ist. Im ganzen wird aber Altkalifornien wegen der Dürre seines Bodens und des Mangels an Wasser und vegetabilischer Erde im Inneren des Landes niemals eine große Bevölkerung erhalten können, ebensowenig als der nördlichste Teil von Sonora, der beinahe gleich trocken und sandig ist.

Unter allen Naturprodukten Kaliforniens haben die Perlen seit dem 16. Jahrhundert die Seefahrer am meisten an die Küsten dieses öden Landes gezogen. Ihrer ist besonders auf der südlichen Seite desselben großer Ueberfluß und seit die Perlenfischerei bei der Margareteninsel der Küste Araya gegenüber aufgehört hat, sind die Golfe von Panama und Kalifornien die einzigen Wasser in den spanischen Kolonieen, welche den europäischen Handel mit Perlen versehen. Die von Kalifornien haben sehr schönes Wasser, sind groß, aber häufig von unregelmäßiger und für das Auge unangenehmer Form. Die Perlenmuschel findet sich besonders in der Bai Ceralvo und um die Inseln Santa Cruz und San Jose herum. Die kostbarsten Perlen, die der spanische Hof besitzt, wurden 1615 und 1665 auf den Zügen von Juan Yturbi und Bernal de Piñadero gewonnen. Auch während des Aufenthaltes des Visitadors Galvez im Jahre 1768 und 1769 auf Kalifornien bereicherte sich ein gemeiner Soldat von dem Presidio de Loreto, Namens Juan Ocio, in kurzer Zeit mit der

Perlenfischerei auf der Küste von Ceralvo. Seit der Zeit hat sich aber die Zahl der kalifornischen Perlen, welche in den Handel kommen, aufs äußerste vermindert; denn die Indianer und Neger, die sich zu dem schweren Tauchergeschäfte brauchen lassen, werden von den Weißen so schlecht bezahlt, daß diese Fischerei beinahe als ganz aufgehoben angesehen werden darf, und dieser Industriezweig zerfällt hier aus denselben Ursachen, welche im südlichen Amerika die Vigognefelle, den Kautschuk und selbst die Quinquina verteuern.

Unerachtet Hernan Cortez auf seinen Expeditionen nach Kalifornien über 200 000 Dukaten von seinem eigenen Vermögen aufgewendet und Sebastian Vizcayno, der unter die ersten Seefahrer seines Jahrhunderts gezählt zu werden verdient, förmlich von dieser Halbinsel Besitz genommen hatte, so konnten die Jesuiten doch erst 1642 stehende Niederlassungen auf derselben anlegen. Eifersüchtig auf ihre Macht kämpften sie mit Erfolg gegen die Anstrengungen der Franziskaner, welche sich von Zeit zu Zeit bei den Indianern einzudrängen suchten. Auch hatten sie gegen noch gefährlichere Feinde, die Soldaten auf den Militärposten, zu streiten; denn auf den äußersten Enden der spanischen Besitzungen im neuen Kontinente und auf den Grenzen der europäischen Civilisation ist die gesetzgebende und die ausübende Gewalt auf eine sonderbare Weise vereinigt, und der arme Indianer kennt hier keinen anderen Herrn, als den Korporal oder den Missionär.

In Kalifornien trugen die Jesuiten einen vollständigen Sieg über die Besatzungen der Militärposten davon. Der Hof entschied sogar durch ein königliches Dekret, daß alle, selbst der Kapitän des Detachements von San Loreto, unter den Befehlen des Paterpräsidenten der Missionen stehen sollten. Die merkwürdigen Reisen der drei Jesuiten Eusebius Kühn, Maria Salvatierra und Juan Ugarte machten den physischen Zustand des Landes bekannt. Das Dorf Loreto war 1697 schon unter dem Namen des Presidio de San Dionisio gegründet worden. Unter Philipps V. Regierung, besonders von 1744 an, wurden die spanischen Niederlassungen in Kalifornien sehr beträchtlich, und die Jesuiten entwickelten hier die Handelsindustrie und Thätigkeit, der sie so viele Erfolge verdankten, welche sie aber auch so vielen Verleumdungen in beiden Indien ausgesetzt hat. In wenigen Jahren bauten sie 16 Dörfer im Inneren der Halbinsel. Seit ihrer Vertreibung im Jahre 1767 ist Kalifornien den Dominikanern aus den Klöstern der Stadt Mexiko anvertraut worden; allein es scheint, daß diese in den Niederlassungen auf Altkalifornien nicht so glücklich gewesen sind als die Franziskaner auf den Küsten von Neukalifornien.

Diejenigen Eingeborenen der Halbinsel, welche nicht in den Missionen leben, stehen vielleicht unter allen Wilden dem sogenannten Naturzustande am nächsten. Ganze Tage bringen sie im Sande, der durch das Zurückprallen der Sonnenstrahlen erhitzt ist, auf dem Bauche ausgestreckt liegend zu und sie verabscheuen sogar, wie mehrere Stämme, die wir am Orinoko gesehen haben, jede Art von Bekleidung. Ein angezogener Affe, sagt der Pater Venegas, scheint dem Pöbel in Europa nicht so lächerlich, als ein angekleideter Mann den Indianern von Kalifornien. Trotz diesem anscheinenden Stumpfsein unterschieden die ersten Missionäre dennoch verschiedene Religionssekten unter ihnen. Drei Gottheiten, welche einen Vertilgungskrieg miteinander führten, waren der Schrecken von drei kalifornischen Völkerschaften. Die Pericues fürchteten die Macht von Niparaya, die Menquis und die Veheties die von Wactupuran und Sumongo. Ich sage, daß diese Horden unsichtbare Wesen fürchteten, nicht, daß sie sie anbeteten; denn der Kultus des wilden Menschen ist nichts, als eine Anwandlung von Furcht; er ist das Gefühl eines geheimen, religiösen Schreckens.

Nach den Angaben, welche ich von den Mönchen erhalten, die heutzutage beide Kalifornien beherrschen, hat sich die Bevölkerung Altkaliforniens seit 30 Jahren so sehr vermindert, daß es in den Dörfern der Missionen nicht über 4000 bis 5000 Eingeborene gibt, die sich dem Ackerbaue ergeben haben (Indios reducidos). Auch die Zahl der Missionen ist auf 16 heruntergekommen; indem die von Santiago und Guadelupe aus Mangel an Einwohnern eingegangen sind. Die Pocken und noch eine andere Krankheit, die die europäischen Völker aus Amerika erhalten haben wollen, wohin sie sie doch zuerst gebracht haben, und welche schreckliche Verwüstungen auf den Inseln der Südsee anrichtet, werden als die Haupturfachen der Entvölkerung von Kalifornien angesehen. Indes ist wohl zu vermuten, daß auch noch andere Ursachen vorhanden sind, welche von den politischen Einrichtungen selbst abhängen, und es wäre wohl einmal Zeit, daß sich die mexikanische Regierung ernstlich damit beschäftigte, die Hindernisse aus dem Wege zu räumen, die dem Glücke der Bewohner dieser Halbinsel entgegen sind. Die Zahl der Wilden beträgt auf derselben kaum noch 4000, und man bemerkte, daß die, welche den nördlichen Teil des Landes bewohnen, ein wenig civilisierter sind als die der südlichen Gegenden.

Die hauptsächlichsten Dörfer dieser Provinz sind folgende: Loreto, Presidio und Hauptort aller Missionen von Altkalifornien, zu Ende des 17. Jahrhunderts von dem Ingolstadter Astronomen, dem Pater Kühn, angelegt.

Santa Ana, Mission und Real de Minas, berühmt durch Velasquez' astronomische Beobachtungen.

San Joseph, Mission, in welcher der Abbé Chappe als Opfer seines Eifers für die Wissenschaften zu Grunde gegangen ist.[1]

15) **Provinz Neukalifornien.**[2]

Der Teil der Küsten des Großen Ozeans, welcher sich von dem Isthmus von Altkalifornien oder von der Bai Todos los Santos (südlich vom Hafen San Diego) bis gegen das Kap Mendocino erstreckt, führt auf den spanischen Karten den Namen Neukalifornien (Nueva California). Es ist ein langer, schmaler Landstrich, auf welchem die mexikanische Regierung seit 40 Jahren Missionen und Militärposten angelegt hat. Nordwärts vom Hafen San Franciscos, der über 580 km vom Kap Mendocino entfernt ist, befindet sich weder ein Dorf noch eine Meierei. In ihrem gegenwärtigen Zustande hat die Provinz Neukalifornien bloß 1460 km Länge

---

[1] Personen, welche sich lange Zeit in Kalifornien aufgehalten haben, versicherten mich, daß die Noticia des Paters Venegas, gegen welche von Feinden des aufgehobenen Ordens und selbst vom Kardinal Lorenzana Zweifel erhoben worden sind, sehr genau ist. Noch befinden sich in den mexikanischen Archiven folgende Handschriften, von denen der Pater Barcos, in seiner zu Rom gedruckten Storia di California, keinen Gebrauch gemacht hat: 1) Chronica historica de la provincia de Mechoacan, con varias mapas de la California. 2) Cartas originales del Padre Juan Maria de Salvatierra. 3) Diario del Capitan Juan Mateo Mangi, que accompaño á los padres apostolicos Kino y Kappus.

[2] [Jetzt den Vereinigten Staaten angehörend. — D. Herausg.]

und 66 bis 75 km Breite. Die Stadt Mexiko liegt in gerader Linie so weit weg, als Philadelphia von Monterey, das der Hauptort der Missionen von Neukalifornien ist und bis auf vier Minuten etwa gleiche Breite mit Cadiz hat.

Wir haben weiter oben die Reisen mehrerer Geistlichen angeführt, die zu Anfang des vorigen Jahrhunderts zu Lande von der Halbinsel Altkalifornien nach Sonora gelangt sind und somit zu Fuß das Meer des Cortez umgangen haben. Zur Zeit von Herrn Galvez' Expedition kamen auch Militärdetachements von Loreto bis in den Hafen San Diego und die Briefpost geht noch heutzutage von diesem Hafen aus, längs der Nordwestküste bis nach San Francisco. Letztere Niederlassung, die nördlichste unter allen spanischen Besitzungen auf dem neuen Kontinente, befindet sich beinahe unter demselben Parallelkreise mit der kleinen Stadt Taos in Neumexiko. Sie ist nur 2220 km davon entfernt, und unerachtet der Pater Escalante auf seinen apostolischen Zügen im Jahre 1777 bis an das westliche Ufer des Zaguananasstromes gegen die Gebirge de los Guacaros vordrang, so ist doch noch kein Reisender bisher von Neumexiko an die Küste von Neukalifornien gelangt. Dieser Umstand muß jedem auffallen, der aus der Geschichte der Eroberung von Amerika den Unternehmungsgeist und den bewundernswerten Mut kennt, womit die Spanier im 16. Jahrhundert beseelt waren. Hernan Cortez landete 1519 zum erstenmal auf den Küsten von Mexiko an dem Gestade von Chalchiuhcuecan und vier Jahre nachher ließ er bereits auf den Küsten der Südsee, in Zacatula und Tehuantepec Schiffe bauen. 1537 erschien Alvar Nuñez Cabeza de Vaca mit zwei seiner Gefährten, von Mühseligkeiten beinahe erschöpft, nackt und mit Wunden bedeckt auf den Küsten von Culiacan, die der Halbinsel Kalifornien gegenüber liegen. Er hatte mit Panfilo Narvaez in Florida gelandet und gelangte nach einer zweijährigen Reise und, nachdem er ganz Louisiana und den nördlichen Teil von Mexiko durchschnitten hatte, an das Ufer des Großen Ozeanes in Sonora. Diese von Nuñez durchlaufene Entfernung ist beinahe ebenso groß, als der Weg, den der Kapitän Lewis von den Ufern des Mississippi bis nach Nutka und an die Mündung des Kolumbiaflusses gemacht hat.[1] In der That,

---

[1] Diese bewundernswürdige Reise des Kapitäns Lewis wurde unter Herrn Jeffersons Begünstigung vorgenommen, der durch

betrachtet man die kühnen Reisen der ersten spanischen Eroberer in Mexiko, in Peru und an dem Amazonenstrome, so muß man erstaunen, daß dieselbe Nation seit zwei Jahrhunderten keinen Landweg in Neuspanien von Taos nach dem Hafen von Monterey, in Neugranada von Santa Fé nach Cartagena oder von Quito nach Panama, und in Guyana von Esmeralba nach San Tomas de Angostura ausgefunden hat.

Nach dem Beispiele der englischen Karten geben mehrere Geographen Neukalifornien den Namen Neualbion. Diese Benennung gründet sich auf die sehr wenig genaue Meinung, daß der Seefahrer Drake 1578 zuerst die Nordwestküste von Amerika zwischen 38° und 48° der Breite entdeckt habe. Freilich ist die berühmte Reise des Sebastian Vizcayno 24 Jahre später als Franz Drakes Entdeckungen. Allein Knox und andere Geschichtschreiber scheinen zu vergessen, daß Cabrillo schon 1542 die Küsten von Neukalifornien bis zum 43. Grad als dem Ziele seiner Fahrt untersucht hat, wie aus der Vergleichung der alten Breitenbeobachtungen mit den in unseren Tagen gemachten hervorgeht. Nach sicheren historischen Angaben sollte der Name Neualbion bloß auf den Teil der Küste von 43° bis 48° oder vom Weißen Vorgebirge von Martin de Aguilar bis zur Durchfahrt des Juan de Fuca[1] eingeschränkt werden. Indes liegen noch von den Missionen der katholischen Geistlichen an bis zu denen der griechischen Priester, d. h. von dem spanischen Dorfe San Francisco in Neukalifornien bis zu den russischen Niederlassungen am Cooksstrome, in der Prinz Wilhelmsbai und auf den Inseln Kodiak und Unalaschka, über 7400 km Küstenländer, die von freien Menschen bewohnt und mit einer Menge Seeottern bevölkert sind. Man kann daher den Streit über die Ausdehnung von Drakes Neualbion[2] und über die sogenannten Rechte, die die europäischen Völker durch Aufpflanzen kleiner Kreuze, durch Inschriften an Baumstämme oder durch Vergraben von Bouteillen zu erhalten glauben, für sehr unnütz ansehen.

---

diesen wichtigen den Wissenschaften geleisteten Dienst neues Recht an den Dank der Gelehrten aller Nationen gewonnen hat.

[1] Siehe die gelehrten Untersuchungen in der Einleitung zum Viage de las Goëletas Sutil y Mexicana, 1802, S. XXXIV, XXXVI, LVII.

[2] [Der Name Neualbion ist von den heutigen Karten vollständig verschwunden. — D. Herausg.]

Unerachtet das ganze Litorale von Neukalifornien sehr sorgfältig von dem großen Seefahrer Sebastian Vizcayno (wie die Pläne beweisen, die er 1602 selbst verfertigt hat) untersucht worden ist, so besetzten die Spanier dieses schöne Land doch erst 167 Jahre später. Der Madrider Hof fürchtete nämlich, daß andere europäische Seemächte auf der Nordwestküste von Amerika Niederlassungen machen möchten, die den alten spanischen Kolonieen gefährlich werden könnten, und gab daher dem Vizekönig Chevalier de Croix und dem Visitador Galvez Befehl, in den Häfen von San Diego und Monterey Presidios und Missionen anzulegen. Zu diesem Zwecke liefen zwei Paketboote vom Hafen von San Blas aus und gingen im April 1763 vor San Diego in Anker. Eine andere Expedition kam zu Lande von Altkalifornien her. Seit Vizcayno hatte kein Europäer auf diesen fernen Küsten gelandet, und die Indianer schienen daher ganz erstaunt, bekleidete Menschen zu sehen, ob sie gleich wußten, daß weiter gegen Osten Menschen wohnten, deren Haut nicht kupferfarbig war. Man fand sogar einige Geldstücke unter ihnen, welche sie wahrscheinlich von Neumexiko erhalten hatten. Die ersten spanischen Kolonisten litten indes sehr durch die Teuerung der Lebensmittel und durch eine ansteckende Krankheit, welche die Folge der schlechten Nahrung, der Mühseligkeit und des Mangels an aller Unterstützung war; beinahe alle erkrankten, und nur acht blieben gesund. Unter den letzteren befanden sich zwei verehrungswürdige Männer, ein Geistlicher, der durch seine Reisen bekannt ist, Fray Junipero Serra, und der Ingenieurchef Herr Costanzo, von dem wir oftmals im Laufe dieses Werkes mit Lobe zu reden Gelegenheit gehabt haben. Ihr Geschäft war, mit eigenen Händen die Gruben zu graben, die die Leichen ihrer Gefährten aufnehmen sollten. Die Landexpedition brachte dieser unglücklichen Kolonie erst spät Hilfe, und die Indianer setzten sich bei dieser Gelegenheit, als sie die Ankunft der Spanier anzeigten, auf Fässer, und streckten die Arme in die Luft, um zu verstehen zu geben, daß sie die Weißen zu Pferde gesehen hätten.

So dürr und steinig der Boden von Altkalifornien ist, so gut bewässert und fruchtbar ist der von Neukalifornien. Dieses ist eines der malerischten Länder, das man nur sehen kann, und das Klima in demselben viel milder, als unter gleicher Breite auf den Ostküsten des neuen Kontinents. Der Himmel ist neblig, aber die häufigen Nebel, die die Landung auf den Küsten von Monterey und San Francisco so schwierig machen, geben der Vegetation außerordentliche Kraft, und dem Boden, welcher mit schwarzer schwammiger Erde bedeckt ist, große Fruchtbarkeit. In den 18 Missionen, welche heutzutage in Kalifornien sind, werden Weizen, Mais und Bohnen (Frijoles) im Ueberflusse gebaut. Auch Gerste, Linsen und Kichererbsen, oder Garbanzos, kommen in dem größten Teile dieser Provinz mitten auf den Feldern trefflich fort. Da die 36 Franziskaner, welche diese Missionen regieren, sämtlich Europäer sind, so haben sie mit besonderer Sorgfalt die meisten europäischen Gemüse und Fruchtbäume in die indianischen Gärten verpflanzt. Die ersten Kolonisten, welche 1769 hierherkamen, fanden bereits im Inneren des Landes wilde Reben, die sehr große, aber äußerst saure Trauben trugen. Vielleicht war es eine der vielen Vitisgattungen, welche Kanada, Louisiana und Neubiscaya eigen sind, und die von den Botanikern nur noch unvollkommen gekannt sind. Indes haben die Missionäre den Weinstock (Vitis vinifera), dessen Bau von den Griechen und Römern durch ganz Europa verbreitet worden, und der dem neuen Kontinent zuverlässig fremd ist, in Kalifornien eingeführt, und man macht in den Dörfern San Diego, San Juan Capistrano, San Gabriel, San Buenaventura, Santa Barbara, San Luis Obispo, Santa Clara und San Jose, folglich längs der ganzen Küste, südlich und nördlich von Monterey, bis zum 37. Grad der Breite guten Wein. Auch der europäische Oelbaum wird mit dem besten Erfolge bei dem Kanale von Santa Barbara, und besonders bei San Diego gepflanzt, wo man ein Oel gewinnt, das ebenso gut ist, als das aus dem Thale von Mexiko oder aus Andalusien. Zuweilen hindern freilich die sehr kalten und heftigen Nord- und Nordwestwinde die Früchte längs der Küste am Reifwerden; daher hat auch das kleine Dorf Santa Clara, das 66 km von Santa Cruz liegt und durch eine Bergkette geschützt ist, bessere Obstgärten und reichlichere Ernten als das Presidio von Monterey. An letzterem Orte zeigen die Geistlichen dem Reisenden mit Vergnügen mehrere nützliche Vegetabilien, die von Samenkörnern kommen, welche Herr Thouin dem unglücklichen Lapérouse gegeben hatte.

Unter allen Missionen von Neuspanien verraten die auf der Nordwestküste die schnellsten und auffallendsten Fortschritte der Civilisation. Da das Publikum die Nachrichten Lapérouses, Vancouvers, und erst neulich noch zweier spanischer

Seefahrer, der Herren von Galiano und Valdes,[1] über den
Zustand dieser fernen Gegenden mit Teilnahme gelesen hat,
so habe ich mir während meines Aufenthaltes in Mexiko
die statistischen Tabellen zu verschaffen gesucht, welche der
gegenwärtige Präsident der Missionen in Neukalifornien, der
Pater Firmin Lasuen 1802 an Ort und Stelle selbst (in San
Carlos de Monterey) verfertigt hat.

Aus diesen Angaben muß man aber das Verhältnis
zwischen den Geborenen und Gestorbenen nicht ermessen wollen;
denn unter den Getauften sind auch die erwachsenen Indianer
(los Neofitos) mit den Kindern in eine Klasse geworfen.

Auch der Anschlag der Produkte des Bodens, oder die
Schätzung des Wertes der Ernten gibt überzeugende Beweise
von dem Wachstum der Industrie und des Wohlstandes in
Neukalifornien.

Die Fortschritte des Ackerbaues, diese friedlichen Erobe=
rungen der Industrie sind um so merkwürdiger, da die Ein=
geborenen dieser Küste, zu großem Unterschied von denen von
Nutka und der Norfolkbai, noch vor 30 Jahren ein Nomaden=
volk waren, das sich von Fischerei und Jagd nährte, und
keine Art Vegetabilien anbaute. Die Indianer der Bai von
San Francisco waren damals so elend, als die Bewohner
der Diemensinsel, und nur in dem Kanale von Santa Bar=
bara findet man 1769 die Eingeborenen in der Kultur etwas
weiter vorgerückt. Sie bauten z. B. große Häuser von pyra=
midalischer Form, welche nahe aneinander standen. Gut und
gastfreundlich boten sie den Spaniern Gefäße an, die mit
vieler Kunst aus Binsen geflochten waren. Diese Körbe, von
denen Herr Bonpland mehrere in seinen Sammlungen besitzt,
sind von innen mit einer sehr dünnen Lage Asphalt über=
zogen, wodurch sie für das Wasser und die gegorenen Flüssig=
keiten, die sie enthalten können, undurchdringlich werden.

Der nördliche Teil von Neukalifornien wird von den
zwei Nationen der Rumsen und der Escelen[2] bewohnt. Beide
sprechen völlig verschiedene Sprachen und bilden die Bevöl=

---

[1] Viage de la Sutil. S. 167.
[2] Handschrift des Paters Lasuen. Herr von Galiano nennt
sie Rumsien und Eslen. [Bei Stephen Powers, dem gründlichsten
Kenner der kalifornischen Ethnologie, kommt eine wahre Unzahl
kalifornischer Stämme vor, doch kennt er die beiden vorstehenden
Namen nicht. — D. Herausg.]

kerung des Presidio und des Dorfes Monterey. In der San Franciscobai unterscheidet man die Stämme der Matalanen, des Salsen und der Quiroten, deren Sprachen aus gemeinschaftlicher Quelle abstammen. Mehrere Reisenden, die ich über die Aehnlichkeit der mexikanischen oder aztekischen Sprache mit den Idiomen, die man auf der Nordwestküste des neuen Kontinents findet, reden hörte, schienen mir diese Aehnlichkeit zu übertreiben. Nach sorgfältiger Untersuchung der in Nutka und Monterey gesammelten Wörterbücher fielen mir freilich auch die Homotonie und die mexikanischen Endungen mehrerer Worte auf, wie z. B. in der Sprache der Bewohner von Nutka; apeuixitl (umarmen), temextixitl (küssen), cocotl (Seeotter), hitltzitl (seufzen), tzitzimitz (Erde) und inicoatzimitl (Name eines Monats). Im ganzen aber weichen die Sprachen von Neukalifornien und der Quadrainsel wesentlich von der aztekischen ab, wie man aus den Grundzahlen sehen kann, die ich in folgender Tabelle zusammengestellt habe.

	Mexikanisch	Escelen-Sprache	Rumsen-Sprache	Sprache von Nutka
1	Ce	Pek	Enjala	Sahuac
2	Ome	Ulhai	Ultis	Atla
3	Jei	Julep	Kappes	Catza
4	Nahui	Jamajus	Ultizim	Nu
5	Macuilli	Pamajala	Haliizu	Sutcha
6	Chicuace	Pegualanai	Halishakem	Nupu
7	Chicome	Julajualanai	Kapkamaishakem	Atlipu
8	Chicuci	Julepjualanai	Ultumaishakem	Atlcual
9	Chiucuahui	Jamajusjualanai	Pakke	Tzahuacuatl
10	Matlactli	Tomoila	Tamchaigt	Ayo

Die nutkischen Worte sind aus einer Handschrift des Herrn Moziño, und nicht aus Cooks Wörterbuch gezogen, wo ayo mit haecoo, nu mit mo u. dgl. verwechselt ist.

Der Pater Lasuen hat die Bemerkung gemacht, daß auf den Küsten von Neukalifornien, auf einer Länge von 1300 km, von San Diego nach San Francisco, 17 Sprachen geredet werden, welche doch nicht alle für Dialekte einiger weniger Muttersprachen angesehen werden können. Darüber wird sich indes niemand wundern, der die merkwürdigen Untersuchungen der Herren Jefferson, Volney, Barton, Hervas, Wilhelm von Humboldt, Vater und Friedrich Schlegel[1] über die mexikanischen Sprachen kennt.

Die Bevölkerung von Kalifornien würde sich noch viel schneller vermehrt haben, wenn die Gesetze, nach denen die spanischen Presidios seit Jahrhunderten beherrscht werden, nicht den wahren Interessen des Mutterlandes und der Kolonieen geradezu entgegen wären. Nach diesen Gesetzen ist es den in Monterey liegenden Soldaten nicht erlaubt, außer ihren Kasernen zu leben und sich als Kolonisten niederzulassen. Die Mönche sind überhaupt den Ansiedelungen von Menschen der weißen Kaste entgegen, weil sich diese als Leute, die denken (Gente de razon),[2] nicht zu so blindem Gehorsam bequemen, wie die Indianer. „Es ist sehr niederschlagend," sagt ein aufgeklärter und unterrichteter Seemann,[3] „daß die Soldaten, welche ein beschwerliches und arbeitvolles Leben führen, sich in ihrem Alter nicht in dem Lande niederlassen und dem Ackerbau ergeben dürfen. Dieses Verbot, in den Umgebungen vom Presidio Häuser zu bauen, ist allen Regeln einer gesunden Politik entgegen. Erlaubte man den Weißen, sich mit dem Anbau des Bodens und der Viehzucht zu befassen, dürften sich die Soldaten, durch Ansiedelung ihrer Weiber und Kinder auf einzeln stehenden Pachthöfen einen Zufluchtsort gegen die Dürftigkeit bereiten, der sie in ihrem Alter nur zu oft ausgesetzt sind, so würde Neukalifornien in kurzer Zeit eine blühende Kolonie und ein für die spanischen Seefahrer, die den Handel nach Peru, Mexiko und den Philippinischen Inseln treiben, äußerst nützlicher Zufluchts- und Ausruhort sein." Wären diese eben angeführten Hindernisse aufgehoben, so würden sich die

---

[1] Man sehe das klassische Werk des Herrn Schlegel über die Sprache, Philosophie und Poesie der Hindu, in welchem man große Ansichten des Mechanismus, und ich möchte fast sagen, der Organisation der Sprachen auf beiden Kontinenten findet.

[2] In den indianischen Dörfern unterscheidet man den Eingeborenen von dem Gente de razon. Die Weißen, die Mulatten, die Neger und alle nicht indianischen Kasten heißen vernünftige Leute, eine Demütigung für die Eingeborenen, die in den Jahrhunderten der Barbarei ihren Ursprung genommen hat.

[3] Tagebuch des Don Dionisio Galiano.

Maluinischen Inseln, die Missionen am Rio Negro und die Küsten von San Francisco und von Monterey mit einer Menge Weißer bevölkern. Aber welch ein großer Unterschied herrscht zwischen den Kolonisationsgrundsätzen der Spanier und denen, wodurch Großbritannien in wenigen Jahren Dörfer auf der Ostküste von Neuholland angelegt hat!

Die Rumsen- und Escelenindianer teilen mit den Völkern von aztekischer Rasse und mit mehreren Stämmen des nördlichen Asiens den entschiedenen Geschmack an heißen Bädern. Die Temazcalli, die man noch in Mexiko findet, und von denen der Abbé Clavigero einen genauen Abriß gegeben hat, sind wahre Dunstbäder. Der aztekische Indianer bleibt in einem heißen Ofen ausgestreckt, dessen Boden unaufhörlich mit Wasser begossen wird, und die Bewohner von Neukalifornien nehmen das Bad, welches der berühmte Franklin einst unter dem Namen des heißen Luftbades so sehr empfohlen hat. Auch findet man bei jeder Hütte in den Missionen ein kleines gewölbtes Gebäude, in Form eines Temazcalli, in das sich die Indianer, so wie sie von ihrer Arbeit zurückkommen, und wenige Augenblicke, nachdem das Feuer ausgelöscht ist, hineinlegen. Da bleiben sie dann eine Viertelstunde lang, und wenn sie vom Schweiße ganz durchnäßt sind, werfen sie sich in das kalte Wasser irgend eines benachbarten Baches, oder sie wälzen sich auch im Sande. Dieser schnelle Uebergang von der Hitze zur Kälte, diese plötzliche Unterbrechung der Hautausdünstung, die der Europäer mit allem Rechte fürchtet, erregt dem Wilden eine angenehme Empfindung, indem ihm alles, was ihn sehr stark ergreift oder reizt, alles, was gewaltsam auf sein Nervensystem zurückwirkt, Genuß ist.

Seit einigen Jahren beschäftigen sich die Indianer, welche die Dörfer von Neukalifornien bewohnen, damit, daß sie grobe wollene Stoffe, Frisadas genannt, weben. Ihre Hauptbeschäftigung aber, welche ein sehr ergiebiger Handelszweig werden könnte, ist die Zubereitung der Hirschhäute. Es scheint mir daher der Mühe wert, hier dasjenige mitzuteilen, was ich in den Handschriften des Obrist Costanzo über die Tiere, welche die Gebirge zwischen San Diego und Monterey[1]

---

[1] [A. v. Humboldt kennt hier noch nichts als die sogenannte Coast Range von Kalifornien. Der Sierre Nevada thut er noch mit keiner Silbe Erwähnung. — D. Herausg.]

bewohnen und über die besondere Geschicklichkeit gefunden habe, womit die Indianer die Hirsche zu fangen verstehen. Auf den ziemlich niedrigen Kordilleren, die sich an der Küste hinziehen, sowie in den an sie stoßenden Steppen findet man weder Büffel noch Elentiere. Auf dem Gebirgskamme, der sich im November mit Schnee bedeckt, weiden bloß Berenberos mit kleinen Gemsenhörnern, von denen wir oben gesprochen haben. Aber alle Wälder und alle mit Gras bedeckten Ebenen wimmeln von Herden von Hirschen von riesenmäßiger Größe, rundem und äußerst ansehnlichem Geweih. Oft sieht man ihrer 40 oder 50 auf einmal. Sie sind alle von gleicher brauner Farbe, ohne Flecken und ihr Geweih, dessen Krone nicht platt ist, hat nahe an 115 cm Länge. Alle Reisenden versichern, daß dieser große Hirsch von Neukalifornien eines der schönsten Tiere im spanischen Amerika sei. Wahrscheinlich ist es von Herrn Hearnes Wewakish oder dem Elk der Einwohner der Vereinigten Staaten verschieden, aus welchem die Naturhistoriker unrichtigerweise zwei Gattungen, einen Cervus canadensis und den Cervus Strongyloceros[1] machen. Diese neukalifornischen Hirsche, die man in Altkalifornien nicht findet, waren schon dem Seefahrer Sebastian Vizcayno aufgefallen, als er am 15. Dezember 1602 im Hafen von Monterey vor Anker ging. Er versichert, „daß er welche gesehen habe, deren Geweih 3 m Länge hatte". Diese Venados laufen mit rückwärts gebogenem Halse und das Geweih auf den Rücken gestützt, außerordentlich schnell, und die Pferde von Neubiscaya, die für vortreffliche Läufer gelten, sind nicht imstande, ihnen gleich zu laufen, außer in dem Augenblicke, wenn das Tier, welches nur selten trinkt, seinen Durst gestillt hat. Dann ist es zu schwerfällig, um alle seine Muskelkraft zu entwickeln und wird mit Leichtigkeit eingeholt. Der Reiter, welcher es verfolgt, bemeistert es damit, daß er eine Schlinge nach ihm wirft, wie man es in allen spanischen Kolonieen mit den wilden Pferden und Ochsen macht. Die Indianer

---

[1] Es herrscht noch viele Ungewißheit über die spezifischen Charaktere, welche die großen und kleinen Hirsche (Venados) des neuen Kontinents unterscheiden. Man sehe die merkwürdigen Untersuchungen des Herrn Cuvier in seinem Mémoire sur les os fossiles des ruminans. Annales du Muséum, année VI, S. 353.

hingegen wenden ein anderes, sehr sinnreiches Kunststück an, um sich den Hirschen zu nähern und sie zu töten. Sie schneiden einem Venado, der ein sehr langes Geweih hat, den Kopf ab, leeren ihm den Hals aus und setzen ihn sich auf das Haupt. So maskiert und zugleich mit Bogen und Pfeilen bewaffnet, verbergen sie sich in ein Gebüsch oder in hohes, struppiges Gras, ahmen die Bewegungen eines weidenden Hirsches nach und locken so die Herde herbei, welche sich durch diese List betrügen läßt. Herr Costanzo hat diese außerordentliche Jagd auf den Küsten des Santa Barbarakanales gesehen, und die Offiziere auf den Goeletten Sutil und Mexicana beobachteten sie 24 Jahre nachher in den Steppen um Monterey.[1] Vielleicht waren die ungeheuren Hirschgeweihe, welche Montezuma Cortez' Waffengefährten als Seltenheiten zeigte, von den Neukalifornischen Venados. Ich habe deren zwei gesehen, die man in dem alten Monumente von Xochicalco gefunden hat und in dem Palaste des Vizekönigs aufbewahrt. Trotz der wenigen inneren Kommunikation, welche im 15. Jahrhundert im Königreiche Anahuac stattfand, wäre es doch nichts Außerordentliches, wenn diese Hirschgeweihe von Hand zu Hand vom 35. bis 20. Grad der Breite gelangt sein würden, so wie wir ja auch die schönen brasilianischen Bittersteine (Piedras de Mahagua) bei den Kariben finden, welche der Mündung des Orinoko zunächst leben.

Da die russischen und spanischen Niederlassungen bis jetzt die einzigen europäischen Kolonieen auf der Nordwestküste von Amerika waren, so halte ich es für nützlich, alle Missionen aufzuzählen, welche bis zu Anfang des Jahres 1803 angelegt waren. Diese ausführliche Nachricht wird besonders dann merkwürdig, wenn die Bewohner der Vereinigten Staaten Lust zu einer Bewegung nach Westen gegen die Küsten des Großen Ozeanes hin zeigen, welche, China gegenüberstehend, an schönen Seeotterfellen den größten Ueberfluß haben.

Die Missionen von Neukalifornien folgen von Süden nach Norden einander in folgender Ordnung:

San Diego, ein im Jahre 1769 angelegtes Dorf, 110 km von der nördlichsten Mission von Altkalifornien.

San Luis Rey de Francia, ein Dorf, angelegt 1798.

San Juan Capishano, Dorf, angelegt 1776.

San Gabriel, Dorf, angelegt 1771.

---

[1] Fiage a Fuca, S. 164.

San Fernando, Dorf, angelegt 1797.
San Buenaventura, Dorf, angelegt 1782.
Santa Barbara, Dorf, angelegt 1786.
La purisima Concepcion, Dorf, angelegt 1787.
San Luis Obispo, Dorf, angelegt 1772.
San Miguel, Dorf, angelegt 1797.
Soledad, Dorf, angelegt 1791.
San Antonio de Padua, Dorf, angelegt 1771.

San Carlos de Monterey, Hauptstadt von Neukalifornien und 1770 am Fuße der Kordillere von Santa Lucia gegründet, welche mit Eichen, Pinien (foliis ternis) und Rosensträuchern bedeckt ist. Das Dorf liegt 15 km von dem Presidio gleichen Namens entfernt. Es scheint, als ob Cabrillo bereits am 15. November 1542 die Bai von Monterey untersucht und sie wegen der schönen Pinien, welche die benachbarten Gebirge krönen, die Bahia de los Pinos genannt hat. Ihren gegenwärtigen Namen erhielt sie 60 Jahre später von Vizcayno, und zwar dem damaligen Vizekönig von Mexiko, Gaspar de Zuniga Grafen von Monterey zu Ehren, einem thätigen Manne, dem man die Unternehmung großer Seeexpeditionen verdankt und der den Juan de Oñate zur Eroberung von Neumexiko aufgemuntert hat.

San Juan Baptista, Dorf, angelegt 1797.
Santa Cruz, Dorf, angelegt 1794.
Santa Clara, Dorf, angelegt 1770.
San Jose, Dorf, angelegt 1797.

San Francisco, ein Dorf, angelegt 1776, mit einem schönen Hafen, den die Geographen oft mit dem Drakushafen verwechseln, welcher weiter gegen Norden unter 38° 10′ der Breite liegt und von den Spaniern Puerto de Botega genannt wird.

Die Anzahl der Weißen, der Mestizen und Mulatten, welche in Neukalifornien entweder in den Presidios oder im Dienste der Franziskanermönche leben, ist unbekannt. Ich glaube, daß sie über 1300 Menschen gehen kann; denn in den beiden Jahren 1801 und 1802 zählte man in der Kaste der Weißen und derer von gemischtem Blute 35 Heiraten, 182 Taufen und 82 Todesfälle. Auf diesen Teil der Bevölkerung dürfte die Regierung indes zur Verteidigung der Küsten nicht zählen, wenn irgend eine europäische Seemacht hier einen Angriff versuchen wollte.

Nachdem wir das Gemälde der Provinzen entworfen haben, welche das große mexikanische Reich bilden, müssen wir noch einen flüchtigen Blick auf die Küsten des Großen Ozeanes werfen, welche sich von dem Hafen von San Francisco und dem Kap Mendocino bis nach den Niederlassungen erstrecken, welche die Russen in der Prinz Wilhelmsbai (Prince William's Sound) angelegt haben.

Diese Küsten wurden schon seit dem Ende des 16. Jahrhunderts von spanischen Schiffern befahren. Erst 1774 aber ließen sie die Vizekönige von Neuspanien sorgfältig untersuchen. Eine ganze Zahl von Expeditionen, welche von den Häfen von Acapulco, San Blas und Monterey auf Entdeckungen ausgingen, folgten sich bis aufs Jahr 1792. Die Kolonie, welche die Spanier auf Nutka gründen wollten, hat einige Zeitlang die Aufmerksamkeit aller europäischen Seemächte auf sich gezogen. Einige Schuppen, die man auf der Küste aufschlug, eine erbärmliche Bastion, welche mit Steinstücken verteidigt ward und einiger Kohl, den man in einem Gehege pflanzte, entzündeten beinahe einen blutigen Krieg zwischen Spanien und England, und nur durch die Zerstörung der Niederlassung auf der Quadra- oder Vancouversinsel hat der Tays oder Fürst von Nutka, Macuina, seine Unabhängigkeit erhalten. Seit 1786 haben verschiedene europäische Nationen diese Gegenden wegen des Handels mit Seeotterfellen besucht. Allein da zu viele kamen, hatte es sowohl für sie selbst als für die Eingeborenen nachteilige Folgen. Der Preis des Pelzwerkes stieg auf den Küsten von Amerika, während er in China außerordentlich sank. Die Sittenverderbnis nahm bei den Indianern zu und die Europäer suchten im Geiste derselben Politik, welche die afrikanischen Küsten mit so vielem Blute befleckt hat, aus einer Uneinigkeit der Tays Nutzen zu ziehen. Verschiedene Matrosen, und gerade die allerliederlichsten, rissen aus und ließen sich unter den Eingeborenen nieder. Daher bemerkt man in Nutka wie auf den Sandwichinseln bereits ein abscheuliches Gemisch von Barbarei der Urzeit mit den Lastern des verfeinerten Europas. Unmöglich kann man glauben, daß die Bewohner für diese wirklichen Uebel durch einige Gemüsegattungen des alten Kontinentes, welche die Reisenden in diese fruchtbaren Gegenden verpflanzt haben und die in der Liste der Wohlthaten prangen, mit welchen die Europäer die Bewohner der Inseln des Großen Ozeanes überhäuft zu haben sich rühmen, entschädigt worden sind.

Im 16. Jahrhundert, in der ruhmvollen Zeit, da die spanische Nation, durch ein Zusammentreffen außerordentlicher Umstände begünstigt, alle Hilfsmittel ihres Genies und ihre ganze Charakterkraft in hoher Freiheit entwickelte, beschäftigte das Problem einer Durchfahrt gegen Nordwesten, um den geraden Weg nach Ostindien zu finden, die kastilischen Köpfe ebenso warm, als es seit 30 und 40 Jahren den Geist anderer Nationen bewegt hat. Wir wollen die apokryphischen Reisebeschreibungen eines Ferrer, Maldonado, Juan de Fuca und Bartolomé Fonte nicht anführen, auf welche man so lange einen übertriebenen Wert gesetzt hat. Die meisten Unwahrheiten, die unter dem Namen von diesen drei Schiffern im Umlaufe waren, sind durch die mühseligen und gelehrten Untersuchungen mehrerer spanischen Marineoffiziere in ihrer Blöße gezeigt worden.[1] Statt beinahe fabelhafte Namen anzuführen und uns in ungewisse Hypothesen zu verlieren, werden wir bloß das angeben, was durch historische Dokumente unbezweifelbar erwiesen ist. Folgende Nachrichten, welche zum Teil aus den handschriftlichen Memoiren von Don Antonio Bonilla und Herrn Casasola, die in den Archiven der Vizekönige von Mexiko aufbewahrt werden, gezogen sind, enthalten Thatsachen, deren Zusammenstellung die Aufmerksamkeit der Leser gewinnen kann. Wenn wir sozusagen das mannigfaltige Gemälde der Nationalthätigkeit entwickeln, wie sie bald aufwachte, bald schlummerte, so werden diese Nachrichten selbst diejenigen interessieren, welche nicht glauben, daß ein von freien Menschen bewohntes Land derjenigen europäischen Nation, die es zuerst gesehen, darum angehöre.

Die Namen Cabrillo und Gali sind nicht so berühmt geworden, wie die von Fuca und Fonte. Die Wahrheit hat in der Erzählung eines bescheidenen Schiffers den Reiz und das Hinreißende der Täuschung nicht. Juan Rodriguez Cabrillo untersuchte die Küsten von Neukalifornien bis zu 37° 10′, oder bis zur Punta del Año Nuevo, nördlich von

---

[1] Memoire von Don Ciriaco Cevallos. Untersuchungen, welche Don Augustin Cean in den Archiven von Sevilla angestellt hat. Historische Einleitung in die Reise von Galiano und Valdes. S. XLIX bis LVI. und S. LXXVI bis LXXXIII. Trotz aller meiner Nachforschungen war ich doch nicht imstande, in Neuspanien ein einziges Dokument zu finden, in welchem der Pilote Fuca oder der Admiral Fonte genannt gewesen wäre.

Monterey. Er starb (den 3. Januar 1543) auf der Insel San Bernardo, beim Kanale von Santa Barbara; allein sein Pilote, Bartolomé Ferrelo, setzte seine Entdeckungen nordwärts bis zum 43. Grad der Breite fort, wo er die Küsten vom Weißen Vorgebirge sah, welches Vancouver das Kap Oxford genannt hat.[1]

Francisco Gali entdeckte auf seiner Reise von Macao nach Acapulco im Jahre 1582 die Küste des nordwestlichen Amerikas unter 57° 30'. Auch er bewunderte, wie alle, die nach ihm Neukornwallis besucht haben, die Schönheit der kolossalen Gebirge, deren Spitze mit ewigem Schnee bedeckt und deren Fuß mit schöner Vegetation geschmückt ist. Wenn man die alten Beobachtungen an den Orten, deren Identität anerkannt ist, durch die neuen verbessert,[2] so findet man, daß Gali einen Teil des Archipels von Prinz Wallis oder des von König Georg durchsegelt hat. Sir Francis Drake (1578) war nicht weiter in Neugeorgien gekommen als bis zum 48. Grad der Breite, nordwärts vom Kap Grenville.

Von den beiden Expeditionen, welche Sebastian Vizcayno 1596 und 1602 unternommen hat, war nur die letztere nach den Küsten von Neukalifornien gerichtet. Die 32 Karten, welche der Kosmograph Heinrich Martinez[3] zu Mexiko verfertigte, beweisen, daß Vizcayno diese Küsten mit weit mehr Sorgfalt und Einsicht aufgenommen, als kein anderer Pilote je vor ihm gethan hat. Indes verhinderten ihn die Krankheiten seiner Mannschaft, der Mangel an Lebensmitteln und die außerordentliche strenge Jahreszeit, jenseits des Kaps San Sebastian vorzubringen, das unter dem 42. Grad der Breite, etwas nördlich von der Dreieinigkeitsbai liegt. Nur ein einziges Schiff von Vizcaynos Expedition, die von Antonio Florenz kommandierte Fregatte kam über das Kap Mendocino hinaus, und gelangte unter den 43. Grad der Breite, an die Mündung eines Flusses, den Cabrillo schon 1543 gekannt zu haben

---

[1] Zufolge einer Handschrift in dem Archivo general de Indias in Madrid.

[2] Diese Verbesserungen sind überall in diesem Werke, wo die Breiten, unter welche die alten Schiffer gekommen, angeführt sind, vorgenommen worden.

[3] Der nämliche, von dem wir oben bei der Geschichte des Desague Real de Huehuetoca gesprochen haben.

scheint, und welchen der Fähnrich Martin de Aguilar für das westliche Ende der Meerenge von Anian[1] gehalten hat. Indes muß man diesen Eingang oder Fluß des Aguilar, den man zu unserer Zeit nicht mehr finden konnte, nicht mit der Mündung des Rio Kolumbia (46° 15′ Breite) verwechseln, der durch die Reisen von Vancouver, Gray und des Kapitän Lewis berühmt geworden ist.

Mit Gali und Vizcayno endigt sich die glänzende Epoche der Entdeckungen, welche die Spanier in alten Zeiten auf der Nordwestküste von Amerika gemacht haben. Die Geschichte der Schiffahrten des 17. und der ersten Hälfte des 18. Jahrhunderts enthält keine Unternehmung, welche von den mexikanischen Küsten nach diesem ungeheuren Litorale gemacht worden wäre, das sich von dem Kap Mendocino bis an die Grenzen von Ostasien erstreckt. Statt der spanischen Flagge sah man in diesen Gegenden (1741) nur die russische von den Schiffen wehen, welche die beiden mutigen Seemänner Bering und Tschirikow befehligten.

Nach einer Frist von beinahe 170 Jahren richtete der Hof von Madrid seine Blicke wiederum auf die Küsten des Großen Ozeans. Indes war es nicht bloß das Verlangen, für die Wissenschaften nützliche Entdeckungen zu machen, das die Regierung aus ihrer Lethargie erweckte, sondern mehr die Besorgnis, auf ihren nördlichsten Besitzungen in Neuspanien angegriffen zu werden, da sie europäische Niederlassungen in der Nähe von ihren kalifornischen entstehen sah. Von allen spanischen Expeditionen, welche von 1774 bis 1792 unternommen wurden, waren nur die beiden letzteren eigentliche Entdeckungsausrüstungen. Sie wurden von Offizieren befehligt, deren Arbeiten ausgebreitete Kenntnisse in der nautischen Astronomie verraten. Die Namen Alexander Malaspina, Galiano, Espinosa, Valdes und Vernaci werden in dem Verzeichnis der unterrichteten und mutigen Seefahrer, denen die Welt genaue Nachrichten über die Nordwestküste des neuen

---

[1] Die Meerenge von Anian, welche mehrere Geographen mit der Meerenge von Bering verwechseln, bezeichnet im 16. Jahrhundert die Hudsonmeerenge, und erhielt ihren Namen von einem der beiden Brüder, die sich auf dem Schiffe des Gaspar von Cortereal befanden. Man sehe die gelehrten Untersuchungen des Herrn von Fleurieu in der historischen Einleitung zu Marchands Reise. Bd. I, S. 5.

Kontinents verdankt, immer einen ehrenvollen Platz behaupten. Konnten ihre Vorgänger ihren Operationen nicht so viel Vollkommenheit geben, so war es, weil sie von den Häfen von San Blas oder Monterey ausliefen, wo es ihnen an Instrumenten und anderen Hilfsmitteln fehlte, die das civilisierte Europa anbietet.

Die erste wichtige Ausrüstung, welche nach des Vizcaynos Reise gemacht wurde, ist die von Juan Perez, der die Korvette Santiago, sonst Nueva Galicia genannt, kommandierte. Da weder Cook, noch Barrington, noch Herr Fleurieu von dieser wichtigen Reise Kenntnis gehabt zu haben scheinen, so will ich hier verschiedene Umstände, aus einem handschriftlichen Tagebuche[1] gezogen, mitteilen, welche ich der Güte des Herrn Don Guillermo Aguirre, Mitglied der Audiencia von Mexiko verdanke. Perez und sein Pilote, Estevan Jose Martinez, liefen den 24. Januar 1774 aus dem Hafen von San Blas aus. Sie hatten Befehl, die ganze Küste von dem Hafen von St. Karl von Monterey bis zum 60. Grad der Breite zu untersuchen. Da sie in Monterey eingelaufen waren, so gingen sie den 7. Juni aufs neue unter Segel. Den 20. Juli entdeckten sie die Insel Margareta (die Nordwestspitze der Königin Charlotteninsel),[2] und die Meerenge, welche diese Insel von der des Prinz von Wallis scheidet. Den 9. August gingen sie, als die ersten unter allen europäischen Seefahrern, auf der Reede von Nutka vor Anker, die sie den Hafen von San Lorenzo nannten, und welchem der berühmte Cook vier Jahre später den Namen King George's Sound gegeben hat. Sie trieben einigen Tauschhandel mit den Indianern, bei welchen sie Eisen und Kupfer sahen, und gaben ihnen Hacken und Messer für Leder und Seeotterpelze. Perez konnte wegen schlechten Wetters und hoher, stürmischer See nicht ans Land gehen, und seine Schaluppe wäre bei einem Landungsversuche, den sie machte, beinahe zu Grunde gegangen. Die Korvette sah sich sogar genötigt, ihre Taue abzuschneiden und die Anker im Stiche zu lassen, und die Weite zu gewinnen. Die Einge-

---

[1] Dieses Tagebuch war von zwei Mönchen, dem Fray Juan Crespi und dem Fray Tomas de la Peña, die sich auf der Korvette Santiago befanden, gehalten worden. Mit diesen Nachrichten kann man dasjenige ergänzen, was in der Reise der Sutil S. XCII bekannt gemacht worden ist.

[2] Die Entrada de Perez auf den spanischen Karten.

borenen stahlen verschiedene Dinge, welche Perez und seiner
Mannschaft gehörten, und dieser Umstand, den das Tagebuch
des Paters Crespi ausdrücklich anführt, mag das berühmte
Problem von den silbernen Löffeln und anderen Fabrikartikeln
erklären, welche der Kapitän Cook 1778 bei den Indianern
von Nutka gefunden hat. Die Korvette Santiago kehrte den
27. August 1774 wieder nach Monterey zurück, nachdem sie
8 Monate in See gewesen war.

Im folgenden Jahre verließ eine zweite Expedition
unter dem Befehl von Don Bruno Heceta, Don Juan de
Ayala, und Don Juan de la Bobega y Quadra den Hafen
von San Blas. Diese Reise, welche die Entdeckung der Nord=
westküste ganz besonders erweitert hat, ist durch das Tagebuch
des Piloten Maurelle bekannt, welches von Barrington be=
kannt gemacht und den Instruktionen des unglücklichen La=
pérouse beigefügt worden ist. Quadra entdeckte die Mündung
des Rio Colombia, welche die Einfahrt von Heceta genannt
wurde, den Pik von San Jacinto (Mount Edgecumbe) bei
der Bai von Norfolk, und den schönen Hafen von Bucareli
(55° 24' der Breite), der, wie wir durch Vancouvers Unter=
suchungen wissen, zur Westküste der großen Insel in dem
Prinz Wallisarchipel gehört. Dieser Hafen ist von sieben
Vulkanen umgeben, deren mit ewigem Schnee bedeckte Gipfel
Feuer und Asche auswerfen. Herr Quadra fand daselbst eine
Menge Hunde, deren sich die Indianer zu ihren Jagden
bedienten. Ich besitze zwei kleine, aber sehr merkwürdige
Karten,[1] welche 1788 in der Stadt Mexiko gestochen worden

---

[1] Carta geografica de la costa occidental de la California
situada al Norte de la linea sobre el mar asiatico, que se
discubrió en los años de 1769 y 1775 par el Teniente de
Navio Don Juan Francisco de Bodega y Quadra, y por el
Alferez de fregata, Don José Cañizares, desde los 17 hasta
los 58 grados. Auf dieser Karte scheint die Küste fast ganz ohne
Einfahrten und Inseln zu sein. Man sieht da die Ensenada de
Ezeta (Rio Colombia) und die Einfahrt von Juan Perez; allein
man findet den Namen des San Lorenzohafens (Nutka) nicht,
welchen dieser Perez 1774 gesehen hatte. — Plan del gran puerto
de San Francisco discubierto por Don José de Cañizares en
el mar asiatico. Vancouver unterscheidet die Häfen von San Fran=
cisco, von Sir Francis Drake und von Bodega als drei verschie=
dene Häfen. Herr Fleurieu hingegen sieht alle drei für identisch
an. S. Voyage de Marchand, Bd. I. S. LIV. Quadra glaubt,

sind und die Lage der Küsten vom 17. bis zum 58. Grad der Breite darstellen, wie sie während Quadras Expedition aufgenommen wurden.

Im Jahre 1776 befahl der Hof von Madrid dem Vizekönig von Mexiko, eine neue Expedition zur Untersuchung der Küsten von Amerika bis zum 70. Grad der Nordbreite auszurüsten. Zu diesem Zwecke wurden zu Guayaquil zwei Korvetten, La Princesa und La Favorita erbaut; allein dieser Bau ging so langsam, daß die von Quadra und Don Ignacio Arteaga befehligte Expedition erst den 11. Februar 1779 vom Hafen von San Blas aus unter Segel gehen konnte. Inzwischen hatte Cook gerade diese Küsten besucht. Quadra und der Pilote Don Francisco Maurelle untersuchten aufs genaueste den Hafen von Bucareli, den Sankt Eliasberg, die Magdaleneninsel, welche Vancouver die Insel Hinchinbrock (60° 25' der Breite) genannt hat, und die am Eingang der Prinz Wilhelmsbai liegt, und die Insel Regla, eine der unfruchtbaren Inseln im Cooksstrom. Die Expedition kam den 21. November 1779 wieder nach San Blas zurück. Ich finde in einer Handschrift, welche ich in Mexiko erhalten habe, daß die Schieferfelsen in der Nähe des Hafens von Bucareli, auf der Prinz Wallisinsel, Metallgänge enthalten.

Der denkwürdige Krieg, durch welchen ein großer Teil des nördlichen Amerikas seine Freiheit erhalten hat, verhinderte die Vizekönige von Mexiko, die Entdeckungsunternehmungen nordwärts vom Kap Mendocino zu verfolgen. Der Hof von Madrid befahl, die Expeditionen so lange, als die Feindseligkeiten zwischen Spanien und England dauern würden, zu verschieben. Dieser Aufschub verlängerte sich noch geraume Zeit nach dem Frieden von Versailles, und erst im Jahre 1788 liefen zwei spanische Schiffe, die Fregatte La Princesa und das Paketboot San Carlos, unter dem Befehle von Don Estevan Martinez und Don Gonzalo Lopez de Haro mit dem Plane, die Lage und den Zustand der russischen Niederlassungen auf der Nordwestküste von Amerika zu untersuchen, aus dem Hafen von San Blas aus. Die Existenz dieser Niederlassungen, von der man in Madrid erst seit der Bekanntmachung von des berühmten Cooks dritter Reise Kunde erhalten zu haben scheint, beunruhigte die spanische Regierung

---

wie wir weiter oben bemerkt haben, daß Drake im Hafen von Bodega vor Anker gelegen habe.

sehr. Sie sah es ungern, daß der Pelzwerkhandel englische, französische und amerikanische Schiffe nach einer Küste lockte, welche vor der Rückkehr des Lieutenants King nach London so wenig von den Europäern besucht worden war als Nuyts= land oder Endrachtsland in Neuholland.

Die Expedition von Martinez und Haro dauerte vom 8. März bis zum 5. Dezember 1788. Diese Seefahrer steuer= ten vom Hafen von San Blas geradezu nach der Prinz Wilhelmseinfahrt, welche die Russen den Golf Tschugatskaja nennen. Sie besuchten den Cooksstrom, die Inseln Kichtak (Kodiak), Schumagin, Unimak und Unalaschka. In den ver= schiedenen russischen Faktoreien, welche sie im Cooksstrome und auf Unalaschka fanden, wurden sie sehr freundschaft= lich behandelt, und man teilte ihnen sogar mehrere Karten mit, welche die Russen von diesen Gegenden aufgenommen hatten. In den Archiven der Vizekönige in Mexiko fand ich einen dicken Folioband mit dem Titel: Reconocimiento de los quatro establecimientos Rusos al Norte de la Cali= fornia, hecho en 1783. Indes liefert die historische Beschrei= bung von Martinez' Reise, welche in dieser Handschrift enthalten ist, nur sehr wenige Angaben über die russischen Kolo= nieen im neuen Kontinent. Niemand von der Mannschaft verstand ein Wort Russisch, und man konnte sich nicht anders als durch Zeichen verständlich machen, indem man bei dieser so fernhin unternommenen Expedition vergessen hatte, einen Dolmetscher aus Europa kommen zu lassen. Der Nachteil, der hieraus entsprang, war unverbesserlich. Uebrigens würde Herr Martinez in dem ganzen Umfange des spanischen Amerikas nicht leichter einen Russen gefunden haben, als es Sir George Staunton geworden ist, einen Chinesen in England oder in Frankreich aufzutreiben.

Seit den Reisen von Cook, Dixon, Portlock, Mears und Duncan fingen die Europäer an, den Hafen von Nutka als den hauptsächlichsten Pelzmarkt auf der Nordwestküste von Amerika anzusehen. In dieser Rücksicht that der Madrider Hof im Jahre 1789, was er 15 Jahre früher, sogleich nach Juan Perez' Reise, viel leichter ausgeführt hätte. Herr Mar= tinez, welcher die russischen Faktoreien besucht hatte, erhielt Befehl, eine dauernde Niederlassung auf Nutka zu gründen, und den Teil der Küste (zwischen dem 50. und 55. Grad der Breite), welche der Kapitän Cook auf seiner Fahrt nicht hatte aufnehmen können, aufs genaueste zu untersuchen.

Der Hafen von Nutka befindet sich auf der östlichen
Küste einer Insel, welche nach den im Jahre 1791 durch die
Herren Espinosa und Cevallos angestellten Untersuchungen,
110 km Breite hat, und durch den Kanal von Tasis von
der großen Insel, die heutzutage Quadra= oder Vancouver=
insel heißt, getrennt ist. Es ist daher ebenso falsch, zu be=
haupten, daß der Hafen von Nutka, welchen die Eingeborenen
Yucuatl nennen, zur großen Quadrainsel gehöre, als es un=
genau ist, zu sagen, das Kap Hoorn sei die äußerste Spitze
von Feuerland. Ich weiß nicht, durch welchen Mißverstand
der berühmte Cook den Namen Yucuatl in den von Nutka
verkehrt hat, welcher letztere den Eingeborenen des Landes
selbst völlig unbekannt ist, und mit den Worten ihrer Sprache
keine andere Aehnlichkeit hat, als etwa mit dem Worte Nutchi,
welches Gebirge bedeutet.[1]

---

[1] Memoiren von Don Francisco Moziño. Der achtungswerte
Verfasser war einer der Botaniker bei der Expedition des Herrn
Sesse und hielt sich mit Herrn Quadra 1792 in Nutka auf. Da
ich mir über die Nordwestküste des nördlichen Amerikas so viel
Nachrichten wie möglich sammelte, so machte ich 1803 aus den
Handschriften des Herrn Moziño, die mir der Professor Cervantes,
Direktor des botanischen Gartens in Mexiko, mitzuteilen die Freund=
schaft hatte, Auszüge. Seither habe ich gesehen, daß der gelehrte
Herausgeber der Viage de la Sutil S. 123 Materialien aus diesem
Memoire geschöpft hat. Neben den genauen Nachrichten indes,
welche man den englischen und französischen Seefahrern verdankt,
wäre es noch immer sehr der Mühe wert, die Bemerkungen des
Herrn Moziño über die Sitten der Eingeborenen von Nutka im
Druck bekannt zu machen. Diese Bemerkungen umfassen eine Menge
merkwürdiger Gegenstände, als da sind: die Vereinigung der bürger=
lichen und priesterlichen Gewalt in der Person der Fürsten oder Tays;
der Kampf zwischen dem guten und bösen Prinzip, die die Welt
beherrschen, nämlich dem Quautz und Matlog; der Ursprung des
Menschengeschlechtes zu einer Zeit, da die Hirsche ohne Geweih, die
Vögel ohne Flügel und die Hunde ohne Schwanz waren; die Eva
der Nutkaer, welche einsam in einem blühenden Gehölz auf Yucuatl
lebte, da der Gott Quautz sie in einer schönen kupfernen Piroge
besuchte; die Erziehung des ersten Menschen, welcher, so wie er
größer wurde, von einer kleineren Muschel immer in eine größere
schlüpfte; die Genealogie des Adels von Nutka, der von dem Sohne
dieses in einer Muschel aufgewachsenen Menschen abstammt, da
hingegen das Volk (welches in der anderen Welt sogar ein eigenes
Paradies, Pinpula genannt, hat) seinen Ursprung bloß von den

Don Esteban Martinez, welcher die Fregatte La Princesa und das Paketboot San Carlos befehligte, ging den 5. Mai 1789 im Hafen von Nutka vor Anker. Der Anführer Macuina nahm ihn mit vieler Freundschaft auf, erinnerte sich sehr wohl, ihn 1774 mit Herrn Perez gesehen zu haben, und zeigte sogar die schönen Konchylien, welche man ihm damals zum Geschenk gemacht hatte. Macuina, der Tays der Insel Yucuatl, genießt eine völlig unumschränkte Gewalt. Er ist der Montezuma dieser Gegenden, und sein Name bei allen Völkern, welche den Handel mit Seeotterfellen treiben, berühmt. Ich weiß nicht, ob er noch bei Leben ist; indes erfuhren wir in Mexiko, gegen das Ende von 1803, aus Briefen von Monterey, daß er eifersüchtiger auf seine Unabhängigkeit als der König der Sandwichinseln, welcher sich zum Vasallen von England erklärte, Schießgewehre und Pulver zu erhalten suchte, um sich gegen die Beleidigungen zu verteidigen, welchen er von den europäischen Seefahrern häufig ausgesetzt war.

Der Hafen von Santa Cruz de Nutka (Puerto de San Lorenzo von Perez, und Friendly-cove von Cook genannt) hat 14 bis 16 m Tiefe, und ist gegen Südost fast ganz von kleinen Inseln eingeschlossen, auf deren einer Martinez die Batterie von San Miguel angelegt hat. Die Gebirge im Inneren des Landes scheinen aus Thonschiefer und anderen primitiven Felsenarten zu bestehen. Herr Moziño entdeckte an denselben Gänge von geschwefeltem Kupfer und Blei. Eine Viertelstunde vom Hafen entfernt glaubte er in einem porösen Mandelstein, der am Ufer eines Sees lag, die Wirkungen vulkanischen Feuers zu erkennen. Das Klima ist in Nutka so gelinde, daß unter einer noch nördlicheren Breite als die von Quebeck und Paris ist, die kleinsten Flüsse nicht vor dem Januar zufrieren. Dieses merkwürdige Phänomen bestätigt Mackenzies Beobachtungen,[1] welcher

---

jüngeren Söhnen dieser Familie abzuleiten wagt; das Kalendersystem dieser Indianer, welches auf dem Jahresanfange mit der Sonnenwende, einer Einteilung des Jahres in 14 Monate, jeder zu 20 Tagen, und einer Menge von Schalttagen beruht, durch die man am Ende mehrerer Monate das Ganze ausgleicht, u. s. w.

[1] Die Indianer in der Nähe der Nordwestküste glaubten sogar zu bemerken, daß die Winter von Jahr zu Jahr gelinder würden. Diese Gelindigkeit des Klimas scheint eine Wirkung der Westwinde zu

versichert, daß die Nordwestküste des neuen Kontinents eine
weit höhere Temperatur habe, als die Ostküste von Amerika
und Asien, welche unter denselben Parallelkreisen liegen. Die
Bewohner von Nutka kennen den Donner beinahe ebensowenig
als die der Nordküste von Norwegen, und elektrische Explo=
sionen sind bei ihnen äußerst selten. Die Hügel sind mit
Pinien, Eichen, Cypressen und Gebüschen von Rosensträu=
chern, Vaccinien und Andromeden bedeckt. Der schöne Strauch,
welcher Linnés Namen trägt, wurde von den Gärtnern von
Vancouvers Expedition erst in höheren Breiten gefunden.
John Mears, und besonders ein spanischer Offizier, Don
Pedro Alberni, haben in Nutka alle europäischen Gemüse ge=
zogen; nur der Mais und der Weizen brachten ihre Körner
nie zur Reife, was die Wirkung einer zu kräftigen Vegetation
zu sein schien. Unter den Vögeln der Vancouverinsel hat
man echte Kolibri bemerkt, und dieser für die Geographie
der Tiere so wichtige Umstand muß alle diejenigen in Er=
staunen setzen, welchen es unbekannt ist, daß Herr Mackenzie
an den Quellen des Friedensflusses, unter einer Breite von
54° 24′, und Herr Galiano beinahe unter dem nämlichen
Südparallelkreise, in der Magelhaensschen Meerenge, Kolibri
gesehen hat!

Martinez' Untersuchungen drangen nicht über den 50. Grad
der Breite hinaus. Zwei Monate, nachdem er in den Hafen
von Nutka eingelaufen war, sah er ein englisches Kriegs=
schiff, den Argonauten, unter dem Kommando des James
Colnet, welcher durch seine auf den Galapagosinseln gemachten
Beobachtungen bekannt ist, ankommen. Colnet eröffnete dem
spanischen Seefahrer, daß er von seiner Regierung Befehl
habe, eine Faktorei auf Nutka anzulegen, daselbst eine Fregatte
und eine Goelette zu erbauen und alle anderen europäischen
Nationen zu verhindern, an dem Pelzhandel auf Nutka teil=
zunehmen.[1] Vergebens hielt ihm Martinez entgegen, daß

---

sein, welche über einer beträchtlichen Meeresfläche wegwehen. Uebri=
gens glaubt Herr Mackenzie, was ich auch glaube, daß die klima=
tische Veränderung, welche man in ganz Nordamerika bemerkt, keinen
unbedeutenden Lokalursachen, wie die Ausrottung der Wälder z. B.
ist, zugeschrieben werden darf.

[1] 1785 hatte sich in England eine Nutkacompagnie, unter dem
Namen The King George's Sound Company, gebildet, und man
hatte sogar den Plan, auf Nutka eine englische Kolonie, gleich der
von Neuholland, anzulegen.

Juan Perez lange vor Cook in diesen Gegenden geankert habe und der Streit, welcher sich zwischen den Befehlshabern des Argonauten und der Princesa erhob, hätte beinahe einen Bruch zwischen den Höfen von London und Madrid verursacht. Um das Uebergewicht seiner Rechte geltend zu machen, wandte Martinez ein gewaltsames und nicht sehr gesetzmäßiges Mittel an. Er arretierte Herrn Colnet und schickte ihn über San Blas nach Mexiko. Der eigentliche Besitzer des Landes von Nutka, der Tays Macuina, war klug genug, sich für den Sieger zu erklären; allein der Vizekönig, welcher Martinez' Zurückberufung beschleunigen zu müssen glaubte, sandte anfangs 1790 drei andere bewaffnete Fahrzeuge nach der Nordwestküste von Amerika.

Don Francisco Elisa und Don Salvador Fidalgo, der Bruder des Astronomen, welcher die Küsten von Südamerika von der Mündung des Drachenflusses bis Portobello aufgenommen hat, befehligten diese neue Expedition. Herr Fidalgo besuchte die Einfahrt von Cook und die Prinz Wilhelmsbai und vervollständigte die Kenntnis dieser Gegenden, welche der mutige Vancouver später untersucht hat. Unter 60° 14' der Breite, an der Nordspitze des Prinz Williamssound, war Herr Fidalgo Zeuge eines wahrscheinlich vulkanischen, aber höchst außerordentlichen Phänomens. Die Eingeborenen führten ihn in eine ganz mit Schnee bedeckte Ebene, wo er große Eis- und Steinmassen mit schrecklichem Gekrache in ungeheure Höhen hinaufgeschleudert sah. Don Francisco Elisa blieb in Nutka, um die Niederlassung, welche Martinez im vorigen Jahre angelegt hatte, zu vergrößern und zu befestigen, indem er in diesem Weltteile noch keine Kunde davon hatte, daß Spanien in einem den 28. Oktober 1790 im Eskorial unterzeichneten Vertrage auf seine Ansprüche auf Nutka und die Cooksstraße zu Gunsten des Londoner Hofes Verzicht geleistet hatte. Wirklich kam die Fregatte Dädalus, welche Vancouver den Befehl brachte, über die Ausübung des Vertrages zu wachen, erst im August 1792 im Hafen von Nutka an, als Fidalgo eben damit beschäftigt war, eine zweite spanische Niederlassung südöstlich von der Insel Quadra auf dem festen Lande selbst in dem Hafen von Nuñez Gaona oder Quinicamet zu gründen, welcher unter 48° 20' der Breite bei der Einfahrt des Juan de Fuca liegt.

Auf des Kapitäns Elisa Expedition folgten zwei andere, welche wegen der wichtigen astronomischen Arbeiten, zu welchen sie Anlaß gegeben haben und der vortrefflichen Instrumente, womit sie versehen waren, mit Cooks, Lapéroufes und Vancouvers Expeditionen verglichen werden können. Ich spreche von der Reise des berühmten Malaspina im Jahre 1792 und von derjenigen, welche Galiano und Valdes 1792 gemacht haben.

Die Operationen, welche Malaspina und die unter seinen Befehlen arbeitenden Offiziere ausgeführt haben, umfassen den ungeheuren Küstenumfang, von der Mündung des Rio de la Plata bis zur Prinz Wilhelmseinfahrt. Indes wurde dieser geschickte Seemann berühmter noch durch sein Unglück als durch seine Entdeckungen. Nachdem er die beiden Hemisphären durchsegelt hatte und allen Gefahren eines stürmischen Meeres entronnen war, fand er noch viel größere an seinem Hofe, dessen Gunst sein Verderben wurde. Opfer einer politischen Intrigue seufzte er ganze sechs Jahre lang in einem Kerkerloche. Endlich erhielt die französische Regierung seine Freiheit und Alexander Malaspina kehrte in sein Vaterland zurück. An den Ufern des Arno genießt er nun in der Einsamkeit die tiefen Eindrücke, welche die Beobachtung der Natur und das Studium des Menschen unter verschiedenen Klimaten in einer gefühlvollen, vom Unglück geprüften Brust zurücklassen.

Malaspinas Arbeiten blieben in den Archiven begraben, nicht weil die Regierung die Bekanntmachung von Geheimnissen scheute, deren Verborgenbleiben ihr etwa nützlich scheinen konnte, sondern weil der Name dieses furchtlosen Seemannes in ewiges Schweigen gehüllt werden sollte. Glücklicherweise hat aber die Direktion der hydrographischen Arbeiten (Deposito hydrografico de Madrid [1] dem Publikum die hauptsächlichsten astronomischen Beobachtungen mitgeteilt, welche von Malaspinas Expedition gemacht worden sind. Der größte Teil der Seekarten, die seit 1799 in Madrid erschienen sind, gründet sich auf diese wichtigen Resultate; allein man findet auf ihnen statt des Namens des Anführers bloß den der Korvetten La Descubierta und La Atrevida, welche Malaspina befehligt hatte.

Seine Expedition [2], die am 30. Juli 1789 von Cadiz

---

[1] Diese Anstalt wurde durch einen königlichen Befehl vom 6. August 1797 gegründet.

[2] Auszug aus einem Tagebuche, das an Bord der Atrevida gehalten worden war, eine Handschrift, die in den Archiven von

ausgelaufen war, kam erst den 2. Februar 1791 in Acapulco an. Um diese Zeit heftete der Hof von Madrid seine Aufmerksamkeit aufs neue auf einen Gegenstand, um den man sich schon zu Anfang des 17. Jahrhunderts gestritten hatte, nämlich auf die sogenannte Meerenge, durch welche Lorenzo Ferrer im Jahre 1588 von den Küsten von Labrador nach dem Großen Ozean gesegelt sein wollte. Ein Memoire, das Herr Buache in der Akademie der Wissenschaften vorgelesen, hatte die Hoffnung, daß diese Passage wirklich existiere, wieder erweckt. Die Korvetten, die Descubierta und die Atrevida, erhielten Befehl, nach den hohen Breiten der Nordwestküste von Amerika zu steuern und alle Fahrwasser und Einfahrten zu untersuchen, welche die Meeresufer zwischen 58° und 60° der Breite unterbrächen. Malaspina ging in Begleitung der beiden Botaniker Hänke und Née von Acapulco aus den 1. Mai 1791 unter Segel. Nach drei Wochen Fahrt landete er am Kap St. Bartholomäus, welches schon 1775 von Quadra, 1778 von Cook und von Dixon 1786 besucht worden war. Er nahm die Küste von dem San Jacintogebirge bei dem Kap Edgecumbe (Cabo Engano, Breite 57° 1′ 30″) bis zur Montaguinsel, der Prinz Williamseinfahrt gegenüber, auf. Während dieser Expedition wurde die Länge des Perpendikels und die Neigung und Abweichung der Magnetnadel auf mehreren Punkten der Küste bestimmt. Mit vieler Sorgfalt maß man die Höhe der St. Elias- und der Schönwettergebirge (Cerro de buen tiempo, oder Mount-Fairweather), welche die vorzüglichsten Spitzen der Kordillere von Neunorfolk sind. Die Kenntnis ihrer Höhe [1] und ihrer Lage können den Schiffern, besonders wenn sie das schlechte Wetter oft ganze Wochen lang hindert, die Sonne zu beobachten, sehr nützlich sein; denn wenn sie diese Piks auch nur auf 80 bis 100 Meilen Entfernung sehen, so können sie den Stand ihrer Schiffe durch bloße Horizontalmessungen und Höhenwinkel bestimmen.

Mexiko aufbewahrt wird. Viage de la Sutil, S. CXIII bis CXXIII. Herr Malaspina hatte schon vor der im Jahre 1789 unternommenen Expedition die Reise um die Welt auf der für Manila bestimmten Fregatte Asträa, gemacht.

[1] Malaspinas Expedition fand die Höhe des Berges St. Elias zu 5441 m (6507,6 Varas) und die vom Mount Fairweather zu 4489 m (5368,3 Varas). Die Höhe des ersteren dieser Berge kommt also der Höhe des Cotopaxi gleich, und die des zweiten der des Rosaberges.

Nachdem Malaspina vergebens die in der apokryphischen
Reise des Maldonado angezeigte Meerenge gesucht und sich
einige Zeit in dem Mulgraveshafen, in der Beringsbai (Breite
59° 34' 20") aufgehalten hatte, steuerte er südlich. Den
13. August ging er im Hafen von Nutka vor Anker, untersuchte die Tiefe der Kanäle, welche die Insel Yucuatl umgeben und bestimmte durch bloß astronomische Beobachtungen
die Lage von Nutka, Monterey, von der Insel Guadalupe,
an welcher die Gallione der Philippinischen Inseln (la Nao
de China) zu landen pflegt und die vom Kap San Lucas.
Die Korvette Atrevida lief in Acapulco, die Descubierta in
San Blas im Oktober 1791 ein.

Eine Schiffahrt von fünf Monaten war freilich für die
Untersuchung und Aufnehmung einer ausgebreiteten Küste
mit der ins kleinste gehenden Genauigkeit nicht hinlänglich,
welche wir in Vancouvers Reise, die drei Jahre dauerte, bewundern. Indes hat Malaspinas Expedition doch ein besonderes Verdienst, und dies besteht nicht bloß in der Menge von
astronomischen Beobachtungen, sondern besonders in der scharfsinnigen Methode, welche er, um zu gewissen Resultaten zu
gelangen, angewendet hat. Man hat z. B. die Länge und
Breite der vier Küstenpunkte, das Kap San Lucas, die von
Monterey, von Nutka und vom Mulgraveshafen, mit völliger
Zuverlässigkeit bestimmt und die Zwischenpunkte durch Hilfe
von vier Arnoldschen Seeuhren mit diesen fixen Hauptpunkten
in Verhältnis gesetzt. Diese Methode, welche von den auf
Malaspinas Korvetten befindlichen Offizieren, den Herren Espinosa, Cevallos und Vernaci angewendet wurde, ist den Par-
tialkorrektionen weit vorzuziehen, die man sich mit den chrono-
metrischen Längen nach dem Resultate der lunarischen Distanzen
erlaubt.

Der berühmte Malaspina war kaum auf der mexikanischen
Küste wieder angekommen, als er, unzufrieden, die Küste zwischen der Nutkainsel und dem Kap Mendocino nicht nahe
genug untersucht zu haben, den Vizekönig Grafen von Revillagigedo bewog, eine neue Entdeckungsexpedition nach der
Nordwestküste von Amerika auszurüsten. Des Vizekönigs
thätiger und unternehmender Geist entsprach diesem Wunsche
um so leichter, da neue Nachrichten, von den auf Nutka befindlichen Offizieren die Existenz eines Kanales wahrscheinlich
zu machen schienen, dessen Entdeckung man dem griechischen
Piloten Juan de Fuca, am Ende des 16. Jahrhunderts bei-

maß. Wirklich hatte Martinez 1774 unter 48° 20' der Breite eine sehr weite Einfahrt gefunden, der Pilote von der Goelette Gertrudis, der Fähnrich Don Manuel Guimper, welcher den Binnenlander, die Kronprinzessin kommandierte, und nach ihm der Kapitän Elisa, im Jahre 1791, hatten diese Einfahrt untersucht, und sogar sichere und geräumige Häfen darin entdeckt. Um diese Untersuchungen zu vollenden, liefen den 8. März 1792 die Goeletten Sutil und Mexicana unter dem Befehl von Don Dionisio Galiano, und Don Cayetano Valdes von Acapulco aus.

Diese geschickten und erfahrenen Astronomen umsegelten in Begleitung der Herren Salamanca und Vernaci die große Insel, welche heutzutage Quadras und Vancouvers Namen trägt, und verwandten auf diese beschwerliche und gefahrvolle Reise vier Monate. Nachdem sie die Meerengen von Fuca und von Haro passiert hatten, begegneten sie in dem Kanale des Rosario, welchen die Engländer den Golf von Georgien nennen, den englischen Seefahrern Vancouver und Broughton, die sich in gleicher Absicht wie sie in diesen Gewässern befanden. Beide Expeditionen teilten sich die Resultate ihrer Arbeiten ohne Rückhalt mit, unterstützten sich gegenseitig in ihren Operationen, und das gute Einverständnis und die vollkommene Harmonie, von der die Astronomen auf dem Rücken der Kordilleren zu einer anderen Zeit ein schlechtes Beispiel gegeben hatten, dauerten bis zum Augenblick ihrer Trennung.

Galiano und Valdes untersuchten auf ihrer Rückkehr von Nutka nach Monterey die Einfahrt de la Ascension aufs neue, welche Don Bruno Eceta den 17. August 1775 entdeckt, und der geschickte amerikanische Seefahrer Herr Gray nach dem Namen des Sloops, den er befehligte, den Fluß Colombia genannt hatte. Diese Untersuchung war um so wichtiger, da Vancouver, welcher dieser Küste schon sehr nahe gefolgt, vom 45. Grad der Breite bis zum Kanal von Fuca keine Einfahrt bemerkt, und dieser erfahrene Seemann deswegen sogar an dem Dasein des Rio de Colombia,[1] oder der Entrada de Eceta gezweifelt hatte.

---

[1] Ich habe oben schon von der Leichtigkeit geredet, mit welcher die Europäer an den fruchtbaren Ufern des Rio Colombia eine Kolonie anlegen könnten, sowie auch von den Zweifeln, die man gegen die Identität dieses Flusses mit dem Tacoutche-Tesse, oder Oregon bei Mackenzie, erhoben hat. Indes weiß ich nicht, ob sich

Im Jahre 1797 gab die spanische Regierung Befehl, daß die Karten, welche während der Expedition der Herren Galiano und Valdes aufgenommen worden, bekannt gemacht werden sollten, „damit sie vor Vancouvers seinen in den Händen des Publikums sein könnten". Indes kamen sie doch erst 1802 heraus, und die Geographen haben nun den Vorteil, die Vancouverschen Karten mit denen der spanischen Seefahrer, wie sie von dem Deposito hydrografico in Madrid bekannt gemacht worden sind, und mit der russischen Karte zu vergleichen, welche 1802 im Kartendepot des Kaisers zu Petersburg herausgekommen ist. Diese Vergleichung ist aber um so notwendiger, da dieselben Vorgebirge, dieselben Fahr= wasser und Inseln oft drei bis vier verschiedene Namen haben, und die geographische Synonymik dadurch ebenso ver= wirrt geworden, als es die Synonymik der kryptogamischen Pflanzen aus dem nämlichen Grunde ist.

Während die Goeletten Sutil und Mexicana, damit be= schäftigt waren, die Küsten zwischen den Parallelkreisen vom 45. und 51. Grad mit größter Sorgfalt zu untersuchen, be= stimmte der Vizekönig Revillagigedo eine andere Expedition für noch höhere Breiten. Vergebens hatte man in der Ge= gend des Kap Orford und des Kap Gregory die Mündung

---

dieser Oregon in einen der großen Salzseen ergießt, welche ich nach den von dem Pater Escalante gegebenen Nachrichten auf meiner Karte von Mexiko unter den 39. und 41. Grad der Breite gesetzt habe. Auch will ich nicht entscheiden, ob der Oregon, gleich mehreren großen Flüssen des südlichen Amerikas, einen Durchbruch durch eine hohe Gebirgskette gerissen hat, und ob seine Mündung in einer der noch wenig bekannten Buchten ist, welche sich zwischen dem Hafen de la Botega und dem Kap Orford befinden. Doch hätte ich wünschen mögen, daß ein sonst gelehrter und scharfsinniger Geograph der Versuchung widerstanden haben möchte, den Namen Oregon in dem Origen zu erkennen, welcher, nach seiner Meinung, auf Don Antonio Alzates Karte von Mexiko einen Fluß bezeichnet. Er verwechselte das spanische Wort origen, Quelle, Ursprung einer Sache, mit dem indianischen Origan. Alzates Karte gibt übrigens nur den Rio Colorado an, welcher den Rio Gila aufnimmt. Bei ihrer Vereinigung liest man folgende Worte: Rio Colorado, ó del Norte, cuyo origen se ignora, dessen Ursprung man nicht kennt. Die Nachlässigkeit mit der diese spanischen Worte abgeteilt sind (man stach nämlich: Nortecuyo und Seignora), ist wahrscheinlich der Grund dieses außerordentlichen Mißgriffes.

des Flusses von Martin de Aguilar gesucht, und Alexander Malaspina hatte, statt des berühmten Kanales von Maldonado, nichts als Straßen gefunden, die keinen Ausgang hatten. Auch hatten sich Galiano und Valdes überzeugt, daß Fucas= einfahrt bloß ein Seearm sei, welcher eine Insel von mehr als 1700 Quadratmeilen,[1] nämlich die von Quadra und Van= couver, von der unebenen Küste von Neugeorgien trenne. So blieben denn immer noch Zweifel über die Existenz der Meer= enge, deren Entdeckung man dem Admiral Fuentes oder Fonte zugeschrieben, und die sich unter dem 53. Grad der Breite befinden sollte. Cook hatte es sehr bedauert, daß er diesen Teil des Kontinents von Neuhannover nicht unter= suchen konnte; aber die Behauptungen eines erfahrenen See= mannes, des Kapitäns Colnet, machten es wahrscheinlich, daß der Zusammenhang der Küste in diesen Gegenden unter= brochen sein müsse. Um dieses so wichtige Problem zu lösen, gab der Vizekönig von Neuspanien dem Schiffslieutenant Don Jacinto Caamaño, welcher die Fregatte Arranzazu kom= mandierte, Befehl, die Küste vom 51. bis 56. Grad der Nord= breite mit größter Genauigkeit zu untersuchen. Herr Caamaño, den ich oft in Mexiko zu sehen das Vergnügen hatte, lief den 20. März 1792 von San Blas aus und hielt 6 Monate lang die See. Er untersuchte aufs sorgfältigste den nörd= lichen Teil der Königin Charlotteninsel, die südliche Küste der Prinz Wallisinsel, die er Isla de Ulloa nannte, die Re= villagigedo=, Banks= (oder de la Calamidad) und die Aristi= zabalinseln und die große Einfahrt (Inlet) des Moñino, der seine Mündung gegenüber vom Pittsarchipelagus hat. Die vielen spanischen Namen, welche Vancouver in seinen Karten beibehalten hat, beweisen, daß die Expeditionen, von denen wir eben eine Uebersicht gegeben, nicht wenig zur Kenntnis einer Küste beigetragen haben, welche heutzutage vom 45. Grad der Breite bis zum Kap Douglas östlich von der Cooks= einfahrt viel genauer aufgenommen ist als die meisten Küsten von Europa.

Ich habe mich begnügt, in das Ende dieses Kapitels

---

[1] Der Umfang der Quadra= oder Vancouversinsel beträgt, nach des letzteren Karten berechnet, 1730 Quadratmeilen, wovon 25 auf einen Sexagesimalgrad gehen. Sie ist also die größte Insel auf den Westküsten von Amerika. [Neuere Vermessungen ergaben 33092 qkm. — D. Herausg.]

alle Nachrichten zusammenzudrängen, welche ich mir über die
Reisen der Spanier (von 1543 an bis auf unsere Zeiten)
nach den Westküsten von Neuspanien, nordwärts von Neu=
kalifornien, zu verschaffen vermochte. Die Zusammenstellung
dieser Materialien schien mir in einem Werke notwendig, das
alles umfaßt, was auf die politischen und kommerziellen
Verhältnisse Mexikos Bezug hat.

Die Geographen, welche sich beeilen, die Welt zu verteilen,
um das Studium ihrer Wissenschaft zu erleichtern, unter=
scheiden auf der Nordwestküste einen englischen, einen spani=
schen und neutralen, und einen russischen Anteil. Diese Ein=
teilungen wurden natürlich ohne Zuratezielhung von den
Häuptern der verschiedenen Stämme gemacht, welche diese Ge=
genden bewohnen! Könnten die kindischen Ceremonieen, welche
die Europäer Besitznehmungen heißen, und astronomische Beob=
achtungen, die man auf einer neuentdeckten Küste angestellt
hat, Ansprüche auf das Eigentum derselben geben, so würde
dieser Teil des neuen Kontinents ganz besonders zerstückelt,
und unter die Spanier, Engländer, Russen, Franzosen und
die Amerikaner der Vereinigten Staaten verteilt werden. Ein
Eiland würde oft zwei oder drei Nationen zugleich zufallen,
weil jede beweisen könnte, daß sie ein anderes Kap davon
entdeckt habe. Die vielen Krümmungen, welche die Küste
zwischen den Parallelkreisen des 55. und 60. Grades bildet, um=
faßt Entdeckungen, die Gali, Bering und Tschirikow, Quadra,
Cook, Lapérouse, Malaspina und Vancouver nacheinander
gemacht haben.

Keine europäische Nation hat noch eine dauernde Nieder=
lassung auf dem ungeheuren Küstenraume gegründet, welcher
sich vom Kap Mendocino bis nach dem 59. Grad der Breite
erstreckt. Jenseits dieser Grenze fangen die russischen Fakto=
reien an, welche größtenteils zerstreut und fern voneinander
umherliegen, gleich den Faktoreien, die die europäischen Nationen
schon seit drei Jahrhunderten auf den afrikanischen Küsten
haben. Die meisten von diesen russischen Kolonieen sind bloß
zu Wasser miteinander in Verbindung, und die neuen Be=
nennungen des russischen Amerikas oder der russischen Be=
sitzungen in dem neuen Kontinent dürfen uns ja nicht glauben
machen, als ob die Küste vom Beringsbassin, die Halbinsel
Alaska, oder das Land der Tschugatschen in dem Sinne ruf=
sische Provinzen geworden seien, wie es Sonora oder Neu=
biscaya von Spanien sind.

Die Westküste von Amerika zeigt das einzige Beispiel eines Litorales von 14000 km Länge, das bloß von einem einzigen europäischen Volke bewohnt ist. Wie im Anfang dieses Werkes bemerkt worden ist, haben die Spanier von dem Fort Maullin in Chile an bis San Francisco in Neukalifornien Niederlassungen gegründet. Nordwärts vom Parallelkreise des 38. Grades folgen die Stämme der unabhängigen Indianer. Wahrscheinlich werden diese Stämme nach und nach von den russischen Kolonisten, welche seit dem Ende des vorigen Jahrhunderts von der Ostspitze Asiens nach Amerika herübergekommen sind, unterjocht werden. Natürlich müssen die Fortschritte dieser sibirischen Russen gegen Süden viel schneller sein, als die der mexikanischen Europäer gegen Norden; indem ein Jägervolk, welches gewohnt ist, unter einem nebligen Himmel und in einem äußerst kalten Klima zu leben, die Temperatur auf der Küste von Neukornwallis sehr angenehm findet. Aber diese nämliche Küste erscheint den Kolonisten, welche aus einem gemäßigten Klima, aus den fruchtbaren und lieblichen Gegenden von Sonora und Neukalifornien kommen, als ein unbewohnbares Land, als eine wahre Polargegend.

Seit 1788 hat die spanische Regierung Unruhe über die Erscheinung der Russen auf den Nordwestküsten des neuen Kontinents gezeigt, und da sie jede europäische Nation für einen gefährlichen Nachbar ansieht, den Zustand der russischen Faktoreien auskundschaften lassen. Diese Besorgnis hörte übrigens auf, sobald man in Madrid erfuhr, daß diese Faktoreien sich nicht ostwärts über die Cookseinfahrt hinaus erstreckten. Als der Kaiser Paul 1799 Spanien den Krieg erklärte, beschäftigte man sich einige Zeit in Mexiko mit dem kühnen Plane, in den Häfen von San Blas und Monterey eine Seeexpedition gegen die russischen Kolonieen in Amerika auszurüsten. Wäre dieser Gedanke ausgeführt worden, so hätte man zwei Nationen im Streite gesehen, welche auf den einander entgegengesetzten Enden von Europa stehend in der anderen Halbkugel mit den östlichen und westlichen Grenzen ihrer ungeheuren Reiche zusammenstoßen.

Der Zwischenraum, welcher diese Grenzen scheidet, wird nach und nach immer kleiner, und es ist Neuspaniens politisches Interesse, den Parallelkreis genau zu kennen, bis zu welchem die russische Nation ost- und südwärts vorgedrungen ist. Eine Handschrift in den vizeköniglichen Archiven von

Mexiko, die ich oben angeführt, hat mir bloß unbestimmte
und unvollkommene Nachrichten gegeben, und der Zustand
der russischen Kolonieen ist darin so beschrieben, wie sie vor
20 Jahren gewesen sind. Herr Maltebrun hat in seiner all=
gemeinen Geographie einen merkwürdigen Artikel über die
Nordwestküste von Amerika mitgeteilt; auch hat er zuerst die
Nachricht von Billings Reise,[1] welche Herr Sarytschew heraus=
gegeben, und die der des Herrn Sauer vorzuziehen ist, zur
Kenntnis des Publikums gebracht. Ich schmeichle mir aber,
imstande zu sein, die Lage der russischen Faktoreien, welche
größtenteils bloße Gruppen von Hütten und Schuppen sind,
aber zu Niederlagen für den Pelzhandel dienen, nach sehr
neuen und aus einer offiziellen Schrift[2] gezogenen Nachrichten
anzugeben.

Auf der Asien am nächsten liegenden Küste, längs dem
Beringskanal, findet man von 67" bis 64" 10' der Breite
unter den Parallelen von Lappland und Island eine Menge von
Hütten, welche von sibirischen Jägern besucht werden. Von
Norden nach Süden gerechnet, sind die ersten Posten: Kigil=
tach, Leglelachtok, Iuguten, Netschich, Ichinegrium, Chibalech,
Topar, Pintepata, Agulichan, Chavani und Nugran, beim
Bodnikap (Cap du Parent). Diese Wohnungen der Ein=
geborenen vom russischen Amerika sind bloß 150 bis 300 km[3]

---

[1] Account of the geographical and astronomical expedition undertaken for exploring the coast of the Icy sea, the
land of the Tshutski and the islands between Asia and America under the command of captain Billings between the
years 1785 and 1794. By Martin Sauer, Secretary to the expedition. — Putetschestwie flota-kapitana Sarytschewa po seve-
rowostotschnoï tschasti sibiri, ledowitawa mora, i wostotsch-
nogo okeana. 1804.

[2] Carte des découvertes faites successivement par des navigateurs russes dans l'Océan pacifique, et dans la mer glaciale,
corrigée d'après les observations astronomiques les plus ré-
centes de plusieurs navigateurs étrangers, gravée au dépôt
des cartes de Sa Majesté l'Empereur de toutes les Russies,
en 1802. Diese schöne Karte, welche ich der Güte des Herrn von
Saint=Aignan verdanke, hat 1,231 m Länge und 0,722 m Breite,
und umfaßt den ganzen Meer= und Küstenraum zwischen dem 40. und
72. Grad der Breite und dem 125. und 224. Grad der westlichen
Länge von Paris. Die Namen sind mit russischen Buchstaben ge=
schrieben.

[3] Da es mehr als wahrscheinlich ist, daß asiatische und ameri=

von den Hütten der Tschuktschen im russischen Asien entfernt. Die Beringsmeerenge, welche sie trennt, ist voll unbewohnter Eilande, deren nördlichstes Jmaglin heißt. Die Nordostspitze von Asien bildet eine Halbinsel, die mit der großen Masse des Kontinents bloß durch einen engen Isthmus zwischen den

---

tanische Völkerschaften den Ozean passiert haben, so ist es merkwürdig, die Breite des Meerarmes zu untersuchen, der die beiden Kontinente, unter 65° 50′ der Nordbreite, voneinander scheidet. Nach den neuesten von den russischen Seefahrern gemachten Entdeckungen nähert sich Amerika Sibirien mehr als sonst wo auf einer Linie, die die Beringsmeerenge in der Richtung von Südost nach Nordwest, vom Kap Prinz Wallis bis zum Kap Tschukotskoy durchschneidet. Die Entfernung dieser beiden Vorgebirge ist 44′ im Bogen, oder 18³/₁₀ Meilen, von 25 auf einen Grad. Die Insel Jmaglin liegt fast in der Mitte des Kanales, und dem asiatischen Vorgebirge nur um ein Fünfteil näher. Um indes zu begreifen, wie asiatische Stämme, welche auf dem Plateau der chinesischen Tatarei wohnten, vom alten auf den neuen Kontinent hinüberkommen konnten, hat man wohl nicht nötig, sich mit einer auf so hohen Breiten vorgegangenen Wanderung zu helfen. Von Korea und Japan bis zum südlichen Vorgebirge der Halbinsel Kamtschatka, zwischen 33° und 51° der Breite dehnt sich eine Inselkette, deren jede ganz nahe an der anderen liegt. Die große Insel Tchoka, welche mit dem Kontinent durch eine ungeheure Sandbank (unter dem 52. Grad der Breite) verbunden ist, erleichtert die Kommunikation zwischen den Mündungen des Amur und den Kurilischen Inseln. Ein anderer Inselarchipel, welcher das große Beringsbassin auf der südlichen Seite schließt, erstreckt sich von der Halbinsel Alaska an 3000 km westwärts. Die westlichste der Aleutischen Inseln ist von der Ostküste von Kamtschatka nicht mehr als 1000 km entfernt, und diese Distanz ist durch die Berings- und Mednoiinseln, unter dem 55. Grad der Breite wieder in zwei beinahe gleiche Teile geteilt. Dieser flüchtige Ueberblick beweist hinreichend, daß asiatische Stämme von Insel zu Insel von einem Kontinent in den anderen kommen konnten, ohne sich auf dem asiatischen Kontinent über den Parallelkreis des 55. Grades zu erheben, ohne das Meer von Ochotsk westwärts zu umgehen, und ohne auf der hohen See eine Ueberfahrt von mehr als 24 oder 36 Stunden zu machen. Die Nordwestwinde, die einen großen Teil des Jahres in diesen Gegenden wehen, begünstigen die Schiffahrt zwischen Asien und Amerika unter 50 und 60° der Breite. Indes ist es in dieser Note gar nicht darum zu thun, neue historische Hypothesen aufzustellen oder die seit 40 Jahren immer wiederholten zu prüfen, sondern man begnügt sich, genaue Nachrichten über die Annäherung beider Kontinents gegeneinander mitzuteilen.

beiden Golfen Mitschigmen und Kaltschin zusammenhängt. Die asiatische Küste, welche die Beringsmeerenge begrenzt, ist von einer Menge Walfischarten bewohnt. Auch sind hier die Tschuktschen, welche in beständigem Kriege mit den Amerikanern leben, in kleinen Dörfern vereinigt, die sie Nukan, Tugulan und Tschigin nennen.

Folgt man der Küste des amerikanischen Kontinents vom Kap Rodni und der Nortonseinfahrt bis zum Kap Malowodnoy (Wenigwasserkap), so findet man keine russische Niederlassung mehr; allein die Eingeborenen haben große Hüttenvereinigungen auf dem Litorale, das sich zwischen 63° 20' und 60° 5' der Breite erstreckt. Ihre nördlichsten Wohnungen sind Agibaniach und Chalmiagmi, ihre südlichsten Kuynegach und Kuymin.

Die Bristolbai, nordwärts von der Halbinsel Alaska (oder Aljaska) heißt bei den Russen der Golf Kamischezkaja. Ueberhaupt behalten sie auf ihren Karten keinen von den englischen Namen bei, welche der Kapitän Cook und Vancouver den Gegenden nördlich vom 55. Grad der Breite erteilt haben. Sie geben sogar den zwei großen Inseln, auf welchen sich der Pik Trubizin (Mount Edgecumbe bei Vancouver, und der Cerro de San Jacinto bei Quadra) und das Kap Tschirikow (Kap St. Bartholomäus) befinden, lieber gar keinen Namen, als daß sie die Benennungen Königs Georgsarchipelagus und Prinz Wallisarchipelagus annahmen.

Die Küste, welche sich vom Golf Kamischezkaja bis nach Neukornwallis ausdehnt, wird von fünf Völkerschaften bewohnt, die ebenso viele große Territorialeinteilungen in den Kolonieen des russischen Amerikas bilden. Ihre Namen sind: Koniagen, Kenai, Tschugatschen, Ugalachmiut und Koljuschen.

Zur Abteilung der Koniagen gehört der nördlichste Teil von Alaska und die Insel Kodiak, welche die Russen gewöhnlich Kichtak nennen, unerachtet das Wort Kightak in der Sprache der Eingeborenen nur eine Insel überhaupt bedeutet. Ein großer Landsee von mehr als 26 Stunden Länge und 12 Stunden Breite hängt durch den Fluß Jgtschiagik mit der Bristolbai zusammen. Auf der Insel Kodiak (Kadiak) und den kleinen benachbarten Inseln sind zwei Forts und mehrere Faktoreien. Die von Schelikow angelegten Forts heißen Karluk und die drei Heiligmacher. Herr Maltebrun behauptet, daß nach den neuesten Nachrichten der Archipelagus Kichtak bestimmt sei, den Hauptort aller russischen Niederlassungen zu enthalten, und Sarytschew versichert, daß sich auf der Insel Umanak (Umnak) ein russischer Bischof und ein Kloster befinden. Ich weiß aber nicht, ob sie anderswohin verpflanzt worden sind; denn die im Jahre 1802 herausgekommene Karte gibt weder auf Umnak noch auf Unimak und auf Unalaschka eine Faktorei an. Indes habe ich in dem handschriftlichen Tagebuche von Martinez' Reise in Mexiko gelesen, daß die Spanier 1788 auf der Insel Unalaschka mehrere russische Häuser und gegen hundert kleine geladene Schiffe gefunden haben. Die Eingeborenen der Halbinsel Alaska nennen sich selbst die Männer vom Osten (Kagatayakoung'nes).

Die Kenai bewohnen die Westküste von der Cookseinfahrt, oder vom Golf Kenayskaja. Die Faktorei Nada, welche Vancouver besucht hat, liegt daselbst unter 61° 8'. Der Gouverneur der Insel Kodiak, der Grieche Joanitsch Delarew, versicherte Herrn Sauer, daß trotz der Rauheit des Klimas das Getreide an den Ufern des Cooksstromes fortkomme. Er hatte sogar den Bau des Kohls und der Kartoffeln in den auf Kodiak angelegten Gärten eingeführt.

Die Tschugatschen bewohnen das Land, welches sich von der Nordspitze der Cookseinfahrt bis ostwärts von der Prinz Wilhelmsbai (Golf Tschugatskaja) erstreckt. In diesem Distrikte befinden sich mehrere Faktoreien und drei kleine Fortressen; das Fort Alexander, in der Nähe des Chatamshafens, und die Forts auf den Inseln Tuk (J. Green bei Vancouver) und Tschalcha (J. Hinchinbrook).

Die Ugalachmiut dehnen sich vom Prinz Wilhelmsgolf bis gegen die Bai Jakutal, welche Vancouver Beringsbai genannt hat.[1] Beim Kap Suckling (Kap Elias bei den Russen) liegt die Faktorei von St. Simon. Die Centralkette der Kordilleren von Neunorfolk scheint von dem Pik von St. Elias

---

[1] Man muß Vancouvers Beringsbai, welche am Fuße des St. Eliasberges liegt, nicht mit der Beringsbai auf den spanischen Karten verwechseln, welche sich nahe bei dem Fairweathergebirge (Nevado de Buentiempo) befindet. Ohne eine genaue Kenntnis der geographischen Synonymik sind die spanischen, englischen, russischen und französischen Werke, welche über die Nordwestküste von Amerika handeln, beinahe unverständlich, und diese Synonymik kann bloß durch die allergenaueste Vergleichung der Karten gewonnen werden.

an beträchtlich von der Küste entfernt; denn die Eingeborenen sagten dem Herrn Barrow, welcher den Fluß Mednaja (den Kupferfluß) gegen 147 km hinaufgefahren ist, daß er die hohe Gebirgskette erst nach zwei Tagereisen nördlich finden würde.

Die Koljuschen bewohnen das Gebirgsland Neunorfolk und den nördlichen Teil von Neukornwallis. Die Russen geben auf ihren Karten die Bourroughbai (55° 50' der Breite), Vancouvers Revillagigedoinsel (Isla de Gravina auf den spanischen Karten) gegenüber als die südlichste und östlichste Grenze des Länderumfanges an, deren Eigentum sie ansprechen. Auch scheint die große Insel in dem König Georgsarchipelagus von den russischen Seefahrern viel sorgfältiger und genauer untersucht worden zu sein, als von Vancouver, wovon man sich sehr leicht überzeugen kann, wenn man die Westküste dieser Insel, und besonders die Umgegenden vom Kap Trubizin (Kap Edgecumbe) und vom Hafen des Erzengels Sankt Michael, in der Bai Sitka (Norfolksund bei den Engländern, und Bai Tschinkitané bei Marchand) auf der zu Petersburg im kaiserlichen Kartendepot 1802 herausgekommenen Karte mit Vancouvers seiner vergleicht. Die südlichste Niederlassung der Russen in diesem Distrikte der Koljuschen ist ein kleines Fort (krapost) in der Bai Jakutal, am Fuße der Kordillere, welche den Schönwetterberg bei dem Mulgraveshafen unter 59° 27' der Breite mit dem St. Eliasberge verbindet. Die Nähe der mit ewigem Schnee bedeckten Gebirge und die große Breite des Kontinents vom 58. Grad der Breite machen auf dieser Küste von Neunorfolk und im Lande der Ugalachmiut das Klima außerordentlich kalt und der Entwickelung vegetabilischer Produkte völlig hinderlich.

Die Schaluppen von Malaspinas Expedition, welche in das Innere der Bai Jakutal bis zum Hafen vom Desengaño eindrangen, fanden unter 59° 59' der Breite im Monat Juli das nördliche Ende des Hafens noch mit einer festen Eismasse bedeckt. Man könnte glauben, daß diese Masse zu einem Gletscher gehöre, welcher an die hohen Seealpen stößt; allein auch Mackenzie berichtet, daß er bei seiner Untersuchung der Ufer des Sklavensees 1800 km östlich unter dem 61. Grad der Breite den ganzen See im Monat Juli zugefroren gefunden. Ueberhaupt scheint die Verschiedenheit der Temperatur, welche man auf den Ost- und Westküsten des neuen Kontinents bemerkt, und von der wir schon oben gesprochen haben, erst südwärts vom Parallelkreise des 53. Grades, wo er Neuhannover und die große Charlotteninsel durchschneidet, fühlbar zu sein.

Die absolute Distanz von Petersburg nach der östlichsten russischen Faktorei auf dem amerikanischen Kontinent ist ungefähr ebenso groß, als die von Madrid nach dem Hafen San Francisco in Neukalifornien. Die Breite des russischen Reiches umfaßt unter dem 68. Grad der Breite eine Landstrecke von beinahe 17 000 km; aber das kleine Fort in der Jakutalbai ist noch über 4450 km von den nördlichsten Grenzen der mexikanischen Besitzungen entfernt. Die Eingeborenen dieser mitternächtlichen Gegenden wurden lange Zeit von den sibirischen Jägern grausam geplagt, und Weiber und Kinder als Geißeln in den russischen Faktoreien zurückbehalten. Indes atmen die Instruktionen, welche die Kaiserin Katharina dem Kapitän Billing mitgegeben hat, Menschenliebe und edles Gefühl; auch hat sich die gegenwärtige Regierung ernstlich damit beschäftigt, die Mißbräuche zu mindern und den Bedrückungen zu steuern. Aber es ist so schwer, auf den äußersten Grenzen eines ungeheuren Reiches das Böse zu verhindern, und die Amerikaner fühlen ihre Entfernung von einer Hauptstadt, aus welcher die Beschlüsse, die eine halbe Welt regieren, ausgehen, nur zu tief. Indes ist es mehr als wahrscheinlich, daß, bevor die Russen den Zwischenraum, welcher sie von den Spaniern trennt, überschreiten, irgend eine andere unternehmende Macht entweder auf den Küsten von Neugeorgien oder auf dessen fruchtbaren Nachbarinseln Kolonieen zu gründen suchen wird.

www.ingramcontent.com/pod-product-compliance
Lightning Source LLC
Chambersburg PA
CBHW030746230426
43667CB00007B/855